长安学十年学术论著选集

编 委 会

编委会主任： 李秉忠

编　委　会： 黄留珠　贾二强　萧正洪

　　　　　　　王　欣　王社教　冯立君

　　　　　　　郭艳利　侯亚伟

总　主　编： 萧正洪

副总主编： 贾二强　石晓军

十年学术论著选集

总 主 编 ○ 萧正洪
副总主编 ○ 贾二强　石晓军

天下长安
古都与丝绸之路

主编 ◆ 聂顺新

陕西师范大学出版总社

图书代号　SK23N1768

图书在版编目（CIP）数据

天下长安：古都与丝绸之路/聂顺新主编. —西安：陕西师范大学出版总社有限公司，2024.1
（长安学十年学术论著选集/萧正洪总主编）
ISBN 978-7-5695-3871-7

Ⅰ.①天… Ⅱ.①聂… Ⅲ.①长安（历史地名）—文化史—文集 ②丝绸之路—文化史—文集 Ⅳ.①K294.i1-53 ②K203-53

中国国家版本馆CIP数据核字（2023）第178700号

天下长安——古都与丝绸之路
TIANXIA CHANG'AN——GUDU YU SICHOUZHILU

聂顺新　主编

出 版 人 /	刘东风
责任编辑 /	庄婧卿　张旭升
责任校对 /	刘存龙
装帧设计 /	飞铁广告
出版发行 /	陕西师范大学出版总社
	（西安市长安南路199号　邮编710062）
网　　址 /	http://www.snupg.com
印　　刷 /	中煤地西安地图制印有限公司
开　　本 /	787 mm×1092 mm　1/16
印　　张 /	21.5
插　　页 /	4
字　　数 /	387千
版　　次 /	2024年1月第1版
印　　次 /	2024年1月第1次印刷
书　　号 /	ISBN 978-7-5695-3871-7
审 图 号 /	GS（2023）第2892号
定　　价 /	158.00元

读者购书、书店添货或发现印装质量问题，请与本公司营销部联系、调换。
电话：（029）85307864　85303629　传真：（029）85303879

总序

基于整体性思维的长安学研究：历史回顾与前景展望

贾二强　黄留珠　萧正洪

陕西师范大学国际长安学研究院（陕西省协同创新中心）至今年已经组建10年了。以此为契机，我们试图通过编辑一套学术回顾性文集，为学界反思相关学术发展的历程、推进未来的研究工作提供参照。文集分专题汇集特定领域内有代表性的论文（也有少量著作中的篇章）。选编工作得到了相当多学者的支持与鼓励，我们均深铭感，于此谨致谢忱。然而，因为眼界有限，很可能有遗珠之憾，为此亦深表歉意。

有一种看法，认为长安学的学术实践活动是从21世纪初开始的。但在我们看来，它很早就已经存在，只是人们一直没有清晰地将其作为一个具有相对独立性的学科或专门研究领域加以定义。黄留珠先生曾撰文，记述其源流，称2000年初，即有学者提出"长安学"研究的必要性。而2003年，荣新江教授撰《关于隋唐长安研究的几点思考》一文，指出，那个时候的一个遗憾，是并没有建立起像"敦煌学"那样的"长安学"来，但关于长安的资料的丰富性与内涵是不逊于敦煌的。其后，2005年左右，陕西省在省文史研究馆的牵头下，成立了长安学研究中心。至2013年，陕西师范大学组建了陕西省协同创新平台"国际长安学研究院"。

这一系列事件的发生表明，人们对于长安学作为一个学科或具有独立性的专门领域的认识，到21世纪初开始变得清晰了。这是长安学发展史上的重要标志，是一个理性认知新阶段到来的标志。严格说来，以长安研究的本体论，它并不是一种突然发生的创设，而是自中古甚至更早以来人们对于长安的兴趣、关注、记忆与反思在学术上的体现，且是经长期积累所形成的结果。这同敦煌学是有一些不同的。敦煌学以敦煌遗书为起始，而逐渐扩大到史事、语言文字、文学、石窟艺术、中西交通、壁画与乐舞、天文历法等诸方面。它是一个历史性悲剧之后的幸事。长安学则不是，它有着悠久的渊源和深厚的基础，因长安（包括咸阳等在内）作为统一王朝之都城而引发的关于政治制度、经济发展与文化建设的反思而产生，从一开始就同礼法制度等文明发展重大问题紧密关联。事实上，人们关注、研究长安，起源甚早，而历时甚长。我们完全可以写出一部以千年为时间单元、跨越不同历史时代的《长安学史》来。这是长安学的历史性特点。

在空间性方面，它也颇有特色。关于这一点，如我们曾经撰文所指出的那样，其以汉唐"长安"之名命名，研究对象虽以长安城、长安文化、长安文明为主，但却不完全局限于此，而扩展至建都关中地区的周秦汉唐等王朝的历史文化，另在地域上亦远远超出长安城的范围而扩大至整个关中以及更广泛的相关地区。尽管我们对长安学的空间边界问题还可商讨，但它一定是有明确范围与目标的。然而，长安的地理空间并不等同于关于长安的学术空间。简言之，长安学诚然是以古代长安为核心，以文化与文明为主体的研究，一些同古代长安相关的问题也应当包含在内，但其学术空间要大得多。其基本原则是：若有内在关系，罗马亦不为远；若无关系，比邻亦仅是参照。显然，它在学术空间边界上具有显著的开放性。

长安学的内涵也极为丰富。以地域为名的世界级学问皆有其特定意义与内涵。如埃及学，指关于古代埃及的语言、历史与文明的学问。它是从18世纪才开始发展起来的国际性古典文明研究。埃及学研究对象的时间范围是从公元前4500年到公元641年，所涉及的学科相当广泛，如考古、历史、艺术、哲学、医学、人类学、金石学、病理学、植物学和环境科学等，其研究方法，除了文献与语言文字分析外，还利用了现代测年技术、计算机分析、数据库建设甚至DNA分析等手段。长安学亦是如此。长安学具有学科群的意义，它要超出一般意义上的学科范畴。它综合了哲学、历史、考古、文学、宗教、地理、科学技术、文献研究等多个方面和多个层次，有着极为丰富的内涵。它既为我们研究人类文明的进步提供了一个不可或缺的样本，也提供了一个我们看世界、世界看我们的独特视角。

历史发展给我们提供了一个重要的机遇，也赋予我们重大的历史使命。我们现在的重要任务，是在新的历史条件下，以追求人类文明进步为基本价值观，对长安学作为具有独立性的学科和专门研究领域进行重新定义，并阐明其现代价值与意义。正是以此为基本宗旨，陕西师范大学联合校内外学术力量，组建了国际长安学研究院，此举得到陕西省教育厅的大力支持，并成为陕西省最早的协同创新中心之一。

历史上的长安研究，有官方叙述与私人撰述两类，但皆属于在传统的、旧的观念指导下对于长安的理解与解释，从形式上看，基本上是碎片化的。当下陕西师范大学和若干合作的大学、研究机构，共建国际长安学研究院，试图坚持科学与理性的原则，以系统化、整体性的思维，对历史发展中的某些重要问题提出基于历史事实的严谨而合理的解释。为实现这一目标，我们组建了学科咨询委员会、学术委员会、学术期刊编辑部、海外事务部、长安学理论研究中心、古都研究中心、长安与丝绸之路研究中心、长安文化遗产研发中心、数字长安新技术研发中心和长安文献整理与研究中心，以融合方式推进相关研究工作。

历史上的长安给我们留下了足够丰富的资料，能够让我们通过扎实的研究，总结文明进步的成就，特别是反思其中的曲折与艰辛。我们希望，长安学研究能够有助于社会进步，而不是相反。令当下人们的观念与感慨停留于帝制时代的荣耀，不是我们的追求。

为此，我们确定了建设工作的基本原则：历史起点、当代情怀、世界眼光。我们要使长安学成为具有世界性的学问，而不只是陕西的学问或中国的学问。长安学应当具有现代精神，应当是中华民族精神家园建设的重要组成部分。我们秉持这样的宗旨，并对此持有信心。我们将努力把国际长安学研究建设成一个开放的平台，联系各方学者和学有专长的同仁，为大家的研究工作提供便利与条件。

显然，长安学不是单纯基于现代城市空间的研究，而是以历史上的长安为核心，以探索中国历史渊源与文明发展的曲折历程为研究对象的独特领域和学科。以世界范围论，以地域为名且为国际学术界所公认的专门学问（学科）是不多的。比较著名的只有埃及学，而类似的希腊古典文明、罗马古典文明等，亦是某个地域引人注目、曾经深刻影响历史发展进程的重要的人类文化遗产，是特定地域优秀传统文化的标志性象征。

从学科属性上说，长安学既是古典的，也是现代的。长安的历史具有极为丰富的内涵，长安学则以独特的视角阐释中华民族优秀文化绵绵不绝的特性，因而不能简单化地以古代或近代等时间尺度加以定义。同时，如前所述，其学术空间边界具有显著的开放性，而不为特定地域所限。所以，我们在"历史起点、当代情怀、世界眼光"的建设原则中，特别重视世界眼光的目标定位。

世界眼光是我们将长安学命名为"国际长安学"的一个重要依据。其原因有二：一是历史上的长安具有世界上其他历史名城少见的国际性。从某种意义上说，长安从来不只是中国的长安，它也属于全世界。作为古都的长安，它曾经具有的以开放包容为特征的精神气质，乃是中华民族对于全世界文明进步的杰出贡献，而其历史的艰难曲折亦为人类发展提供了宝贵的借鉴。二是关于长安的研究从来具有国际性。在漫长的历史中，长安一直是外部世界关注的焦点。人们之所以对于长安有极大的兴趣，有着诸多的理由与原因。其中之一是它作为丝绸之路的东方起点，在东西方文明交往中具有最为突出的表征性。正因如此，并不是只有国人关注长安，它有着世界范围的学术文化吸引力。从某种意义上说，古代地中海沿岸及印欧大陆认识中国这个东方国度，正是从认识长安所在的地域开始，且在一个相当长的时段中，以长安为中心。而近数百年来，关于长安的研究著述不胜枚举，其中相当一部分出自海外人士之手。如此独特的性质与丰富的内涵决定了长安学研究必然要超越长安的空间范围。这个国际性是其原发的、内生的属性，并不是我们刻意赋予。正是基于这种思考，我们在英译"长安学"名称时，没有采用通常的做法将其译为 the study of Chang'an，而是译为 Changanology，其用意就是从基础定义起，将其解释为一个内涵丰富且外延性显著的学术空间，而不为特定地域的边界所束缚。

长安学的主体内容当然是关于中国历史的，但它不能离开世界文明整体发展的视角。长安学研究包含了中国历史上政治、经济、社会、文化、民族与宗教信仰、地域关系、国际文化交流等各个方面。所以，长安学是中国史学科中的一个独特领域。它以长安为主题词和核心概念，将中国历史各个阶段和各个门类的研究综合在一起，试图提出关于中国历史发展的一种地域类型学解释。然而，当下学术发展的实际情形是，任何一个学科或专门研究领域，若不重视其外部性联系，将不会具有很强的解释力，即使它自身具有综合性的特征。基于单一的视角或特定区域的理解，不能解释文明发展的多元与多样性。中国地域辽阔，不同地区的发展本就存在着差异，遑论宏大的世界？以全球论，文明与文化发展的道路选择与存在形态具有极为丰富的多样性，所以，在研究长安的同时，也必须研究世界上其他文明之都。提供以长安为基础的具有典型意义的样本，将其同其他文明类型进行比较，必将极大地丰富我们关于世界文明发展的整体认识。在我们看来，长安学的价值只有置于世界文明发展的体系之中，方能得到充分的体现。

正是出于这样的认识，我们对国际长安学研究院的建设前景有一种期许：作为开放的平台，它将为中国以及海外相关专业人士提供共享的学术资料库，特别是创造相互交流的机会，为不同的思想与观点提供讨论的空间。我们特别期待将长安学研究的成果介绍给世界，将海外人士关于长安的研究与评论介绍给国人，也期待了解、学习世界其他地区文明与文化发展中的体验与思考，以在不同认知之间构建桥梁，以增进不同类型文明之间的相互理解与尊重。

目 录

汉唐长安

汉简长安史料研究 …………………………………… 王子今 / 003
关于隋唐长安研究的几点思考 ………………………… 荣新江 / 021
唐代后期的长安与传奇小说
　　——以《李娃传》的分析为中心 ……… ［日］妹尾达彦著　宋金文译 / 029
里坊规划与长安寺院建筑布局的关系 ………………… 李爱民 / 058
礼展奉先之敬
　　——唐代家庙营建与礼仪空间 ……………………… 游自勇 / 081
从"众"到"寺"
　　——隋唐长安佛教中心的成立 ……………………… 孙英刚 / 130
长安道教的底色
　　——隋大兴城道观及其唐代命运 …………………… 雷　闻 / 161

丝绸之路

从出土汉简看汉王朝对丝绸之路的开拓与经营 ……… 张德芳 / 201
敦煌悬泉汉简反映的丝绸之路再认识 ………………… 葛承雍 / 215
"瀚海"名实：草原丝绸之路的地理条件 ……………… 王子今 / 224
论青藏高原古代各族人民共同开创了"高原丝绸之路" …… 霍　巍 / 240
《大唐天竺使出铭》相关问题再探 ……………………… 霍　巍 / 256

文化交流

论隋唐时期中原与西域文化交流的几个特点 ················· 张广达 / 277

西安、洛阳唐两京出土景教石刻比较研究 ················· 葛承雍 / 295

唐代长安一个粟特家庭的景教信仰 ····················· 葛承雍 / 306

唐都长安与新罗庆州 ······························· 拜根兴 / 314

汉唐长安

汉简长安史料研究

王子今

活动于河西汉塞的来自内地的吏卒和平民,其军事与经济活动在汉简资料中多有反映。其中有关长安人的信息值得长安史研究者关注。河西汉简其他文书中也可见反映长安行政史、长安治安史、长安交通史的重要资料。《肩水金关汉简(壹)》的面世①,使得居延汉简研究的学术空间更为扩展,为我们全面认识汉代河西社会,增益了新的历史文化信息。其中可以发掘的长安史料,学术价值也是可贵的。

一、汉简长安行政史料

居延汉简中可以发现体现长安行政史的内容。典型的一例,是关于"改火"的简文:

(1)御史大夫吉昧死言丞相相上大常昌书言大史丞定言元康五年五月
二日壬子日夏至宜寝兵大官抒
井更水火进鸣鸡谒以闻布当用者・臣谨案比原泉御者水衡抒大官
御井中二千石二千石令官各抒别火(10.27)

(2)官先夏至一日以除隧取火授中二千石二千石官在长安云阳者其民
皆受以日至易故火庚戌寝兵不听事尽
甲寅五日臣请布臣昧死以闻(5.10)

劳榦《居延汉简考证》"别火官"条"右丙吉奏,本为二简,余让之先生察其字迹相同,合为一奏。时在二十四年。前后完整无缺文",以为"所言为汉代改火事"。②陈槃《汉晋遗简偶述之续》"别火官"条也合为一条,详为考论。③大庭脩又将简332.26、10.33、10.30、10.32、10.29、10.31与此连接,编列为《元康五年诏

---

① 甘肃简牍研究与保护中心等编:《肩水金关汉简(壹)》,中西书局,2011年。
② 劳榦:《劳榦学术论文集(甲编)》,艺文印书馆,1976年,第286页。
③ 陈槃:《汉晋遗简识小七种》,见《"中央研究院"历史语言研究所专刊》(63),1975年,第50页。

书册》。大庭脩认为，"由8支简连接而成的元康五年诏书册得以复原"，其意义除明确了居延汉简中存在的又一册文书而外，还在于"明确了诏书按顺序向下级传达的情形，而且明确了诏书自发出后至张掖郡边疆的时间"，而"最主要的意义在于，从简册关于围绕夏至的仪式的通常的内容，可以看到不能见于史书的日常的行政命令的传达方法"。①经御史大夫丙吉、丞相魏相、太常苏昌等制定的关于夏至更水火的文书，得到汉宣帝批准（"制曰：可"），于是逐级向下传达，"以闻布当用者"，令有关人员人人周知。我们可以看到逐级"下当用者"的情形：御史大夫—丞相—车骑将军、将军、中二千石、二千石、郡太守、诸侯相—属国农部都尉、少府县官—候城尉—尉候长。历经各级行政部门转递，由中央一直传布到河西边境戍防的基层军事组织，历时不过53天。自丞相令史颁下到抵达张掖，相距数千里，历时不过39天。②汉帝国自上而下，自长安至于边塞的行政管理方式得以明朗。

居延汉简中如下简例：

（3）☐　元康三年十一月中为官市上书具长安（456.2）

说到"上书具长安"情形，文书传递方向可能与长安往边地的下行文书相反。

敦煌悬泉置遗址出土汉简中，有研究者以为《失亡传信册》（Ⅱ0216［2］866—869）者，也是发自长安的行政文书。据胡平生、张德芳释文：

（4）永光五年五月庚申，守御史李忠随当祀祠孝文庙，守御史任昌年，为驾一封诏传，外百册二。御史大夫弘谓长安长，以次为驾，当舍传舍，如律令。（866）

（5）永光五年六月癸酉朔乙亥，御史大夫弘移丞相、车骑将军、将军、中二千石、二千石、郡太守、诸侯相：五月庚申，丞相少史李忠守御史假一封传信，监当祀祠（867）

（6）孝文庙事。己巳，以传信予御史属泽钦，钦受忠传信，置车笭（軨）中，道随亡。今写所亡传信副移如牒。书到，二千石各明白布告属官县吏民，有得亡传信者，予购如律。诸乘传驿驾厩令长丞丞案，莫传有与所亡传同封弟者，辄捕毄（系），（868）

（7）上传信御史府。如律令。七月庚申，敦煌太守弘、长史章、守部候修仁行丞事，敢告部都尉卒人，谓县官，官写移书到，如律令。掾登、属建、佐政光。（869）

---

① ［日］大庭脩：《秦汉法制史研究》，林剑鸣、王子今、黄小芬等译，上海人民出版社，1991年，第200—201、211页。

② 王子今：《秦汉交通史稿》，中共中央党校出版社，1994年，第517页。

论者以为（4）"为传信副本，因传信失亡，录副以追查"，（5）（6）（7）"为追查失亡传信的文件"。关于（4）"御史大夫弘谓长安长"，胡平生、张德芳注文写道："御史大夫弘：弘即郑弘。《汉书·百官公卿表》：永光二年，右扶风郑弘为御史大夫，五年有罪自杀。""长安长：长安县长。《汉书·百官公卿表》：'万户以上为令，秩千石至六百石。减万户为长，秩五百石至三百石。'长安乃京师重地，当万户以上，当置令。""此简作'长安长'，不知何故。"①

居延汉简中确实有出现"长安令"字样的简例：

（8）☐敢言之☐

九月辛卯长安令☐（340.20A）

印曰长安右丞　　（340.20B）

"长安令"和"长安右丞"，都是发送相关行政文书的责任者。又如：

（9）十一月壬子长安令　守左丞起移过☐（218.34）

（9）与（8）可以作同类理解。

居延汉简中又有如下简例：

（10）☐十万三千卅校一月九千一岁十万八千三岁凡卅二万四千☐☐

☐长安宅一二万自给　　　　　　　　　　　　（113.8）

简文内容尚未能完全理解，然而似乎与财务管理中"校"的制度有关。其中"☐长安宅一二万自给"语意不完整，但是亦可归入涉及"长安"的研究资料。

王莽改制，涉及行政方式的诸多方面。《汉书》卷九九中《王莽传中》："始建国元年正月朔，莽帅公侯卿士奉皇太后玺韨，上太皇太后，顺符命，去汉号焉。"王莽结束了西汉帝国的统治，又推行一系列新政，包括政治生活中诸多名号的更改。"改郡太守曰大尹，都尉曰太尉，县令长曰宰，御史曰执法，公车司马曰王路四门，长乐宫曰常乐室，未央宫曰寿成室，前殿曰王路堂，长安曰常安。"都城"长安"也改称"常安"。居延汉简中可以看到反映这一政治变化的文物遗存：

（11）县

●诏书长安　更为常安（E.P.T59：117A）

诏书长☐更为常安府☐☐☐（E.P.T59：117B）

又如：

（12）财发京兆史及常安☐（E.P.T20：27）

---

① 胡平生、张德芳编撰：《敦煌悬泉汉简释粹》，上海古籍出版社，2001年，第29、31页。

（13）常安城中庶士以下穀它予直泉穀度足皆予者而先奏焉（E.P.T59：266）

简文内容似以经济生活为主题，然而对于经济进行控制，是被作为行政任务进行记录的。又如：

（14）秦月晦日食常安中阴雨独不见故下（63）

言"常安"，事在王莽始建国元年（9）之后。"秦月"的"秦"，也体现了新莽简的特点。简文内容对应的历史记录是《汉书》卷九九中《王莽传中》：天凤三年（16）七月，"戊子晦，日有食之。大赦天下。复令公卿大夫诸侯二千石举四行各一人。大司马陈茂以日食免"。通过简文虽然直接看到的是天象史和气候史信息，但从《王莽传中》的记录看，当时人们以为此迹象与行政史有关，予以政治文化方面的理解和解说。

饶宗颐、李均明关于新莽简研究的成果，在"考证三：郡县与屯戍组织"部分"常安"条，列举简文，包括上引（11）（12）（14），遗漏（13）。①

又敦煌汉简2042A中"都尉姓吕□君家在常安"，"司马□□□家在常安"，也应当补入。

二、汉简长安治安史料

肩水金关简中还有出现简文"长安狱丞""长安狱右丞印"，即标示以"长安狱右丞印"封缄的文书：

（15）□中欲取传谨案明年卅三毋官狱征事当得取传父老远

　　　□长安狱丞禹兼行右丞事移过所县邑如律令□（73EJT10：229A）

　　　□长安狱右丞印□　　　　　　　　　　　（73EJT10：229B）

这是长安司法部门为长安居民开具"毋官狱征事"证明，使其取得允许通行的证件的文书。按照规定，必要程式是查核是否有"官狱"记录，即治安机关对于违法或犯罪行为的记录，即现今通常所谓的案底。

与（15）格式、内容类同的，又有肩水金关简的另一例，只是责任职官不是"长安狱丞""长安狱右丞"，而是"长安守右丞""长安右丞"：

（16）五凤二年五月壬子朔乙亥南乡啬夫武佐宗敢言之北阳曲里男子

　　　谨案弘年廿二毋官狱征事当得取传里父老丁禹证谒言廷移过所

　　　□□

---

① 饶宗颐、李均明：《新莽简辑证》，新文丰出版公司，1995年，第166—167页。

六月庚寅长安守右丞汤移过所县邑如律令掾充令史宗

　　　　　　　　　　　　　　　　　　　　（73EJT9：92A）

　　三月壬辰不弘以来

　　章曰长安右丞　　　　　☐

　　三月壬辰　　　　　　　　　　　　（73EJT9：92B）

前引（8）"印曰长安右丞"，此作"章曰长安右丞"。居延汉简所见有关"过所"等文书中出现的"毋官狱征事"，还有简81.10，213.17，218.2，334.20A，340.6，340.14A，340.41，495.12—506.20A等，也体现了这一制度。

有学者讨论出土于大湾的505.37简：

　　建平五年八月戊☐☐☐☐广明乡啬夫宏假玄敢言之善居里男子丘张自
　　言与家买客田居
　　延都亭部欲取检谨案张等更赋皆给当得取检谒移居延如律令敢言之（A）
　　☐放行（B）①

宁可指出："从简文文意看，此简为过所性质，系乡啬夫宏、假佐玄同意丘张自广明乡移家去居延耕种所买的田，简背有'放行'二字亦可证。"②所谓"欲取检""当得取检"的"取检"，应是原居住地进行调查过程的体现。而"检"，或是查核验证之后的证明文书，如简文所云"谨案张等更赋皆给"者是。推想"取检"的内容，除了"更赋"是否"皆给"，即对于政府的经济责任已经完满承担之外，应当更重视刑事罪案的记录。③

敦煌汉简中有言及犯"杀人"罪行的内容，犯罪地点在"长安"：

　　（17）杀人长安臧关东变名易为羊翁数敖五陵希蓬工（784）

杀人者在长安作案，潜逃至"关东"，改换姓名，又曾经在"五陵"活动。简文在敦煌出土，应视作范围广大的通缉文书。

敦煌悬泉置遗址出土汉简中也有署"长安令安国、守狱丞左、属禹"的以治安

---

① 关于这一简文的讨论，参见陈直：《两汉经济史料论丛》，陕西人民出版社，1980年，第55页；陈槃：《汉晋遗简识小七种》，见《"中央研究院"历史语言研究所专刊》（63），1975年，第91—92页；宁可：《关于〈汉侍廷里父老僤买田约束石券〉》，《文物》1982年第12期（收入《宁可史学论集》，中国社会科学出版社，1999年，第474页）。有学者还注意到，陈直《汉书新证》1959年版引录了这条简文，而1979年版则予以删除，见陈文豪：《〈汉书新证〉版本述略》，《华冈文科学报》1999年第23期。

② 宁可：《关于〈汉侍廷里父老僤买田约束石券〉》，《文物》1982年第12期；收入《宁可史学论集》，中国社会科学出版社，1999年，第474页。

③ 参见王子今：《汉代"客田"及相关问题》，见《出土文献研究》（第7辑），上海古籍出版社，2005年。

为主题的文书:

（18）元康四年五月丁亥朔丁未，长安令安国、守狱丞左、属禹敢言之：谨移髡钳亡者田勢等三人年、长、物、色，去时所衣服。谒移左冯翊、右扶风、大常、弘农、河南、河内、河东、颍川、南阳、天水、陇西、安定、北地、金城、西河、张掖、酒泉、敦煌、武都、汉中、广汉、蜀郡……（Ⅱ0111［4］：3）

胡平生、张德芳将此文书归为"司法文书"，分析说："此简是长安令为追捕逃犯通告各地的通缉令。所列河西五郡，按顺序当为金城、武威、张掖、酒泉、敦煌，但此简独无武威。"又解释"年、长、物、色"："年指年龄，长指身高，物指所带物品，色指肤色。"[①] 今按："长安令"等为地方官身份，似无权向"左冯翊、右扶风、大常、弘农、河南、河内、河东、颍川、南阳、天水、陇西、安定、北地、金城、西河、张掖、酒泉、敦煌、武都、汉中、广汉、蜀郡……"各郡发布"通缉令"。这枚简的性质，应是协查通报一类的文书。

敦煌汉简又有：

（19）☐☐名劫入长安护输☐☐（726）

如果"劫"字释文不误，也可能与长安治安史有关。

三、汉简长安交通史料

长安是西汉全国交通网的中心，因行政指挥、经济领导和社会控制的特殊作用，在汉王朝交通格局中意义重要。居延汉简中有涉及长安的交通行为的简文，例如：

（20）朝发长安北上诏以力益丘☐☐山　　　石☐（E.P.S4.T2：21）

（21）☐子☐☐☐又置官使行之长安卿

　　　☐☐且☐☐☐得上不久负也用☐　　　（E.P.T59：189B）

（21）另一面即E.P.T59：189A简文"☐白　自知不当如此叩头叩头☐☐""☐善毋恙顷闻闲独劳草草膢☐☐"内容，可知是私信。而B面"使行之长安"文字，可以理解为交通过程。

性质同样为书信的类似资料，又有：

（22）☐为书遗　●长☐　　之米财予钱可以市者☐

　　　☐☐孙少君遗　米☐肉廿斤

---

① 胡平生、张德芳编撰：《敦煌悬泉汉简释粹》，上海古籍出版社，2001年，第21页。

☐府幸长卿遗脯一☐☐御史之长安☐☐以小笥盛之●毋以☐脯野
羊脯斋之也

信伏地再拜多问

次君君平足下厚遗信非自二信幸甚寒时信愿次君君平近衣强酒
食察事毋自易信幸甚薄礼

☐絮一信再拜进君平来者数寄书使信奉闻次君君平毋恙信幸甚
伏地再拜再拜

次君君平足下　●初叩头多问

丈人寒时初叩头愿丈人近衣强奉酒食初叩头幸甚甚初寄☐赣　布
二两☐☐者丈人数寄书

使初闻丈人毋恙初叩头幸甚幸甚丈人遗初手衣已到（帛，大湾
出土）　　　　　　　　　　　　　　　　　　　　（乙附51）

其中"☐御史之长安"文字特别值得注意。肩水金关简可见：

（23）☐从长安还未☐（73EJT8：47）

"从长安还"是"之长安"的返程的表述。当时，由河西边塞出发的交通行程以"长安"为目的地者，可能颇为多见。

敦煌悬泉置遗址出土汉简有反映公文传递接受驿置服务的情形：

（24）建平四年五月壬子，御史中丞臣宪，承制诏侍御史曰：敦煌玉门
　　　都尉忠之官，为驾一乘传，载从者。御史大夫延下长安，承书以
　　　次为驾，当舍传舍，如律令。六月丙戌，西。（I 0112［2］：18）

其中"御史大夫延下长安"，研究者以为是指"由御史大夫签发的过所"①。

另一著名简例，则部分记录了长安至居延地区之间西行驿路的邮置里程：

（25）长安至茂陵七十里　　　月氏至乌氏五十里
　　　茂陵至茯置卅五里　　　乌氏至泾阳五十里
　　　茯置至好止七十五里　　泾阳至平林置六十里
　　　好止至义置七十五里　　平林置至高平八十里
　　　　　　　　　　……
　　　　　　（以上为第一栏）
　　　媼围至居延置九十里　　删丹至日勒八十七里
　　　居延置至觻里九十里　　日勒至钧著置五十里

---

① 胡平生、张德芳编撰：《敦煌悬泉汉简释粹》，上海古籍出版社，2001年，第39页。

觻里至偦次九十里　　　钧著置至屋兰五十里

　　偦次至小张掖六十里　　屋兰至氐池至十里

　　　　　　　　　　　　（以上为第二栏）（E.P.T59：582）

简文虽然只局部反映了长安至居延地区间"列邮置于要害之路，驰命走驿，不绝于时月"①的情形，然而对于认识汉代通信形式，仍然是异常珍贵的资料。长安以交通之便利，统摄各地信息，并使政令军令迅速传达至边地的指挥效力，也得以体现。

敦煌悬泉置出土汉简也有关于交通里程的信息，其中也可见与"长安"之间路程的记录：

（26）张掖千二百七十五一，冥安二百一七，武威千七百二，安定高平三千一百五十一里……（V 1611［3］：39A）

金城允吾二千八百八十里，东南。天水平襄二千八百卅，东南。东南去刺史□三□……一八十里……长安四千八十……（V 1611［3］：39B）

《汉书》卷九六《西域传》多列述西域诸国距中原的空间行程，称"去都护"若干里，"去阳关"若干里，"去长安"若干里。据《汉书》卷九六上《西域传上》，有两例同时说到"去阳关"与"去长安"里程：

婼羌国王号去胡来王。去阳关千八百里，去长安六千三百里。

鄯善国，本名楼兰，王治扜泥城，去阳关千六百里，去长安六千一百里。

则阳关距离长安的里程为四千五百里。由此可以推知（26）"长安四千八十"的位置，应大致在西距阳关四百二十里，东距"冥安二百一七"里的地方，相当于今甘肃安西西南的敦煌郡广至、效谷附近，或即宜禾都尉所在。

敦煌悬泉置出土汉简还有关于"厩"与"传马"制度的重要资料：

（27）制曰：下大司徒、大司空，臣谨案：令曰：未央厩、骑马、大厩马日食粟斗一升，叔（菽）一升。置传马粟斗一升，叔（菽）一升。其当空道日益粟，粟斗一升。长安、新丰、郑、华阴、渭成（城）、扶风厩传马加食，匹日粟斗一升。车骑马，匹日用粟、叔（菽）各一升。建始元年，丞相衡、御史大夫谭。（Ⅱ 0214［2］：556）

这里列举的"厩"，都是中枢和地方重要的管理运输动力的机关。有研究者认为，简文"是研究汉代马政的重要资料"。所谓"长安、新丰、郑、华阴、渭成

---

① 《后汉书》卷八八《西域传》。

（城）、扶风厩传马加食，匹日粟斗一升"，即按照《令》有关"其当空道日益粟，粟斗一升"的规定确定的等级。长安与长安以东"新丰、郑、华阴"和长安以西"渭成（城）、扶风"诸厩"当空道"的交通优势地位得到突出强调。正如胡平生、张德芳所指出的，"长安、新丰、郑、华阴，属京兆尹；渭城、扶风属右扶风，均为三辅地区厩置。前者属东线，后者属西线"①。然而，我们还注意到，"长安、新丰、郑、华阴"的排列次序，并不是简单地一律由西向东或者由东向西依空间方位的顺序，而是首列长安，随即是长安以东的"新丰、郑、华阴"，依由西向东次序；然后是长安以西的"渭成（城）、扶风"，又变换为由东向西的顺序。也就是说，完全是以长安为中心的。

简文所谓"当空道"，胡平生、张德芳解释说："《史记·大宛列传》：'而楼兰、姑师小国耳，当空道，攻劫汉使王恢等尤甚。''空道'即冲要之道路，亦作'孔道'。《汉书·西域传》：'（婼羌国）去长安六千三百里，辟在西南，不当孔道。'"②今按：《史记》卷一二三《大宛列传》"张骞凿空"，裴骃《集解》中"苏林曰：'凿，开；空，通也。骞开通西域道。'"③《大宛列传》所谓"楼兰、姑师小国耳，当空道"，张守节《正义》："'空道'，孔道也。"④现在"空道"即"孔道"已经是通常的解说。《汉语大词典》："【空道】孔道；交通大道。《汉书·张骞传》：'楼兰、姑师小国，当空道。'颜师古注：'空，即孔也。'"⑤汉简文字所见"当空道"，可知"当空道"确实是西汉人惯用语。可能"空道"是正字，"孔道"是后出的说法。只是以"孔道"解释"空道"，恐未尽达其意。

《史记》卷一二三《大宛列传》关于列国方位，又有"当道"语。如："贰师将军军既西过盐水，当道小国恐，各坚城守，不肯给食。攻之不能下。"《汉书》卷九六上《西域传上》："出阳关，自近者始，曰婼羌。婼羌国王号去胡来王。去阳关千八百里，去长安六千三百里，辟在西南，不当孔道。户四百五十，口千七百五十，胜兵者五百人。西与且末接。随畜逐水草，不田作，仰鄯善、且末

---

① 胡平生、张德芳编撰：《敦煌悬泉汉简释粹》，上海古籍出版社，2001年，第7页。
② 胡平生、张德芳编撰：《敦煌悬泉汉简释粹》，上海古籍出版社，2001年，第7页。
③ 《汉书》卷六一《张骞传》有张骞"凿空"，颜师古注引苏林曰："凿，开也。空，通也。骞始开通西域道也。"颜师古说："空，孔也。犹言始凿其孔穴也。故此下言'当空道'，而《西域传》谓'孔道'也。"
④ 《汉书》卷六一《张骞传》："楼兰、姑师小国，当空道。"颜师古注："'空'即'孔'也。"
⑤ 《汉语大词典》（第8卷），汉语大词典出版社，1991年，第420页。

穀。山有铁，自作兵，兵有弓、矛、服刀、剑、甲。西北至鄯善，乃当道云。"看来，"当道"与"当空道"似有区别。然而《史记》卷一二三《大宛列传》言"楼兰、姑师小国，当空道"，《汉书》卷九六上《西域传上》又说"楼兰、姑师当道，苦之"。大概班固的理解，"当道"和"当空道"没有太大的区别。

《汉书》卷九六上《西域传上》颜师古注解释"孔道"："孔道者，穿山险而为道，犹今言穴径耳。"如果以颜师古注"穿山险而为道"与"穴径"理解"孔道"，似乎不能与"空道"同义。

看来，对于"当空道"以及"凿空"的理解，还可以继续讨论。大致说来，胡平生、张德芳"'空道'即冲要之道路"的解释应当接近原意。可能人们感兴趣的，是为什么"冲要之道路"称作"空道"。一些学者在对"当空道"的讨论中提示"空"有多种读音，以为在这里应作"上声音孔"，而另外又有"去声音控"者。①也许"控"的意义，可以给我们有意义的启示。

四、汉代河西的长安人

从军至河西承担防务和劳务的吏卒，许多出生于内地各郡国。标识他们的籍贯的简文，成为历史人文地理研究者和汉代社会生活研究者重视的资料。例如，周振鹤研究西汉政区地理，就居延汉简出现的郡县名有所讨论："居延汉简有'魏郡贝丘'之记载（82.9），说明《汉志》清河贝丘县曾隶属过魏郡，但隶属的具体时间不明。"②劳榦在《论汉代之陆运与水运》一文中曾列举居延出土与"戍卒"身份相关的"车父"简③，指出："运输之车运至塞上者，且远自梁国魏郡诸境"，"今据汉简之文，山东之车率以若干车编为车队，行数千里，转运之难，大略可想"。④

《汉书》卷七七《盖宽饶传》："身为司隶，子常步行自戍北边，公廉如此。"颜师古注"苏林曰：'子自行戍，不取代。'"这是长安高官子弟亦远戍北边的实例。交通方式为"步行"，于是被看作"公廉"的模范。生活在西北边塞的长安人，其身份显示屡见于居延汉简。如：

（28）长安宜里阎常字中允　出　乘方相车驾桃华牡马一匹齿十八岁

---

① 〔明〕杨慎：《丹铅总录》卷一四《订讹类》"空有四音"条；〔明〕徐应秋：《玉芝堂谈荟》卷三一"苴字十四音"条。
② 周振鹤：《西汉政区地理》，人民出版社，1987年，第82页。
③ 关于"车父"身份，参见王子今：《居延汉简所见〈车父名籍〉》，《中国历史博物馆馆刊》1992年总第18、19期；《关于居延"车父"简》，见《简帛研究》（第2辑），法律出版社，1996年。
④ 劳榦：《论汉代之陆运与水运》，《中央研究院历史语言研究所集刊》，1948年第16本。

驈牝马一匹齿八岁皆十一月戊辰出　已（62.13）

（29）京兆尹长安棘里任□方　弩一矢廿四剑一　牛车一两挟持库丞
印封隔（280.4）

（30）京兆尹长安南里张延年　剑一（280.8）

（31）□□长就武强卒长安

　　　　□□□掾□□□（284.15A）

（32）长安嚣陵里尹胜□（340.34）

（33）　　　　　　　阎放复致北出

长安假阳里阎丹年十一　三月己巳南啬夫入守亭长出五月

　　　孙昌复致北出

壬申北守亭长当出（502.2）

（34）长安有利里宋赏年廿四　长七尺二寸黑色𠂤（甲附37）

这些简文应当多是记录身份的文书。

又有纪事文书：

（35）凡书廿三封合檄一

元延三年五月从史义叩头死罪死罪义以四月□

五日书下自罢其六日幼实受长安苟里李□□（E.P.T51：416A）

涉及一位"长安苟里"人李某。

另一简例，言及"客居长安"事：

（36）正月癸酉河南都尉忠丞下郡大守诸侯相承书从事下当用者实字
子功年五十六大状黑色长须建昭二年八月
庚辰亡过客居长安当利里者雒阳上商里范义壬午实买所乘车马
更乘骓牡马白蜀车縢布并涂载布（157.24A）

敦煌汉简有"家在常安"简文者，反映河西军官不仅出身长安，而且家庭尚在长安的情形：

（37）都尉姓吕□君家在常安　府司马文尹家在缪□　十人日少□
司马丞王游房家在□□　司马□□□家在常安　关候名
（2042A）

其中两人"都尉姓吕□君""司马□□□"，简文明确显示"家在常安"，应是王莽时代长安人远赴河西任职的文物记录。

甘肃武威磨咀子汉墓出土《王杖诏书令》册中，序号为"第十二"和"第廿四"两枚简，也有长安居民身份出现在简文中：

（38）长安敬上里公乘臣广昧死上书（正面）
第十二（背面） （153）
（39）司马护坐擅召鸠杖主击留弃市长安东乡啬夫田宣坐（正面）
第廿四（背面） （164）①

简文内容显然也是我们了解河西汉塞的长安人的有意义的资料。

另外，又有敦煌汉简：
☐长安将作格　☐（1066A）
☐载苇解何　　☐（1066B）
☐吏受☐　　　☐（1066C）

简文出现"长安"字样，但是因残坏过甚，文意不能理解，也许不宜作为有关长安人活动于河西地方的讨论对象。

五、以汉简为资料的西汉长安乡里研究

《汉书》卷九九中《王莽传中》说王莽天凤元年（14）"分长安城旁六乡"，"莽下书曰：'常安西都曰六乡。'"据《汉书》卷九九下《王莽传下》，王莽地皇元年（20）下书，有"常安六乡巨邑之都"语。而长安乡名，据文献可知有"建章乡"②。出土瓦当可见"卢乡"文字。③而"东乡"则见于前引（39）。

《三辅黄图》卷二"长安城中闾里"条："长安闾里一百六十，室居栉比，门巷修直。有宣明、建阳、昌阴、尚冠、修城、黄棘、北焕、南平等里。"《汉书》：万石君奋徙家长安戚里。宣帝在民间时常在尚冠里。刘向《列女传》：节女"长安大昌里人之妻也"。《文选》卷一〇潘岳《西征赋》："所谓尚冠、修成、黄棘、宣明、建阳、昌阴、北焕、南平，皆夷漫涤荡，亡其处而有其名。""戚里"见《史记》卷一〇三《万石张叔列传》。"尚冠里"见《汉书》卷八《宣帝纪》。"大昌里"见《列女传》卷五《节义传·京师节女》。④《文选》李善注引《汉书》解释"修成"里名："武帝同母姊金王孙女号修成君。"《史记》卷一〇三《万石张叔列传》可见"陵里"。《三辅黄图》卷一"都城十二门"条可见

---

① 李均明、何双全编：《散见简牍合辑》，文物出版社，1990年，第16、17页。
② 《华阳国志·巴志》。
③ 陈直：《秦汉瓦当概述》《关中秦汉陶录提要》，见《摹庐丛著七种》，齐鲁书社，1981年，第370、394页。
④ "大昌里"见于居延汉简229.1，但是未能明确是长安里名。故宫博物院藏印有"大昌里印"，罗福颐主编《秦汉南北朝官印征存》以为"东汉官印"（文物出版社，1987年，第189页）。

"函里门"。《太平御览》卷八二七引《汉宫殿疏》可见"李里市"。《汉书》卷九七上《外戚传上·孝武钩弋赵倢伃》颜师古注可见"孝里"。

何双全辑录有关长安乡里的简牍资料，列有"里9"，即云阳、当利、棘里、苟里、有利、假阳、嚚陵、宜里、南里。①关于其中"云阳"，似认识有误。据前引（2）简文"在长安云阳者"，误以为"云阳"为长安里名。云阳曾称"云阳都"②，地位仅次于长安。由甘泉宫所在的云阳再向北，有直道直通北方长城防线。汉武帝多次长住甘泉，往复云阳与长安之间。何双全列举的长安其他8个里，对应前引简例：

  当利里（36），棘里（29），苟里（35），有利里（34），假阳里（33），嚚陵里（32），宜里（28），南里（30）。

我们又可以补充一例：敬上里（38）。这样，我们已经知道的长安里名有宣明里、建阳里、昌阴里、尚冠里、修成里、黄棘里、北焕里、南平里、大昌里、戚里、陵里、函里、李里、孝里、当利里、棘里、苟里、有利里、假阳里、嚚陵里、宜里、南里、敬上里，共计23个。③

六、《肩水金关汉简（壹）》提供的新信息

《肩水金关汉简（壹）》的面世，使得居延汉简研究的学术空间更为广阔，为我们全面认识汉代河西社会，增益了新的历史文化信息。其中可以发掘的长安史料、学术价值也是可贵的。

  （40）京兆尹长安定陵里公乘况阳遂年卅二长七尺二寸黑色☐（73EJT9：24）

  （41）从者京兆尹长安大原里贾相年十六岁长五尺黑色☐（73EJT9：94A）

  （42）长安新里公大夫张骏年卅五长七尺三寸黑色 五月壬子出　丿（73EJT9：98）

---

① 何双全：《〈汉简·乡里志〉及其研究》，见甘肃文物考古研究所编：《秦汉简牍论文集》，甘肃人民出版社，1989年，第151页。
② 《汉书》卷六《武帝纪》有元封二年（前109）六月，"诏曰：'甘泉宫内中产芝，九茎连叶。上帝博临，不异下房，赐朕弘休。其赦天下，赐云阳都百户牛酒。'作《芝房之歌》。"《汉书》卷二二《礼乐志》："玄气之精，回复此都。"颜师古注："言天气之精，回旋反复于此云阳之都，谓甘泉也。"陈直《汉书新证》："西汉未央、长乐二宫规模阔大之外，则数甘泉宫。甘泉在云阳，比其他县为重要，故称以'云阳都'。"参见陈直：《汉书新证》，天津人民出版社，1979年，第35页。
③ 王子今：《汉代长安乡里考》，《人文杂志》1992年第6期。

（43）妻京兆尹长安长乐□□（73EJT9：188）
（44）京兆尹长安长彦里公乘蔡福年卅□（73EJT9：258）
（45）京兆尹长安□（73EJT9：280）
（46）京兆尹长安青柳里男子欣□（73EJT10：152）
（47）长安成乐里张长乐　　　□（73EJT10：289）

（43）"京兆尹长安长乐□"，可读作"京兆尹长安长乐里"。这样，除（45）里名缺失外，我们又得到了有关7个明确的长安里名的认识。又前引（16）简文"五凤二年五月壬子朔乙亥南乡啬夫武佐宗敢言之北阳曲里男子谨案弘年廿二毋官狱征事当得取传里父老丁禹证谒言廷移过所□□六月庚寅长安守右丞汤移过所县邑如律令掾充令史宗"（73EJT9：92A）和"三月壬辰不弘以来章曰长安右丞□三月壬辰"（73EJT9：92B）中，"南乡"和"北阳曲里"似应当理解为长安乡里。如此，则我们认识的长安的乡名和里名，又增益了1个乡和8个里：南乡（16）。定陵里（40），大原里（41），新里（42），长乐里（43），长彦里（44），青柳里（46），成乐里（47），北阳曲里（16）。我们对于长安乡里设置的了解，已经得知4个乡名和31个里名。而（16）提供的信息，明确告知我们"北阳曲里"在"南乡"属下。

陈直曾经提出汉代里名记载"互有详略"的意见："居延木简有长安棘里名籍，当即《三辅黄图》及潘岳《西征赋》所记黄棘里之省称。"他以为简文"宜里""宜字疑宣字之误释"，"宣里"是"宣明里之简称"。"据此《汉书》与木简，在名称上互有详略，木简之梁陵里，即本传之陵里，更可灼然无疑。"①"棘里"和"黄棘里"以及"南里"和"南平里"的关系，可能即体现所谓"互有详略"。或许亦反映正式定名和民间俗称的区别。而汉简资料显然较《三辅黄图》及潘岳《西征赋》所记年代更早，亦更为可靠。然而对于所谓"省称""简称"应在看到确凿实证的情况下做有限定条件的理解。例如"大昌里"和"昌阴里"，"建阳里"和"假阳里"，以及同见于汉简资料的"当利里"和"有利里"等，"省称""简称"可能出现混乱。②尤其是"长乐里"与"长彦里""成乐里"各重叠一字，则完全不可能"省称""简称"。陈直的意见"《汉书》与木简，在名称上互有详略，木简之梁陵里，即本传之陵里，更可灼然无疑"，似可修正。所谓"木简之梁陵里"，即前引（32）"嚣陵里"。如果说"陵里"是"嚣陵里"的"省称""简称"，则难以设想同见于居延汉简的（40）"定陵里"应当如何"省

---

① 陈直：《汉书新证》，天津人民出版社，1959年，第283页；陈直：《居延汉简解要》，见《居延汉简研究》，天津古籍出版社，1986年，第423、427页。
② 王子今：《汉代长安乡里考》，《人文杂志》1992年第6期。

称""简称"。

七、有关"长安诸陵"的简牍资料

史籍可见"长安诸陵"①"诸陵长安"②以及"长安五陵"③等区域代号。正如杨宽所指出的，西汉陵邑应看作构成汉长安城的要素之一。④长安大都市功能的实现，确实因诸陵邑的作用而得以补充。⑤班固《西都赋》："若乃观其四郊，浮游近县，则南望杜、霸，北眺五陵，名都对郭，邑居相承，英俊之域，绂冕所兴，冠盖如云，七相三公。与乎州郡之豪桀，五都之货殖，三选七迁，充奉陵邑，盖以强干弱枝，隆上都而观万国也。""万国""豪桀""英俊"，于是聚萃于"上都"。实际上"五陵""近县"，也成为"英俊之域，绂冕所兴，冠盖如云，七相三公"的文明胜地。《后汉书》卷四〇上《班固传》李贤注对"浮游近县"的解释是"'浮游'谓周流也"。长安"四郊""近县"的特殊关系，使得诸陵邑在某种意义上已经成为长安的卫星城⑥，或亦可看作大长安的有机构成⑦。武伯纶总结五陵人物的文化贡献时曾经指出："他们都以迁徙的原因而列于汉帝诸陵。他们从汉代各个地区（包括民族）流动而来，造成了帝陵附近人口的增殖及人才的汇合，形成一个特殊的区域文化。""这无疑是中国汉代历史上人文地理研究中的一个重要课题。""对这种人物的流动促成的汉代某些地区文化的扩散和融合现象，以及对后代的影响，如果加以研究，将会更加丰富汉代的文化史及中国文化史的内容，并有新的发现。"⑧这些人物"从汉代各个地区（包括民族）流动而来"的情形固然值得注意，但是他们成为"五陵人物"之后向其他地区的"流动"，以及因此导致的"汉代某些地区"例如河西地区"文化的扩散和融合现象"，也是有意义的研究主题。

---

① 《史记》卷一二九《货殖列传》。
② 《汉书》卷七〇《爰盎传》。
③ 《汉书》卷九二《游侠传·原涉》。
④ 杨宽：《西汉长安布局结构的探讨》，《文博》1984年创刊号；杨宽：《西汉长安布局结构的再探讨》，《考古》1989年第4期。
⑤ 王子今：《西汉长安居民的生存空间》，《人文杂志》2007年第2期。
⑥ 刘文瑞：《试论西汉长安的卫星城镇》，《陕西地方志通讯》1987年第5期；刘文瑞：《我国最早的卫星城镇——试论西汉长安诸陵邑》，《咸阳师专学报》1988年第1期；王子今：《西汉帝陵方位与长安地区的交通形势》，《唐都学刊》1995年第3期；《西汉诸陵分布与古长安附近的交通格局》，见西安市交通局史志编纂委员会编：《西安古代交通志》，陕西人民出版社，1997年。
⑦ 王子今：《西汉长安的公共空间》，《中国历史地理论丛》2012年第1期。
⑧ 武伯纶：《五陵人物志》，《文博》1991年第5期。

河西汉简的相关内容因此值得关注。

何双全依据简牍资料进行的乡里研究，京兆尹属县列有"奉明里1"：善居；右扶风属县列有"安陵里1"：高里；"茂陵里3"：东进，果城，俑擅；"平陵里3"：德明，长蘉，敬事。①所依据的简例，据我们看到的已经发表的资料，应当是：

（48）奉明善居里公乘丘谊年六十九……（53.15）

（49）骑士安陵高里孙非子　弩　疾温（395.1）

（50）　　　　　　　　　车一两
　　　　入粟大石廿五石　　正月癸卯甲渠官掾谭受訾家茂陵东进里赵君
　　　　壮就

　　　　　　　　　　〇

　　　　人肩水里郅宗（E.P.T59：100）

（51）茂陵果城里侯普年卅　　乘兰车

　　　　　　　　　　　　　　　　　　　　十二月丁亥南入

　　　　茂陵阳耀里段乘年廿五　驿牝马一匹（502.6）

（52）名捕平陵德明里李蓬字游君年卅二、三　坐贼杀平陵游徼周　攻
　　　　□□市贼杀游徼业谭等亡为人奴□（114.21）

（53）诏所名捕平陵长蘉里男子杜光字长孙故南阳杜衍□
　　　　多□黑色肥大头少发年可　七八□□□□五寸□□□杨伯
　　　　初亡时驾骝牡马乘阑辇车黄车茵张白车蓬骑骝牡马
　　　　　因坐役使流亡□户百廿三擅置田监
　　　　　史不法不道丞相御史□执金吾家属
　　　　　所二千石奉捕（183.13）

如果我们放宽"长安"的视界，则（52）（53）也可以列入上文讨论的"汉简长安治安史料"。又一简例：

（54）建平三年五月庚戌朔己未治书侍御史听天侍御史望使移部刺史
　　　　郡大守诸侯相□
　　　　男子欣相赐茂陵女子纪姣皆有罪疑殊死以上与家属俱亡章所及
　　　　奸能当穷竟□（E.P.T43：31）

同样宜归入"汉简长安治安史料"。

有出现"长陵"字样的简例：

---

① 何双全：《〈汉简·乡里志〉及其研究》，见甘肃文物考古研究所编：《秦汉简牍论文集》，甘肃人民出版社，1989年，第151页。

（55）□□田三顷庐舍直百五□

长陵卖中溉田廿顷庐舍直四百□

溉中田卅顷庐舍直二百万□（E.P.T50：33A）

丞□□（E.P.T50：33B）

从简文格式以及B面出现"丞"字看，内容可能与前引（15）（16）"欲取传""毋官狱征事当得取传"以及大湾出土505.37简"欲取检""更赋皆给当得取检"等有相似处，只不过所证明的，既不是"毋官狱征事"，也不是"更赋皆给"。所言"长陵"田舍买卖记录保留于河西边塞，当自有原因。

居延汉简又可见言及"茂陵"的如下简文：

（56）丞相□平陵女子孙止自言弟□□移粟茂陵阝□□不除　食石二

卻□□利官材取粟少千五百九十石□米治食□言□□□□　四

月五日乙丑移书七月五日三□（257.30）

（57）□以丁酉到令居延令武　书言谨案吏除射师茂陵□（290.7）

（56）同时出现"茂陵"和"平陵"。其中"平陵女子孙止"简文可以和（54）"茂陵女子纪姣"对照理解。

又有比较罕见的出现"杜陵"字样的简例：

（58）北书五封　一封遣杜陵左尉印诣居延封破□□旁封十月丙寅起

卒顺（505.39）

这是"杜陵"与"居延"之间军事文书传递的实例。肩水金关简还有体现家乡为"茂陵""长陵"的服役者的信息：

（59）□茂陵道德里公乘王相年卅五长七尺四寸　　黑色　　□□

（73EJT8：4）

（60）戍卒长陵西仁里掌谊　　　□（73EJT9：204）

（61）大常长陵宜成里工程王尊年卅六岁长七尺五寸　　　□

（73EJT10：181）

这三例都有里名资料。

《散见简牍合辑》所收甘肃甘谷汉简出现"霸陵"简文：

□以补正刘奉客霸陵不欲为吏□□□召蜀刘饶□

□遂爵召明给事又乡掾长萌等□令又均出廿钱及吏张□□□（正面）

第三（背面）（30）①

---

① 李均明、何双全编：《散见简牍合辑》，文物出版社，1990年，第16—17页。

刘奉"客霸陵",即非正式,而是短暂居住在"霸陵"。又《疏勒河流域出土汉简》收有两例显示"长陵"和"霸陵"里名的简文:

（62）一霸陵西新里田由（29）

（63）应募士长陵仁里大夫孙尚（30）[①]

这两则简文虽然也并非河西汉简资料,然而告知我们"长安诸陵"人行至较河西更为遥远地方的经历。

这样,我们对于"长安诸陵"的里的认识,可以在何双全工作收获的基础上有新的补充,即长陵:西仁里（60）,宜成里（61）,仁里（63）;霸陵:西新里（62）;茂陵:道德里（59）。

原载《出土文献》（第3辑）,中西书局,2012年

（王子今,西北大学历史学院教授）

[①] 林梅村、李均明编:《疏勒河流域出土汉简》,文物出版社,1984年,第99页。

关于隋唐长安研究的几点思考

荣新江

隋大兴城亦即唐长安城①，既是从皇帝、百官到庶民、僧道的生活居住空间，又是帝国各项行政制度运作的舞台，这里是隋唐帝国的核心。因此，对于长安城的理解和研究，是我们研究隋唐时代许多方面的基础。

长安是隋唐帝国政治、经济、军事的中枢，盛唐时期的长安也可以说是中国文化乃至当时东西方文化的汇聚之都。但从安史之乱开始，长安成为历朝历代军阀劫掠的对象，文化时聚时灭，加上自然力的破坏，使得长安的面貌早已今非昔比，有关的典籍图书也大多散佚。唐代长安地面上的建筑大多早已不复存在，然而其昔日的荣光，仍然通过唐朝的地志、画史、碑记、寺塔记，以及诗人的吟咏篇什、笔记小说的故事等，多多少少地保留下来，可以让我们透过文献记载，去想象大唐都市的辉煌。

对于长安，我们已经拥有了丰硕的研究成果，这些研究成果比较集中在以下几个方面：

（1）相关文献的整理与增补。有关长安的文献，保存下来的主要有开元十年（722）韦述撰《两京新记》残本和北宋宋敏求撰《长安志》，清人徐松以《长安志》为基，参照其他相关文献，撰成《唐两京城坊考》，成为近人研究长安的奠基之作。在此基础上，近代以来，学者们在《两京新记》的校订、辑佚上，取得了突出的成绩②；

---

① 以下为行文方便，以长安城统称隋大兴城和唐长安城。
② 周叔迦：《订正〈两京新记〉》，见《服部先生古稀祝贺纪念论文集》，1936年，第503—521页；收入《周叔迦佛学论著集》（下集），中华书局，1991年，第953—968页。岑仲勉：《两京新记卷三残卷复原》，《中央研究院历史语言研究所集刊》1947年第9本，第545—580页；收入《岑仲勉史学论文集》，中华书局，1990年。［日］福山敏男：《校注两京新记卷第三及び解说》，《美术研究》1953年第170号，第31—65页；收入《福山敏男著作集》之六《中国建筑と金石文の研究》，第105—184页。［日］平冈武夫：《唐代长安和洛阳（资料）》，上海古籍出版社，1989年，"序说"第9—30页。陈尚君：《晏殊〈类要〉研究》，见北京大学中国传统文化研究中心编：《文化的馈赠——汉学研究国际会议论文集》（语言文学卷），北京大学出版社，2000年，第323—336页。

并且遵循着徐松的做法，发掘古籍文献记载、考古调查成果以及新出土碑志资料，对长安宫室建筑、坊里住宅都进行了大量的增补和考订。①

（2）都城制度及其演变的探讨。长安以其宏大的城郭、整齐的宫城与坊里设计而给人以突出的印象，学者们为了追寻这种都城建筑设计的思想来源，提出了多种说法，探讨了从《周礼·考工记》所记城郭制度以及汉魏以来北方主要王朝的都城与长安城的关系。②虽然迄今尚无一个统一的看法，但这无疑加深了我们对于长安城设计中折中取舍中国传统文化与外来因素的认识。学者还进一步研究了长安这种整齐划一的都城制度对于隋唐政治、经济、文化的影响③，以及随着唐朝政治的发展，大明宫、兴庆宫的建立改变了长安的宫室格局，从而影响了唐朝中央的政治格局和

---

① 主要成果有张忱石：《唐两京坊宅补遗》，《古籍整理与研究》1988年第2期，第38—72页；阎文儒、阎万钧编著：《两京城坊考补》，河南人民出版社，1992年；杨鸿年：《隋唐宫廷建筑考》，陕西人民出版社，1992年；〔清〕徐松撰，李健超增订：《增订唐两京城坊考》，三秦出版社，1996年；杨鸿年：《隋唐两京坊里谱》，上海古籍出版社，1999年。

② 主要点见〔日〕那波利贞：《中国首都計劃史より考察したる唐の長安城》，见《桑原博士还历纪念东洋史论丛》，东京弘文堂，1930年，第1203—1269页；陈寅恪：《隋唐制度渊源略论稿》，中华书局，1977年；Arthur F. Wright, "Symbolism and Function", *Journal of Asian Studies*, 24, 1965, pp. 667-679；〔日〕田中淡：《隋唐建築家の設計と考証》，见《中国の科学と科学者》，京都大学人文科学研究所，1978年，第209—306页；〔日〕妹尾达彦：《長安の都市計画》，讲谈社，2001年；Xiong Cunrui, "Re-evaluation of the Nabe-Theory on the Exoticism of Daxingcheng, the First Sui Capital", *Papers on Far Eastern History*, 35, 1987, pp. 136-166; Xiong Cunrui, "The Planning of Daxingcheng, The First capital of the Sui Dynasty", *Papers on Far Eastern History*, 37, 1988, pp. 43-80；宿白：《隋唐城址类型初探》，见《纪念北京大学考古专业三十周年论文集》，文物出版社，1990年，第279—285页；郭湖生：《魏晋南北朝至隋唐宫室制度沿革——兼论日本平城京的宫室制度》，见〔日〕山田庆完、〔日〕田中淡：《中国古代科学史论（续篇）》，京都大学人文科学研究所，1991年，第753—805页；傅熹年：《隋唐长安洛阳规划手法的探讨》，《文物》1995年第3期，第48—63页。

③ 参见徐苹芳：《唐代两京的政治、经济和文化生活》，《考古》1982年第6期，第647—656页；〔日〕妹尾达彦：《唐代の科挙制度と長安合格儀礼》，见《律令制——中国、朝鲜の法と国家》，汲古书院，1986，第239—274页；〔日〕妹尾达彦：《唐長安城の儀礼空間——皇帝儀礼の舞台と中心に》，《东洋文化》1992年第72号，第1—35页；〔日〕金子修一：《唐太極殿と大明宮——即位儀礼におけるその役割について》，《山梨大学教育学部研究报告》1993年第44号，第52—64页。

制度变更①，甚至官人的宅第也逐渐从西街向东街转移，形成"东贵西富"的新格局②；而长安经济、文化的发展，也使得旧有的坊里制度不再适应新经济体制和文化需求，从而导致了坊墙的突破和侵街现象的出现③。

（3）考古发掘的成就。长安城的考古发掘，为我们正确认识文献记载提供了科学的依据，并且把长安局部的研究细致到一砖一瓦。虽然这是一项长期的工作，目前为止的成果还非常有限，但我们已经从有关考古发掘的报告中，重新认识了唐长安城的地基、坊里的基本情况④，大明宫及其内部含元殿、麟德殿的建筑布局在逐步澄清⑤，长安城明德门、含光门的基址有助于推测其壮观⑥，大寺院如青龙寺、西明

---

① 参见［日］佐藤武敏：《唐長安の宮城について》，见《江上波夫教授古稀纪念论集：考古、美术篇》，东京，1976年，第227—241页；［日］松本保宣：《唐後半期における延英殿の機能について》，《立命馆文学》1990年第516号，第71—115页；赵雨乐：《唐宋变革期之军政制度：官僚机构与等级构成》，文史哲出版社，1994年；赵雨乐：《唐代宫廷防卫与宦官权力渊源》，见朱雷主编：《唐代的历史与社会——中国唐史学会第六届年会暨国际唐史学术研讨会论文选集》，武汉大学出版社，1997年，第45—58页；［日］妹尾达彦：《大明宫的建筑形式与唐后期的长安》，《中国历史地理论丛》1997年第4期，第97—108页；［日］妹尾达彦：《中唐の社会と大明宮》，见《中唐文学的视角》，创文社，1998年，第339—356页。

② ［日］妹尾达彦：《唐長安城の官人居住地》，《东洋史研究》1996年第55卷第2号，第35—74页。

③ 刘淑芬：《中古都城坊制的崩解》，《大陆杂志》1980年第82卷第1期，第31—48页；刘淑芬：《六朝的城市与社会》，学生书局，1992年，第441—480页；史念海：《唐长安城外郭城街道及坊里的变迁》，《中国历史地理论丛》1994年第1期，第1—25页；史念海：《唐代历史地理研究》，中国社会科学出版社，1998年，第272—312页；李孝聪：《唐代城市的形态与地域结构——以坊市制的演变为线索》，见《唐代地域结构与运作空间》，上海辞书出版社，2003年，第248—306页。

④ 陕西省文物管理委员会：《唐长安城地基初步探测》，《考古学报》1958年第3期，第79—94页；陕西省博物馆、陕西文物管理委员会钻探组：《唐长安兴化坊遗址钻探简报》，《文物》1972年第1期，第43—46页；中国社会科学院考古研究所西安唐城工作队：《唐长安城安定坊发掘记》，《考古》1989年第4期，第319—323页。

⑤ 中国科学院考古研究所编著：《唐长安大明宫》，科学出版社，1959年；马得志：《1959—1960年唐大明宫发掘简报》，《考古》1961年第7期，第341—344页；刘致平、傅熹年：《麟德殿复原的初步研究》，《考古》1963年第7期，第385—392页；傅熹年：《唐长安大明宫含元殿原状的探讨》，《文物》1973年第7期，第30—48页；傅熹年：《唐长安大明宫玄武门及重玄门复原研究》，《考古学报》1977年第2期，第131—158页；中国社会科学院考古研究所西安唐城工作队：《唐大明宫含元殿遗址1995—1996年发掘报告》，《考古学报》1997年第3期，第341—406页。

⑥ 中国社会科学院考古研究所西安唐城工作队：《唐长安城明德门遗址发掘简报》，《考古》1974年第1期，第33—39页；傅熹年：《唐长安明德门原状的探讨》，《考古》1977年第6期，第409—412页；傅熹年：《对含元殿遗址及原状的再讨论》，《文物》1998年第4期，第76—87页；马得志：《唐长安皇城含光门遗址发掘简报》，《考古》1987年第5期，第441—448页。

寺、实际寺也部分揭露出来①,还有西市遗址、何家村窖藏以及扶风法门寺地宫等处的发掘②,都为长安的研究提供了丰富多彩的实物资料。

（4）历史地理研究的丰富成果。对于长安城及其周边地域的历史地理学考察,取得了丰硕的成果。在这方面,大到长安城周边的环境变迁、自然山河对城市的影响、长安与各地的交通路线,小到坊里名称的变化,宫室、寺院或住宅的位置所在,都有不同层次的探讨③。

然而,相对于长安的重要性来说,我们对于它的研究还是非常不够的,涉及的方面也不够广泛。特别是多年来的长安研究,主要局限在历史地理、考古、都城建筑等学科范围,而没有和长安丰富的人文历史内涵结合起来。

笔者在研究隋唐史和敦煌学的过程中,不断在思考一个问题,即长安是兴盛的大唐帝国的首都,敦煌是唐朝丝绸之路上的边陲重镇,由于特殊的原因,敦煌藏经洞和敦煌石窟保留了丰富的文献和图像资料,引发了一个多世纪以来的敦煌学研究热潮;相反,虽然有关长安的资料并不少于敦煌,但因为材料分散,又不是集中被发现,所以有关长安的研究远不如敦煌的研究那样丰富多彩,甚至也没有建立起像"敦煌学"那样的"长安学"来。然而,只要我们读一下唐人张彦远《历代名画记》关于长安千福寺的记载,看一看《旧唐书》卷一〇二《韦述传》关于其家藏文献文物的有关文字,我们就可以断言,敦煌资料的丰富程度远远不能和长安相比

---

① 中国社会科学院考古研究所西安唐城工作队：《唐青龙寺遗址发掘简报》,《考古》1974年第5期,第322—327、321页;中国社会科学院考古研究所西安唐城工作队：《唐长安青龙寺遗址》,《考古学报》1989年第2期,第231—262页;中国社会科学院考古研究所西安唐城工作队：《唐长安西明寺遗址发掘简报》,《考古》1990年第1期,第45—55;安家瑶：《唐长安西明寺遗址的考古发现》,见荣新江主编：《唐研究》（第6卷）,北京大学出版社,2000年,第337—352页。

② 中国社会科学院考古研究所西安唐城工作队：《唐长安城西市遗址发掘》,《考古》1961年第5期,第248—250页;陕西省博物馆、文管会革委会写作小组：《西安南郊何家村发现唐代窖藏文物》,《文物》1972年第1期,第30—42页;陕西省法门寺考古队：《扶风法门寺唐代地宫发掘简报》,《文物》1988年第10期,第1—26页。

③ 主要成果见武伯纶：《古城集》,三秦出版社,1987年;严耕望：《唐代交通图考》（第1—3卷）,"中央研究院"历史语言研究所,1985年;李之勤：《西北史地研究》,中州古籍出版社,1994年;史念海：《中国古都和文化》,中华书局,1998年;史念海主编：《汉唐长安与黄土高原》（中日历史地理合作研究论文集第一辑）,《中国历史地理论丛》（增刊）1998年;史念海主编：《汉唐长安与关中平原》（中日历史地理合作研究论文集第二辑）,《中国历史地理论丛》（增刊）1999年;辛德勇：《隋唐两京丛考》,三秦出版社,1991年;辛德勇：《古代交通与地理文献研究》,中华书局,1996年。

拟。①换句话说，如果我们惊叹于敦煌艺术的精美，那当年长安寺院的图画一定更加精美绝伦；如果我们说敦煌文献丰富多彩，那也只是长安寺院藏经阁或学者书斋的冰山一角。

为了追寻长安昔日的辉煌，笔者组织了《两京新记》读书班，希望借助这部开元十年的著作，部分复原盛唐长安的景象，并以此为基础，来探讨长安的社会、文化等方面。

长安的研究是一项综合的研究，我们的读书班更加强调以下几方面的研究视角。

（1）打破从北到南的长安文献记载体系，注意地理、人文的空间联系。因为自从《两京新记》以来，有关长安坊里的专书都是从北向南依次叙述的，这种叙述方式必然影响到研究者对长安的理解，使得人们常常更多地考虑南北坊里之间的关系，而忽视了与东西相邻坊里的联系。其实，由于长安北面是皇宫禁苑，虽然有南墙上的三座门通向城南广阔的天地，通向终南山乃至巴蜀湘江，但从社会生活、东西交通等诸多角度来说，从金光门到春明门和从延平门到延兴门的两条大街，对于长安的意义更加重要。即使北面被皇城隔断的部分，东西的关联也大于南北，如《两京新记》记辅兴坊金仙、玉真二女观称："此二观南街，东当皇城之安福门，西出京城之开远门，车马往来，实为繁会。而二观门楼、绮榭，耸对通衢，西土夷夏，自远而至者，入城遥望，窅若天中。"东西南北的道路，把一些里坊从空间上联系起来，使得坊和坊之间的一些建筑物得以归入一组，而坊里之间一些人物的交流情景也就浮现出来，这在唐代的文学作品中有生动的写照。②

（2）从政治人物的住宅和宫室的变迁，重新审视政治史和政治制度史。过去研究发生在首都长安的政治事件的论著，很少注意事情发生的地点和与事件相关的人物所处的地理位置，陈寅恪先生曾强调玄武门的地理位置及其地势高低在玄武门之变中的重要性，是关注地理因素在政治事件中所起作用的少有的做法。其实，不论是玄武门之变还是唐朝前期历次宫廷革命，皇帝和争夺皇位的双方所处的地点，都是取胜与否的重要因素。③而仔细分析从武则天到唐玄宗时期的争

---

① 参见荣新江：《盛唐长安：物质文明闪烁之都》，见陕西历史博物馆、北京大学考古文博学院、北京大学震旦古代文明研究中心编著：《花舞大唐春——何家村遗宝精粹》，文物出版社，2003年，第47—53页。

② 朱玉麒《隋唐文学人物与长安坊里空间》即从文学作品中揭示了许多长安坊里间的人物关系，参见荣新江主编：《唐研究》（第9卷），北京大学出版社，2003年，第85—128页。

③ 参见孙英刚：《唐代前期宫廷革命研究》，见荣新江主编：《唐研究》（第7卷），北京大学出版社，2001年，第263—288页。

夺皇权的斗争各方所居住的地点，可以清楚地看出李氏家族和武、韦集团成员，是泾渭分明地分别住在宫城和皇城东西的大坊中的。①而唐玄宗以后不再发生皇子争夺政权的流血事件，和玄宗把皇子集中到长安城东北角的十六宅加以集中管理有密切关系。②

唐朝中央的职官设置和运作，更是与相关职官的衙署密切联系在一起。开元时玄宗听政于兴庆宫，天宝以后诸帝转移到大明宫起居，都对唐朝中央官僚体制和权力结构产生重大影响。③其中，内侍省从太极宫掖庭西南角隅之地，迁到大明宫右银台门内唐朝中枢神经的核心地带，为中晚唐宦官专权创造了有利的地理空间④。从政治人物的活动地点和一些重要的官府所在地，可以更加清楚地认识唐朝政治史的演进和政治制度的发展变化。

（3）走向社会史，对于长安进行不同社区的区分并分析研究。前人已经总结出长安城内坊里"东贵西富、南虚北实"的特征，妹尾达彦先生对于唐朝官人从西街向东街的迁徙走向做过详细的研究，给我们许多启发。长安是当时世界上屈指可数的大都会，其城内范围之广阔，其与城外别墅、山林、寺院的广泛联系，构成长安城内外的不同区域特色。从社会史的角度来探讨长安城内城外这些不同区域的特点，将会使我们更加仔细地观察到长安社会的一些细部，同时可以揭示出长安社会的一些变化情形。吐鲁番文书中幸存下来唐朝前期新昌坊当铺的文书，再和唐后期文人官僚的相关记载作对比，我们可以细微地观察到唐代前后期新昌坊的人文和自然景观的变化。⑤而条理分析终南山与长安城千丝万缕的联系，可以让我们看到长安社会的一个重要侧面。⑥

（4）找回《两京新记》的故事，追索唐朝长安居民的宗教、信仰以及神灵世界。从目前保存下来的《两京新记》卷三的抄本和《太平广记》保存的一些佚

---

① 孙英刚《隋唐长安的王府与王宅》和蒙曼《唐代长安的公主宅第》两文的相关部分，参见荣新江主编：《唐研究》（第9卷），北京大学出版社，2003年，第185—214，215—234页。
② 孙英刚：《隋唐长安的王府与王宅》，见荣新江主编：《唐研究》（第9卷），北京大学出版社，2003年，第185—214页。
③ 王静：《唐大明宫的构造形式与中央决策部门职能的变迁》，《文史》2002年第4期。
④ 王静：《唐大明宫内侍省及内使诸司的位置与宦官专权》，《燕京学报》（新16），北京大学出版社，2004年、第89—116页。
⑤ 王静：《唐代长安新昌坊的变迁》，见荣新江主编：《唐研究》（第7卷），北京大学出版社，2001年，第229—248页。
⑥ 王静：《终南山与唐代长安社会》，见荣新江主编：《唐研究》（第9卷），北京大学出版社，2003年，第129—168页。

文来看,《两京新记》区别于《长安志》以后记载长安坊里的著作的一个重要特征,就是伴随着一些著名的建筑物,不论是贵族百姓的住宅,还是官衙或寺观,都有生动的传说故事。有些故事在后人看来荒诞不经,所以被《长安志》的作者、正统的历史学家宋敏求删削迨尽,但事实上这些故事恰恰反映了长安居民的宗教信仰,并且赋予某些建筑物以人文色彩。《长安志》以后的长安坊里研究,受宋敏求的影响至巨,今人的研究更是以考证地理位置、新增宅第为主要目的,只要见到一方墓志,即补一个宅第,甚至使父子异户,夫妻分居,我曾在课堂上戏称长安研究几成"录鬼簿"。其实,把《两京新记》散失的故事找回来,我们可以从中聆听到长安居民讲述的美妙传说,观察长安居民的神界鬼域,思索长安居民的精神境地。那些今天看来是荒诞的故事,才是长安历史的真实;那些鬼怪传说,才是长安的精神世界。

长安是唐朝最辉煌的佛寺道观所在地,但丰富多彩的佛教、道教研究论著中,大多数是有关宗派和人物的研究,很少涉及他们所住或所学的寺院。长安的佛寺道观既是名僧高道的修习讲学之地,也是皇家、贵族、官僚、百姓供养的对象,它们和世俗社会有着密切的关系。我们注意到,唐朝前期的几个皇帝,都和某所大的寺院有着密切的联系,这些寺院有的是他的本宅,像唐中宗和荐福寺的关系就是这样的非同一般。[①]即使是保存下来的材料十分稀少的祆教神祠,如果汇集各地祆祠的有关记载,我们也可以观察到长安祆祠的社会功能。[②]对于长安各种宗教寺宇及其相关人物的研究,必将加深我们对唐朝宗教、信仰以及宗教社会史的认识。

长安的研究充满了魅力,长安的研究也是颇有收益的。我们的读书班虽然还没有结束,但已经陆续产生了一些研究成果,上面提到了从我们的研究视角出发所取得的初步成果。我们编辑这卷以"长安:社会生活空间与制度运作舞台"为题的研究专辑,为的就是集中展示长安研究的成果,我们邀请了妹尾达彦、齐东方教授赐以专文,并汇集相关的一些研究成果,如关于祭祀、台阁、陵墓的研究,我想这必将大大丰富人们对长安社会、文化的认识,推进唐代历史的研究。

最后应当说明的是,我所主持的"《两京新记》读书班"的研究工作,得到北京大学"盛唐研究"计划的资助,并得到北大中古史中心的大力支持,没有这里的丰富藏书,也就无法开展这项研究工作。在编辑这卷研究专辑的过程中,得到雷闻

---

① 孙英刚:《长安与荆州之间:唐中宗与佛教》,见荣新江主编:《唐代宗教信仰与社会》,上海辞书出版社,2003年,第125—150页。
② 荣新江:《北朝隋唐胡人聚落的宗教信仰与祆祠的社会功能》,见荣新江主编:《唐代宗教信仰与社会》,上海辞书出版社,2003年,第385—412页。

博士和王静、毕波两位同学的大力帮助；朱玉麒教授在北大历史系做博士后研究期间，也积极参与此项研究，也为本卷的编辑出了力，在此我一并表示衷心感谢。

原载《唐研究》（第9卷），北京大学出版社，2003年

（荣新江，北京大学博雅讲席教授，北京大学历史学系暨中国古代史研究中心教授）

唐代后期的长安与传奇小说
——以《李娃传》的分析为中心

[日] 妹尾达彦 著 宋金文 译

前言

众所周知，从唐代后期到宋代的中国社会，以城市化的发展为中心，货币经济开始向各方面渗透，商业规模扩大，商业组织日趋复杂化。其结果是增强了人才和物资的交流，促进了地方势力的抬头和庶民阶层的兴起。①随之，在流通较发达的城市中，出现了各具特色的庶民文化，特别是唐代的长安，人口已达一百万，城市文化更是纷繁多彩。②

长安是皇帝和达官显宦居住的政治首都，是国家仪礼、官僚机构的集中地。在这里，旧有的传统思想和最新的学术、文艺相交织，整个城市颇具活力。当然，这里也是遥远的西域服装款式、食物、音乐等文化得以迅速传播的地方，规模宏大的宫殿、寺院道观以及各具匠心的邸宅鳞次栉比，这里同时是质量优良的工艺品及陶瓷器大量生产的艺术中心。在这个城市里，以拥有庞大的非官方的市民人口，以作为国都聚积着全国的商业财富，以生活着不同出生地和不同身份阶层的人们的日常交往为背景，自开元、天宝年间以来，产生了许多著名的民间文艺和技能，并得到了发展。③

长安城市文化的发达跟长安城社会结构的转变有关。高宗龙朔二年（662）在长安城东北建造了大明宫，玄宗开元二年（714）在街东又兴建了兴庆宫等新宫殿。大规模

---

① [日]内藤湖南：《中国近世史》，见《内藤湖南全集》（第10卷），筑摩书房，1969年；[日]加藤繁：《关于宋代都市的发展》，见《中国经济史考证》（上），东洋文库，1952年；[日]斯波义信：《宋代商业史研究》，风间书房，1968年；[日]日野开三郎：《唐代邸店的研究》，九州大学文学部东洋史研究室，1968年；D. Twitchett, "Merchant, Trade and Government in Late T'ang", *Asia Major*, N. S. 14, Part 1, 1968。

② [日]石田干之助：《长安之春》，创元社，1941年（增订版，平凡社，1967年）；向达：《唐代长安与西域文明》，生活·读书·新知三联书店，1957年；[日]那波利贞：《关于唐开元以来到天宝初期时局巨变的考证》，见《唐代社会文化史研究》，创元社，1974年。

③ 有关唐代长安文化的研究成果，参见[日]妹尾达彦，"A Draft Bibliography of Works Concerning Ch'ang-an City during the T'ang Period", *Tang Studies* 2, 1984, pp. 129-186。

的土木建设，使城市人口更趋膨胀，工商业日益活跃。唐代后期，原来的坊市制城市规划遭到破坏，左右对称的坊市式居住区被打乱。沿着东西走向的交通干线，形成了街东高地的官僚居住区、街西低地的庶民居住区。位于街东官僚区中心的东市，周围是闹市区，密集着情报、金融机关等，是长安的市中心，也是产生精美工艺品和文艺作品的摇篮。① 而街西以西市为中心，是西域人街和贫民区，贱民和汉人商人亦聚居于此，庶民文化盛行。居住区的功能明显分化。上述内容可通过图1来表示。②

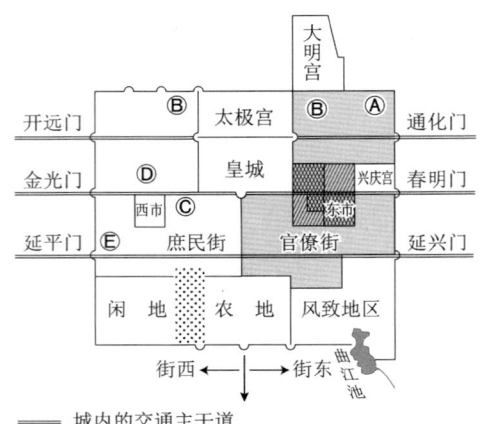

图 1 唐代长安城内土地利用的功能分化

（出自［日］妹尾达彦：《长安的都市规划》，讲谈社，2001年，第197页）

---

① 参见［日］妹尾达彦：《唐代长安的闹区》，《史流》1986年第27期。
② 图1是在以下妹尾达彦的文章基础上绘成：［日］布目潮渢、［日］妹尾达彦：《唐代长安的城市形态》，见《唐宋时代行政、经济地图的制作·研究成果报告书》，大阪大学教养部，1981年；"The Urban Social Structure of Chang'an：583-904"（这是1983年召开第三十一届国际亚洲、北非洲人文科学会议时提交的论文，要点见Proceedings of 31st International Congress of Human Sciences in Asia and North Africa, Tokyo, Toho gakkai, 1984, pp. 83-85）；《唐代长安的街西》，《史流》1984年第25期；"The Urban Systems of Chang'an in the Sui and Tang Dynasties: A. D. 583-904", *Historic Cities of Asia*, ed. by M. A. J. M. Beg Malaysia, 1986；《唐代长安的闹区》，《史流》1986年第27期；《唐长安城官人居住地》，《东洋史研究》1996年第55卷第2号。图1只不过是概念图，并没表明细致的状况，今后随着长安研究的进展，还有改订的余地。

长安城市结构的变化,在9世纪初以长安为题材的小说中也有体现。本文试通过对传奇小说《李娃传》(《太平广记》卷四八四所收)的分析,具体揭示长安城市结构的变化,同时兼顾分析当时长安的庶民文化。①

一

《李娃传》中出现的长安街道名称颇多,且与故事有紧密的联系。它们在长安城市中的分布,如图2所示。②

玄宗天宝年间,常州刺史郑某的两个颇有名气的秀才儿子到长安赶考,宿泊于布政坊(街西)一旅店。某日,去东市(街东)游逛。归途从平康坊(街东)东门转进坊内,顺便去坊西南访友。经过鸣珂曲时,偶遇妓女李娃。男主人公对李娃一见钟情,返回布政坊旅店,携带大量钱财再访李娃宅,终得同居。连日宴会、游荡,不久囊空如洗。男主人公与李娃同往参诣授子神(竹林神),李娃在鸨母和姨妈的策划下,与男主人公在宣阳坊北门东分手,男主人公寻之再三不见,怏怏而返布政坊旅店。

男主人公悲伤之余,大病。店主怕其死于店中,将他弃于西市(街西)凶肆(葬仪街)。③但经过那里的人的精心照料,病情渐愈。男主人公遂习葬仪挽歌,终成京城第一歌手。当时,长安东西两市经常举办竞赛,东市凶肆常以葬仪道具之精美取胜,但挽歌却比不上西肆。于是,东市凶肆老板以二万钱重金将男主人公秘密聘走。

两肆在天门街(东西两街的中央)比赛,败者支付宴会费用。一时长安城中观众云集,东市凶肆因男主人公的挽歌大获全胜。观客中恰恰出现了进京的男主人公之父,父子相遇。

---

① 本文在1982年秋第八十次史学会大会(东京大学)上口头发表的《唐代后半期的长安和城市小说——以〈李娃传〉的分析为中心》原稿基础上,加上以后的研究成果改写而成,在此谨向当天会议中以及会后给予种种指点的诸位先生表示感谢。

② 在简化过程中以《太平广记》卷四八四所收《李娃传》,人民文学出版社1959年版,中华书局1981年再版本为底本。参见[日]前野直彬译:《李娃的故事》,见《唐代传奇集》,平凡社东洋文库,1963年;[日]金文京:《小说〈李娃传〉的剧化——〈曲江池〉和〈绣襦记〉》(简本书),《中国文学报》1980年第32期。另外,最近还出版了Glen Dudbridge, *The Tale of Li Wa: Study and Critical Edition of a Chinese Story from Ninth Century*, Oxford, Ithaca Press, 1983。依据《太平广记》卷四八四所收的《李娃传》和《类说》卷二六上《汧国夫人传》,进行了史料的校勘,并将该文译成英文。其中有详细的译注,对理解本文有帮助。另外,砺波护先生告诉我,Dudbridge在这方面的研究文章,在此深表感谢。

③ 原文中只有"凶肆"。当时在《太平广记》卷二六〇《李佐》(出自《独异志》)中指出,凶肆在东西两市都存在。《李娃传》正文中的东西凶肆也应考虑是东市、西市的凶肆。将濒死的病人送入的是与布政坊邻接的西市凶肆。另外,1975年在西市西大街中部的发掘调查中,出土了被推断是凶肆的遗址。

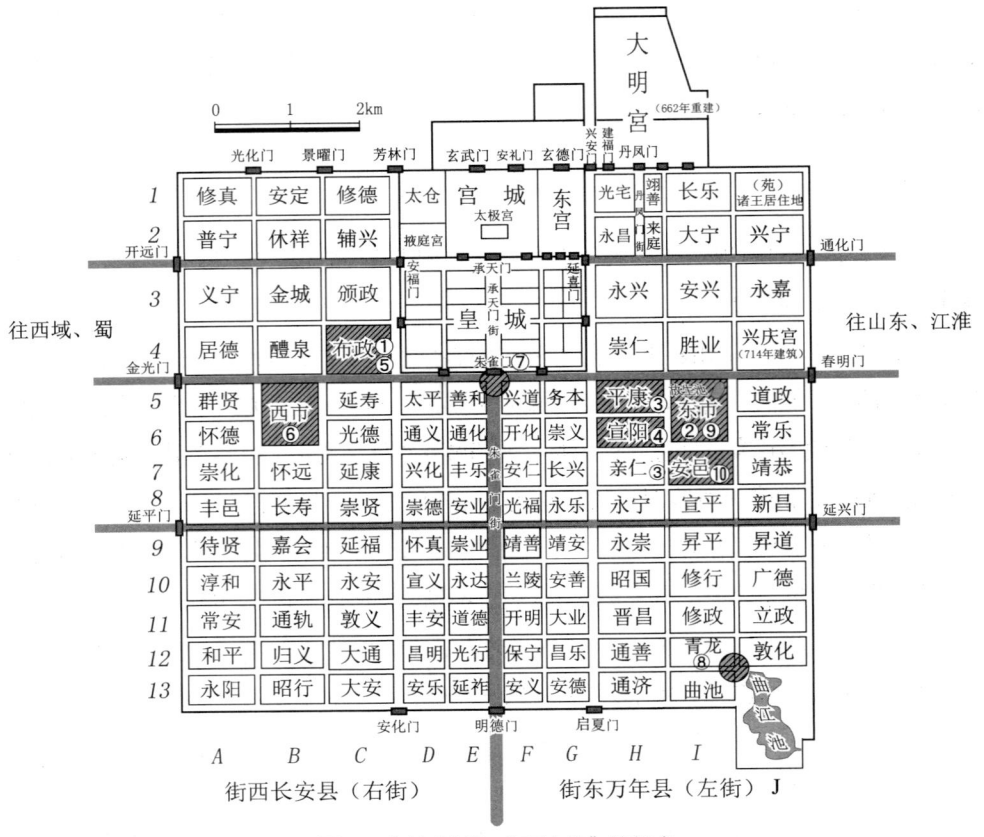

图2 唐长安城和《李娃传》的舞台

注：

1. 图中斜线坊市、地方表示《李娃传》在长安城内的舞台分布。坊市中标明的小数字代表故事场面的先后顺序——并参照表1故事的情节与长安的街道。■■■■指联结城内外的陆路干线。东西走向的干线是经济动脉，南北贯通的天门街是象征国家礼仪的轴线。

2. 坊名参照韦述的《两京新记》、宋敏求的《长安志》、徐松的《唐两京城坊考》等，是元和年间（806—820）以后坊市的状况。但城内东南部诸坊（J_{10}、J_{11}、J_{12}、J_{13} 诸坊）名称，部分不详。

3. E_5 为善和坊、E_6 为通化坊，是根据福山敏男《校注两京新记卷三及解说》及黄永年的《唐长安城内两个阙失的坊名考》（《西安今古》1984年试刊第1期）的研究而定的。

4. 将街西第五街修真坊坊名的位置用A表示的方法，依据［日］平冈武夫、［日］今井清编：《长安和洛阳（索引）》，京都大学人文科学研究所，1956年。

男主人公之父愤恨其子忘掉初衷，玷污家门，将其带到曲江池和杏园附近（街东南部），用马鞭狠狠抽打。凶肆人赶来，发现男主人公仅存一息，即便带回东市凶肆，身体也无法恢复，遂弃之不顾。男主人公拖着脓烂之躯，沿东市和街东住宅区乞食。大雪中，行至安邑坊（街东）一家门前，饥寒交迫，几乎倒毙。不意此处正是李娃的宅第。李娃闻丐声甚疑，急奔出，视之果其人，遂以绣襦裹起倒伏的男主人公。

其后，李娃在安邑坊北隅借一新居，两人再度一起生活。在李娃的精心照料和献身帮助下，男主人公中明经科，在天子亲临考试的制科榜上有名，荣任成都府参军。恰巧遇上成都尹兼剑南采访使的父亲，其父终允其与李娃成婚，后子孙、亲属皆荣。

前人已就《李娃传》与长安都市结构的关系做了论述。[①]如下表所示，故事以整个长安为舞台，以街道为背景贯通全篇。男主人公从动身赶考到结婚，整个情节与街道的对应关系如下（见表1）：

首先，男主人公从正在开发中的江南要衢常州携带大量金钱[②]，意气洋洋地向国都长安进发（出发）投宿布政坊（C_4）（投宿）。布政坊位于西市的东北、皇城的西南（图2斜线部分），两侧有通向城外的交通干线，坊内有南北走向的水渠，属于街西一等地段。此坊西邻西域人居住区，西南隅有胡袄祠。景龙年间，波斯胡寺从醴泉坊（B_4）迁至此地。[③]也就是说，布政坊位于猥杂繁华的街西西市附近，是富有异国情趣且广敛天下财富之地，同时与国都巨大的官府街相接。以此地作为小说的地理背景，说明男主人公已进入世界大都市的繁华地域，并为男主人公日后堕落到西街下层社会埋下了伏笔。

然后，男主人公信游街东，在平康坊（H_5）的鸣珂曲与李娃相遇。李娃的住宅位于鸣珂曲一隅，"门庭甚广，室宇严邃"[④]，门内为萧墙，有用于接客的"甚为华丽"的迟宾馆，还有带寝室的西堂。招待用的茶具、酒器及西堂的帷幕、帘、榻、化妆台，还有夜具、烛台下的美味佳肴等，都显示出李宅的大都市气息。而"妖姿窈妙、绝代佳人"的李娃就在这一背景下出场。男主人公从街西布政坊移至街东，意味着故事转向华丽的市中心闹市区；而集中体现当地地方情趣的妓女李娃的出场，预示着故事的真正开始（邂逅）。

故事转移到街东，男主人公的举止行为也相应地发生了变化（参见表1）。但当金钱全部耗尽之后，被抛弃了的男主人公也就从街东社会消失（别离），一下子堕入街西下层社会中（堕落I）。他在凶肆同伴照料下，逃脱了死亡的威胁，投入西市混杂而又充满生气的生活中。他一边做葬仪的帮手，一边暗习挽歌，幼时培养成的教养和才能使他终于成为京城第一的挽歌歌手。

---

① 戴望舒：《读〈李娃传〉》，巴黎大学北京汉学研究所，1951年；[日]金文京：《小说〈李娃传〉的剧化——〈曲江池〉和〈绣襦记〉》（简本书），《中国文学报》1980年第32期。
② 9世纪初期的常州属江南道浙西观察使管辖（《元和郡县图志》卷二五《江南道》），是位于大运河线上的江南代表性城市之一。常州自唐宋以来一直是"苏常稔天下足"的谷仓，据推测，唐代常州城的户数在十万以上。参见[日]日野开三郎：《唐代邸店的研究》，九州大学文学部东洋史研究室，1968年，第318—319页。
③ [日]妹尾达彦：《唐代长安的街西》，《史流》1984年第25期。
④ 《太平广记》卷四八四《李娃传》，中华书局，1961年，第3985页。

表1 故事的情节与长安街道

①	构成	舞台		主人公（男）女主人公（娃）的行动，舞台设置	地区特征②
	出发进京↓	常州		亲戚中有许多是高官的名族秀才，携带重金，穿着华丽，乘坐马车进京（男）	江南要衢
1 2 3	投宿↓ 邂逅	街西 街东	布政坊 东市 平康坊 鸣珂曲	在侍者随同下乘车而行（男） 伫立于巷里深处、结构庄严的房屋前的美女（李娃）	西市的东北 繁华的商业街 闹市、游廊
4	↓	(街西 街东	布政坊) 鸣珂曲	整装，在众多宾从拥护下再访（男） 在宾客室里，用华丽的茶器、酒器接待（李娃）。借口犯夜禁而留宿（男）③ 转移到西堂（寝室），在焕然一新的帘榻、被褥旁边摆放着美味的食品	
	别离↓	(街西 街东	布政坊) 鸣珂曲 宣阳坊 竹林神 姨宅 平康坊 平康、宣阳	移居李娃宅，携倡优连日狎戏游宴，资产荡尽，卖了骏马，又卖掉了家童（男） 向竹林神祷求（男、李娃） 戟门宽大的邸宅，幽雅的庭院，以珍贵的茶果接待，乘大宛马的使者到来寻找失踪的李娃，因犯夜禁而不得（男）④ 鞭策蹇马往来（男）	官僚居住区
5 6	堕落Ⅰ	街西 (街东	布政坊 (西市)凶肆 东市凶肆)	绝食三日，病重垂死状态（男） 被扔到凶肆的男被救，病愈，参加葬仪挽搑帷，学得哀歌，成为都市第一歌手（男） 被二万钱重金买到东市凶肆（男）	大商业区，庶民街
7	天门街	中央	天门街	葬仪用品展览会，哀歌竞赛最激烈时，与观客之一的父亲相遇（男）	皇帝御街、与行政邻接
8 9	↓ 堕落Ⅱ	(街东	东市凶肆) 曲江池西 东市凶肆	裸体遭父亲鞭打，垂死状态（男） 肢体脓烂，寝于粪壤中，沿街乞行（男）	风景地区
10	再会 救济 同居↓	安邑坊 安邑坊 安邑坊北隅		沿街乞讨中，倒在李娃宅前（男） 用绣襦裹起男（李娃） 在坊内北隅新居受到李娃照顾，重新开始为科举考试学习明经科、制科及第，步入政府高官行列（男）	官僚住宅区
	结婚	成都		作为成都府参军赴任（男）。后子孙亲属中高官辈出（男、李娃）	当时屈指可数的大城市

注：
1.表中①（1—10）是按舞台顺序展开的，与图2《唐长安城和〈李娃传〉的舞台》中的斜线图中的数字相对应。
2.②中各地区的特点，参照本文及第29页脚注②中相关内容。

3. ③④中犯夜禁是坊外禁止夜间外出的命令，是维护长安城内时间秩序的法律。犯夜禁在故事中出现二处，即男主人公和李娃同居的契机场面③，被李娃及鸨母欺骗抛弃的场面④。参照戴望舒《读〈李娃传〉》（巴黎大学北京汉学研究所，1951年）。
4. （　）内的坊市，文中没有直接记载，其多是表示从男主人公的行踪中可以推断出来的场所。
5. 从出发到结婚整个故事情节的关系方面，参照图3《〈李娃传〉故事的结构》。

　　以东市凶肆挖走男主人公为契机，故事转入天门街挽歌大赛的转折期（天门街），到此故事折回后半部分。男主人公在曲江池附近惨遭父亲鞭打，终于沦落为乞丐，比前次境遇更惨（堕落Ⅱ）。后来再遇李娃（再会），科举及第成为街东官僚社会的一员，最终跳出苦海，实现了初衷（救济）。邂逅和救济虽都安排在街东，但邂逅时男主人公的身份和装束都和街东的繁华及环境相符。与之形成强烈对比的是救济时的场面，男主人公浑身粪土，肢体脓烂，沿街乞讨。而此时的背景同样是繁华的东市和高墙林立的官僚邸宅街，强烈反衬出男主人公处境之悲惨。当堕入城市最下层的男主人公饥寒交迫地拖着脓烂的躯体，被奔来的李娃用绣襦裹起时，波澜起伏的长篇小说进入尾声。①

　　以上可见，故事的起点、转折都有长安真实存在的坊名、街道名出现，使故事增强了现实感。另外，唐代后期长安城市空间职能的分化，使特定的地名富有特定的含义，坊是故事中的一个舞台，坊名交替变化，与故事情节的变化相对应。舞台坊的设定与在此登场人物的举止行为、语言、房屋、家具、日常用品、服装等的设定紧密相连。

　　小说中长安街道名称频繁出现，为故事的展开做好了铺垫，这种小说结构与当时长安街头谈唱艺人演唱的故事有密切关系。众所周知，《李娃传》是白居易之弟、元和二年（807）进士及第的白行简根据民间传说《一枝花》改写的，是一篇一夜讲不完的长篇故事。②改写的时间诸说不一，一般认为是在9世纪初。③就是说，

---

① 绣襦的"绣"是指五色的丝所刺成的花纹，"襦"是加絮的冬衣上衣，与裘裙一样，襦裙服装是唐代上流社会妇女的常服。长安富家之女身着刺绣的绣襦的例子，还可以从《白居易集》卷二《秦中吟·议婚》中发现："红楼富家女，金缕绣罗襦。"参见原田淑人《唐代的服饰》（东洋文库，1970年，第97页）。在《李娃传》中，沦落为乞丐的男主人公在寒风中被暖和的绣襦裹起，使听众和读者为之吸引，绣襦成了女性爱情的比喻，故后世人在将《李娃传》戏剧化时，将其命名为《绣襦记》。

② 张政烺：《一枝花话》，《中国科学院历史语言研究所集刊》1949年第20本。

③ 推测是在贞元二十一年（805）和元和十四年（819）间。参见［日］内山知也：《隋唐小说研究》，木耳社，1977年，第475—478页；［日］近藤春雄：《唐代小说研究》，笠间书院，1978年，第206页；卞孝萱：《校订〈李娃传〉的标题和写作年代》，《社会科学战线》1979年第1期，第263—266页；Glen Dudbridge, *The Tale of Li Wa*: *Study and Critical Edition of a Chinese Story from Ninth Century*, Oxford, Ithaca Press, 1983, pp. 18-37；等等。

《李娃传》是一部9世纪初以长安街头艺人说唱的长篇故事为基础，经过官僚文人压缩编成的文学作品。

官僚文人为了宣扬李娃的烈女、贤妻形象，赋予作品以儒教式的道德观。在《李娃传》的最后，故事以这样的结局结尾："（李）娃既备礼，岁时伏腊，妇道甚修，治家严整，极为亲眷所向。后数岁，生父母皆殁，侍孝甚至。有灵芝产于倚庐，一穗三秀，本道（剑南西川道）上闻。又有白燕数十，巢其层甍。天子异之，宠锡加等。终制，累迁清显之任，十年间至数郡，娃被封汧国夫人。有四子，皆为大官，其卑者犹为太原尹。弟兄、姻媾，皆甲门，内外隆盛，莫之与京。"可见，小说的主角是李娃，主题是宣扬她的伦理行为。这或许是《李娃传》的写作目的吧。

《李娃传》的开头和结尾都反复强调，李娃虽是妓女，却保留着古今罕见的节操。由于李娃精神上和物质上的援助，男主人公才得以成功进入官僚社会。但是，由于作者的价值观、故事内容的极度压缩、带有歌词的口语文章化技巧的运用，小说的内容已不同于街头艺人的演唱，故事的原型被保留下来，故事的侧重点自然有很多不同之处。

尤其是故事的主角到底是谁？从上边小说的简介中可以看出，故事的主角与其说是富有节操的、值得称颂的妓女李娃，倒不如说是那位男主人公，他经历了长安街头不同的社会阶层：作为官僚的后人他希望通过科举飞黄腾达，一时堕落成沿街乞讨的乞丐，最终被一女性所救。

最近，桥本尧指出：《李娃传》属于贵种流离谈的一种，这种故事有一定的民众基础，主人公出发→与女主人公邂逅→主人公的堕落→女主人公的救助→结婚，从整个情节看，属于少女以纯爱解救放荡者一类。① 另外，《李娃传》的另一个特征是主人公流浪异乡，经过种种磨炼。不同的经历前后呼应，前后情节却又各不相同，是一种异乡访问谈。② 如图3所示，主人公的出发和结婚呼应，邂逅和救援呼应，中间隔着天

---

① ［日］桥本尧：《李娃传的主题》，见小尾博士古稀纪念会事业会编：《小尾博士古稀纪念中国学论集》，汲古书院，1983年。

② 本故事结构是由罗马尼亚民俗学者Mihai Popp发现的，大林太良在《异乡访问谈的结构》（《口承文艺研究》1979年第2号）中将其用于分析日本的昔话、神话，从中可以得知该论文的梗概。大林太良在该论文中介绍了Mihai Popp已研究的罗马尼亚"女士兵"昔话，他这样阐述道："这个昔话前半部分与后半部分是同一种关系，即前半部分的几个问题在后半部分中以相反的顺序陆续展开，并且即使对同一题目，后半部分也要否定前半部分或采取对立的形式。大林氏认为这种写法也适用于《故事记》中伊查纳吉的黄泉国访问、神功皇后的新罗远征、《丹后国风土记》的浦岛子、中世的《神道集》所收的甲贺三郎的故事等，并从这些异乡访问谈中找出故事共同的要素。另外，韩国的昔话、神话、传说也被同样分析过。参见［日］依田千百子：《韩国的异乡访问谈的结构》，《口承文艺研究》1982年第5期。

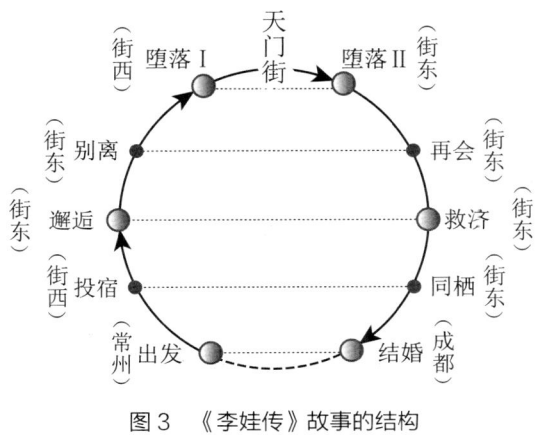

图3 《李娃传》故事的结构

注：
本图将《李娃传》的内容与"贵种流离谭"及"异乡访问谭"型话本的构成相比较，将其故事的主要结构用图表达出来。参照文中的内容概要及表1。

门街竞歌大赛，分为两次堕落，构成故事的前后两部分，后半部分与前半部分按相反的顺序推进，直至至全至福，为男主人公放荡的生活画了个圆圈。

天门街大赛前后主人公的两次堕落，在结构上具有严密的对应性。作者把故事发生的场所从街西移到街东；把导致主人公堕落的契机从李娃之母、姨转移到主人公之父亲；把抛弃垂死主人公者从街西布政坊旅店转移到街东凶肆同伴及过去的同党；把摆脱困境后主人公的身份描绘成从京都第一的街西凶肆挽歌歌手到街东邸宅街的乞丐，而他的挽救者也从西市凶肆转到李娃。其中的每一个变化，都使主人公的堕落程度更加深刻化，而李娃的最终救援则显得更加富有戏剧性。天门街场面的存在是故事情节的转折点，天门街挽歌大赛是小说的结构性过渡。

故事情节之所以能够展开，一个重要的因素就是利用了当时长安的街衢所代表的含义。故事随着主人公在长安不同街衢的出现而展开。因此，解剖长安的街景，可以反过来得知特定时代、特定地区对故事本身的构成方法上所体现出的不同或特点，并且可以为我们了解9世纪初的长安社会提供线索。所以，下面我们结合小说的情节，重点分析一下街东、街西和天门街的地区特点。

二

先分析街东。街东如图4所示，以东市及其周围的诸坊为主要舞台。男主人公从街西的布政坊来到长安的富地东市，出了东市市门，横穿大街，策马驱入图4左上角的平康坊东门。平康坊在唐后期，成了由民间经营的著名游乐场，位于坊内北门以东的三曲（北曲、中曲、南曲）即相当于此地。①平康坊和北面的崇仁坊之间，有一条连接春明门和金光门的干线道路。崇仁坊是进京参加选调和科举考试者住宿的集中地，"昼夜喧呼，灯火不绝，京中诸坊，莫与之比"（《长安志》卷八"崇仁坊"），是城内一流繁华坊。三曲与崇仁坊有一街之隔，以三曲为中心，将东市和崇仁坊连成一片，这一带便成为长安城的繁华区，唐代后期，这里曾盛极一时。②

另外，菩提寺是官人和科举考生与三曲的妓女短暂的行乐之处，它位于平康坊南街的南门以东（《北里志·海论三曲中事》），平康坊尤以妓女聚居、都市游人及新进士经常光顾的"风流薮泽"而出名（《开元天宝遗事》卷上《天宝上》"风流薮泽"条）。另一方面，大中年间（847—859）以前，北里三曲治安很差，常有杀人事件发生。③

三曲以外，位于坊南的鸣珂曲也是妓女的安身之处，特别因有美女伫立街头而广为人知。《剧谈录》中有一个与《李娃传》主人公经历相似的故事，讲胜业坊富人在鸣珂曲迷上美妓，最终沦为一无所有的穷汉。故事云：

> （胜业坊）王氏润泽之资，几侔猗顿。然为性俭约，所费未尝过分。（中略）一旦，与宾朋骤过鸣珂曲，有妇人靓妆立于门首。王氏驻马迟留，喜动颜色。因召同列者，命酒开筵，为欢颇甚。（中略）是日，歌数曲，王氏悉以金彩赠之，众皆讶其广费。自此与辇资货，日输其门。每欢洽酒酣，略无所悋。繇是，治生之业渐属他门，未经数年，遂至贫匮。

润泽的财产厚比富豪猗顿（战国时代鲁国大商人）的王氏，终日驾车马往复于鸣珂曲妓女之处，不到数年，一贫如洗。而李娃的熟客都是长安的贵戚，豪族阶层，其中与之同栖的男主人公，一年就花光了二年的盘缠和财产，两者的情节很相符合。可见，鸣珂曲的妓女比北里三曲的歌妓更为高级，她们以官人和富豪等少数

---

① 在《北里志》开头部分的《海论三曲中事》中写道："平康里，入北门东回三曲，即诸妓所居之聚也。妓中有铮铮者，多在南曲中曲。其循墙一曲，卑屑妓所居，颇为二曲轻斥之。其南曲中者，门前通十字街"，记载了北里三曲在坊内的位置及特征。从这段记述中可以发现，三曲是在坊内十六区划之一的北门东区内。图4中所示位置较妥。有人认为鸣珂曲是三曲中南曲的一条小路，但《李娃传》中写的是从平康坊东门进入坊内，在拜访坊西南友人时途经鸣珂曲。由此推断，很难认为它位于坊内北街（北半部）的三曲中，而应是如图4所示，位于南街偏西的小路上。

② ［日］妹尾达彦：《唐代长安的闹区》，《史流》1986年第27期。

③ 孙荣在《北里志》的最后这样写道："尝闻大中以前，北里颇为不测之地。"并记载了两例实际发生的杀人事件。另参见［日］石田干之助：《长安之春》（增订版），平凡社，1967年，第119—120页。

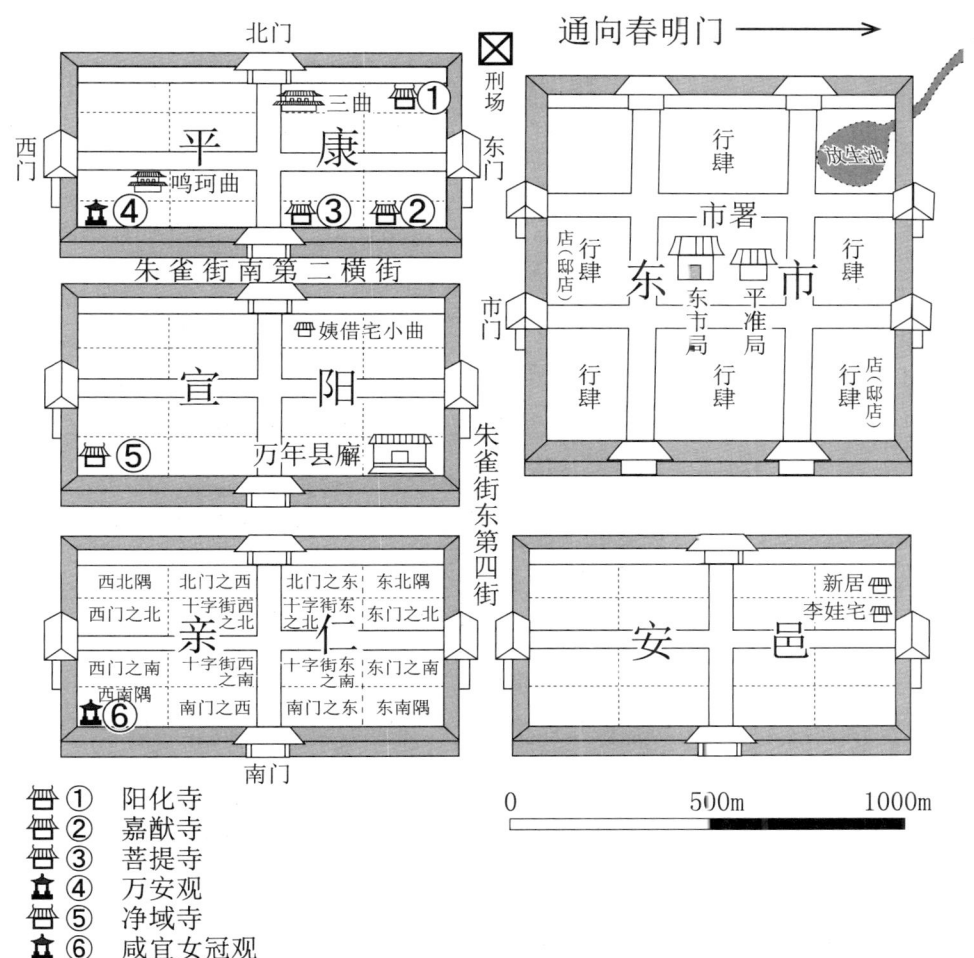

图 4 街东的主要舞台

注：

1. 本图参照《李娃传》、宋敏求《长安志》卷八、徐松《唐两京城坊考》卷三的记载，及吕大防《长安图》、戴望舒《读〈李娃传〉》所收《平康里宣阳里图》、日野开三郎《唐代邸店的研究》所收《坊内四门制坊图》、宿白《隋唐长安城和洛阳城》所收《〈两京新记〉〈长安志〉记录坊内方位的图解》、段浩然《〈北里志〉中的"三曲"》（《西北大学学报》1981年第2期）所收《平康坊图》等制作而成。

2. 寺观、官府只记入了能判明的坊内16区划内所在位置（坊内1区划见图中"亲仁坊"）。宣阳坊的奉慈寺、権盐院，亲仁坊的回元观（南街），安邑坊的元法寺（十字街之北）、太真观没有记入。另外，平康坊的阳化寺在《长安志》卷八中出现在"十字街之北"，在吕大防的《长安图》中出现在坊内东北，此处按吕大防《长安图》记入。

3. 此图在长安城整体中的位置，参照图2。

唐代后期的长安与传奇小说 | 039

顾客为服务对象。①

长安的坊大致都像图4亲仁坊所标记的那样,连接坊门通向坊内的十字大街,而十字街被横巷分成十六个区划。②天宝以后,坊内人口渐稠,小路曲巷更加发达,曲渐渐成了地区的名称。例如,根据地区的特点有所谓靖恭坊(J_7)毡曲、胜业坊(I_4)古寺曲等。③鸣珂曲是贵人居住区的美称,也是这样的小路曲巷之一。男主人公从东市横穿纵贯长安南北的朱雀街街东第四街,又穿过平康坊的东门,步入长安最具诱惑力而又最危险的地区。接着,过了十字街,男主人公出现在通往坊内深处鸣珂曲的小巷中。当时的听众也逐渐被引入故事的世界。

当身无分文的男主人公由于李娃的鸨母和姨娘的策划,突然从街东社会被驱逐出来时,作品充分利用了长安城市地理空间和时间性,使场面更富有时代感。④却说二人共栖一年有余,李娃尚无身孕,想去参拜灵验的授子神竹林神。男主人公准备好牢醴之具,双双赶赴祠宇祈祷,于此闷居二宿。

当时,竹林神的灵验广为人知。长庆三年(823)六月,持续干旱,京兆尹韩愈写了祈雨祭文,题目就是《竹林神祭文》(《朱文公校昌黎先生集》卷二三)。⑤当时的长安,竹林神因为对许多事情都灵验,逐渐成为官民共同的信仰。⑥在参拜竹林神的归途中,主人公的悲喜剧发生了。当二人在李娃姨妈住宅小憩时,骑大宛马的使者飞身来报,李娃之母病笃。李娃即刻返回家中,男主人公则被留下考虑葬礼事

---

① 关于平康坊三曲以外的散娼,参见〔日〕石田干之助:《长安之春》(增订版),平凡社,1967年,第116—117页。在胜业坊(I_4)的古寺曲及靖恭坊(J_7)有豪门贵戚经常造访的名妓。

② 宿白:《隋唐长安城和洛阳场》,《考古》1978年第1期,第409—410页;马得志:《唐代长安与洛阳》,《考古》1982年第6期,第642页。

③ 宿白:《隋唐长安城和洛阳场》,《考古》1978年第1期,第410页。

④ 戴望舒:《读〈李娃传〉》,巴黎大学北京汉学研究所,1951年,第410页。

⑤ 〔日〕金文京:《小说〈李娃传〉的剧化——〈曲江池〉和〈绣襦记〉》(简本书),《中国文学报》1980年第32期,第78页。除竹林神外,同年还在曲江池祈雨(《朱文公校昌黎先生集》卷二三《曲江祭龙文》),获得成功,《朱文公校昌黎先生集》卷四〇的《贺雨表》中记载了当时降雨的情景。

⑥ 男主人公与李娃从竹林神处回平康坊(H_5)李娃住宅的情况,在《太平广记》所收的《李娃传》中描述道:"与娃同谒祠宇而祷祝焉,信宿而返,策驴而后。至里北门,娃谓生曰:'此东转小曲中,某之姨宅也。将憩而观之。可乎?'"文中的"里北门"从后文中可以看出是指宣阳坊(H_6)的北门。另外,《类说》卷二六上《汧国夫人传》记载:"与娃同诣,信宿而返,路出宣阳。娃曰:'自此小曲某姨宅也。'"从这些文字上可以明确男主人公与李娃是从宣阳坊内通过北门折回平康坊方向的。另一方面,前史料中只写"里北门",也可以推测竹林神因是在宣阳坊内,所以省略了坊名。但也不能完全否定竹林神在城南或城东等近郊的可能性。竹林神的确切位置,有待今后考察。

宜，等候来人迎接。夜幕降临，仍不见迎者。男主人公在姨妈的劝诱下，独自返回平康坊。但李娃宅门上锁钥横挂，且施有封泥。男主人公吃惊之余，一问方知这是李娃租借的邸宅，因契约期满，房主收回房屋，李娃之母在男主人公参拜竹林神之日，移居他地，去向不明。男主人公欲去宣阳坊姨妈家询问，无奈天色已晚，外出又触犯坊外通行禁止令（犯夜），未得出坊。①男主人公只好身披仅有的衣着，吃罢晚饭，在坊内一所不管伙食、只收炭火费的小客栈里度过了难眠的一夜。翌日黎明，男主人公策马来到宣阳坊姨妈处，叩门后片刻，一宦者出现，称此处是崔尚书之家，昨日有人说为接待堂兄弟用，借一间房屋，只用一日，日未落时即已归还。此时，男主人公已身无分文，精神恍惚，无奈中不得不又回到了原来住过的右政坊旅店。

姨娘租的邸宅位于宣阳坊北门东一百步（约150米）的小曲中，通过面对小曲的车门，可以窥见院内占地甚广，有三品以上高官才能拥有的陈列仪仗武器的戟门②，宅内庭院里竹木茂盛，亭台、山池、高阁错落相间。另外，有关这里的珍奇茶果以及名贵大宛马的描写，都表明该处是富奢的高官邸宅。本来，宣阳坊原是天宝时中书令杨国忠及虢国、韩国、秦国夫人等杨氏家族的宅邸区。③8世纪中期至9世纪，京兆尹李齐物、司徒薛平、右骁卫大将军韩公武、将作监韦文恪等高官住宅也都在此④，这里形成了街东官僚街的一角。《李娃传》中称宣阳坊的住宅属崔尚书所有，是符合情理的。

随着城市人口的增长，城内人口日趋稠密，人们开始憧憬失去了的美丽的大自然。众所周知，唐代时，模仿自然景观而建起的个人庭院已相当普及。⑤长安城内，特别是8世纪以后，沿街西水渠诸坊建筑了许多街东官人的别墅和庭院。⑥在街东，也有从通化门外引来渠水，在胜业坊建造的玄宗之兄宁王宪的山池院⑦（见图5），它与崇仁坊（H₄）西南隅的中宗长宁公主的山池别院，二者都是有名的大庭院。⑧永

---

① 详细描述，参见戴望舒：《读〈李娃传〉》，巴黎大学北京汉学研究所，1951年。
② 《唐六典》卷四《礼部郎中员外郎》；《唐会要》卷三二《舆服下·戟》；Glen Dudbridge, *The Tale of Li Wa: Study and Critical Edition of a Chinese Story from Ninth Century*, Oxford, Ithaca Press, 1983, p. 133。
③ 《旧唐书》卷一〇六《杨国忠传》。
④ 〔宋〕宋敏求：《长安志》卷八"宣阳坊"。
⑤ 〔日〕石田干之助：《长安之春》，创元社，1941年，第197—199页；〔日〕村上嘉实：《唐代贵族的庭园》，《东方学》1955年第11辑。
⑥ 〔日〕妹尾达彦：《唐代长安的街西》，《史流》1984年第25期，第2—7页。
⑦ 〔宋〕宋敏求：《长安志》卷八"胜业坊"。宋敏求《长安志》将宁王山池院的位置安排在东北隅，在图5吕大防的《长安城图》中放在东南隅的位置上。另《旧唐书》卷九五《让皇帝宪》中云赐宅邸于胜业坊东南角。
⑧ 〔宋〕宋敏求：《长安志》卷八"崇仁坊"。

宁坊也引水渠之水，通池塘，配巨石，建有中宗时右豹卫大将军、赠益州大都督、汝阳公独孤公的邸宅①，还有玄宗永穆公主的池观等②。山亭则散见于街东各处的庭院中。③如图5所示，池中造有假山，身居京城，也能体味到深山幽谷的情趣。姨妈所借的宣阳坊崔尚书住宅的庭院，就是在长安盛行的庭院建筑背景中建成的。

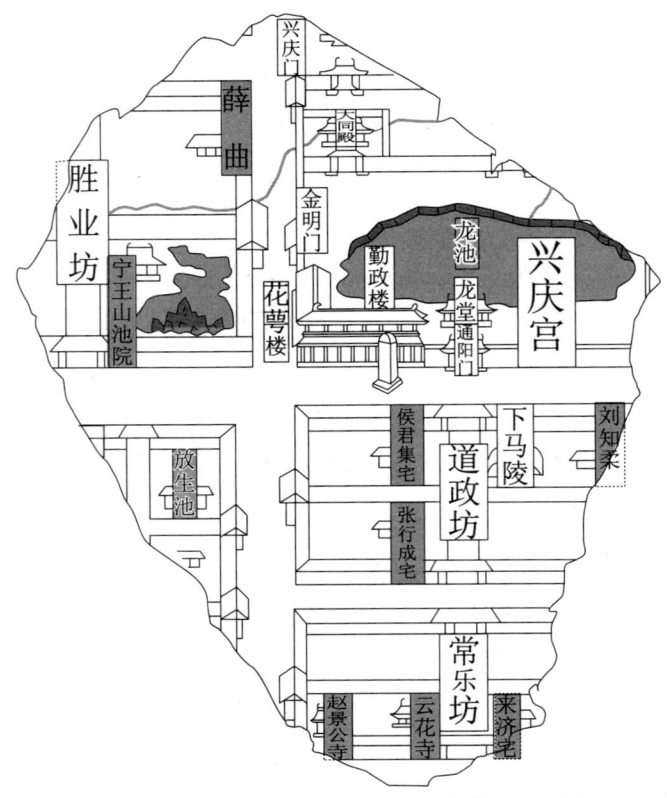

图5　唐代长安城内池馆台榭式庭院（胜业坊、宁王山池院）

注：

1. 出自吕大防《长安图》（［日］平冈武夫编：《长安和洛阳（地图）》所收图，京都大学人文科学研究所，1956年）。现在西安碑林博物馆第4室中，有一块称"唐兴庆宫图残石"的碑石断片，现存大小是以图中《兴庆宫》部分为主的约78厘米×66厘米的四方形。《唐兴庆宫图残石》是吕大防绘制的《兴庆宫图》。《长安图》和《兴庆宫图》是不一样的图。

2. 此图中可以看出从宁王山池院引出的水渠，及其穿过的池、假山、石组、台榭等，可以窥见长安城内宫人庭院的景观。另外，在元代骆天骧的《类编长安志》卷三《苑囿池台》中，记载了宁王池院的情况如下："九曲池。在兴庆池西。唐宁王山池院，引兴庆池水水流，疏凿屈曲连环，为九曲池。筑土为基，叠石为山，上植松柏，有落猿岩、栖龙岫，奇石异木，珍禽怪兽毕有。又有鹤洲、凫渚，殿宇相连。前列二亭，左沧浪、右临漪，王与宫人宾客宴饮，弋钓其中。"

---

① 〔唐〕张说《张燕公集》卷二四《右豹韬卫大将军赠益州大都督汝阳公独孤公燕郡夫人李氏墓志铭》："永宁里，先人之旧庐也。有通渠转池，巨石嵌嶙，喷险淙潏，洄潭沉沉，殊声异状。而为形胜游衍之处者十四五。"说明永宁坊中也有引水渠之水而形成的大庭院。

② 〔宋〕宋敏求：《长安志》卷八"永宁坊"。

③ 〔宋〕宋敏求：《长安志》卷七、八、九；〔清〕徐松：《唐两京城坊考》卷二、三。

同样，沦为乞丐的男主人公与李娃再次相遇的东市南的安邑坊（I_7），是唐代中期以后连接乐游原高台的一个僻静的住宅街，在这里突出地描绘出迷茫失落的男主人公的形象。另外，主人公与李娃的新居位于坊内东北隅的僻静地区，这里适合男主人公再次参加科举考试的准备。

街东中北部是官僚居住的官僚街，街东南部则点缀着慈恩寺（H_{11}）、乐游原（I_9）、杏园（H_{12}）、曲江池（I_{13}）、芙蓉园（I_{13}）等形成名胜风景区。[1]男主人公遭到父亲鞭打几乎致死的"曲江之西、杏园之东"，就是街东风景区的中心地区。曲江池附近，"南即紫云楼、芙蓉园，西即杏园、慈恩寺，花卉环周，烟水明媚"（杜荀鹤《松窗杂记》），从曲江池到杏园、慈恩寺一带是城内屈指可数的风景胜地。水渠从曲江流经通善坊，又从杏园流到晋昌坊（H_{11}）的慈恩寺前（黄渠），[2]牡丹、杏花等名花姹紫嫣红、绿意浓郁，由此才有可能形成艳丽的景观。修政坊（I_{11}）有尚书省和宗正寺的亭子等景点[3]，这里是长安城内官人及百姓的游乐之地。

《李娃传》中之所以特别提出此地是父亲鞭打儿子的场所，除了该地是游乐地，住家稀少之外，还因为曲江池和杏园在唐末还被当作进士科及第者举行庆宴的场所。在曲江池为新科进士举行盛大欢宴，成为长安迎春的重要节日活动，参观者云集。[4]但是，很有希望科举及第的男主人公现在却沦为凶肆歌手，在此地几乎被打死，从此为其悲惨的没落生活画了个句号。

这样，《李娃传》在视觉空间上把唐代后期的长安拉了进来，以当时长安居民所熟悉的街巷作为故事的舞台，增加了故事的真实感，使故事本身更富有广度和深度，情节展开得自然而顺畅。同时，场所的变化也使故事更容易发展，更能展现出新的内容。对宣阳坊宅邸的具体描写，以及对鸣珂曲李娃宅内的陈设和用品、妓女李娃的举止动作等的详细描述，可能与住在街东的作者白行简对长安生活的体验是分不开的。

再来看看西街。唐代中期以后，在长安街东形成官僚街的同时，在稍低的街西，以西市为中心，人口密集，下级官吏、贫困的科举落第者、雇用的兵士、各类

---

[1] ［日］妹尾达彦：《唐代的科举制度和长安的及第仪礼》，见唐代史研究会编：《律令制——中国、朝鲜的法和国家》，汲古书院，1986年，第259—263页。

[2] 《长安志》卷八"进昌坊"慈恩寺："选林泉形胜之所，寺成，高宗亲幸，佛像幡华，并从宫中所出，太常九部乐送额至寺。寺南临黄渠，水竹森邃，为京都之最。"另外，《长安志》卷八"通善坊"中有"杏园、黄渠"字眼，可见该地区有水渠之水，绿色浓郁。

[3] ［宋］宋敏求：《长安志》卷八"修正坊"。

[4] ［日］妹尾达彦：《唐代的科举制度和长安的及第仪礼》，见唐代史研究会编：《律令制——中国、朝鲜的法和国家》，汲古书院，1986年。

工商业者、大批流入城市的流动人口及无家可归者、西域人等生活在这里,形成了多职业、多人种相混杂的庶民街。7世纪后半期,首都长安的流动人口问题日渐明显,特别到唐代后半期,众多流浪者定居街西。这些流浪者中无业者被吸收到不断发展的西市及其周围的工商业中,促进了商业、产业的兴旺。拥有丰富劳动力人口和城内外巨大消费市场的西市,既是激烈竞争之地,也是充满活力的商业中心。①《李娃传》中的主人公就寄身于这里的一角。

当时的葬业行(凶肆),除了办理葬仪外,还经营出租和买卖葬礼使用的灵柩车(輀车)、柩车的引绳(引)及保持柩车均衡的左右引绳(披),出租铎及柩旁的手持翣、柩车前旗(纛)、柩车的帷帐(缞帷)以及随葬品等。同时提供驱除墓地恶气的方相氏和魌头,还有众多的专业挽歌手。②长安凶肆有邦头(长、师)——耆旧—成员(同党)组织,分担挽歌歌手、柩车牵引、抓揭缞帷等工作。正像被抛弃的男主人公被凶肆之人相救所表明的那样,《李娃传》体现了凶肆人浓厚的江湖同伙意识。开元年间写成的《两京新记》卷三"丰邑坊"条注译中,记载了聚居在街西延平门丰邑坊(A_8)、拥有方相、出赁輀车以及其他葬仪用具的经营者们的情况。③

> 此坊多假赁方相、〔輀车〕、送丧之具。武德中,有一人姓房,好自矜门阀,朝廷衣冠,皆认以为近属。有一人恶其如此,设便折之。先问周隋间房氏知名曰,皆云是从祖从叔。次曰丰邑公相与公远近,亦云是族叔。其人大笑曰:"公是方相侄儿,只可吓鬼,何为诳人。"自是大愧,遂无矜诳矣。④

这段记载也反映了丰邑坊的居民受人鄙视的处境。从上可知,唐初在长安城街西一角,生活着一批以葬业为生的人。

《太平广记》卷二六〇《嗤鄙部·李佐》(出自《独异志》)中也记载着一段有关唐后期街西西市凶肆的情况,这对于理解长安两市的凶肆很有意义。

> 唐李佐,山东名族。少时因安史之乱失其父。后佐进士擢第,有令名,官为京兆少尹。阴求其父,有识者告后,往迎之于鬻凶器家,归而奉养,如是累月。一旦,父召佐谓曰:"汝孝行绝世,然吾三十年在此党

---

① [日]妹尾达彦:《唐代长安的街西》,《史流》1984年第25期。
② 《唐六典》卷一八《鸿胪寺·卿》"司仪令"条注,《唐会要》卷三八《丧》等中有官人和庶民送葬的规定。从中可以了解当时葬业者所经营的葬仪用具和业务。另外参见[日]妹尾达彦:《唐代长安的闹区》,《史流》1986年第27期。
③ 《两京新记》的引文出自[日]福山敏男:《校注两京新记卷第三及解说》,见《中国建筑和金石文的研究(福山敏男著作集6)》(校勘本),中央公论美术出版社,1983年。
④ 〔〕内是根据《长安志》卷一〇"丰邑坊"增补的。

中。昨从汝来，未与流辈谢绝。汝可具大猪五头，白醪数斛，蒜斋数瓮，薄饼十拌，开设中堂。吾与群党一酹申款，则无恨矣。"佐恭承其教，数日乃具。父散召两市善薤歌者百人至。初即列坐堂中，久乃杂讴，及暮皆醉。众扶佐父登榻，而薤歌一声，凡百齐和。俄然相扶父出，不知所在。行路观者亿万。明日，佐弃家人入山，数日而卒。

这说的是山东名族李佐在安史之乱中与父亲离别，后李佐进士及第，当上京兆少尹，四处寻父，找到了以卖凶器为生的父亲。一日，回到京兆少尹身边的父亲在同两市凶肆同伙的告别宴会上，在百名挽歌歌手（薤歌）的大合唱中，重新被吸引回凶肆世界。从这段文字中可以发现，唐代后期长安两市凶肆已拥有至少一百人的挽歌歌手队伍，凶肆同伙间有着坚实的同伙意识。①

1975年北京大学历史系考古专业在对西市西大街中部进行的发掘调查中，发现了唐后期陶俑和陶俑的头部，这些陶俑是随葬用的明器，该地被推断为凶肆的遗址。②在天门街举行的街东街西凶肆挽歌大赛，就是指拥有众多挽歌歌手的东西两市的凶肆。③为适应街西膨胀的平民人口的需要，街西至少有西市和丰邑坊两处以平民为对象的葬业者聚居地，并进行营业。④所以，被李娃抛弃后的主人公流落到众多无

---

① 唐运灵柩仍以车挽而不舁及杠房形状的相关内容，参见尚秉和：《历代社会风俗事物考》卷二一，台湾商务印书馆，1975年，第270—271页。《李娃传》中所见唐代的葬业者的经营形态，除了现在是抬灵柩车，唐代则是拉以外，与今天相北没有什么变化。另，关于清代葬式中的人夫及吹鼓手的情况，参见［日］中村治兵卫：《清代城市中轿夫人夫的斗争——关于丧葬礼和扛夫、吹打手》，《中央大学亚洲史研究》1977年第1号。

② 宿白：《隋唐长安城和洛阳场》，《考古》1978年第1期，第417—418页。

③ 徐松在《唐两京城坊考》卷四"丰邑坊"条的按语中指出，《李娃传》中的西凶肆在丰邑坊。

④ 根据P.2622号书仪，卷首第14—17行的记载，三献后孝子大哭、再拜。夜间拉柩车的"挽郎"们列队持翣鸣铎而唱，将柩放入辒车后，手持长帛持翣鸣铎，唱薤露之歌而葬。参见周一良：《敦煌写本书仪中所见的唐代婚丧礼俗》，《文物》1985年第7期，第23—24页。参见池田温译并加附记，发表在《东方学》1986年第71期。从这里也可以了解《李娃传》中男主人公的职业内容。另，中华人民共和国成立后发掘了许多墓葬，且出土了大量随葬品，随葬的实际状况较详。例如，1981年1月3日在西安市枣园公社曹家堡（唐代长安县，开远门西方）发掘了一座墓葬，墓主为平民阶层的妇女，据推测可能是富商的眷属，随葬品据器型判断是唐初之物，主要品种有：①陶俑8件；②陶制的动物13件（陶马2件、陶牛3件、陶羊2件、陶猪2件、陶狗2件、陶鹤2件）；③陶罐4件；④金属器及货币（铁刀1把、铁剪1把、铜镜1件、开元通宝钱1枚、金钗1支、金凤簪1支、金梳背1件、金饰1件）；⑤其他（辟邪用的小石虎1件、小石狮1件，还有可能是墓主化妆用的蚌壳等）。其中的①和②主要是凶肆中经营的物品，这种具备葬仪用具的凶肆成为当时长安城内一大产业。参见张海云、廖彩梁、张铭惠：《西安市西郊曹家堡唐墓清理简报》，《考古与文物》1986年第2期。

业者聚居的街西西市，并成为凶肆的一员，得到再生之机，这样的转折，是与当时长安的社会现实一致的。

通过以上对《李娃传》故事情节的分析，可以具体地验证笔者前面提到的唐代后半期长安地区地域分化的真实情况，并能更进一步地充实其内容。下面再分析一下一直不为人所重视的天门街场面。

三

贯穿长安城南北的大街是承天门街和朱雀门街。承天门街从承天门到皇城的朱雀门，朱雀门街从皇城朱雀门至外郭的明德门，两者南北相连。① 朱雀门俗称天门街或天街。② 承天门街、朱雀门街（天门街）如前图2及图6所示，将长安城分为东西两部分，以此为界，行政区分为万年县（左街、街东）和长安县（右街、街西），诸官府也分列开来，左省（门下省）和右省（中书省）、左卫和右卫、左祖（太庙）和右社（大社）、东市和西市两两相对，佛教和道教也在朱雀大街两侧分别建造了大兴善寺（左街靖善坊F_9）和玄都观（右街崇业坊E_9）。换言之，以承天门街、朱雀门街（天门街）为轴心，长安的城市结构在行政、经济、宗教各方面一分为二。这种对称排列只是在遇到城内正北太极殿等宫殿群时才统一于一体（见图6）。宫殿被认为是天之中心，与北极相对应（见图7）。

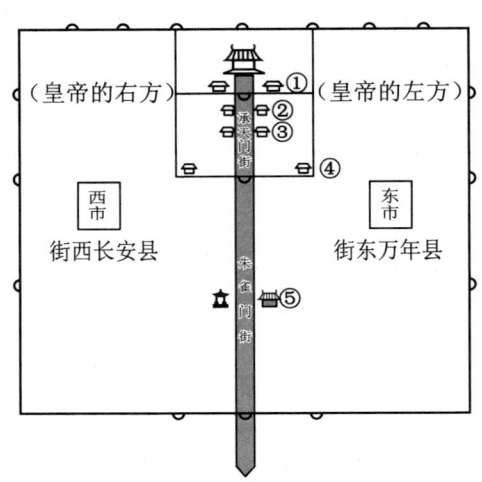

图6　唐初太极殿的位置

① 〔宋〕宋敏求：《长安志》卷七"唐皇城""唐京城"。
② 天门街是指朱雀门街，这可以从《太平广记》卷一五六《定数部·崔洁》（出自《逸史》）、《太平广记》卷三三四《鬼部·岐州刺史》（出自《广异记》）、《太平广记》卷三四五《鬼部·裴通远》（出自《集异记》）等中得到证明。另外，其略称为天街，也可以从《太平广记》卷四九《神仙部·温京兆》（出自《三水小牍》）、《太平广记》卷一五六《定数部·贾岛》（出自《摭言》）等中找到。另见Glen Dudbridge, *The Tale of Li Wa: Study and Critical Edition of a Chinese Story from Ninth Century*, Oxford, Ithaca Press, 1983, p. 192.

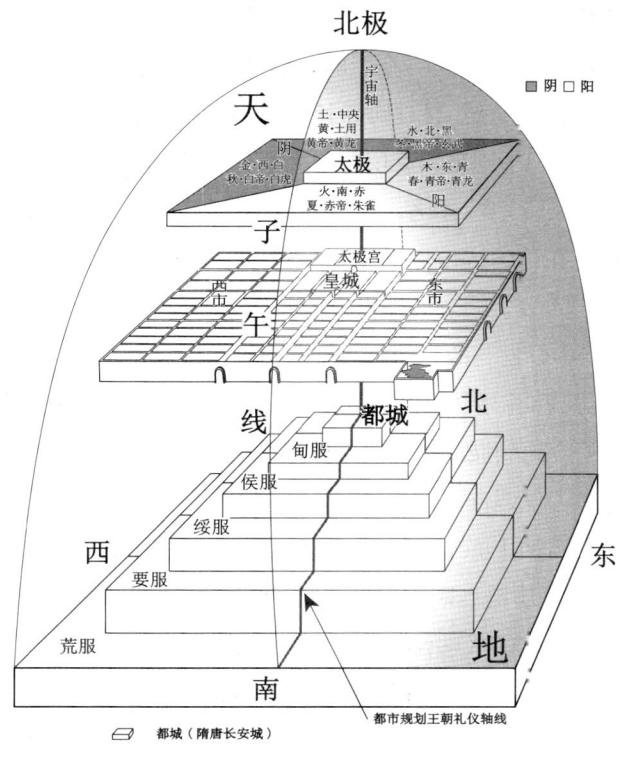

图 7 中国都城的空间示意图

注：
天只能通过位于地的中心的都城宫殿中的皇帝，向都城四方扩散。以都城为中心的地上空间分割方法有五分割（五服）和九分割（九服）二种。

这种建筑景观是把天地作为中介的皇帝统治自然和人间秩序的观念在城市规划中的体现。① 也就是说，连接宫殿、将长安城一分为二的承天门街和朱雀门街是象征皇帝权力的空间。朱雀门街（天门街）被称为御街，皇帝每年都要沿此南北轴线去城南郊外的圜丘②举行祭天仪式（南郊）。③ 后来由于大明宫的兴建，皇帝的常住宫

---

① 参见《大唐开元礼》卷一《序例上》择日以下的叙述。
② 唐代天坛（圜丘）的位置，《旧唐书》卷二一《礼仪志》云："武德初，定令。每岁冬至，祀昊天上帝于圜丘，以景帝配。其坛在京城明德门外道东二里。坛制四成，各高八尺一寸。下成广二十丈，再成广十五丈，三成广十丈，四成广五丈。"在明德门外东二里处，继承沿用了隋文帝时所造的天坛（《隋书》卷六《礼仪志》）。这个天坛遗址在西安市南郊的陕西师范大学南面，现仍留有四段圜坛的遗址。遗址南面，立有一块石碑，标明该地区从1957年8月被陕西省人民政府公布为陕西省第二批文物保护单位。
③ 《大唐开元礼》卷四至卷九；《通典》卷四三《郊天下》；《通典》卷一〇九；〔日〕金子修一：《中国——郊祀、宗庙、明堂及封禅》，见《东南亚日本古代史讲座9·东南亚的仪礼和国家》，学生社，1982年；Howard J. Wechster, *Offerings of Jade and Silk Ritual and Symbol in the Legitimation of the T'ang Dynasty*, Yale U. P., 1985, pp. 107-122。

唐代后期的长安与传奇小说 | 047

殿向长安城东北部转移，这条街的象征性逐渐淡薄，但正如唐代后期承天门街、朱雀门街仍为通往南郊的御街一样。① 在当时，这条街依然是政治上的分界线和国家仪礼的中心线。如果说连接金光门和春明门的东西横街是经济中心街，那么与其南北交错的承天门街、朱雀门街则是国家仪礼的主干街（见图2）。

由于唐代后半期长安地域分化，街东官僚街和街西平民街，以朱雀门街（天门街）为界，两个社会并存。这一点很重要。从《李娃传》故事构成看，天门街是故事前后过渡的桥梁，为故事的发展提供了一个极好的舞台。（见图2和图3）天门街在长安城市空间上的中介性与故事的转折期是相重合的。

要想在天门街寻找能够展览葬仪用品、举行挽歌大赛且能容纳长安城数以万计的观众的场所，首先应想到城内街衢中空间最广的皇城南面一带的广场（图2圈内斜线部分）。据街道考古学调查，这里是东西长150米、南北宽120米的约达1.8万平方米的长方形广场。② 如加上东、西、南侧大街，空间更大。这里又是南北走向的国家仪礼干线天门街及连接春明门和金光门的东西经济干线的交叉点。

《太平广记》卷二六〇《嗤鄙部·黎幹》（出自《卢氏杂记》）有在朱雀门街（天门街）祈雨，城中巫觋围着堆积起的土龙起舞，观众云集而观的记载。③

> 唐代宗朝，京兆尹黎幹以久旱，祈雨于朱雀门街。造土龙，悉召城中巫觋，舞于龙所。幹与巫觋更舞，观者骇笑。弥月不雨，又请祷于文宣王庙。上闻之曰："丘之祷久矣。"命毁土龙，罢祈雨，减膳节用，以听天命。及是甘泽乃足。

天门街有时也作为刑场使用④，同时充分利用市中心交通之便利，举办一些招揽观众的活动。贞元年间（785—805），东市京城第一琵琶师曾在天门街设楼，与

---

① ［日］金子修一：《中国古代皇帝祭祀的一个考察》，《史学杂志》1978年第87编第2号；［日］金子修一：《关于魏晋到隋唐的郊祀宗庙制度》，《史学杂志》1979年第88编第10号。

② 中国科学院考古研究所西安唐城发掘队：《唐代长安城考古纪略》，《考古》1963年第11期，第599—601页。

③ 关于这段话，参见［日］中村治兵卫：《唐代的巫》，《史渊》1971年第105、106期，第65、82页；［日］中村治兵卫：《宋朝的祈雨》，见《多智秋五郎博士古稀纪念论文集·亚洲的教育和社会》，1973年，第109页。

④ 《旧唐书》卷九《玄宗本纪下》"天宝十三载三月壬戌"条："御勤政楼大酺。北庭都护程千里生擒阿布思献于楼下，斩之于朱雀街。"

西市琵琶师登台进行声乐比赛。这是一些很有名的史料①,为了便于同《李娃传》比较,兹将《乐府杂录》"琵琶"条②中的一段介绍如下:

> 贞元中,有康昆仑,第一手。始遇长安大旱,诏移两市祈雨。及至天门街,市人广较胜负。及关声乐,即街东有康昆仑琵琶最上,必谓街西无以敌也,遂请昆仑登彩楼,弹一曲新翻羽调"录要"。其街西亦建一楼,东市大诮之。及昆仑度曲,西市楼上出一女郎,抱乐器,先云:"我亦弹此曲,兼移在枫香调中。"及下拨,声如雷,其妙入神。昆仑即惊骇,乃拜请为师。女郎遂更衣出见,乃僧也。盖西市豪族,厚赂庄严寺僧善本,以定东鄽之胜。

这次东市琵琶师负于西市。此事时间上正好与《李娃传》一致,也是两市商人以声乐决胜负,且都在街上设台(楼)弹唱。这种状况与《李娃传》是相同的。可见,9世纪初期前后,天门街经常有东西两市为招揽游客而举办的声乐比赛。

《李娃传》中描写挽歌大赛的部分如下:

> 初,二肆之佣凶器者,互争胜负。其东肆车舆皆奇丽,殆不敌,唯哀挽劣焉。其东肆长知生妙绝,乃醵钱二万索顾焉。其党耆旧,共较其所能者,阴教生新声,而相赞和。累旬,人莫知之。其二肆长相谓曰:"我欲各阅所佣之器于天门街,以较优劣。不胜者,罚直五万,以备酒馔之用,可乎?"二肆许诺。乃邀立符契,署以保证,然后阅之。士女大和会,聚至数万。于是里胥告于贼曹,贼曹闻于京尹。四方之士,尽赴趋焉,巷无居人。

> 自旦阅之,及亭午,历举輂舆威仪之具,西肆皆不胜。师有惭色,乃置层榻于南隅。有长髯者,拥铎而进,翊卫数人。于是奋髯扬眉,扼腕顿颡而登,乃歌白马之词。恃其夙胜,顾眄左右,旁若无人。齐声赞扬之,自以为独步一时,不可得而屈也。有顷,东肆长于北隅上设连榻。有乌巾少年,左右五六人,秉翣而至,即生也。整衣服,俯仰甚徐,申喉发调,容若不胜,乃歌薤露之章。举声清越,响振林木。曲度未终,闻者歔欷掩泣。西肆长为众所诮,益惭耻,密置所输之直于前,乃潜遁焉。四座愕

---

① [日]石田干之助:《长安之春》,创元社,1941年,第129—130页;Glen Dudbridge,*The Tale of Li Wa:Study and Critical Edition of a Chinese Story from Ninth Century*,Oxford,Ithaca Press,1983,pp.191-193。

② [唐]段安节:《乐府杂录》,见中国戏曲研究院编:《中国古典戏曲论著集成》(第1集),中国戏剧出版社,1959年,第50—51页。

睐，莫之测也。

上述两市凶肆的胜负状况可列表如下（表2）：

表2 天门街竞歌对比

对比点	西市凶肆	东市凶肆
葬仪用具（辇舆威仪之具）		皆奇丽，殆不敌
舞台道具	层榻	连榻
场地	南隅	北隅
歌手的风貌	长髯者	乌巾少年
歌手的小道具	拥铎而进	秉翣而至
帮手	翊卫数人	左右五六人
挽歌	白马之词	薤露之章
歌手的表现	奋髯扬眉，扼腕顿颡而登，乃歌白马之词。恃其声胜，顾眄左右，旁若无人	整衣服，俯仰甚徐，申喉发调，容若不胜，乃歌薤露之章。举声清越，响振林木
观众的反应	齐声赞扬之，自以为独步一时	曲度未终，闻者歔欷掩泣

文中除对两市凶肆展示物品的优劣加以描写外，其他如舞台道具、场地、歌手的风貌、小道具、帮手、歌手的表现，以及歌曲的种类、内容、观众的反应等都互相对照，加以描写。写西市歌手时以动作为主，写东市歌手时则着重在华丽的葬仪品衬托下表现其熟练的上乘风度。[①]这种明显的对比，可能是讲故事者希望在技术上能较容易分清一人及数人的声音。尤其值得注意的是，文中所明确表现出来的两街社会的不同特点。《乐府杂录》所描写的两街声乐战中，街东康昆仑"琵琶最上"，登彩楼，奏新曲（新翻）；街西一少女（一女郎，实为华严寺僧）抱乐器，登一楼台（一楼）弹唱。这里也突出强调了街东的豪华，这一点在《李娃传》中也同样表现出来。

---

① 西市凶肆歌手的唱词是白马词，而东市凶肆代表的歌词是薤露歌。薤露歌原是王公贵人的葬歌。在晋崔豹《古今注》卷中的音乐部分有如下记载："薤露、蒿里，并丧歌也。出田横门人，横自杀，门人伤之，为之悲歌。言人命如薤上之露，易晞灭也。亦谓人死魂魄归乎蒿里，故有二章。一章曰：'薤上朝露何易晞，露晞明朝还复滋，人死一去何时归。'其二曰：'蒿里谁家地，聚敛魂魄无贤愚，鬼伯一何相催促，人命不得少踟蹰。'""至孝武时，李延年乃分为二曲，薤露送王公贵人，蒿里送士大夫庶人。使挽柩者歌之，世呼为挽歌。"另参见Glen Dudbridge, *The Tale of Li Wa: Study and Critical Edition of a Chinese Story from Ninth Century*, Oxford, Ithaca Press, 1983, pp. 149, 151。

东市西北的平康坊三曲,聚集着富有当地特色的专业乐工①,东市曾卖出价值一百万钱的胡琴②,街东靖恭坊(J_7)的妓女家中曾聘请被称为绝手的名流乐工③,前引《乐府杂录》中,东市雇用的康昆仑是长安城一流的琵琶高手。这些优秀的乐工和乐器与街东官僚社会密不可分,东市凶肆葬仪品的无比精美也离不开街东官僚街住民的需求。而西市凶肆引以为自豪的不是精美的葬仪用具,而是滋生繁衍于街西民众生活中的挽歌。

天门街的比赛就是以凶肆的胜负为题材,把东市车舆威仪等用具所体现出的街东文化和西市挽歌所象征的街西文化,通过两街交界的天门街广场,展现于两街居民面前。这里,胜负并不是最重要的,正如胜方街东凶市歌手的挽歌是主人公从街西西市学来的一样,大赛的本质是为了促进两个不同社会集团的交流和联欢,而促成大赛举办成功的人物,就是小说的主人公。

曾经历过两街不同社会的主人公在此出现,使当时两市在天门街的集会拥有更新的含义,带来了两市结合的羁绊。通过主人公往来于街西和街东社会,增强了天门街作为两街社会交流的连接点,既保证了交流,又加强了纽带作用。为此,要求主人公要有游历长安两街街衢的经历,同时还要体验各种不同阶层(科举考生、凶肆住民、乞丐、高官贵人)的生活。天门街的描写在《李娃传》中仅占整篇的百分之四,但天门街挽歌大赛带来的主人公的衰败沦落场面,却成为当时长安庶民百姓中间流传最广的话题,对此他们也有着切肤的真实感。天门街竞歌大赛是"剧中之剧",也是当时街头艺人说唱中的最得意之处。

唐中期以后,长安经常有各种形式的民间演技出现。④在慈恩寺(H_{11})、青龙寺(J_8)、荐福寺(F_6)、永寿寺(G_8)等寺院内或门前,有常设的剧场⑤,经常有数

---

① 《北里志·海论三曲中事》:"有一姬,号汴州人也,盛有财货,亦育数妓,多蓄衣服器用,僦赁于三曲中。亦有乐工聚居其侧,或呼召之,立至。每饮率以三镮,继烛即倍之。"

② 《太平广记》卷一七九《贡举部·陈子昂》(出自《独异志》):"陈子昂,蜀射洪人。十年居京师,不为人知。时东市有卖胡琴者,其价百万。日有豪贵传视,无辨者。子昂突出于众,谓左右:'可辇千缗市之。'众咸惊问曰:'何用之?'答曰:'余善此乐。'"

③ 《酉阳杂俎》前集一二《语资》:"时靖恭坊有姬,字夜来,稚齿巧笑,歌舞绝伦。贵公子破产迎。……(太仆卿周)皓与往还,竞求珍货,合钱数十万。会饮其家,乐工贺怀智、纪孩孩,皆一时绝手。"

④ 任半塘:《唐戏弄》,作家出版社,1958年。

⑤ 《南部新书》"戊"中有"长安戏场多集于慈恩,小者在青龙,其次荐福、永寿"一段文字,这里只记述了街东有名的戏场。以此类推,街西也当然会有类似之处。

千人绕场围观，十分热闹。① 除有数的几处剧场外，还可见到在大街上说唱的普通艺人。则天武后时，长安坊市路旁利用临时架设的舞台举办的祠乐演奏，往往是通宵达旦。② 会昌三年（843），有人上奏，要求禁止在长安坊市街巷演奏乐曲。③ 8世纪初，醴泉坊还出现了一种不同于一般艺人的演唱方式，这就是西域人在街衢上击鼓起舞。④ 大历中（776—779），曾发生过父女二人在街头卖唱乞食，昭国坊（H_{10}）的将军被街上优美的歌声和曲子迷住，遂娶女为姬的故事。⑤

从盛唐期开始，由巡游艺人将散乐传至农村⑥，同时可见到周游诸州、口诵佛教故事的云游僧⑦，以及蜀地女艺人说唱《昭君变文》的身影⑧。最近的研究成果表明，变文与寺院佛教故事没有直接关系，而是出自大众艺人绘画图解所产生的大众文艺。⑨ 唐代中期以后，长安城内各寺院盛行俗讲，推动了绘画图解及故事本身的技术水平的提高。⑩ 而民间流行的通俗诗及歌谣，经文人精练的笔触升华，遂形成了唐代后期的新文学体裁。⑪

---

① 《独异志》卷上："唐贞元中，有乞者解如海，其手自臂而堕，足自胫而脱。善击球樗蒲戏，又善剑舞。数丹丸，挟二妻，生子数人。至元和末犹存，长安戏场中，日集数千人观之。"

② 《唐语林》卷二《政事》下："（王尚书）式，初为京兆少尹。……性放率不拘小节。长安坊中有夜拦街铺设祠乐者，迟明未已。式过之，驻马寓目。巫者喜奉主人杯跪默于马前曰：'主人多福，感达官来。顾酒味稍美，敢进寿觞。'式取而饮之，行百余步，复回曰：'向之酒甚恶，可更一杯。'复据鞍引满而去，其放率如此。"

③ 《唐会要》卷三四《论乐》有"（会昌）三年十二月，京兆府奏：'近日坊市聚会，或动音乐，皆被台府及军司所由恐动，每有申闻。自今已后，请皆禁断。'从之。"

④ 向达：《唐代长安与西域文明》，生活·读书·新知三联书店，1957年，第37、71—74页。

⑤ 《乐府杂录·歌》："大历中，有才人张红红者，本与其父歌于衢路丐食，过将军韦青所居（原注：……在昭国坊南门里）。青于街牖中，闻其歌者喉音寥亮，仍有美色，即纳为姬。"

⑥ 《唐会要》卷三四《杂录》"开元二年十月六日"条有"敕：散乐巡村，特宜禁断。如有犯者，并容止主人及村正，决三十，所由官附考奏。其散乐人仍递送本贯入重役。"另参见任半塘：《唐戏弄》（上册），作家出版社，1958年，第129—130页。

⑦ ［日］入矢义高：《关于王梵志》（下），《中国文学报》1965年第4期。

⑧ ［日］小川环树：《变文和讲史》，《日本中国学会报》第1954年第6期，第75—76页。

⑨ Victor H. Mair, *Tun-huang Popular Narratives*, Cambridge U. P. 1983，pp. 7-9. 关于这一点，参见Mair "T'ang Transformation Text" "Picture Recitation and Its Indian Genesis" 两篇，其中有更详细的论述。

⑩ 向达：《唐代俗讲考》，见《唐代长安与西域文明》，生活·读书·新知三联书店，1957年，第263—302页。

⑪ ［唐］王梵志：《王梵志诗校辑》，张锡厚校辑，中华书局，1983年。

小说《李娃传》的故事原型，就是这样于唐代以后这种大众艺术的普及渗透过程中形成的。与《李娃传》同属一个系统的日本中世"说经节"，就是由游历各地、不受人尊重的艺人团伙演唱的，这对我们很有启发。①长安街头可能也存在着这样一批弹唱艺人集团，他们互相比赛技艺，在寺院内或马路旁磨炼演艺技巧，其中的一部分便结晶为《李娃传》的原型。从决定主人公命运走向堕落的天门街大赛中，可以窥见唐后半期街头路巷中的庶民文化走向成熟的源流。

四

最后，结合唐代的其他小说，重新分析一下《李娃传》的特点。图8根据《太平广记》中的史料，以出场人物（主人公、副角以及与此相当的人物）的身份为基准，探索开元年间以后的长安街道和登场人物的关系。②

小说多以真实人物的事迹描写为主，这是很自然的事情。《太平广记》中出现的街东官僚街中的主人公，多以高官为主（图中以○符号标记），而街西中的主人公高官很少，商人及下级官员较多（用△●标记）。所以，街东东市周围的官僚街，描写高级官僚生活的小说多，而以街西西市（B_5、B_6）为背景的小说，则离不开西市浓厚的商业气氛的描写。另外，由于搜集成文的作者多为官人③，所以小说中的舞台多设在与作者生活密切相关的街东官僚街。科举考生的分布不确定，在街东和街西都有分布（以◐符号标记）。他们既可能成为出人头地的人物，同时现今又非官人，其身份有极大的暧昧性，所以他们不受机能分化的城市空间的束缚。不过屡试不中的落第贫穷进士夫妻的故事，还是多以街西崇贤坊为宜（《太平广记》卷二八一《独孤遐叔》，出自《河东记》）。④为了适应空间的移动性和阶层的多变性，《李娃传》中的主人公才以去长安赶考的考生形象出现。僧侣和道士在某种程度上可以说同考生基本相同，不过他们多集中在特定的寺观中（以▲符号标记）。妖怪则神出鬼没，漂移不定（△符号）。

---

① ［日］桥本尧：《李娃传的主题》，见小尾博士古稀纪念会事业会编：《小尾博士古稀纪念中国学论集》，汲古书院，1983年。论文中将《李娃传》与日本中世说经节特别是《信德丸》进行了比较。

② 《李娃传》来自民间流传演唱的故事，但与其他小说类，如民间传承、传说、闲话故事等文人创作的各种作品置于一处，较难直接比较。但《太平广记》所收的故事基本上都是民间流传的故事，或是根据民间故事改编的，有直接比较的共同基础。

③ ［日］大泽正昭：《唐代后半期的农民诸阶层和土地所有——以小说史料为中心》，《东洋史研究》1977年第36卷第2号，第54—57页。

④ ［日］妹尾达彦：《唐代的科举制度和长安的及第仪礼》，见唐代史研究会编：《律令制——中国、朝鲜的法和国家》，汲古书院，1986年，第245—248页。

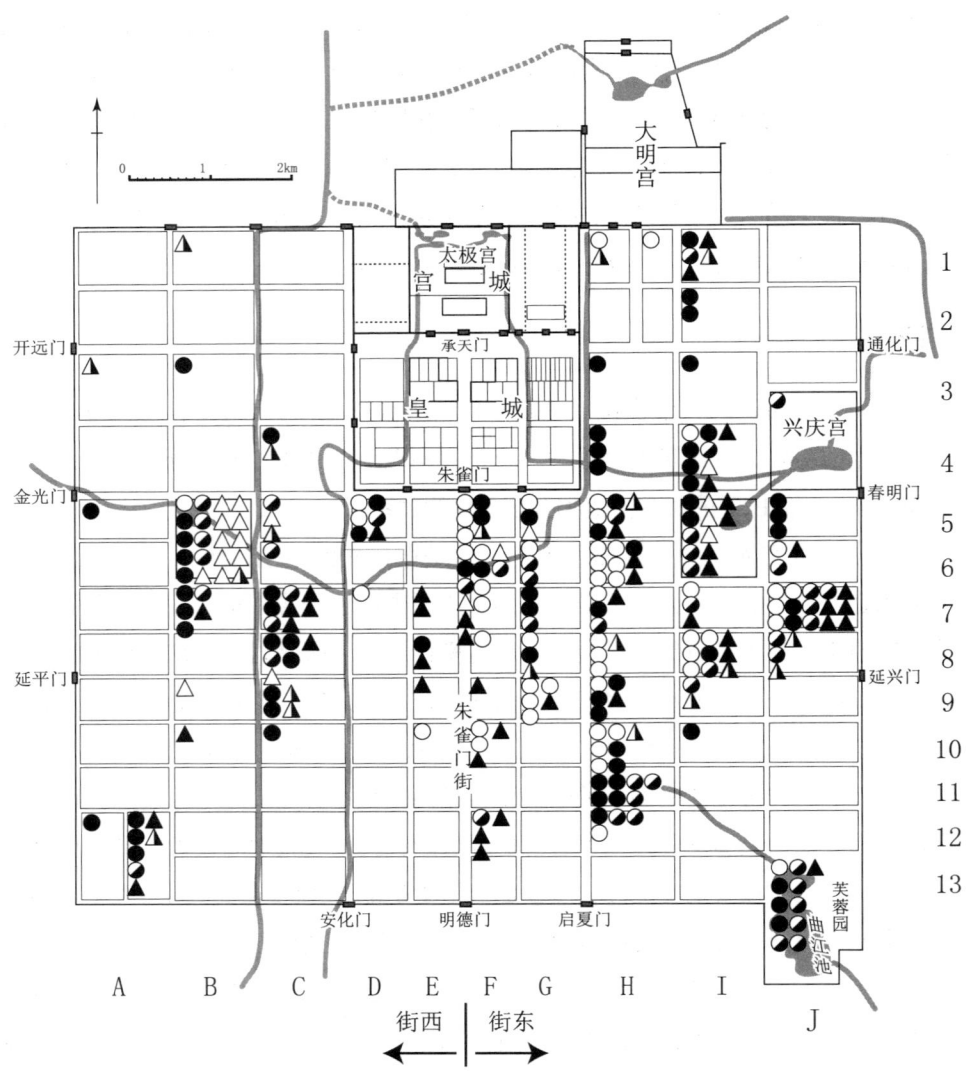

图8 唐代小说中登场人物的身份和舞台

○ 高官（五品以上）
● 官吏（六品以下、包括胥吏）
◐ 科举考生（明经、进士）
△ 商人
▲ 僧侣、道士、仙人、神人占卜者
△ 妖怪、鬼、狂人

注：
1. 小说仅限于《太平广记》中所引史料。
2. 主人公、副角以及配角的行动若跨数坊，则标明所有坊名。
3. 官僚的官品不仅包括现职，还包括前任官职。
4. 不仅是出现坊名的小说，以寺院为舞台的小说也在图中加以标示。

还有一种异类婚姻谈型小说。这种小说多是说男主人公遇到美女,同居后才发现美女的正体是蛇、狐、鬼、神女等。这些小说中所出现的长安街道如表3所示。

表3 与贵妇人相遇及同居之地——长安城中异类婚姻谈的空间

序号	男的状况身份	女的身份和正体	相遇之地(○) 同居之地(●)	出典
1	进京中的明经考生	贵妇人→神女(?)	东市小曲内(○)	《太平广记》卷一九三《豪侠》一《车中女子》,出自《原化记》
2	因选调而赴京的余干县尉	美人→商人之妻→妖怪(?)	大宁坊(○)→崇仁坊(●)	《太平广记》卷一九六《豪侠》四《贾人妻》,出自《集异记》
3	携病中之母赴京的渭南县尉	贵妇人→神女	常乐坊(○●)	《太平广记》卷三〇六《神》一六《庐佩》,出自《河东记》
4	赴京的(?)河间县尉	贵妇人→鬼	通化门(○)→资圣寺后曲(●)	《太平广记》卷三三四《鬼》一九《河间刘别驾》,出自《广异记》
5	长安县尉	贵妇人→鬼	东市前(○→金光门外(●)	《太平广记》卷三三一《鬼》一六《薛矜》,出自《广异记》
6	游居长安的华州参军	贵妇人→鬼	曲江池(○)→永宁坊(○)→金城坊(●)	《太平广记》卷三四二《鬼》二七《华州参军》,出自《乾腺子》
7	游居长安的贫穷富人	富贵妇人→妖怪(狐)	升平(○)→西市(○)→街西坊(●)	《太平广记》卷四五二《狐》六《任氏传》
8	(a)因调选进京的盐铁使的犹子(侄) (b)金吾卫参军	贵妇人→妖怪(蛇)	(a)东市(○)→庄严寺(○) (b)安化门外(○)→安邑坊奉诚园东	《太平广记》卷四五八《蛇》三《李黄》,出自《博异志》

这类小说中的男主人公多是科举考生,或是从地方选调而来的进京者(5例),或是长安游民(2例),或是长安县尉(1例)、金吾卫参军(1例),共通点是他们都是可以在时间或空间上自由游逛京城的人。女主人公在与男主人公邂逅时,或乘黄金螺钿装饰的钿车(1),或乘银饰白牛牵拉的艳丽的犊车(8)、彩车(5)、骏马(3)等。有女僮或侍者相随(1、3、5、7、8),其外表要么"容色甚佳"

（1），要么"绝代之色"（8），要么"容色姝丽"（7）、"姿容绝丽"（3），要么"手如白雪"（5），都极具贵妇人风度。

男女主人公相遇的地点都集中于城内街东，且多在东市、东市周围（东市小曲内、东市市前、常乐坊等）、街东中部（升平坊）及北部（大宁坊）、上巳日（阴历三月初的巳日）的曲江池及城南（安化门外）等地。这些地方多为高官富豪居住往来的场所，与美女相遇的机会较多。这令人想起作为科举考生进京的《李娃传》男主人公与绝世美妓李娃的相遇地点，同样是街东东市的平康坊。异类婚姻谈型小说中男女主人公的同栖之地，虽分布于东西两街，但与蛇、鬼等美女尽欢、男主人公垂死之时，地点多在美女之家（金光门外，6），或在城内西南隅的庄严寺（8），或在被废弃了的破落的豪门旧址（奉诚园）周围（8）等。总之，场地僻异，荒寂无人。相遇之地与同居之地相差悬殊，预示着主人公的悲剧命运。

流浪于街东官僚街头、等候贵人施舍的乞丐，以及出入西市邸宅的器服车马均不输于王侯以及居住于怀远坊的公主等，他们拥有内外奴婢数百人，这就使街道与住民阶层的和谐关系完全脱节，而变为一种异样情况，从而使故事情节跌宕起伏，乞丐变成高官（《李娃传》），或者高官辞官成仙（《太平广记》卷四二《贺知章》，出自《原化记》），或者公主原本是华岳神女（《太平广记》卷三〇二，出自《广异记》），以此企图调和阶层和空间上的差异。对长安居民来说，故事中街巷的变化，作为舞台背景的变化能加以理解。街名一个接一个地改变，往往加快了故事的节奏感（《太平广记》卷三四五《裴通远》，出自《集异记》）。特别是场地在两街移动时，常常意味着主角、配角的处境和身份的变化（《李娃传》等）。

为了增加故事情节的真实感，经常采用真人真名，但这也要与舞台场地相符，慎重考虑。许多小说都采用特定的空间所酝酿出来的故事有效地展开故事情节。总而言之，唐代后半期长安居住区机能的分化，使街道各具特色。在长安城内人的心目中，街道名称都有一定的意义。这些街坊名被纳入小说，这些各具意义的街名，使长安社会为唐代的小说提供了生动的舞台。

结尾

《李娃传》在故事情节中充分利用了长安的街巷，通过《李娃传》与长安城市结构的分析，可以具体验证唐代后半期长安的地区结构分化。同时，探讨街巷小说《李娃传》产生的背景，可以窥见9世纪初长安庶民文化的一斑，并可了解到长安居民生活的街衢的情景。

如果说，充分利用了长安街巷名称的唐代许多小说、传奇、话本等的构成，与长安的城市结构密切相关，那么其中每个故事都为我们提供了了解长安城市社会多样性和具体再现长安社会每个侧面的线索。《李娃传》即为其中一例。

原载刘俊文主编：《日本中青年学者论中国史·六朝隋唐卷》，上海古籍出版社，1995年

（妹尾达彦，日本中央大学文学部教授；

宋金文，北京外国语大学北京日本学研究中心教授）

里坊规划与长安寺院建筑布局的关系

季爱民

寺院建筑有着独特的布局结构,在南北朝隋唐之际发生重要的变化。村田治郎注意到北朝之后,寺院的殿塔关系发生变化,佛殿规模扩大,而佛塔地位减弱;[①]他观察到云冈石窟的洞窟两侧各有浮雕石塔一座,认为这是二塔一佛殿的寺院建筑结构的反映。[②]对此,小野胜年认为浮雕石塔在功能上模仿屋檐之下的石柱,只是采用石塔的表现形式。[③]近年发掘的北朝寺院遗址一般以佛塔为寺院主体建筑,没有二塔一佛殿的建筑实例。关口欣也讨论印度、中亚以及东亚地区早期寺院建筑布局,资料上以各地典型的寺院建筑为主。[④]宿白研究魏晋至唐代各时期佛寺的具体布局及其变化,其中,《试论唐代长安佛教寺院的等级问题》一文论证占地面积与长安寺院等级的关系[⑤],对于讨论里坊规划与寺院布局的关系有启发意义。龚国强按照建筑类型,将长安寺院分为有塔型佛寺、以佛殿为主的无塔型佛寺和多院落佛寺三种。[⑥]荣新江认为长安宅第转变为寺院之后,原有格局促使寺院形成园林式建筑布局[⑦]。他利用诗歌、小说材料叙述寺院环境,对于探讨寺院建筑有启发意义。何利群注意到北朝至隋唐间国家寺院由"前塔后殿"向"多院多殿"的布局发展,进而分析这种演

---

① [日]村田治郎:《中国の初期伽藍配置》,见《中国建筑史叢考 仏寺·仏塔篇》,中央公论美术出版,1988年,第32页。此文承明治大学文学部林韵柔女史提示。
② [日]村田治郎:《中国の仏塔》,富山房,1940年,第15—16页;转引自[日]村田治郎:《中国の初期伽藍配置》,中央公论美术出版,1988年,第33、41页注34。
③ [日]小野胜年:《雲岡石窟とその調査報告》,《仏教芸術》1953年总第18期,第33页。
④ [日]关口欣也:《仏教建築の興隆と東漸》,见[日]水野敬三郎等编:《日本美術全集》(第2卷),讲谈社,1990年,178—187页。此文承林韵柔女史提示。
⑤ 宿白:《试论唐代长安佛教寺院的等级问题》,《文物》2009年第1期;又收入《魏晋南北朝唐宋考古文稿辑丛》,文物出版社,2011年,第255—285页。
⑥ 龚国强:《隋唐长安城佛寺平面布局的类别》,见《隋唐长安城佛寺研究》,文物出版社,2006年,第116—141页。
⑦ 荣新江:《隋唐长安的寺观与环境》,见荣新江主编:《唐研究》(第15卷),北京大学出版社,2009年,第8—15页。本文"建筑布局"一词引自该文第8—9页,指寺院内部建筑的分布,龚国强前引文作"平面布局"。

变的佛学背景。①王维仁等将寺院布局分为数种类型，从长时段总结中国佛寺演变的特点。②小野胜年搜集长安寺院的史料并加以详细注释，还根据文献编制寺院建筑的索引③，为讨论寺院布局提供基础性数据。

王贵祥认为，中古寺院没有突破里坊的限制而发展成为一个独立的城市规划要素。这一点与欧洲中世纪以教堂为主的城市格局大相径庭。④隋唐长安的里坊经过严密的规划，因此，需要考虑里坊规划对寺院建筑布局可能产生影响。笔者将结合大兴城初建时的规划以及都市社会的发展来讨论佛寺建筑布局的过程，从而探寻佛教与都城社会之间的互动关系。首先需要考虑里坊规划因素。

一、长安里坊规划

影响寺院建筑布局的里坊规划因素有三，即里坊形状、街旦走向与里坊管理的律令。

1. 里坊的规格与长宽比例

关野贞注意到长安里坊规格不同，且以长方形为主。⑤足立喜六、平冈武夫将里坊规格细分为五种。⑥王晖、曹康、积山洋等认为这是都城规划的结果。⑦

五种里坊规格中，各坊长宽幅度与长宽之间的比例不同（表1）。宫城与皇城左右各三列里坊为长方形，其内部又有十字街或更小的十字街，将里坊进一步划分为4个或16个空间单元，每一空间单元的长宽比例与全坊一致。朱雀大街左右第一列里

---

① 何利群：《北朝至隋唐时期佛教寺院的考古学研究——以塔、殿、院关系的演变为中心》，见龙门石窟研究院编：《石窟寺研究》（第1辑），文物出版社，2010年，第180—196页。

② 王维仁、徐翥：《中国早期寺院配置的形态演变初探：塔・金堂・法堂・阁的建筑形制》，《南方建筑》2011年第4期，第38—49页。

③ ［日］小野胜年：《長安寺院概説》，见［日］井ノ口泰淳编：《長安寺院史料の集成と研究》，科学研究费补助金研究成果报告书，1988年，第1—202页；［日］小野胜年：《中国隋唐长安・寺院史料集成（史料篇、解说篇）》，法藏馆，1989年。《長安寺院概説》内容与《解说篇》相同。

④ 王贵祥：《中国古代都城演进探析》，见清华大学建筑系编：《建筑史论文集》（第10辑），清华大学出版社，1988年，第20页。

⑤ ［日］关野贞：《平城京及大内裹考》，见太田博太郎编：《日本の建筑と芸術》（下册），岩波书店，1999年，第152—153页。

⑥ ［日］足立喜六：《长安史迹研究》，王双怀等译，三秦出版社，2003年，第139—143页；［日］平冈武夫：《唐代的长安与洛阳（地图）》，李庆译，上海古籍出版社，1991年，第2—3、18页。

⑦ 王晖、曹康：《隋唐长安里坊规划方法再考》，《城市规划》2007年第10期，第74—87页；［日］积山洋：《中国古代都城的外郭城与里坊的制》，《历史研究》，2010年总第48期，第13—14页。

坊的长宽比例为1∶1，近于正方形。由于朱雀大街两侧左右二列坊中只有东西街，则东西街南北两侧的空间单元的长宽比例又上升为2∶1以上。可见，长安城里坊的基本空间单元是横向的长方形。

表1　长安里坊长宽幅度与比例

里坊位置	资料性质	东西长	南北宽	长宽比例
宫城左右之坊（休祥坊）	文献（步）	650	400	1.6∶1
	实测（米）	1033		
皇城左右之坊（居德坊）	文献（步）	650	550	1.2∶1
	实测（米）	1115	838	1.3∶1
朱雀街左右第一坊（兴道坊）	文献（步）	350	350	1∶1
	实测（米）	562	500	1.1∶1
朱雀街左右第二坊（务本坊）	文献（步）	450	350	1.3∶1
	实测（米）	700	500	1.4∶1
朱雀街左右第三坊（平康坊）	文献（步）	650	350	1.9∶1
	实测（米）	1022	500	2∶1

数据来源：

〔宋〕宋敏求：《长安志》卷七，见《宋元方志丛刊》（第1册），中华书局，1990年，第109页；马得志：《唐长安城考古纪略》，《考古》1963年第11期，第604页。

2. 巷曲：里坊的基本规划单位

巷曲是里坊中较十字街更小的道路，将里坊空间单元划分为数排或列的建筑，公私建筑等分布在巷曲两侧。因此，巷曲是基本的规划单位。由考古发掘可知，除了朱雀大街两侧四列坊中只设横街外，其余的坊四面各开一门，坊内设十字街，街宽15米，在十字街分隔而成的四区之内，又设十字形小巷。永宁坊的残存小巷宽2米，安定坊小巷宽6米。[①]东都洛阳履道坊东北隅发现十字街北街，宽13.4米，另有东西向小街，西端连通十字街的北街，宽4—5米。[②]宿白观察到里坊"各区间除十字街外，还有'巷'相隔。大约在唐天宝以后，区内发展了'曲'"。他还归纳了曲的名称，分为前后方位、序号以及俗称等三种。[③]有的曲以某一方面的特点而著称，如胜业坊薛绘家族居住在"薛曲"，王氏访问某坊"鸣珂曲"，常乐坊有出美酒之

---

① 马得志：《唐代长安与洛阳》，《考古》1982年第6期，第642页；马得志：《唐长安城安定坊发掘记》，《考古》1989年第4期，第320页。

② 杨清越：《隋唐洛阳城遗址的分期和空间关系的考古学研究》，博士学位论文，北京大学，2012年，第163页。

③ 宿白：《隋唐长安城和洛阳城》，《考古》1978年第6期；又收入《魏晋南北朝唐宋考古文稿辑丛》，文物出版社，2001年，第41页。参见杨鸿年：《隋唐两京考》，武汉大学出版社，2005年，第261—269页。

曲，法藏出家前居住在靖恭坊"毡曲"，堵颖居住在颁政坊"馄饨曲"①，资圣寺后墙之外的道路称为"资圣寺后曲"②。

《唐律疏议·杂律》"侵巷街阡陌"条："巷街阡陌，谓公行之所"③。巷街当指城市中的大小道路。至晚在唐中宗、睿宗时期，"曲"指里坊中的道路。先天二年（713）正月，唐睿宗在安福门、延喜门举办大酺宴会，严挺之在提到经办费用时指出："王公贵人，各承微旨；州县坊曲，竞为课税。"④"曲"成为征收赋税的社会单元。《长安志》记载，胜业坊"街北之东，银青光禄大夫薛绘宅。绘兄弟子侄数十人，同居一曲，姻党清华，冠冕茂盛，坊人谓之薛曲"⑤。薛绘约在开元年间任金、绵、密三州刺史，"累绩至银青光禄大夫、封龙门侯"⑥。薛绘有兄弟纮、缫⑦，可能都居住在胜业坊。按照妹尾达彦的研究，《长安志》中表明里坊方位的内容来源于开元十年（722）成书的《两京新记》⑧，则"薛曲"一名在开元初期已经形成。另外，景龙四年（710），义净在大荐福寺翻译佛经，梵汉对译中有"入王城内遍诸坊曲街衢之所"，可作为"曲"代表道路含义的旁证⑨。

盛唐之后，"曲"普遍用于指称里坊中的道路，如万年县主簿韩朝宗在天宝年间（742—756）"巡检坊曲"⑩。大历五年（770）八月敕令京城"坊市内有桥，不问大小，各仰本街曲当管共修。仍令京兆府各差本管官及当坊市所由勾当"⑪。晚唐时期，"京城坊曲旧有迎真身社。居人长幼，旬出一钱。自开成之后迄于咸通，计

---

① 〔清〕徐松撰，李健超增订：《增订唐两京城坊考》，三秦出版社，2006年，第123、150、155、194页。参见李志红：《唐长安城市景观研究》，博士学位论文，郑州大学，2006年，第36—37页。
② 《太平广记会校》卷三三四，张国风会校，北京燕山出版社，2011年，第5612页。
③ 刘俊文：《唐律疏议笺解》卷二六，中华书局，1996年，第1822页。
④ 〔宋〕王溥：《唐会要》卷五六《左右补阙拾遗》，上海古籍出版社，2006年，第1139页；《旧唐书》卷九九《严挺之传》，中华书局，1975年，第3104页。
⑤ 〔元〕骆天骧：《类编长安志》卷四，黄永年点校，三秦出版社，2006年，第112页。
⑥ 〔唐〕刘禹锡：《故福建等州都团练观察处置使福州刺史御史中丞赠左散骑常侍薛公神道碑》，见《文苑英华》卷九一七，中华书局，1966年，第4825页。参见郁贤皓：《唐刺史考全编》，安徽大学出版社，2000年，第3003页。
⑦ 赵超：《新唐书宰相世系表集校》卷三，中华书局，1998年，第594—595页。
⑧ 〔日〕妹尾达彦：《韦述的〈两京新记〉与八世纪前叶的长安》，见荣新江主编：《唐研究》（第9卷），北京大学出版社，2003年，第9—52页。
⑨ 《根本说一切有部毗奈耶杂事》卷二，见《大正新修大藏经》（第24册），大正一切经刊行会，1927年，第211页。
⑩ 〔唐〕张鷟：《朝野佥载》卷六，赵守俨点校，中华书局，1979年，第131页。
⑪ 〔宋〕王溥：《唐会要》卷八六《街巷》，上海古籍出版社，2006年，第1867页。

其资积无限"①。变文中有"南阳郡太守,诸坊诸曲,出榜晓示,并及诸坊,各悬布鼓,击之音响,以辨凡圣"②。曲是基本的社会单元。

曲在里坊中的走向与形态,研究者之间看法不同。董鉴泓认为大兴城初建时,将土地分给居民,住户之间的小巷坊曲是自发形成的,因而里坊内部布置相当零乱③。郑卫认为曲"是规划的产物"。他根据文献记载看到"东西向的曲占多数",原因是"长安地处北半球中纬度地区,对日照的要求比较高,建筑物朝向以南北向设计为佳。以东西向曲来组织里坊内部的居住,与住宅朝向设计上的特征配合较为理想"④。贺从容也认为曲是严格规划的结果,在隋初规划即后来建设时很可能大多为直线。曲"是联系住宅的最小单位,宅门向曲而开","相当于元代的胡同"。⑤

大兴城初建时可能规划街巷,但是,由于建筑规模和建设时间的不确定性,街巷的形成有自发性。一般而言,曲的走向以东西向为主。在人口密集地区,前后之间的住宅密度很大。雍州长史李晦在私第建楼,"下临酒肆",店主人抱怨"微贱之人,虽则礼所不及,然家有长幼,不欲外人窥之。家迫明公之楼,出入非便",打算"从此辞"。⑥假如李晦与店主是左右邻居的话,居高临下的视野有限,因此,二者为前后邻居,"临""迫"二字说明前后之间的紧密程度。郁贤皓考定李晦任雍州长史约在总章二年至咸亨二年(669—671)。⑦经过隋代与初唐的发展,长安城在唐高宗时期已成为人烟繁密之地。

巷曲的东西走向以及住宅的密切分布,使得单位建筑东西方向发展较之南北方向扩展更为容易。因为南北方向的兼并要横断东西方向的街曲,阻塞交通。考古发现安定坊小十字街的东西街道分别建有围墙,阻断南北街,就是东西方向兼并的例子。⑧也有南北兼并的例子。青龙寺的回廊所围成的塔院,南北长132米、东西广98

---

① 〔唐〕康骈:《剧谈录》卷下,见《唐五代笔记小说大观》(下册),上海古籍出版社,2000年,1496页。
② 《前汉刘家太子传》(P.3645),见黄征、张涌泉校注:《敦煌变文校注》,中华书局,1997年,第243页。
③ 董鉴泓:《中国城市建设史》,中国建筑工业出版社,2004年,第54页。
④ 郑卫、李京生:《唐长安里坊内部道路体系探析》,《城市规划》2007年第10期,第83—84页。
⑤ 贺从容:《中国古代城市"制里割宅"研究三笺》,见王贵祥等:《中国古代建筑基址规模研究》,中国建筑工业出版社,2008年,第246—247页。
⑥ 《旧唐书》卷六〇《李晦传》,中华书局,1975年,第2350页。
⑦ 郁贤皓:《唐刺史考全编》卷一,安徽大学出版社,2000年,第9页。
⑧ 马得志:《唐长安城安定坊发掘记》,《考古》1988年第4期,第320—321页。

米，形成十分规整的长方形伽蓝院落，推测是隋代的灵感寺原址[①]，这一寺院占据新昌坊东南部的西端，如果这里有小十字街的话，灵感寺阻断小十字街西端的东西街道。但这一例证较为特殊，因为寺院东侧的乐游原是一条东西向的高岗坡地，寺院只能选择较为平坦的地段布置主体建筑。

公私建筑沿着一条条巷曲分布，使得居住空间得到较为公平的分配。后来元大都的坊巷规划与此有相似之处。[②]经勘查发现，大都城内南北向的主干大道的两侧，"等距离地平列着许多东西向的胡同"。"元大都东北部分发现的街道遗迹，从光熙门大街至北顺城街之间，排列东西向胡同22条"，与今北京城内从朝阳门至东直门之间排列22条东西向胡同相同。[③]对此，李孝聪认为："胡同之间的宽度必然限制了私人宅院的进深不可能超过七十米，为了使住宅建筑不至于打破两条胡同，只有建进深不超过三个院子的四合院建筑形式。"[④]他还观察到"元、明时期敕建的寺庙因受城市规划和礼俗制度的约限，多建在街道胡同路北，坐北朝南，一般不打破原有街道，在北城尤其突出"[⑤]。这一透彻的看法有助于理解长安街曲塑造都城空间的意义。

3. 律令关于住宅营建的规定

《唐律疏议》卷二六《杂律》在解释律文"营造舍宅"时，引《营缮令》规定"王公以下凡有舍屋，不得施重拱、藻井"。规定的内容较为简单。牛来颖根据《天圣令》复原的唐令相关条文为：

> 诸王公以下，舍屋不得施重拱、藻井。三品以上不得过九架，五品以上不得过七架，并厅厦两头。六品以下不得过五架。其门舍，三品以上不得过五架三间，五品以上不得过三间两厦，六品以下及庶人不得过一间两厦。五品以上仍通作乌头大门。勋官各依本品。非常参官不得造轴心舍，

[①] 马得志：《唐长安青龙寺遗址》，《考古学报》1989年第2期，第242页。参见李令福：《古都西安城市布局及其地理基础》，人民出版社，2009年，第83—91页。

[②] 夏南悉（Nancy Shatzman Steinhardt）已注意到长安里规划与北京胡同体系的相似性，但未具体比较（"Why Were Chang'an and Beijing So Different?", *Journal of the Society of Architectural Historians* 45, No. 4, 1986, p. 341）。

[③] 徐苹芳：《元大都的勘查和发掘》，《考古》1972年第1期，第21页；又收入《中国历史考古学论丛》，允晨文化实业股份有限公司，1995年，第162页。

[④] 李孝聪：《北京城地域结构启示录》，法国远东学院北京中心，2002年，第8页。

[⑤] 李孝聪：《城市职能建筑分布》，见侯仁之主编：《北京城市历史地理》，北京燕山出版社，2000年，第201页。北京寺院打破里坊小路时，一般在寺院墙外留出小道通向大路，这样不致堵塞交通。此承李老师2012年4月在长春讲学期间教示。

及施悬鱼、对凤、瓦兽,通栿乳梁装饰。父、祖舍宅及门,子孙虽荫尽,仍听依旧居住。其士庶公私第宅,皆不得起楼阁,临视人家。

牛来颖注意到《天圣令》和《唐六典》卷二三将作监"左校署令"条注叙述顺序一致,而与《唐令拾遗》引据的《唐会要》卷三一《杂录》顺序不同。①

《唐六典》与《唐会要》记载不同的地方还在于:前者仅限制堂舍的架数,即前后的进深,没有限制堂舍的左右间数;后者对堂舍的间架都有明确限制。另外,前者仅规定三品以上官的门舍间架数,其余等级的门舍只限制间数②,未限制架数,即前后进深;后者对门舍间架都有明确限制。那么,何者反映了《营缮令》的内容呢?需要考察《唐会要》所引《营缮令》制定的背景。

大和年间(827—835),唐文宗试图以立法的形式限制社会上奢侈之风。大和元年(827)五月诏:"衣服车乘、器用宫室,侈俭之制,近日颇差。宜付所司并准《仪制令》,依品秩、勋劳,仍约今时所宜,撰等级送中书门下,参酌奏闻。"但这一诏令没有施行。③大和六年(832)六月十七日,右仆射王涯(?—835)奉命"详度诸司制度条件"④。王涯"条上其制,凡衣服室宇,使略如古"。但贵戚"皆不便,谤讪嚣然",法令施行遇到阻力。⑤《新唐书》在简引王涯条制之后,记其实施效果:"诏下,人多怨者。京兆尹杜悰条易行者为宽限,而事遂不行。唯淮南观察使李德裕令管内妇人衣袖四尺者阔一尺五寸,裙曳地四五寸者减三寸。"⑥据此,《唐会要》卷三一所引大和六年的《营缮令》,较通行唐令苛细,也没有贯彻施行,可能经过王涯的修改,因而不能据以复原唐令。⑦宋《营缮令》与《唐六典》引用的唐《营缮令》有诸多一致处,说明沿袭唐令内容。牛来颖据以复原,较为准确。

---

① 牛来颖:《天圣营缮令复原唐令研究》,见《天一阁藏明钞本天圣令校证(附唐令复原研究)》,中华书局,2006年,第662、672页。
② "厦"即歇山顶,参见孙机:《中国古舆服论丛》(增订本),文物出版社,2001年,第482页注2。
③ 《册府元龟》卷六五,中华书局,1960年,第723页。
④ 《册府元龟》卷六一,中华书局,1960年,678—680页;〔宋〕王溥:《唐会要》卷三一《杂录》,上海古籍出版社,第668—672页。
⑤ 《新唐书》卷一七九《王涯传》,中华书局,1975年,第5319页。
⑥ 《新唐书》卷二四《车服志》,中华书局,1975年,第532页。袁婧讨论过文宗改制的经过,参见袁婧:《唐代的住宅与礼法》,《首都师范大学学报》2006年增刊,第23—24页。
⑦ 参见仁井田陞对历次唐令修订的讨论,见〔日〕仁井田陞:《唐令拾遗》,栗劲等编译,长春出版社,1989年,第801—809页。霍存福已注意到大和六年六月十七日敕令与通行令、式之间的差异,参见霍存福:《唐式辑佚》,社会科学文献出版社,2009年,第310—311、558—559页。

《营缮令》限制堂舍纵向进深而没有限制横向间数,与都城地区里坊规划状况颇为一致。限制堂舍进深,可以防止住宅不突破前后街巷;不限制间数,可能考虑到大家族住宅的实际占有状况,也为贵族住宅的横向扩展留下余地。

开元二十五年(737)《田令》规定百姓园宅地标准:"良口三口以下给一亩,每三口加一亩,贱口五口给一亩,每五口加一亩。并不入永业、口分之限。"但"京城及州郡县郭下园宅不在此例"①。黄正建认为"不在此例"的含义是"贵族官僚可以超标准占地,平民百姓往往达不到这一标准"②。自隋初以来,贵族、士人家族选择居住地有持续中央化的趋势,大家族在都城地区多聚族而居,相应地需要广占宅地,唐令无法对此做出限制。

壁画中的住宅图一定程度上反映了长安贵族的居处状况。李寿墓位于陕西省三原县,墓室西壁残存马厩和仓廪图,北壁残存多层院落的宅第图。宅第的西面一侧门前列戟,这当是李寿私宅的表现。堂舍残存西部一隅,堂舍前后院中有歌舞场面。③堂舍之后有楼阁、山池和树木,为游憩之所,再后可能就是院墙。这样形成完整的居住单元。院落左侧的一堵墙上,有两个侧门通向主院之外,绘画中没有表现前面侧门院外内容,但也暗示宅院向外延展的可能。

里坊规划中,横向长方形的空间单元、街巷的间隔以及律令中关于宅院主体建筑进深的限制,使得单位建筑的纵向延展受到限制。寺院布局中,佛塔、佛堂与讲堂等建筑位于佛寺的中轴在线,需要较长的纵向进深,这样,里坊规划与寺院传统布局产生矛盾。长安大小寺院的建筑布局都会遇到这一矛盾,营建寺院需要加以协调。

二、里坊规划与寺院建筑布局的关系

根据寺院与社会的关系,长安佛寺营建分为两种情况:一是由皇室供养的国家寺院。这类寺院借助国家权力和经济支持,在布局时易于突破里坊规划的限制,但每一寺院在处理空间范围与寺院建筑布局矛盾关系时没有统一的模式,因而需要具体分析。另一类为贵族供养的寺院。此类寺院的布局不易突破里坊规划,而与贵族住宅本身的结构有密切的关系。

---

① 《通典》卷二《食货》,中华书局,1988年,第30页;[日]仁井田陞:《唐令拾遗》,粟劲等编译,长春出版社,558—559页。
② 黄正建:《唐代衣食住行研究》,首都师范大学出版社,1998年,第141—142页。
③ 陕西省博物馆、陕西省文管会:《唐李寿墓发掘简报》,《文物》1974年第9期,第75、83页;宿白:《西安地区唐墓壁画的布局和内容》,《考古学报》1982年第2期,第137—149页。

1. 国家寺院

靖善坊大兴善寺是都城最早的国家寺院。该坊东西长562米，南北宽525米（表1），接近正方形。按照规划，大兴善寺占有一坊之地，这使得寺院范围突破靖善坊中间的横街，占地范围超过北魏熙平元年（516）永宁寺的寺域（东西212米，南北301米）①。

《长安志》卷七云："皇城之南，东西四坊，以象四时；南北九坊，取《周礼》王城九逵之制。""隋《三礼图》见有其像。每坊但开东西二门，中有横街而已。盖以在宫城直南，不欲开北街泄气以冲城阙。"皇城之南的三十六坊仅有东西二门，原因是如果开北门会泄气"冲城阙"。从规划上看，朱雀大街宽150—155米，不仅为交通要道，也是礼仪场所，隋唐时期相当多的礼仪活动就在这条大街上举行。两侧里坊向朱雀大街开坊门，可突出大街的中心位置，从而加强宫城与皇城在都城的核心地位。

这一里坊规划为兴善寺建筑布局带来问题。兴善寺寺域呈正方形，靖善坊只开东西二门，那么，寺院的中轴线是沿着大门的方向呈东西向呢，还是保持传统的南北方向？如果建筑布局以东西向为中轴，佛殿势必要以西面为正面。兴善寺金像的朝向故事可为解释此疑问提供线索。兴善寺的主要建筑是大佛殿，其重要功能是佛像崇拜。金像来自平陈所获，由隋文帝送至佛殿供养。"像既初达，殿大，不可当阳，乃置北面。及明，乃处正阳。众虽异之，还移北面。至明还南如初。众咸愧谢轻略。"②"当阳"与"正阳"，是朝南的意思。佛像朝南而立，可见佛殿仍以南面为正面，这样，寺院的中轴线就可能是南北向的。佛殿西南有仁寿元年（601）十二月建造的舍利塔③，体量较小。位置在西南，可能与靖善坊开西门有关。由西门进入寺院，则舍利塔的位置较为显著。

道宣（596—667）记载佛殿"铺基十亩"④，表明规模之大，可以容纳大量

---

① 中国社会科学院考古研究所：《北魏洛阳永宁寺1979—1994年考古发掘报告》，中国大百科全书出版社，1996年，第6页。
② 〔唐〕道宣：《集神州三宝感通录》卷二，见《大正新修大藏经》（第52册），大正一切经刊行会，1927年，第414页。
③ 辛德勇：《隋大兴城坊考稿》，见《纵心所欲：徜徉于稀见与常见书之间》，北京大学出版社，2011年，第220页；〔唐〕张彦远：《历代名画记》卷三《记两京外州寺观壁画》，俞剑华注释，上海人民美术出版社，1964年，第60页。
④ 〔唐〕道宣：《续高僧传》卷三〇《慧常传》，见《大正新修大藏经》（第50册），大正一切经刊行会，1927年，第705页。参见王亚荣：《大兴善寺》，三秦出版社，1986年，第18页。

信众。佛殿在唐高宗总章二年（669）遭受火灾，"更营建，又广前居十二亩之地"①，相对于初建时的十亩铺基，其基址增加了一倍。说明大兴善寺初建时经过规划，为主体建筑大佛殿留下足够的空间。与之相邻的玄都观主庭院有百亩之大②，兴善寺的主院可能类似。

较之永宁寺，兴善寺的占地面积虽大，但营建规格大为降低。永宁寺的院墙"若今宫墙"，南门形制"似今端门"，佛殿"形如太极殿"③。而兴善寺的佛殿虽然是"京城之最"，但其制度仅"与太庙同"④。太庙位于皇城东南隅，是纪念皇帝祖先的地方，这一制度表明佛殿建造规格的回落。永宁寺在洛阳建都之际已有规划⑤，但却在佞佛的灵太后时建成；兴善寺佛殿规格降低，可说明佛教重又回到政治的控制之下。宇文恺为大兴城规划的实际主事者，隋初曾经担任过营宗庙副监⑥，也是兴善寺地址的选定者之一。兴善寺的建筑布局与佛殿建筑制度，可能出于宇文恺的规划。总之，佛殿成为寺院主体建筑是南北朝以来寺院建筑布局的重要变化，也成为此后大型寺院设计的重要参照。

位于大兴城西南隅的两禅定寺是隋代后期的国家寺院。仁寿三年（603），献皇后去世，隋文帝建立禅定寺以作纪念。禅定寺的建筑包括传统的南门、中门⑦、木塔、殿堂等。寺院初建时有木塔与殿堂的规划。大业八年（612），木塔建成，朝廷任命

---

① 骆天骧《类编长安志》卷五《寺观》（黄永年点校，三秦出版社，2006年，第127页）、明成化四年合阳书堂合刻本（第125页）、清文渊阁《四库全书》本（第587册，台湾商务印书馆股份有限公司，1986年，第123页）录《长安志》卷七均作"十二亩"。《宋元方志丛刊》影印清乾隆毕沅刊《经训堂丛书》本《长安志》误作"二十亩"。宿白认为总章扩建是佛殿基址的增扩（《试论唐代长安佛教寺院的等级问题》，见《魏晋南北朝唐宋考古文稿辑丛》，文物出版社，2011年，第257、267页注5）；辛德勇认为是寺院向外延伸（《隋大兴城坊考稿》，见《纵心所欲：徜徉于稀见与常见书之间》，北京大学出版社，2011年，第219页）。

② 大和二年（828）三月，刘禹锡《再游玄都观绝句》："百亩庭中半是苔，桃花净尽菜花开"（《刘禹锡集》卷二四，中华书局，1990年，第308页）。参见王贵祥等：《中国古代建筑基址规模研究》，中国建筑工业出版社，2008年，第160页。

③ 范祥雍校注：《洛阳伽蓝记校注》卷一，上海古籍出版社，1978年，第2—3页。

④ 〔宋〕宋敏求：《长安志》卷七，见《宋元方志丛刊》（第1册），中华书局，1990年，第110页。

⑤ 中国社会科学院考古研究所：《北魏洛阳永宁寺1979—1994年考古发掘报告》，中国大百科全书出版社，1996年，第137页。

⑥ 陈寅恪：《隋唐制度渊源略论稿》，生活·读书·新知三联书店，2001年，第81—84页。

⑦ 〔唐〕张彦远：《历代名画记》卷三《记两京外州寺观壁画》，俞剑华注释，上海人民美术出版社，1964年，第69页。

慧乘（555—630）主持送舍利的仪式①。道宣记载："及献后云崩，于京邑西南置禅定寺。架塔七层，骇临云际。殿堂高竦，房宇重深。周闾等宫阙，林圃如天苑。举国崇盛，莫有高者。"②韦述记载："宇文恺以京城西有昆明池，地势微下，乃奏于此建木浮图，高三百卅尺，周匝百廿步。寺内复殿重廊。天下伽蓝之盛，莫与为比。"③近年，在禅定寺故址找到一处方形夯土基址，推测为木塔的位置，基址东距坊墙430米，西距坊内南北街约百米，如果是木塔基址的话，则并不位于中轴在线。④

禅定寺的布局是在改变和平、永阳两坊的规划之后实现的。韦述记载，和平坊"坊内南北街之东筑入庄严寺，街西入总持寺"⑤。按照马得志《唐长安城考古纪略》一文的实测数字，和平坊东西长1115米，除去坊中十字街宽度15米，则禅定寺的东西宽度为555米。和平坊南北长530米，永阳坊南北长590米，加上二坊坊间路宽度39米，则禅定寺的南北长度为1159米，构成纵向长方形。

迁就寺院布局而改变里坊规划，以至于切断坊间道路，必然会阻塞交通。寺院选址在位置偏僻的西南隅，可以降低这种影响。⑥韦述记载宇文恺直接参与禅定寺木塔的规划，那么，寺院位置的选择可能也有这位都城设计师的参与。都市规划决定这类大型寺院不可能邻近交通要道，也限制庄严寺的寺院布局在都城地区普及。

贞观前期的国家寺院是贞观五年（631）的普光寺和贞观八年的弘福寺。普光寺位于颁政坊南门之东，寺内西北隅有隋代惠云寺的佛殿。⑦太子李承乾在给慧净的信中提到寺院建有宝塔与法堂："丛楹叠栱，宝塔华台，洪钟扣而弗谊，清梵唱而逾静。若夫卢舍那佛，坐普光法堂，灵相葳蕤，神变肸蠁。"⑧弘福寺位于贞安坊西北隅，寺址原为彭国公王君廓的住宅。寺北有果园和藕花池，西北隅有禅院，是玄

---

① 〔唐〕道宣：《续高僧传》卷二四《慧乘传》，见《大正藏》（第50册），第633页。
② 〔唐〕道宣：《续高僧传》卷一八《昙迁传》，见《大正藏》（第50册），第705页。
③ 〔唐〕韦述撰，辛德勇辑校：《两京新记辑校》卷三，三秦出版社，2006年，第69页。
④ 韩保全：《大庄严寺》，《文博》2006年第2期，第16—17页。笔者未见相关考古发掘资料。
⑤ 〔唐〕韦述撰，辛德勇辑校：《两京新记辑校》卷三，三秦出版社，2006年，第69页。"南北街之东"，相当于该坊半之东，王贵祥复原为南街之东（《中国古代建筑基址规模研究》，中国建筑工业出版社，2008年，第157—158页）。
⑥ 史念海：《唐代长安外郭城街道及里坊的变迁》，《中国历史地理论丛》1994年第1期，第6页。
⑦ 〔唐〕韦述撰，辛德勇辑校：《两京新记辑校》卷三，三秦出版社，2006年，第31页。
⑧ 〔唐〕道宣：《续高僧传》卷二四《慧乘传》，见《大正藏》（第50册），第445页。

奘译经处。贞观十四年（640）五月十四日，唐太宗在母亲忌日访问弘福寺，说寺院"房宇窄狭"，"今有施物，可造后房"。寺院初建，可能未对住宅格局做大的改动。

贞观二十二年（648）六月，太子李治下令建造佛寺以纪念母亲。同年十二月，慈恩寺在晋昌坊建成。寺院"重楼复殿，云阁洞房，凡十余院，总一千八百九十七间"①。可知寺院布局以殿、院为主。永徽三年（652）三月，玄奘提出在寺院端门之南建立石浮图的计划，请求唐高宗支持。②朝廷改变玄奘的规划，建材由石材改为砖料，位置改在西院。宿白指出这一改变"对佛教寺院布局的东方化至关重要"，此后，"中原地区兴建的大型寺院，大多以佛殿为主，塔庙形制即趋消失"。③经过陆续营建，寺院主体建筑是南门、中门和大殿。西侧有塔院，佛塔位于中门西北，塔的北面也有佛殿（表2"慈恩"栏）④。

慈恩寺的寺域范围，东西为503米，南北为520米，与兴善寺大致相同，二者最初设计中没有佛塔，因此需要考虑里坊规划对寺院布局的影响。晋昌坊的长宽比例为2∶1，寺院占东半坊，寺域长宽比例接近1∶1。从寺院规划的角度看，如果佛塔、佛殿与讲堂布置在中轴在线，会出现中轴在线的建筑过密而寺院东西两侧空旷的状况。以佛殿取代佛塔成为寺院崇拜中心，可以更合理地利用佛殿空间，建筑难度也有所降低。慈恩寺的佛殿与南门之间有中门，不能安排大型佛塔；将佛塔建造在南门之外，又会打破寺院的完整性。因此，改到西院是可行的选择，这使得中轴线两侧的空间变得充实。

显庆元年（656）八月十九日，延康坊西南隅的故濮王李泰宅开始改建为西明寺。寺院的营建工程到显庆三年（658）六月才完成，可见工期之漫长。文献记载寺院"面三百五十步"，1985年和1992年的考古发掘表明寺院占有延康坊四分之一坊地。⑤考古工作者发掘出寺院最东面一组建筑的基址的一部分，自南向北排列三座主要建筑，并由回廊和廊房相连，构成三进相对独立的院落。院落东

---

① 〔唐〕慧立、彦悰：《大慈恩寺三藏法师传》卷七，孙毓棠、谢方点校，中华书局，2000年，第149页。
② 傅熹年主编：《中国古代建筑史》（第2卷），中国建筑工业出版社，2009年，第510页。
③ 宿白：《试论唐代长安佛教寺院的等级问题》，见《魏晋南北朝唐宋考古文稿辑丛》，文物出版社，2011年，第258页。
④ 〔唐〕张彦远：《历代名画记》卷三《记两京外州寺观壁画》，俞剑华注释，上海人民美术出版社，1964年，第60—61页。
⑤ 安家瑶：《唐长安西明寺遗址发掘简报》，《考古》1990年第1期，第54页；安家瑶：《唐长安西明寺遗址的考古发现》，见荣新江主编：《唐研究》（第6卷），北京大学出版社，2000年，第339页。

西宽75米，安家瑶认为："按中国古建筑对称的原则，西明寺最西端很可能也有东西75米宽的一组院落。这样寺中心部分东西350米起码还可以有三组比较大的院落。"①在缺乏更多考古数据的情况下，相同制度寺院的记载可作为推测西明寺布局的参考。

显庆二年（657）开始在洛阳怀仁里建造大敬爱寺。道世记载，高宗"为皇太子西京造西明寺。因幸东都，即于雒下又造敬爱寺，寺别用钱各过二十万贯"②，可知朝廷动用巨额资金营建京、都寺院。《唐会要》记载这两座寺院的建造制度相同："显庆二年，孝敬在春宫，为高宗、武太后立之，以敬爱寺为名，制度与西明寺同"③。建筑布局当是制度的主要内容。根据福山敏男的研究，在开元十年（722）之前的史实中，《唐会要》卷四八《寺》和卷五〇《观》的内容主要来自韦述《两京新记》④，这样，两座寺院建造制度相同，就出于韦述的记载。怀仁坊东西宽520米，南北长530米，接近正方形。⑤根据《增订唐两京城坊考》卷五记载，该坊分布多座贵族住宅，因此敬爱寺没有占据一坊之地，但寺域范围不详。

张彦远在访问敬爱寺之后，详细记载寺院塑像、壁画及其所在的位置，据此可知寺院布局的大致情形。寺院大门内外有四金刚、狮子、昆仑雕塑。中部为大院，大院中门内以西有绘画，中门以东绘僧像，第六僧以东"至东行南头"有"第二门"。大院内有佛殿，佛殿中门两侧各有雕塑神像。殿中菩提树下的弥勒菩萨塑像根据麟德二年（665）宫中所出西域新图样制成。佛殿东西两间分别是弥勒雕塑，东西两面有壁画。敬爱寺讲堂内有大宝帐、香炉、金铜幡、画绢幡。寺院两侧分别有东、西禅院。东禅院内有波若台、佛殿、内廊。西禅院北壁、西壁有门，东西两壁有绘画，禅院内有西廊。另外，寺院有两食堂、山亭（庭）院。⑥

---

① 安家瑶：《唐长安西明寺遗址的考古发现》，见荣新江主编：《唐研究》（第6卷），北京大学出版社，2000年，第341页；龚国强：《隋唐长安城佛寺平面布局的类别》，见《隋唐长安城佛寺研究》，文物出版社，2006年，第123—126、136—137页。
② 〔唐〕道世：《法苑珠林》卷一〇〇，见《大正新修大藏经》（第53册），大正一切经刊行会，1927年，第1027页。
③ 《唐会要》卷四八《寺》。
④ 〔日〕福山敏男：《両京新記卷第三及び解說》，见《中国建筑と金石文の研究》，中央公论美术出版社，1983年，第167页；〔唐〕韦述撰，辛德勇辑校：《两京新记辑校》卷三，三秦出版社，2006年，"两京新记解说"第4页。
⑤ 陈久恒：《"隋唐东都城址的勘查和发掘"续记》，《考古》1978年第6期，第372页。
⑥ 〔唐〕张彦远：《历代名画记》卷三《记两京外州寺观壁画》，俞剑华注释，上海人民美术出版社，1964年，第71—73页；王惠民：《唐东都敬爱寺考》，见荣新江主编：《唐研究》（第12卷），北京大学出版社，2006年，第357—377页。

上述记载只涉及绘画、雕塑的部分，但大致反映寺院主要布局，即有大型院落，院中有佛殿、讲堂，两侧各有大型禅院。这是以大门、中门、佛殿和讲堂为中心的对称布局，两侧的院成为寺院重要组成。张彦远记载西明寺有西门，东廊东面第一间、第三间、第四间有名家书法（表2"西明寺"栏）①。这可能是回廊东侧的装饰。

建于显庆元年的东明观制度上也是模仿西明寺的。韦述记载，东明观"明庆元年，孝敬升储所立。规度（拟）西明之制。长廊广殿，图画雕刻。道家馆舍，无以为比"②。如果东明观也占有四分之一坊地的话，则其寺域长宽比例为1.6∶1（表1），接近西明寺的2∶1，适合使用同样的制度。

西明寺占地面积只有慈恩寺的一半，却建有十院、屋四千余间，房屋数量是慈恩寺1897间的2倍多，可见其建筑密度之大。寺院可能利用了原濮王宅的建筑主体③，从建造耗费的漫长工期看，也可能做了较大规模的改造和扩建。东明观与敬爱寺的建造制度与西明寺相同，说明朝廷开始就有建设西明寺的规划制度。

玄奘参与了规划过程，因为显庆元年敕令"以延康坊濮王故宅为皇太子分造观、寺各一，命法师案行其处"，玄奘"还奏地窄不容两所"，于是将王宅完全改建为寺院，"仍先造寺"。④开元四年（716），苏颋记载其规划与建造经过：

> 三藏法师玄奘惟应真乎，乃成果者，首命视延袤，财广轮，往以绳度，还而墨顺。次命少监吴兴沈谦之，倾水衡之藏，彻河宗之府，制而缩版，参以悬橥，钩北阜之舄，伐南山之枚。初历落以星崿，忽穹崇以云曼。攒栱炭嵘，骞甍宛转，揆阴阳之中，居子午之直。丛倚观阁，层立殿堂，虬凤夭矫而相承，鬼神睢盱而欲起。罔不珠缀窈窱，琬题照烛，琉璃洞澈，菡萏纷敷。白日为之隐蔽，丹霓为之舒卷者，凡十有二所。每动微风，滴细霤，窅然其若来和，枪然其有去音。悉丰丽博敞，峥峥瞳朗。奕奕焉、耽耽焉，中国之庄严未有，《大荒》之神异所绝。于是召以正，

---

① ［日］小野胜年：《中国隋唐长安·寺院史料集成（解说篇）》，法藏馆，1989年，第155—156页。

② ［唐］韦述撰，辛德勇辑校：《两京新记辑校》卷三，三秦出版社，2006年，"两京新记解说"第56页；［清］徐松撰，李健超增订：《增订唐两京城坊考》，三秦出版社，2006年，第244页。

③ 荣新江：《隋唐长安的寺观与环境》，见荣新江主编：《唐研究》（第15卷），北京大学出版社，2009年，第10页。

④ ［唐］慧立、彦悰：《大慈恩寺三藏法师传》卷一〇，孙毓棠、谢方点校，中华书局，2000年，第214页。

工以考；安瑞表，湛真容。绣色电烻，金光火合，移切利之宫，镇菩提之座。状微笑而莞尔，意屡言于善哉者，不可胜计。①

所谓"绳度"与"墨顺"，就是规划寺院占地，此点与慧立、彦悰所记一致。玄奘规划占地，对西明寺的发展至关重要。朝廷本来将王宅分割为寺院和道观，由于玄奘争取，才完全用于建造寺院，否则，西明寺就是另外一种建筑布局。沈谦之任职少府监少监，为少府监副贰，其职掌"百工伎巧之政令"②，与寺院建筑装饰有关，但这一工程似乎应由掌"修建土木工匠之政令"的将作监组织实施③。这时，沈谦之的任务已经超过其本身职掌，成为营建西明寺的专使，属于临时差遣④，牛来颖称之为事务"兼摄"⑤。

"往以绳度，还而墨顺"一句还表明玄奘参与了主要建筑的设置，因此，西明寺建筑布局体现了玄奘的寺院规划思想。沈谦之组织实施，且需要将主要建筑制成图样。这份图样可能成为建设东明观与敬爱寺的依据。两京地区的国家寺观营建，一般由朝廷组织规划并设计图样。景龙二年（708）闰九月敕令为韦后在两京及荆、扬、益、蒲等州建立翊圣观时，即"图样内出"⑥。

西明寺两侧殿、院的建设延续了兴善寺、慈恩寺以来的传统。这种格局既维持寺院中轴在线门、殿、堂的中心地位，又使两侧的空间得到充实，这是适应延康坊里坊规划的结果。西明寺寺域长宽比例为2∶1，纵向空间有限，不能安排大量建筑，主要建筑沿中轴线两侧配置。这种布局整体上显得庄严、规整而富丽。

唐中宗时，荐福寺是主要的国家寺院。寺院西半部的东端原为隋晋王杨广旧宅，武德年间赐给尚书左仆射萧瑀为西园。萧瑀子锐尚襄城公主，西园成为公主第。后来，国家征购为英王李显宅。文明元年（684）三月十二日，随着李显失势，改王宅所在地为献福寺。天授元年（690），改名为荐福寺。中宗复位，极力经营这

---

① 〔唐〕苏颋：《唐长安西明寺塔碑》，见《文苑英华》卷八五五，中华书局，1966年，第4516—4517页。"槃""钧""澈""霓"，原作"架""钩""辙""冤"，均据傅增湘《文苑英华校记》第9册改（北京图书馆出版社，2006年，第478—479页）。
② 《唐六典》卷二二《少府军器监》，中华书局，1992年，第571页。
③ 《旧唐书》卷四四《职官志》，中华书局，1975年，第1896页；《唐六典》卷二三《将作都水监》，中华书局，1992年，第594页；《新唐书》卷四八《百官志》，中华书局，1975年，第1272页。
④ 刘后滨：《唐代中书门下体制研究》，齐鲁书社，2004年，第137—143页。
⑤ 牛来颖：《〈营缮令〉与少府将作营缮诸司职掌》，见荣新江主编：《唐研究》（第12卷），北京大学出版社，2006年，第112—114页；又收入黄正建主编：《〈天圣令〉与唐宋制度研究》，中国社会科学出版社，2011年，第336—340页。
⑥ 〔宋〕王溥：《唐会要》卷五〇《观》，上海古籍出版社，2006年，第1019页。

一纪念性寺院。①

荐福寺位于开化坊南半部，寺域范围东西长562米、南北宽262米（该坊南北宽544米），长宽比例为2.1∶1，寺域范围与长宽比例类似西明寺，但布局却不同。宋敏求记载，安仁坊西北隅是荐福寺浮图院，"院门北开，正与（荐福寺）寺门隔街相对。景龙中，宫人施钱所立"②。表明荐福寺的寺门不在开化坊的南北中轴在线，而是位于开化坊的西南隅。可见武则天时期荐福寺营建规模远不如西明寺。进寺门之后，有"西南院佛殿"③，推测佛塔选择在安仁坊西北隅，可能是为了要保持佛塔、寺门与佛殿在一条中轴在线，但这种布局打破了寺院的完整性。

景云元年（710）九月十一日，唐睿宗将长乐坊的旧宅改为安国寺④，这是盛唐时期的国家寺院。长乐坊的长宽比例为1.6∶1，安国寺占该坊大半，则寺院的长宽比例接近正方形。

寺院有中三门，门外东西壁及门内东西壁有绘画，大佛殿在开元初由玄宗拆寝室而建，殿内有弥勒像，四壁有绘画。东西回廊两侧分别分布各种院落。西廊南头院西面堂内南北壁有绘画。东廊一侧大法师院中有塔，塔内有绘画。此院可能又名东禅院，或木塔院。⑤安国寺山庭院"古木崇阜，幽若山谷，当时辇土营之"⑥，是相王时期的经营，按照住宅布局中山庭院一般位于后院的特点，此院可能位于寺院北部。

安国寺的主要建筑为南门、中三门、佛殿，其他重要建筑分布在东西回廊两侧，这种布局类似西明寺和大敬爱寺，也受到里坊规划的影响。

---

① 孙英刚：《长安与荆州之间：唐中宗与佛教》，见荣新江主编：《唐代宗教信仰与社会》，上海辞书出版社，2003年，第133—134页。
② 〔宋〕宋敏求：《长安志》卷七，见《宋元方志丛刊》（第1册），中华书局，1990年，第110页。
③ 〔唐〕张彦远：《历代名画记》卷三《记两京外州寺观壁画》，俞剑华注释，上海人民美术出版社，1964年，第60页。参见何培斌：《营造寄托：中国六至十世纪造寺功德的探讨》，见胡素馨主编：《寺院财富与世俗供养》，上海书画出版社，2003年，第102、110页。
④ 〔宋〕宋敏求：《长安志》卷八，见《宋元方志丛刊》（第1册），中华书局，1990年，第118页；〔宋〕王溥：《唐会要》卷四八《寺》，上海古籍出版社，2006年，第1139、992页。
⑤ 〔唐〕段成式：《酉阳杂俎》续集卷五，方南生点校，中华书局，1981年，第247—248页；〔唐〕张彦远：《历代名画记》卷三《记两京外州寺观壁画》，俞剑华注释，上海人民美术出版社，1964年，第64页。参见〔日〕小野胜年：《中国隋唐长安·寺院史料集成（解说篇）》，法藏馆，1989年，第73—77页。
⑥ 〔唐〕段成式：《酉阳杂俎》续集卷五，方南生点校，中华书局，1981年，第248页。

兴善寺、慈恩寺、西明寺、安国寺所在的里坊规划为正方形或横向长方形,直接影响了国家寺院的布局,佛塔不在寺院的中轴在线,而位于中轴线两侧的别院之中。里坊规划促成了新布局的产生,主要建筑沿中轴线两侧在横向上展开。禅定寺与荐福寺保持传统的寺院布局,但打破里坊规划或寺院的完整性,因而不是寺院布局的主流。

2. 贵族寺院

贵族与寺院的关系可分为三种情形。第一种寺院是贵族割舍部分宅地经营的,仍然居住在原地。如高颎割其宅地西部建立化度寺,高家居住在化度寺东。①

第二种寺院由住宅改建而成。延兴寺原为南朝萧梁后裔族居之地。后梁太尉吴王萧岑舍宅为寺②,萧岑为后梁主萧詧第八子,隋初被征入长安。萧岑的侄子萧琮也在稍后被征入长安。③隋亡,萧琮宅舍入寺,成为延兴寺东院。又如,开皇五年(585)建立的净域寺位于宣阳坊西南隅,窦毅宅位于南门之西,宅西有归宁院,后来施入净域寺。④这类寺院利用原来住宅的布局。⑤

第三种寺院由诸王、公主新建。如太平公主在神龙元年(705)三月修建罔极寺,曾致使"农功虚费,府库空竭"⑥。寺院结构完备,规格很高。

唐代后期的寺院布局可从张彦远与段成式的记载中了解。某些寺院在发展中有过重新装饰或改建,但大多寺院维持原来的规划。二人的记载中,可根据方位词确定建筑在寺院中的位置,有的建筑没有提及方位,难以根据叙述次序确定其在寺院中的位置。大致而言,皇室成员供养的寺院结构完备,装饰较为全面,是政治权势在宗教供养方面的反映。寺院的院、堂建筑中,多数带有东、西方位词,注明南、北方位的较少。说明寺院东西两侧分布的院以及建筑较多。钟晓青注意到,"在中

---

① 朱玉麒:《化度寺与高颎宅》,见荣新江主编:《唐研究》(第9卷),北京大学出版社,2003年,第251—252页。
② 〔宋〕宋敏求:《长安志》卷一〇,见《宋元方志丛刊》(第1册),中华书局,1990年,第128页。
③ 《北史》卷九三,中华书局,1974年,第3092—3094页;罗新、叶炜:《新出魏晋南北朝墓志疏证》,中华书局,2005年,第605页。
④ 〔宋〕宋敏求:《长安志》卷八,见《宋元方志丛刊》(第1册),中华书局,1990年,第115页。
⑤ 黄正建:《唐代衣食住行研究》,首都师范大学出版社,1998年,第119页;荣新江:《从王宅到寺观:唐代长安公共空间的扩大与社会变迁》,见《隋唐长安:性别、记忆及其他》,复旦大学出版社,2010年,第67—88页。
⑥ 〔唐〕杜佑:《通典》卷七《食货典》,中华书局,1988年,第149页。

院东西廊外侧设置廊院，是唐代佛寺布局的一个突出特点，这种布局方式未见于有关唐代以前佛寺的史料记载中"，进而指出这是出于传统的宅邸布局，与贵族舍宅为寺有关。①这些建筑附带绘画与雕塑装饰，因而是寺院的重要组成部分。塔院或禅院位于寺院的东西一侧或东西对称分布，说明佛塔可能布置在寺院东西中轴在线，或在寺院南北中轴在线的两侧。

里坊规划是影响寺院布局的主要因素。贵族住宅的布局受制于里坊规划。里坊的横长方形空间、横向的街曲走向，以及律令关于住宅建造的规定决定，住宅纵向发展的余地很少，而横向发展的相关限制较少，这使得贵族能够在东西方向占有或兼并宅地。宅内主要建筑因而沿着东西方向布局。舍宅为寺直接影响寺院布局。在纵向上，安置佛塔等主要建筑的空间有限，只能改在别院建筑。寺院在发展中兼并并排的贵族住宅，成为寺院新的院落，也是里坊规划影响寺院布局的结果。例如，上述萧氏家族在广恩坊并排聚族而居，先后舍宅施入延兴寺，使得寺院向东方扩展。

表2　隋唐长安寺院建筑布局

寺院	位置	初建时间	建筑布局				世俗供养	数据源
			西部	中部	东部	位置不明		
兴善	靖善坊	开皇初	西南舍利塔	佛殿	东廊从南第三院、东廊之南院	三藏院、行香院、天王阁等	国家供养	《杂俎》245；《画记》60
灵感	新昌坊南门之东	开皇二年（582）		中三门			隋文帝立	《画记》64
菩提	平康坊南门之东	开皇二年（582）	钟楼	中三门、大佛殿			李敬道奏立	《画记》63、《杂俎》252
弘济	昭国坊西南隅	开皇三年（583）			东廊从南第二院道宣制袈裟堂		鲁郡夫人孙氏立	《杂俎》260
景公	常乐坊西南隅	开皇三年（583）	西中三门（西门）	南中三门	东廊南间	三阶院、华严院、塔等	独孤皇后立	《画记》64；《杂俎》248
光明	怀远坊东南隅	开皇四年（584）	西浮图、西南净土院		东浮图、七宝塔	三阶院		《画记》69；《志》128
海觉	崇贤坊南门之西	开皇四年（584）	西南院	三门			元伟舍宅	《画记》68
延兴	长寿坊南门之东	开皇四年（584）		佛殿	东精舍、东院		萧岑、萧琮宅	《画记》69；《志》128

---

① 参见傅熹年主编：《中国古代建筑史》（第2卷），中国建筑工业出版社，2009年，第513页。

续表

寺院	位置	初建时间	建筑布局				世俗供养	数据源
			西部	中部	东部	位置不明		
净域	宣阳坊西南隅	开皇五年（585）	西廊万寿菩萨院、万菩萨堂①	三门、佛殿	三阶院	禅院	太穆皇后归宁院	《杂俎》258；《画记》63；《志》115
云花	常乐坊南门之西	开皇六年（586）	西廊北院、西北隅观音堂	佛殿		圣画堂	窦毅舍宅为寺	《画记》65；《杂俎》250
慈门	延寿坊南门之西	开皇六年（586）		三门楼、中三门、大殿			李圆通、唐中宗	《画记》67
纪国	延福坊西南隅	开皇六年（586）	西禅院				献皇后立	《画记》68
玄法	安邑坊十字街之北	开皇六年（586）	西北角院		东廊南观音院卢舍那堂	曼殊院	张颖宅	《杂俎》251
实际	太平坊西南隅	隋代		三门		净土院	郑氏宅	《画记》67
定水	太平坊西门之北	开皇十年（590）		佛殿		佛塔	杨纪宅	《画记》67
静法	延康坊东南隅	开皇十年（590）	西院木浮图	寺门、佛殿			窦抗立	《画记》68；《志》126
褒义	嘉会坊西南隅	隋初	西禅院殿	佛殿			尉迟氏立	《画记》68
禅定	永阳坊、和平坊半之东	仁寿三年（603）		南门、中门				《画记》69
胜光	光德坊西南隅	大业元年（605）	西北院、小殿	三门、南廊	塔东南院		秦王李世民	《画记》67
崇义	长寿坊十字街西北	武德二年（619）	佛堂西南舍利塔	佛堂			于铨宅，桂阳公主立	《志》128；《录》406
慈恩	晋昌坊半之东	贞观廿二年（648）	西院佛塔、塔北殿	中门、中三门、大佛殿	大殿东廊从北第一院			《杂俎》262
西明	延康坊西南隅	显庆元年（656）	西门		东廊东面第一、第三、第四间			《画记》68
资圣	崇仁坊东南隅	龙朔三年（663）	西门、西院	大三门、中三门		净土院、团塔院、观音院	长孙无忌宅	《画记》62；《杂俎》261

---

① 敦煌石窟第61窟西壁五台山图中有榜题"万菩萨楼"。参见萧默：《敦煌建筑研究》，机械工业出版社，2003年，第51页，图18。

续表

寺院	位置	初建时间	建筑布局				世俗供养	数据源
			西部	中部	东部	位置不明		
崇福	休祥坊东北隅	咸亨元年（670）	西库		东山亭		杨恭仁宅	《画记》66
千福	安定坊东南隅	咸亨四年（673）	西塔院	中三门、佛殿	东塔院		章怀太子宅	《画记》65
光宅	光宅坊横街之北	仪凤二年（677）		佛殿	东菩提院	曼殊院堂、普贤堂		《画记》62；《杂俎》256
崇圣	崇德坊西南隅	仪凤二年（677）	西殿		东殿			《画记》68
荐福	开化坊半以南	文明元年（684）	西廊菩提院、西南院佛殿			净土院、律院		《画记》60
罔极	大宁坊东南隅	神龙元年（705）	西院	三门楼、中三门、讲堂	东般若院、东塔院	净土院	太平公主立	《画记》62
奉恩	居德坊南门之西	神龙二年（706）	西院	中三门			尉迟乐宅	《画记》67
安国	长乐坊大半以东	景云元年（710）	西廊南头院西面堂	三门、佛殿	东禅院、东廊大法师院	红楼、法空影堂、山庭院等	相王宅	《画记》64；《杂俎》247

资料来源：

《杂俎》=《酉阳杂俎》；《画记》=《历代名画记》；《志》=《长安志》；《录》=《集神州三宝感通录》，见《大正新修大藏经》（第52册）。参见宿白：《试论唐代长安佛教寺院的等级问题》，《文物》2009年第1期；又收入《魏晋南北朝唐宋考古文稿辑丛》，文物出版社，2011年，第255—285页。

3.寺院建筑的图样

道宣著有《中天竺舍卫国祇洹寺图经》及《关中创立戒坛图经》，描绘理想寺院的图样。①他描绘的《戒坛图经》是一幅规整的横向长方形寺院布局图，而祇洹寺本身的布局却呈不规则的形状②，不能成为道宣设计的依据。

---

① 图样见〔唐〕道宣：《关中创立戒坛图经》，见《大正新修大藏经》（第45册），大正一切经刊行会，1927年，第811—812页。
② J. H. Marshall, "Exacavations at Saheth-Maheth", *Archaeological Survey of India: Annual Report,* 1910-1911, Delhi, Swati Publications, 1990, pp. 1-24M［转引自何培斌：《理想寺院：唐道宣描述的中天竺祇洹寺》，见张复合主编：《建筑史论文集》（第16辑），清华大学出版社，2002年，第277页注6］；［日］纲干善教：《インド祇園精舎跡の発掘調査》，《仏教芸術》1989年总第187期，第11—24页；龚国强：《隋唐长安城佛寺研究》，文物出版社，2006年，第220—221页。

王贵祥根据《弥勒下生经》中翅头城、《涅槃经》中鸠尸婆帝城长宽比例分别为1.7∶1和1.5∶1，认为《戒坛图经》中的寺院布局在很大程度上可能依据这两部佛经中佛国理想城池的比例设置。① 就理想而言，《戒坛图经》的描述更近于《涅槃经》的内容。这两部佛经描述城市形象，不能等同于寺院。

何培斌、钟晓青认为道宣设计的现实根据是长安宫城或皇城的内部结构，祇洹寺图的中佛院相当于宫城，南院相当于皇城。② 从佛教的角度看，将佛寺比拟为宫城未免世俗；从都城规划的角度看，长安建筑规格有严格的等级，前述大兴善寺的佛殿制度与太庙相同，国家寺院的主体建筑尚且这样，整个寺院的规格也不能比拟为宫城。

《祇洹寺图》不是"唐长安兴筑大型寺院完全如实的写照"③，说明这种设计体现了都城大型寺院的影响。《戒坛图经》完成于乾封二年（667），此前的大型寺院有兴善寺、禅定寺、慈恩寺、西明寺。显庆元年开始建设的西明寺与道宣有着密切的关系。他担任上座一职，晚年主要居住在这里并完成一生中的大部分著作。这一寺院给他的印象较为深刻。从规划上看，道宣说祇洹寺的基址"准约东西近有十里，南北七百余步"④，这是一个横向长方形的空间。西明寺寺域长500米、宽250米，长宽比例为2∶1，可见长安里坊形状在《戒坛图经》中有直接的反映。西明寺中间为佛殿院，两侧分别有大型院落，也可能是《戒坛图经》设计的原型。⑤

敦煌石窟经变画《观无量寿经变》《阿弥陀经变》《药师经变》《弥勒上生经变》等突出寺院主殿前的佛与菩萨形象，但可以大略知道寺院的主要布局。梁思成已注意到敦煌壁画中寺院横向三院式建筑布局。⑥ 根据萧默的观察，盛唐至宋初的经变画基本描绘寺院院落，按照院落组合，可分为单院、前后纵列的二院，左右横联的三院。"无论是单院式或双院式佛寺，都有许多画面显示出后廊在角楼处不终止，而继续向东西延伸出去"，例如盛唐第148、199、172窟，中唐第158、159、

---

① 王贵祥：《东西方的建筑空间》，百花文艺出版社，2006年，第157—162页。
② 何培斌：《理想寺院：唐道宣描述的中天竺祇洹寺》，见张复合主编：《建筑史论文集》（第16辑），清华大学出版社，2002年，第281页；钟晓青：《初唐佛教图经中的佛寺布局构想》，《建筑师》1998年第83期，第101—102页。
③ 宿白：《试论唐代长安佛教寺院的等级问题》，见《魏晋南北朝唐宋考古文稿辑丛》，文物出版社，2011年，第264页。
④〔唐〕道宣：《中天竺舍卫国祇洹寺图经》卷一，见《大正新修大藏经》（第45册），大正一切经刊行会，1927年，第883页。"约"原作"的"，据《法苑珠林》卷三九引文改。
⑤ 参见龚国强：《隋唐长安城佛寺研究》，文物出版社，2006年，第127—129页。
⑥ 梁思成：《我们所知道的唐代佛寺与宫殿》，《中国营造学社汇刊》1932年第3卷第1册，第84—85页；梁思成：《敦煌壁画中所见的中国古代建筑》，《文物参考资料》1951年第5期，第10—12页。

361窟中的经变画。①主院向东西延伸，说明主院两侧还有重要的院落。经变画描述理想寺院的状况，也是都城大型寺院结构的反映。

陈大为统计，敦煌报恩寺与净土寺中分别有北院和南院②，其中，S.520+S.8583《报恩寺方等道场司请诸司勾当榜》提到寺院的南院与北院有各自的浴室、消息、厕等生活设施③，说明两院功能上相互独立。据李正宇、郑阿财研究，报恩寺与净土寺都在敦煌城内。④从残垣遗迹推测，敦煌城范围南北长1132米，东西宽718米⑤，呈纵向长方形。城市设置子城、六街及里坊⑥，但里坊与街道走向情形不明，难以断言这种建筑布局与长安国家寺院建筑布局之间的关联。

渤海国上京龙泉府始建于天宝（742—756）末年，都城设计在诸多方面体现了盛唐长安的影响。龙泉府坊制相当规整，呈横向长方形，四面有围墙。坊的内部又有墙垣将全坊分割成若干部分或院落。⑦

外郭城内有数处寺院遗址。日本人在1933年至1934年间的发掘以遗迹为主，大多仅发掘佛殿部分，显示佛殿是寺院的主体建筑。⑧该次考察未能探究寺院建筑布局与里坊空间之间的关系。中国和朝鲜学者在1963年至1964年的考古发掘注意到寺院的整体布局。

有两处遗址的整体建筑布局较为清晰。5号佛寺址在西半城东起第一列北数第二坊的西半部，南临第七号街。该坊西半部自东至西长242米，自南至北长260米，寺址坐落其中，略偏西南。寺有围墙，探明东面和西面围墙各长160米，南面与北面围墙各长130米，全寺平面接近正方形。建筑布局方面，佛殿居全寺中间偏北处，东西长28米，南北宽18米。正殿之北靠近寺的北面围墙处亦有一房屋基址，探得其东西长18.3米，南北长13米。正殿的东北面和西北面，各有一房屋基址，都呈正方

---

① 萧默：《敦煌建筑研究》，机械工业出版社，2003年，第52—63页。
② 陈大为：《唐后期五代宋初敦煌寺院建筑研究》，见杜文玉主编：《唐史论丛》（第11辑），三秦出版社，2009年，第234—235页。
③ 唐耕耦：《敦煌研究拾遗补缺二则》，《敦煌研究》1996年第4期，第117页；郝春文：《唐后期五代宋初敦煌僧尼的社会生活》，中国社会科学出版社，1998年，第65—68页。
④ 李正宇：《敦煌地区古代祠庙寺观简志》，《敦煌学辑刊》1988年第1、2期合刊，第78、81页；郑阿财：《敦煌佛教寺院功能之考察与研究》，南华大学文学系，2008年，第15页。
⑤ 李并成：《河西走廊历史地理》，甘肃人民出版社，1995年，第108页。
⑥ 赵贞：《唐宋时期沙州城形制及城坊略论》，见中国文化遗产研究院编：《出土文献研究》（第9辑），中华书局，2010年，第309—324页。
⑦ 中国社会科学院考古研究所编：《六顶山与渤海镇》，中国大百科全书出版社，1997年，第55页。
⑧ ［日］原田淑人等：《东京城：渤海国上京龙泉府址发掘调查》，雄山阁，1981年，第30—38页。

形，四边长各约6米。正殿的东南面又有一房屋基址，呈长方形，东西长8米，南北长12.8米。[①]

西半城东起第三列北数第二坊的南半部正中，有7号寺院遗址。其东面与西面围墙各长177米，南面与北面围墙各长56米，寺院呈纵向长方形。探出殿址三处，位于寺院中间，自南往北排列。南面殿址东西长约20米，南北宽约15米；中间殿址东西长21米，南北宽11米；北面殿址东西长约15米，南北宽约6.5米。

这两处寺院建筑布局不同，共同之处是根据寺域范围规划建筑。前者略呈正方形，因而能够在东西两侧布置殿堂等建筑，此点与长安大型寺院有类似之处。后者横向范围有限，因而主要建筑只能沿中轴线分布。

三、结论

规整的里坊规划与追求门、塔、堂在中轴在线的寺院布局是一对矛盾，长安每座寺院都在协调这对矛盾中规划寺院建筑布局，里坊规划处于决定性的地位，因而不断塑造都城寺院布局的新形式。佛塔偏离中轴线、堂院沿中院两侧分布是里坊规划对寺院建筑布局的主要影响。但是，不能将这种形式简单化为固定的模式，因为每一寺院布局的最终呈现是宗教与政治、贵族与皇室等多种关系动态发展的结果，分析寺院布局与里坊规划的关系，有助于具体分析宗教与社会之间的互动关系。

学界普遍接受这样的观点，即坊墙的打破是中国都市由中古向近世转变的重要特征，这是强调社会变迁中"变"的一面。如果观察里坊规划与民居以及寺院建筑布局的关系，则可以看到中古到近代以来不变的一面，即通过规划等途径协调大体量建筑与民居住宅之间的关系，从而达到都市空间的公平分配。这样看，隋唐长安与元大都、明清北京之间的里坊规划就有相似之处。

原载《唐研究》（第18卷），北京大学出版社，2012年
（季爱民，东北师范大学历史文化学院教授）

[①] 本段与下段，参见中国社会科学院考古研究所编：《六顶山与渤海镇》，中国大百科全书出版社，1997年，第59—60页。

礼展奉先之敬
——唐代家庙营建与礼仪空间

游自勇

一、引言

祖先祭祀是中国古代社会极其重要的一项活动。根据祭祀者的身份可以分为天子祭祀、官人士大夫祭祀和庶民祭祀；根据祭祀场所也可分为庙（祠）祭、家祭、墓祭和寺观祭等。①其中学术界讨论最多的是庙（祠）祭，原因有两个。其一，皇帝制度下，天子宗庙成为政权的象征，维持宗庙祭祀的正常进行、血食不断，其实就是在维护政权本身，故《左传》有云"国之大事在祀与戎"②。其二，庙（祠）祭与宗族问题紧密联系，特别是明清时期祠堂遍及全国，祠堂祭祖成为非常普遍的形式，这种变化本质上是一种社会经济结构转型的问题。③基于以上两点，庙祀问题一直受到学者们的关注，但因断代不同，关注的重点亦不同。就研究的整体态势而言，宋以前主要围绕皇家宗庙的问题展开讨论，成果丰厚④；宋以后，则较为集中于

---

① 关于中国古代祭祖活动的发展过程，可参见常建华：《宗族志》第二章"祖先祭祀与家庙、祠堂"，见刘泽华主编：《中华文化通志·制度文化典》（第31册），上海人民出版社，1998年，第55—152页。

② 《春秋左传正义》"成公十三年"条，《十三经注疏》本，中华书局，1980年，第1911页中。

③ 参见郑振满：《明清福建家族组织与社会变迁》，湖南教育出版社，1992年；黄向春《文化、历史与国家——郑振满教授访谈》，见张国刚主编：《中国社会历史评论》（第5卷），商务印书馆，2007年，第468—491页。

④ 最为重要的成果当推［日］金子修一：《中国古代皇帝祭祀の研究》，岩波书店，2006年。较近的成果有高明士：《礼法意义下的宗庙——以中国中古为主》，见《东亚传统家礼、教育与国法（一）：家族、家礼与教育》，华东师范大学出版社，2008年，第17—71页。梁满仓：《魏晋南北朝皇家宗庙制度述论》，《中国史研究》2008年第2期，第13—35页；又收入《魏晋南北朝五礼制度考论》，社会科学文献出版社，2009年，第230—257页。本文引言部分对皇家宗庙研究的学术史有所整理，可以参看。

宗族祠堂理论的构建与实施①。

唐代的庙祀包括皇家宗庙祭祀、文庙武庙祭祀②和私家庙祀三类。关于后者，学界一般认为就是家庙制度，奠基之作是甘怀真的《唐代家庙礼制研究》③。本书对于家庙制度的渊源、家庙制与身份制、家庙的建筑形制、家庙的祭祀原则和仪式规定、立庙地点等都有全面的介绍和分析。受西嶋定生有关皇帝制度中"公与私"问题意识的启发，本书以"家庙"为切入点，借由贵族身份世袭制的运作，"欲证明六朝隋唐国家如何利用儒家的礼制，一方面承认官人'私家'的地位，另一方面将这些私家收编进入以皇权为顶点的政治秩序中"④。此后不久，章群亦发表了对于家庙制度的通论性文章，可惜未能及时参考甘氏的成果，全面性及精细程度均不如甘氏，不过他对于"家庙之历史意义"的讨论则弥补了甘氏的疏漏。⑤张萍主要考察了长安庙堂地理分布的特点，其中涉及百官家庙，她也没有参考甘氏的成果，但指出了庙宅分布变化的趋向，也是甘氏未曾措意的。⑥王静专论长安的节度使家庙，主要是对甘氏相关论点的阐发和细化。⑦赵旭从唐宋变革的角度来考察这一时期的私家祭祖问题，并提出了家庙、影堂、祠堂的演进思路，颇有见地；其对唐代家庙制度的

---

① ［日］井上彻：《中国の宗族と国家の礼制——宗法主义の视点からの分析》，钱杭译，上海书店出版社，2008年；［日］吾妻重二：《宋代の家庙と祖先祭祀》，见［日］小南一郎主编：《中国の礼制と礼学》，朋友书店，2001年，第505—575页；［日］吾妻重二：《宋代の家庙と祖先祭祀》，吴震译，见刘东主编：《中国学术》（总第30辑），商务印书馆，2011年，第263—321页；科大卫：《祠堂与家庙——从宋末到明中叶宗族礼仪的演变》，《历史人类学学刊》2003年第1卷第2期，第1—20页；［日］井上彻、［日］远藤隆俊编：《中国宋-明宗族の研究》，汲古书院，2005年；常建华：《明代宗族研究》，上海人民出版社，2005年，第3—182页。

② 关于文庙武庙祭祀，参见高明士有关庙学制的系列论著：《唐代的释奠礼制及其在教育上的意义》，《大陆杂志》1980年第61卷第5期，第218—236页；《唐代东亚教育圈的形成——东亚世界形成史的一侧面》，中华丛书编审委员会，1984年；《唐代的武举与武庙》，见中国唐代学会编：《第一届国际唐代学术会议论文集》，1989年，第1016—1069页；《隋唐贡举制度》，文津出版社，1999年，第173—241页；《皇帝制度下的庙制系统——以秦汉至隋唐作为考察中心》，《台湾大学文史哲学报》1993年第40期，第1—44页。

③ 甘怀真：《唐代家庙礼制研究》，台湾商务印书馆，1991年。

④ 甘怀真：《礼制》，见胡戟、张弓、李斌城等主编：《二十世纪唐研究》，中国社会科学出版社，2002年，第185页。

⑤ 章群：《唐代祠祭论稿》，学海出版社，1996年，第37—48、59—63页。

⑥ 张萍：《唐长安官、私庙制及庙堂的地理分布》，《中国历史地理论丛》2001年第16卷第4期，第28—37页。

⑦ 王静：《唐代长安社会史研究——从社会流动的角度观察》，博士学位论文，北京大学，2004年，第104—107页；王静：《唐长安城中的节度使宅第——中晚唐中央与方镇关系的一个侧面》，《人文杂志》2006年第2期，第125—133页。

描述主要借鉴了甘氏的成果,值得注意的是,他对唐代家庙制度的衰落原因有集中讨论。①

从以上的学术史清理可以看出,有关唐代家庙制度的成果并不多,但起点很高,甘怀真的专著几乎囊括了制度史研究的方方面面,后续之作也是在这个框架内进行的,稍有补充。尽管如此,仍然有一些问题被前辈学者遗漏,比如庙名的区分、立庙与赠官的关系、祔庙过程的皇权介入、唐代《假宁令》关于祔庙享庙给假的规定等。而一些观点尚有重新检讨的必要,如祢庙是否是家庙的一种,官品能否成为庙祀延续和废绝的关键等问题。本文将以"礼仪空间"作为切入点,细致探讨家庙营建与维持过程中所展示的王朝礼制与私家祭仪的交汇,以期对矗立于唐代长安城内的百官家庙有一个整体性的认识。

二、孝思是崇:立庙资格与庙名

宗庙对于古代社会的重要性是不言而喻的。《白虎通》曰:"宗者,尊也。庙者,貌也。象祖先之尊貌也。"②以立庙方式来祭祀祖先,《礼记》有较为明确的设计。《王制》篇规定:天子七庙、诸侯五庙、大夫三庙、士一庙、庶人祭于寝。③《祭法》篇对后两种身份的规定有所不同:适士二庙、官师一庙、庶士庶人无庙。按照郑玄的解释,适士乃上士,官师为中士、下士,庶士是指府史之属。④综合《礼记》与郑玄的说法,只有士以上身份的人才可以立庙祭祀祖先,庶人只能在家祭祀。虽然《礼记》有此解说,但在现实中的施行则是另一回事。巫鸿的研究表明,三代时期宗庙祭祀在祖先崇拜中居于主导地位,墓祀是次要形式;东周以后"墓"的重要性增长,到东汉明帝设"上陵礼"之后,士大夫纷纷效仿,在墓旁立祠堂,不能立祠者祭于墓,墓祀逐渐成为一种社会风气。⑤甘怀真的研究也告诉我们:东汉已降,士大夫逐渐在家内辟出特定场所作为祭祀之用,此风一直延续到隋代,因此这一时期家庙制度虽然处于逐渐法制化的过程,但一般士大夫多在家内厅堂祭祀祖

---

① 赵旭:《唐宋时期私家祖考祭祀礼制考论》,《中国史研究》2008年第3期,第17—44页。
② 〔清〕陈立:《白虎通疏证》卷一二《阙文·宗庙》,吴则虞点校,中华书局,1994年,第567页。
③ 《礼记正义》卷一二《王制》,《十三经注疏》本,中华书局,1980年,第1335页中。
④ 《礼记正义》卷四六《祭法》,《十三经注疏》本,中华书局,1980年,第1589页上。
⑤ 〔美〕巫鸿:《从"庙"至"墓"——中国古代宗教美术发展中的一个关键问题》,王睿译,见《礼仪中的美术——巫鸿中国古代美术史文编》,生活·读书·新知三联书店,2005年,第549—568页;〔美〕巫鸿:《中国古代艺术与建筑中的"纪念碑性"》,李清泉、郑岩等译,上海人民出版社,2009年,第140—154页。

先，而非采取庙祀的方式；直到北齐《河清令》才正式对家庙制度作出了详细的令文规定；至于家庙的广泛流行则要待唐代才出现。①

家庙制度的一个重要特征就是身份制，具备立庙资格者限制在"士"以上。曹魏时期，官品出现，此后其重要性日益凸显，立庙者的资格也自然转换成官品。宫崎市定曾经将周爵比于曹魏官品，本文稍有改动引表如下②：

表1　曹魏官品与周爵对照表

官	三公	大将军	九卿	州领兵刺史	郡太守	诸县、署令秩千石者	诸署令相秩六百石以上者	诸县、署长	诸县、署丞
品	一	二	三	四	五	六	七	八	九
周爵	公卿大夫					上士		下士	

甘怀真也据东晋贺循的说法列出晋代官品与爵等的对照表③：

表2　晋代官品与周爵对照表

官品	一品、二品	三品	四品、五品	六品	七品	八品、九品
周爵	公	上大夫（卿）	大夫	上士	中士	下士

北齐《河清令》以降家庙制度的相关规定，兹如下表：

表3　中古家庙制度流变表

	官品	周爵	庙数	资料出处
北齐河清令	王及五等开国；执事官、散官从二品以上	公	五庙	《隋书》卷七《礼仪志》
	五等散品；执事官、散官正三品以下从五品以上	卿大夫	三庙	
	执事官正六品以下从七品以上	上士、中士	二庙	
	正八品以下达于庶人	下士、庶	祭于寝	
开元七年令	二品以上	公	四庙	《唐六典》卷四《尚书礼部》"祠部郎中"条
	五品以上	卿大夫	三庙	
	六品以下达于庶人	士、庶	祭祖祢	

---

① 甘怀真：《唐代家庙礼制研究》，台湾商务印书馆，1991年，第9—16、22—25、28、35—41页。
② ［日］宫崎市定：《九品官人法研究：科举前史》，韩昇、刘建英译，中华书局，2008年，第62页。
③ 甘怀真：《唐代家庙礼制研究》，台湾商务印书馆，1991年，第21页。

续表

	官品	周爵	庙数	资料出处
开元十二年敕	一品、二品	公	四庙	《新唐书》卷一三《礼乐三》；李涪《刊误》卷上
	三品	卿	三庙	
	五品	大夫	二庙	
	嫡士（六七品）	上士	一庙	
		庶人	祭于寝	
开元礼	二品以上	公	四庙；有始封者通祀五庙	《大唐开元礼》卷三《序例下》
	三品	卿	三庙	
	四五品兼爵	大夫	三庙	
	六品以下达于庶人	士、庶	祭于寝	

《开元礼》的规定是最重要的依据，之后比较重要的一次改动是在天宝十载（751），针对"四五品兼爵"这一条，修改后的规定是"其京官正员四品清望官，及四品五品清官，并许立私庙"①，放宽了立庙的资格。

从上列诸表可以看出，现实中家庙制度并不完全与《礼记》的设计相符。最大的变化是规定五品以上才能庙祀，相当于取消了"士"的立庙资格。唐代家庙制度的一个基本目的是保证官员贵族身份的世代延续，而唐制"五品以上之官，是为'通贵'"②，六品至九品的官员相当于"士"，不具有贵族身份，所以不能立庙。这还只是就规定而言，具体执行时范围又有所收缩。

本文附录1是笔者在现有文献里所能检索到的唐代家庙情况表，共62例，能大概确认家庙建立时庙主官品的有50例，其中三品以上（含三品）45例，四品2例，五品3例。虽然数量与唐代家庙的实际总数相比有一定差距，但这种官品的分布情况应该不会相差太大。可以看到，制度规定五品以上即可立庙，然而绝大多数庙主是在官至三品时才立庙，这似乎形成了某种惯例。2例四品官立庙者中，韩休带宰相衔，身份较一般四品官为高，韦幼章则是出于夺宗的目的（详见下文），因此这2例都可以视为特例。3例五品官立庙者中，张某和杨明义都是内常侍，以这种身份立庙实在令人费解。崔沔是中唐名相崔佑甫的父亲，崔氏家族长期居于洛阳。睿宗太极、延和间，他留司东都，官职大概是给事中（正五品），"遂鬻所乘马，就故人监察御史

---

① 〔唐〕杜佑：《通典》卷四八《诸侯大夫士宗庙》，中华书局，1988年，第1344页。
② 刘俊文：《唐律疏议笺解》卷二《名例律》"五品以上妾"条，中华书局，1996年，第156页。

张沇子深河南府崇政坊买宅以制居,建宗庙于西南"①。崔沇不是嫡子,其父崔暟官至汝州长史(从五品),没有立庙,卒于神龙元年(705);兄崔浑因居丧不胜哀,不久也去世,卒官监察御史(正八品)。太极、延和间,崔浑之子尚未成年,崔氏一族官品最高者正是崔沇,所以一朝荣登五品,崔沇立即买宅建庙。从笔者收集的资料看,崔沇的例子实在罕见。三品以上立庙惯例的形成,可能与修建家庙耗资不菲有很大关系。62例家庙事例中,能确定立庙地点的有47例,分布状况是:长安39例,洛阳4例,荆州、陕州、魏州、杭州各1例。从这种分布态势来看,唐代绝大多数家庙建立于京城长安,而长安地价腾贵,加上家庙规模较大,这不是一般官员能够承担得起的。②

立庙资格确立后,接下来就是建庙。古人常说"名不正则言不顺",庙名是一个不可回避的问题。甘怀真并未仔细讨论过家庙庙名,他只提到了一句:"唐代家庙,意指'私家之庙',也称'先庙',或'宗庙'。"③既然几种提法都有,那么各自的使用场合是怎样的?这是一个被之前的学者都忽略的问题。下面先列出相关资料,再作讨论。

在笔者检索到的62例唐代家庙事例中,明确提到庙名的有表4所列53例。可以看到,宋代文献在记载或转述时基本使用的是"家庙"。比如序号23赵憬,《册府元龟》作:"赵退翁,贞元中为门下侍郎平章事。性清俭,虽为宰相,宅宇居止之处类贫士大夫也。所得禄俸,先置私庙,而竟不立第宅产业。"④《旧唐书》本传文字雷同⑤。《新唐书》则作:"憬性清约,位台宰,而第室童获犹儒先生家也。得禀入,先建家庙,而竟不营产。"⑥将"私庙"改为"家庙",类似的情况还有序号1、2、5、14、15、25、31和50。这可能与宋以后"家庙"一词成为私家庙祀主要用语有关。在唐代,情况与后世有着巨大差异。53例中,除去4例仅见于宋代文献外,尚有49例庙名出现于唐五代文献中,分布如表5。

---

① 〔唐〕颜真卿:《通议大夫守太子宾客东都副留守云骑尉赠尚书左仆射博陵崔孝公宅陋室铭记》,见《全唐文》卷三三八,中华书局,1983年,第3428页下。
② 关于家庙的地点,学者的讨论已经十分深入,兹不赘述。参见甘怀真:《唐代家庙礼制研究》,台湾商务印书馆,1991年,第97—114页;张萍:《唐长安官、私庙制及庙堂的地理分布》,《中国历史地理论丛》2001年第16卷第4期,34—37页;王静:《唐长安城中的节度使宅第——中晚唐中央与方镇关系的一个侧面》,《人文杂志》2006年第2期,第131—133页;赵旭:《唐宋时期私家祖考祭祀礼制考论》,《中国史研究》2008年第3期,第22—24页。
③ 甘怀真:《唐代家庙礼制研究》,台湾商务印书馆,1991年,第35页。
④ 《册府元龟》卷三一〇《宰辅部·清俭》,中华书局,1960年,第3662页下。
⑤ 《旧唐书》卷一三八《赵憬传》,中华书局,1975年,第3779页。
⑥ 《新唐书》卷一五〇《赵憬传》,中华书局,1975年,第4812页。

表4 唐代家庙庙名情况表

序号	庙主	庙名		序号	庙主	庙名	
		唐五代文献	宋代文献			唐五代文献	宋代文献
1	王珪	私庙	家庙	28	于頔	于公（頔）先庙	
2	魏徵	家庙 魏公（暮）先庙	家庙	29	权德舆	私庙、家庙	
3	段纶	祖庙		30	杨明义	先庙	
4	李靖	家庙	家庙	31	郑余庆	私庙	家庙
5	长孙无忌	齐献公庙	家庙	32	乌重胤	乌氏庙	
6	虞世南	先庙		33	曰弘正	沂国公先庙	
7	张柬之	祖庙		34	袁滋	袁氏先庙	
8	崔沔	私庙		35	崔群	相国崔群家庙	
9	萧嵩	私庙		36	马总	马公（总）家庙	
10	杨玚	先庙		37	李夷简	李公（夷简）家庙	
11	韩休	先祖庙		38	王涯	王氏先庙	
12	张嘉贞	家庙		39	令狐楚	令狐氏先庙	
13	张某	先庙		40	毕諴	祖庙	
14	杨铦	私庙、家庙	家庙	41	薛平	家庙	
15	元载	私庙、家庙	家庙、私庙	42	沈某	沈氏私庙	
16	崔衮	崔公（圆）庙		43	温造	先庙	
17	常衮	私庙		44	殷侑	殷公（侑）家庙	
18	颜真卿	颜氏家庙		45	皇甫镛	家庙	
19	杨炎	家庙	家庙	46	李绅	李公（绅）家庙、先庙	
20	曲环		家庙	47	㝢损	私庙	
21	杜佑		家庙	48	李绛	先庙	
22	李晟	李公（晟）先庙		49	卢钧		家庙
23	赵憬	私庙	家庙	50	蒋系	先庙	家庙
24	韦皋	韦公（皋）先庙		51	徐商		家庙
25	王武俊	先庙	家庙	52	罗绍威	私庙	
26	李师道	私庙		53	钱镠	私庙	
27	薛苹	薛公（苹）先庙					

注：

为节省篇幅，资料出处请见附录1。表4对于唐宋文献的区分并不纯粹依据年代判定。比如《册府元龟》虽成书于宋代，但引用多为唐代实录、国史资料，故可视为唐五代文献；《宝刻丛编》《金石萃编》等碑刻资料集成书于宋代乃至清代，但其对碑名及内容的著录基本还是沿用了原碑文字，也可看作唐五代文献。至于《新唐书》及宋代笔记的记载，一律归于宋代文献。

表5

庙名	私庙	家庙	私庙家庙并称	家庙先庙并称	先庙先祖庙	祖庙	其他
数量	11	10	3	2	17	3	3

唐代家庙名称多样①，私庙、家庙、先庙、祖庙并举，以前三种居多。"私庙"一词从不见于庙碑，就现有文献而言，它在官文书中使用频率较高。首先，唐代关于家庙制度的规定中几乎全部使用"私庙"，"家庙"仅一见，"先庙"则未见。《开元礼》是唐代家庙制度最重要的依据，但条文中只见"庙"字，并未出现上表列出的各种名称。不过，我们可以发现，臣下上表请求立庙，有时会加上一句"按《开元礼》文，合立私庙×室"，这表明，臣下是将《开元礼》的"庙"字理解为"私庙"。其次，臣子上言多使用"私庙"。如开元十七年（729）后，萧嵩在曲江立庙，天宝元年（742）玄宗令其移庙，萧嵩上言里说："昨日大将军高力士奉口宣，俯令存问，以臣私庙逼近曲江，人物喧杂，非安神之所，许臣移转，更就幽闲……臣叨沐朝荣，获崇私庙，礼尊祖考，粗奉烝尝，而地接胜游，城连禁御。"②行文中两次均使用了"私庙"一词。又如大中五年（851），韦损奏请立庙，其言曰："今臣官阶至三品，合立私庙，请祔享前件庙。"③再次，皇帝的制敕中一般使用"私庙"，这应是为了与庙制规定相符合。如常衮因父祖获得追赠而上谢表，称："伏奉今日恩命，臣亡祖故庆王文学先臣楚珪赠兵部尚书，亡祖母王氏赠齐国夫人，亡父故京兆府三原县丞赠给事中先臣无为赠太子太保，亡母南阳县太君张氏赠邓国夫人，仍立私庙三室。"④这是常衮谢表中引用敕书的文字。又如元和二年（807），李师道立庙，欲将其兄师古祔庙，朝廷议后，给李师道的敕书里说："所奏亡兄师古请列于私庙昭穆者，此乃心推孝友，诚切恭敬。览表见情，深足嘉尚。"⑤除了应用于官文书外，判题中也有使用，目前仅见1例。⑥

文献里"家庙"一词很少应用于官文书，庙制规定与臣下上言各只有1例⑦，见

---

① 由于"家庙"之名已被学者广泛接受，以下行文时，除特别需要辨明外，仍遵照学界习惯，使用"家庙"一词。
② 〔宋〕王溥：《唐会要》卷一九《百官家庙》，上海古籍出版社，2006年，第449页。
③ 〔宋〕王溥：《唐会要》卷一九《百官家庙》，上海古籍出版社，2006年，第452页。
④ 〔唐〕常衮：《谢赠官表》，见《文苑英华》卷五九七《谢追赠官丧葬》，中华书局，1966年，第3095页上。
⑤ 〔唐〕白居易著，朱金城笺校：《白居易集笺校》卷五六《与师道诏》，上海古籍出版社，1988年，第3206页。
⑥ 《文苑英华》卷五一八《判一六·祭礼三》载《诸侯祭判》，判题为："私庙三室，将置新主，家老毁檐，主人讼之，所由以非礼免之。"（中华书局，1966年，第2651页下）
⑦ 前者见唐陆贽《陆贽集》卷三《贞元九年冬至大礼大赦制》："自今以后，应有家庙，子孙但传袭封爵者，并许享祔于庙。"（王素点校，中华书局，2006年，第79—80页）后者见唐刘禹锡《刘禹锡集》卷二《彭阳侯令狐氏先庙碑》："令狐公西向拜章上言：守臣楚蒙被恩泽，列为元侯，得立家庙，以奉常祀。"（中华书局，1990年，第23页）

于判题者2例①。中唐以后，"家庙"之名有用在庙碑标题的，表4列有6例，分别是序号18、35、36、37、44和46，最著名的便是颜真卿的"颜氏家庙碑"了。碑文标题作"唐故通议大夫行薛王友柱国赠秘书少监国子祭酒太子少保颜君庙碑铭"，但额题"颜氏家庙之碑"②。此碑本是颜真卿为父亲颜惟贞立庙所镌，但从内容来看，几乎就是颜氏一族的宗谱，五服之内的族人全部列名其上，与颜真卿另外镌写的《晋侍中右光禄大夫本州岛大中正西平靖侯颜公大宗碑》③相比，二者差别不大。另外，碑后额正书90个字的题记，记庙地布局。合而观之，此碑标题虽然题为"颜君（惟贞）庙碑铭"，实际上承担着家庙的功能，故额题作'颜氏家庙之碑"。

"先庙"之名使用最多，但全部出自庙碑标题，似乎是一种专门的文体用语。

上举颜君庙碑并非孤例，"其他"项中的3例也都是以某人或某氏命名的。序号5庙名全称不详，《旧唐书》只是称其为"齐献公庙"，这是太宗长孙皇后之父长孙晟之庙，《新唐书》则以"家庙"称之。序号16碑名全称是"故中书令赠太子太师崔公庙碑"，是代宗朝宰相崔圆死后，其子崔衷所立三代之庙。④序号32碑名全称是"乌氏庙碑铭"，铭文出自韩愈之手，是宪宗朝重臣乌重胤为父祖所立三代之庙。⑤这两例虽然标题中没有私庙、先庙、家庙等字样，但从内容看，遵循了一般家庙碑文的书写格式，故崔公庙、乌氏庙属于家庙当无疑义。

以上的讨论对象是能确定为家庙的事例，另有一些庙祀的记载比较含糊，以下分别述之。

第一类命名原则与颜君庙碑相似。比如广德二年（764），郭子仪为其父郭敬之立庙，碑文标题作"有唐故中大夫使持节寿州诸军事寿州刺史上柱国赠太保郭公庙碑铭"⑥，额题"大唐赠太保祁国贞郭公庙碑"⑦。《宝刻丛编》卷七引《集古录

---

① 《文苑英华》卷五二一《判一九·丧礼门》载《舆尸谒庙判》，判题是："郑太曾祖亡，舆尸谒其家庙，人告狂怪。"（中华书局，1966年，第2668页上）《文苑英华》卷五一八《判一六·祭礼三》载《家庙失祭判》，判题为："为大夫家庙初成，将享之夕，牲死。人告其违礼，甲称本牲。"（中华书局，1966年，第2653页上）
② 〔清〕王昶：《金石萃编》卷一〇一《颜氏家庙碑》，中国书店，1985年，第6页b。
③ 《全唐文》卷三三九，中华书局，1983年，第3440—3443页。
④ 《文苑英华》卷八八〇《碑三七·家庙一》，中华书局，1966年，第4640页上。
⑤ 马通伯校注：《韩昌黎文集校注》，古典文学出版社，1957年，第229页。
⑥ 〔清〕王昶：《金石萃编》卷九二，中国书店，1985年，第1页a。
⑦ 陈忠凯等编著：《西安碑林博物馆藏碑刻总目提要》，线装书局，2006年，第6页。

目》作"唐赠太保郭敬之庙碑"①,《金石录》同②,都不以家庙称之。然而后世却目其为"郭氏家庙碑",《金石萃编》即以此为标题,估计是明清时通行之称,未必符合唐人的观念。建中二年(781)六月,郭子仪病逝,如果郭敬之庙是郭氏家庙的话,郭子仪的神主应该祔于是庙。据文献记载,郭子仪逝世后,享受了最高的礼遇,"特赐谥为忠武,配享代宗庙庭";建中四年(783)六月,"以子仪大祥,赐绢五百匹,命百僚赴哭";贞元元年(785)正月,"以子仪祔庙,命太常给卤簿,博士赞仪"③。我们不清楚"祔庙"到底是指祔于郭敬之庙还是祔于代宗庙,如果是前者,那么郭敬之庙就应视为家庙,但据《册府元龟》此段上下文意,又更像是后者。无法确定"祔庙"具体所指的另一个原因是,唐代社会存在专门祭祀郭子仪的祠庙。《集古录跋尾》载有"唐汾阳王庙碑",刻于贞元二年(786),高参撰文,欧阳修云即"郭子仪庙碑"④。《金石录》题"唐郭汾阳庙碑高参撰,张谊行书,贞元二年九月"⑤。可惜两书均未收碑文。21世纪初,郭氏后裔在明弘治版《长乐县志》中发现了碑文抄本,但缺少一页,后又据闽北郭氏族谱抄本补全。据碑文记载,标题作"唐故汾阳郡王尚父郭公庙铭"。郭子仪逝世后,邠宁节度使、尚书左仆射韩游环奏请在邠州为子仪立祠庙,得到朝廷允许。贞元二年八月庙成,九月立碑。唐末战乱,郭氏后裔有一支迁至福建,在今长乐市六平山建庙祭祀郭子仪,至后梁开平四年(910),当地县令王想将邠州郭子仪庙碑铭移刻于此庙庑上。至此,《集古录跋尾》和《金石录》的记录可以得到佐证。但郭子仪庙并非邠州独有。乾符六年(879)十月,京兆府奏称,因霖雨导致"故尚父子仪庙"倒塌,僖宗闻奏,下敕减御膳钱三千贯雇丁匠修筑,又令所司于明年仲春以太牢祭祀。由于太牢祀庙的规格过高,不合礼制,还引起了朝臣的激烈反对。⑥由京兆尹上奏,表明京兆府辖境内还有一座"尚父子仪庙";而从霖雨倒塌的情况猜测,此庙的修建应该有一定时间了。我们甚至可以作出推测:郭子仪逝世后,朝廷特为立庙,贞元元年祔庙即是祔于这座"尚父子仪庙";又因子仪长期驻守邠州,深受当地百姓景仰,故贞元

---

① 陈思纂辑:《宝刻丛编》卷七《陕西永兴军路一·京兆府上》,见《石刻史料新编》(第1辑第24册),新文丰出版公司,1982年,第18197页下。

② 〔宋〕赵明诚撰,金文明校证:《金石录校证》卷七"第一千三百八十六",广西师范大学出版社,2005年,第129页。

③ 《册府元龟》卷三一九《宰辅部·褒崇第二》,中华书局,1960年,第3775页下。

④ 〔宋〕欧阳修:《集古录跋尾》卷八,见《欧阳修全集》卷一四一,李逸安点校,中华书局,2001年,第2263—2264页。

⑤ 〔宋〕赵明诚撰,金文明校证:《金石录校证》卷八"第一千五百八十二",广西师范大学出版社,2005年,第149页。

⑥ 〔宋〕王溥:《唐会要》卷四五《功臣》,上海古籍出版社,2006年,第951页。

二年子仪旧部韩游环仿京兆府的"尚父子仪庙",在邠州建立"汾阳王庙"。虽然这只是一种推测,但并非没有可能。所以,在"祔庙"无法确认的情况下,我们也难以遽然断定郭敬之庙就是郭氏家庙。至于邠州郭子仪庙,原本是为满足当地百姓奠祭需要而建的祠庙,非家庙。不过,京兆府的尚父子仪庙则不一定。京兆府领县二十,我们虽然不好断言尚父子仪庙一定在长安,但从一些迹象推断,立于长安的可能性最大。乾符六年京兆尹的上奏以及僖宗的敕书都表明,尚父子仪庙属于官立庙堂。中唐以后,郭氏一门多位高权重,早已扎根京城长安,故祠庙的日常祭祀和管理或许是由子仪后人进行。这种情况在当时比较普遍。即便诸太子庙这样的官立庙堂,开元时也早有人提出应由其子孙自行祭祀。开元二十二年(734)七月,玄宗最终下敕将诸太子庙改为"但官置庙,各令子孙自主祭"。其后政策反复,但要求神主"归祔私庙"的呼声却从未停止。①因此,京兆府的尚父子仪庙很可能也采取了官立庙堂而由私家祭祀的方式。

马璘庙的情况与此类似。《宝刻丛编》卷七引《集古录目》著录有"唐赠司徒马璘新庙碑",由唐礼部郎中程浩撰写,颜真卿书,大历十四年(779)七月立。②《金石录》作"唐马璘新庙碑"③。1891年,陕西布政司署在整修库门时发现了该碑残块,额题"[唐]故尚书左[仆]射知省事[扶]风王赠司[徒]马公庙碑",从残存的文字来看,主要是叙述马璘一生功绩,未见与家庙相关的文字内容。④

第二类直接以某人之名称之。如《长安志》记常乐坊有"浑释之庙"⑤。这类庙名只见于宋人记载,由于年代相隔太久,应该不是确切的庙名,只是一种俗称。

第三类庙名不详。如贞观七年(633)戴胄卒,太宗"以胄宅宇弊陋,祭享无所,令有司特为造庙"⑥。开元二十七年(739)王晙卒,据说在东北战场上兵士咸见其领兵冲锋,于是玄宗"乃遣使就其家庙祭"⑦,《新唐书》记作"帝遣使祭晙

---

① 〔宋〕王溥:《唐会要》卷一九《诸太子庙》,上海古籍出版社,2006年,第442—448页。
② 〔宋〕陈思纂辑:《宝刻丛编》卷七《陕西永兴军路一·京兆府上》,见《石刻史料新编》(第1辑第24册),新文丰出版公司,1982年,18198页下。
③ 〔宋〕赵明诚:《金石录校证》卷八,见《石刻史料新编》(第1辑第24册),新文丰出版公司,1982年,第146页。
④ 残碑图版见《西安碑林全集》(第2函第15卷),广东经济出版社、深圳海天出版社,1999年,第1652页;录文见陈尚君辑校:《全唐文补编》卷五一,中华书局,2005年,第613—614页。
⑤ 〔宋〕宋敏求:《长安志》卷九;〔日〕平冈武夫编:《唐代的长安与洛阳(资料)》,上海古籍出版社,1989年,第112页下。
⑥ 《旧唐书》卷七〇《戴胄传》,中华书局,1975年,第2534页。
⑦ 《旧唐书》卷九三《王晙传》,中华书局,1975年,第2989页。

庙"①。建中四年段秀实死于朱泚之乱，兴元元年（784）七月诏赠太尉，八月又"令所司即与置庙立碑"②。但直到大和二年（828）正月，其子段伯纶才奏称："亡父赠太尉秀实，准前后制敕令所司置庙立碑，今营造已毕，取今月二十五日行升祔礼。"③前后用去了44年时间庙才修成。这些事例中，所立之庙均是为了祭祀，有些虽然是官方出资兴建，但主要还是私家祭祀。像戴胄无子，乃以兄子戴至德为后以奉其祀。玄宗遣使到王晙家庙祭，表明王晙庙就在宅内或宅旁，日常祭祀自然是由其子孙进行。

第四类是祢庙。所谓祢庙，是指《礼记·祭法》五庙之一的"考庙"，也即父庙。④若按照《礼记》的庙制设计，为父亲单立一庙未尝不可，上举三类庙在某种程度上也可视作祢庙，归入家庙系统。但唐代家庙制度并非完全遵循《礼记》的设计，一般都具有三庙（曾祖、祖、父）的规模。如果只祭祀父亲或者父祖两代，基本是在家内寝堂进行，不采用庙祀的方式。但也有特例。开元中，韩休立先祖庙三室，其庶子韩滉官至二品，由于不是嫡子，死后不能祔于家庙。韩滉长子韩群，时官至国子司业（从四品下），按规定可以另立家庙三室，祭祀韩大智、韩休和韩滉三世。然而，韩滉庶子的身份使得这一支无权祭祀韩休以上祖先，否则便是侵犯了韩休嫡系的祭祀权。或许是因为韩滉生前的官品太高，加上韩群具备了立庙的资格，所以他另立祢庙，单祀韩滉。⑤甘怀真以为，这是一种"变通的办法，盖祭不及韩休以上，自然不侵犯到嫡系的祭祀权。韩滉以后的嫡系也依序入韩群所立的家庙，'自为一宗'"⑥。甘氏此处将韩滉祢庙视为家庙，但另一处却承认"'祢庙'是一种变制，不见于家庙礼制的诸规定"⑦，前后矛盾。如前所述，《开元礼》的规定里，无立二庙、一庙之说，因此祢庙其实不能算作家庙，理论上，只有等待韩群的孙子官至五品清官得立三庙，此时韩滉祢庙才能升格为家庙。

以上四类情况，有的据现有资料无法确认属于家庙，有的则明确不能归入家庙之列。它们的共同之处在于，庙祀活动均有私家后裔参与，可与家庙祭祀合称为"私家庙祀"，但从严格意义上说不属于家庙，故对于这四种情况，本文暂不予讨论。

---

① 《新唐书》卷一一一《王晙传》，中华书局，1975年，第4156页。
② 《宋本册府元龟》卷一三九《帝王部·旌表第三》，中华书局，1989年，第186页下。
③ 《旧唐书》卷一二八《段秀实传》，中华书局，1975年，第3588—3589页。
④ 《汉语大词典》（第7卷），汉语大词典出版社，1991年，第968页。
⑤ 〔宋〕王溥：《唐会要》卷一九《百官家庙》，上海古籍出版社，2006年，第451—452页。
⑥ 甘怀真：《唐代家庙礼制研究》，台湾商务印书馆，1991年，第84页。
⑦ 甘怀真：《唐代家庙礼制研究》，台湾商务印书馆，1991年，第127页。

三、思展吉蠲：家庙的建立

家庙的建立，立庙资格是首要的。在此前提下，建庙或不建庙，则全视官员的个人意愿。整个唐代，官居五品以上的官员数量十分庞大，如果根据制度规定立庙，那家庙数量将是十分惊人的。观念上，"万物本乎天，人本乎祖，乃立宗庙，以交神明。德厚流光，追养继孝"①。家庙的建立对于五品以上官员来说意义非凡，然而现实情况与理想存在着巨大差异。

贞观年间，王珪为礼部尚书兼魏王师，身居高位却不立庙。《册府元龟》载：

> 珪性简傲，薄于自奉。准令：三品已上并立私庙，四时享祀焉。珪通贵渐久，独祭于寝，下同庶人，为法司所劾。太宗优容，弗之谴也。因为其营造，以愧其心。珪职在秩宗，俭不中礼，时论以是少之。②

《旧唐书》的记载更为详细：

> 珪少时贫寒，人或遗之，初无辞谢；及贵，皆厚报之，虽其人已亡，必赈瞻其妻子。事寡嫂尽礼，抚孤侄恩义极隆，宗姻困匮者，亦多所周恤。珪通贵渐久，而不营私庙，四时蒸尝，犹祭于寝。坐为法司所劾，太宗优容，弗之谴也，因为立庙，以愧其心。珪既俭不中礼，时论以是少之。③

王珪本性简傲，薄于自奉，但对曾经帮助过他的人及宗亲生活困难者，却常年周济。我们无法得知他是本就无心立庙还是已无余财立庙，总之这种散财周济他人却不以宗庙为先的做法，确实违背了"君子将营宫室，宗庙为先，厩库为次，居室为后"④的宗旨，故被时论视为"俭不中礼"。而从"准令：三品已上并立私庙，四时享祀焉"及受法司弹劾可知，天宝十载之前具备立庙资格的官员必须立庙，否则便是违法。⑤但现实情况并不尽如人意。事实上，天宝之前有不少官员都十分节俭，家无余财。如温彦博官至尚书右仆射，却"家无正寝"，死后只能"殡于别室"，太宗悯之，命有司特为造堂作为殡尸及祭享之所⑥。李大亮位望通显，但"居处卑陋，衣服俭率"，尽管如此，他"罄其家资，收葬五叶宗族无后者三十余丧，送终

---

① 〔唐〕权德舆：《权德舆诗文集》卷一二《唐故光禄大夫检校太尉兼中书令成都尹剑南西川节度副大使知节度事并管内支度营田观察处置统押近界诸蛮西山八国云南安抚等使上柱国南康郡王赠太师韦公先庙碑铭并序》，郭广伟校点，上海古籍出版社，2008年，第196页。
② 《册府元龟》卷九四六《总录部·失礼》，中华书局，1960年，第11142页下。
③ 《旧唐书》卷七〇《王珪传》，中华书局，1975年，第2530页。
④ 《礼记正义》卷四《曲礼下第二》，《十三经注疏》本，中华书局，1980年，1258页中。
⑤ 甘怀真：《唐代家庙礼制研究》，台湾商务印书馆，1991年，第118页。
⑥ 《旧唐书》卷六一《温大雅附温彦博传》，中华书局，1975年，第2362页。

之礼，一时称盛"①。开元初，卢怀慎官吏部尚书，"清俭，不营产业"，所得俸禄都随时分散，以至于死后家无积蓄，妻儿生活匮乏②。另有礼部尚书王丘，"虽历要职，固守清俭"，生活十分敝陋，致仕以后竟然连治病的药钱都拿不出，被玄宗喻为"贞白之吏"③。诸如此类的例子还有不少，可见士大夫阶层中有一部分人是恪守"清俭"美德的。他们视金钱如粪土，不追求物质享受，有余财也用来周济族人，根本没有财力建造一座家庙。

天宝十载，对家庙制度有所改动，其中一条是"虽品及而建庙未逮，亦听寝祭"④。"寝祭"本不符合官员立庙的规定，但东汉以来在家寝祭祖先之风盛行，流风亦及唐代，所以品及而不立庙的官员应该不在少数，且形成了风气，朝廷最终不得不予以认可。自此，"不立庙"已无法成为指责高级官员德行有亏的理由了。代宗时，围绕杨绾谥号的争论又强化了这种结果。大历十三年（778），杨绾卒，太常谥曰文贞。比部郎中苏端提出异议，有一条是：

> 古者诸侯有国，卿大夫有家，上以报祖宗，下以处子孙之义也。杨公历处厚俸，人谓儒宗，曾不立家，又无私庙，宁使人老阙敬祖之礼，位极亡祭祢之宫，凡在衣冠，谁不叹恨，又乖大义克就愍仁接礼之义矣。曰文与贞，曷可以议！⑤

据史料记载，杨绾"俭薄自乐，未尝留意家产，口不问生计，累任清要，无宅一区，所得俸禄，随月分给亲故"⑥，这就是驳文里说的"曾不立家"，可能因此家无余资，所以没有立家庙。杨绾的情况与笔者上举天宝十载前的诸多事例相似，但在苏端的眼中，这是德行方面非常重大的缺失，因此他认为杨绾不配"文贞"的谥号。苏端的意见被反馈给太常寺，随后太常作出了回应：

> 谨按《谥法》，称贞之例有三：清白守节曰贞，大虑克就曰贞，忧国忘死曰贞。文之义有六：经天纬地曰文，道德博厚曰文，愍人惠礼曰文，不耻下问曰文，慈惠爱人曰文，修德来远曰文。名既不备，事亦殊贯，又安可以二王三恪私庙家祭之阙，并责于一名哉？若具美果在一名，则士文伯、孔文子且无经纬天地之文，孟武伯、宁武子又非克定祸乱之武。若以废礼不称其名，则臧孙辰纵逆祀，不得谥文；管夷吾台门反坫，不得谥

---

① 《旧唐书》卷六二《李大亮传》，中华书局，1975年，第2389—2390页。
② 《旧唐书》卷九八《卢怀慎传》，中华书局，1975年，第3069页。
③ 《旧唐书》卷一〇〇《王丘传》，中华书局，1975年，第3133页。
④ 《新唐书》卷一三《礼乐三》，中华书局，1975年，第345页。
⑤ 〔宋〕杜佑：《通典》卷一〇四《单复谥议》，中华书局，1988年，第2724页。
⑥ 《旧唐书》卷一一九《杨绾传》，中华书局，1975年，第3437页。

敬。是知议名之道，录其所长，则舍其所短；志其大行，则遗其小节。使
善恶决于一字，褒贬垂于将来。①

太常的意见十分明确，私庙家祭之阙这种小节不能成为改谥的理由。由于唐代谥"贞"的不过魏徵、苏瑰、张说等几人，很多名臣都无此殊荣，加上这场争论背后其实牵涉常衮与杨绾的政治斗争，所以最终改谥为"文简"，以表彰杨绾"清而晦名，无自伐之善；约以师俭，有不矜之谦"的德行，"以其简俭之风厚于俗也"②。杨绾谥号之议凸显了朝廷礼官对于家庙的态度：立不立庙属于个人小节，无关大碍，不能以此作为褒贬的依据。有了这样的态度，寝祭之风继续蔓延。唐末李涪记载："近代显居上位，率多祭寝，亦尝发问，皆曰：官品未宜。有位至将相者奏请之，词则曰：'臣官阶并及三品，准令合立私庙。'"③这可以补充解释上节中提到的立庙者多为三品以上官员的惯例。除了经济因素外，寝祭风气的盛行也是一个重要原因。因此，唐代家庙的数量应该非常有限，并不如想象中的那么多。

家庙的建立需按照一定的程序进行。根据中唐以后家庙碑透露出的信息，我们可以知道立庙前要上奏提出申请，得到许可后才能建庙。但李涪对此颇有异议，他说：

有位至将相者奏请之，词则曰："臣官阶并及三品，准令合立私
庙。"是不知旧制，妄有论奏。庙貌申敬，用展孝思，岂于霜露之情，合
俟朝廷之命。盖以将同列戟，先白有司，既展哀荣，宜遵典故。原其奏请
之因，盖立庙不在其家，别于坊，选吉地，乃为府县申奏，或有官居显
重，慎虑是，宜营构之，初亦自闻奏，相习既久，致立庙须至闻奏。④

他认为本来立庙是私家之事，无须上奏等待朝廷许可，是到后来才逐渐形成惯例。由于唐前期资料所能提供的信息有限，我们无法判定李涪此说是否可靠，姑备一说，但中唐以后立庙必须闻奏则是不争的事实。

对于申请立庙者，只要符合资格，皇帝一般都会予以批准，有时还会额外追赠父祖。在唐代，由于官僚化的程度日益加深，赠官制度的角色发生转换，由中古前

---

① 〔唐〕梁肃：《代太常答苏端驳杨绾谥议》，见《全唐文》卷五一七，中华书局，1983年，第5254页上。
② 《宋本册府元龟》卷五九五《掌礼部·谥法》，中华书局，1989年，第1812页。甘怀真没有注意到太常寺的回应以及《册府元龟》所载诏书，认为杨绾谥号从"文贞"改成"文简"，是因为受到士大夫官僚层对其"不立私庙"的谴责所致，实误。
③ 〔唐〕李涪：《刊误》卷上"士大夫立私庙不合奏请"条，张秉成校点，辽宁教育出版社，1998年，第7页。
④ 〔唐〕李涪：《刊误》卷上"士大夫立私庙不合奏请"条，张秉成校点，辽宁教育出版社，1998年，第7页。

期维护皇朝亲贵和世族社会地位的角色，变化为瓦解世族制、促进官僚制走向成熟的重要因素。①作为中唐以后一种普赠方式，父祖赠官本来并不稀奇，值得注意的是有些赠官是与家庙的建立联系在一起的。现有史料里最早提到因立庙而获得追赠的是宋璟的父母。宋璟于开元四年（716）十二月入相，五年（717）为侍中，六年（718）立庙之时其父宋玄抚褒赠邢州刺史，"玄抚初赠岐州长史，及（宋）璟登宰辅之任，修祔庙之礼，帝乃特以伯牧光宠焉，并赠其母崔氏为安平郡夫人"②。这只是一次针对个人的偶然之举，但选择立庙之时予以再次追赠，并且赠官为三品，显示了玄宗对于宋璟的恩宠。因为立庙是昭显官员身份及祖德的绝佳时机，在先人神主即将祔庙之际获得追赠，无疑是极大的荣耀，这也说明了家庙在皇帝及高级官员的心目中具有特殊地位。开元十六年（728），萧嵩入相，十七年仲冬癸丑诏赠其父萧灌吏部尚书，其母韦氏魏郡夫人。③这次的追赠不是针对个人的偶然行为。这一年十一月戊申，玄宗谒诸陵还，下大赦天下制书，里面提道：

> 中书门下、丞相、尚书、开府、三省、大将军，父并赐三品官。九卿、三监、十二卫、监门羽林军、五省长官、三府尹、大都督长史，父各赠四品官。五品已上清官，父各赐五品官。凡所赠官，宜兼赠母邑号，俾夫群臣受荣，上延父母先帝遗泽，下及幽冥。④

很明显，这是通过大赦来对官员父母普赠。萧嵩时为中书令，符合"父赐三品官"的条件，在赦书发布后的第五天，就有了追赠父母的诏书，提到追赠原因是"宜承追远之庆，俾崇冢宰之荣"，显然是在落实赦书普赠的原则。紧接着萧嵩"建宗庙，修礼物，荣君后命，告我前人"，在城南曲江修建起了家庙。

中唐以后，赠官逐步制度化⑤，追赠与立庙相结合的例子也明显增多。不过，这种结合还未成为经常性的措施。与上举宋璟、萧嵩的例子相同，追赠立庙多数是作为对在职官员的一种封赏，典型的事例如马总。马总先世官品最高者是其父马俟，官至吉州刺史，但未立家庙，后卒于官。马总少孤，"追念世业，以为五代祖有文

---

① 吴丽娱：《唐代赠官的赠赙与赠谥——从〈天圣令〉看唐代赠官制度》，见荣新江主编：《唐研究》（第14卷），北京大学出版社，2008年，413—438页；吴丽娱：《光宗耀祖：试论唐代官员的父祖封赠》，《文史》2009年第1辑，第141—180页。
② 《册府元龟》卷一三一《帝王部·延赏第二》，中华书局，1960年，第1570页下。
③ 〔唐〕张说：《赠吏部尚书萧公神道碑》，见《文苑英华》卷八九五《碑五二·神道一二》，中华书局，1966年，第4714页上。
④ 《册府元龟》卷八五《帝王部·赦宥第四》，中华书局，1960年，第1007下—1008页上。
⑤ 徐乐帅：《中古时期封赠制度的形成》，见杜文玉主编：《唐史论丛》（第10辑），三秦出版社，2007年，第100—103页。

才,仕隋官不过郡吏;高祖父怀至道,曾王父有阴德,郁积而未发;王父皇考,惠泽在人,而皆存不议于朝,殁而祭于寝",乃立志"富贵显荣,以祀其先祖"。元和中,马总随裴度讨平淮西,镇其地,在他的治理下,淮西风俗为之一变。元和十四年(819)平李师道,析其地为天平军,以马总为节度使。十五年(820)六月穆宗即位,马总上表请立庙,君臣间展开了一段对话。这段对话看起来是经过记录者修饰的,但意思应该不会有很大改变,值得细细品味:

> 马总奏称:"有司以臣名数谬登,礼当庙祠。"皇帝曰:"昔我宪考,聪明圣武。兵卫四出,扫定郡邑,爱敬忠良,为民父母。实命汝总,作藩于东。始平淮乱,遂抚郓封。庇宇二邦,仍世不虞。民痛无告,卒骄而顽,苞奸窥隙,以万以千。汝来尸之,莫不顺然。朕初即位,汝适报政。畴汝爵邑,书于功令。"总拜稽首:"敢辞休命。"皇帝曰:"咨。无汝私。蔡人不龚,汝则治之;齐人不安,汝则绥之。勤亦至矣,而赏何卑?命汝为伯,即封于岐。"总拜稽首:"非臣之力。陛下先臣,实有明德。臣蒙其庆,幸以守职。"皇帝曰:"咨。我今有诏,追荣尔先,以昭尔孝,启尔土宇,锡尔宗庙。"总拜稽首:"死无以报。"①

马总痛感先世只能寝祭,不能庙祀,因而立志光宗耀祖,使祖先得以庙食。他先后镇治蔡、齐平乱之地,居功甚伟,故穆宗刚即位,就进封马总为扶风县开国伯,这是以进爵作为笼络的手段,所谓"朕初即位,汝适报政。畴汝爵邑,书于功令"。马总第一次谦让之后,穆宗重申马总的功绩,申明封爵纯粹出于公心,是对藩臣勤勉王事的嘉奖。马总第二次谦让,穆宗随即提高了封赏的待遇,表示会下诏追荣马总先世,并准其立家庙。这才是马总孜孜以求的目标,因此他不再推让。同月,穆宗追赠马总祖父光粹为尚书工部郎中,祖母韦氏为扶风郡太夫人,父亲马俟为兵部尚书,母亲郑氏为荥阳郡太夫人,"以褒宠之,命立三庙,备致祭以告成功",三个月之后,马总在长安的家庙即告落成。②以孤穷之身位至方伯,得追荣祖先竟立家庙,马总实现了他当初的志愿。在君臣的对话中,我们除了看到礼仪性的谦让外,背后其实更多的是双方对于"忠""孝"的期许:马总希望通过庙祀祖先来提振衰微的家风,昭显己身的"大孝",他必须求助于穆宗;穆宗本来只是希望以进爵的方式来巩固马总的忠心,当发现不称马总心意时他不得不提高了筹码。从

---

① 〔唐〕李宗闵:《马公家庙碑》,见《文苑英华》卷八八一《碑三八·家庙二》,中华书局,1966年,第4643页下—4644页下。

② 〔唐〕李宗闵:《马公家庙碑》,见《文苑英华》卷八八一《碑三八·家庙二》,中华书局,1966年,第4644页下。

中我们可以发现，追赠、立庙在一场特定的权力交易中完成了结合。

唐代追赠一般只上及两代，赠三代者极为少见，不过寥寥数人而已①，惟李晟可赠及四代，享受最高殊荣。兴元元年六月，李晟平定朱泚之乱，收复长安。七月，以功赠李晟父亲李钦太子太保，母亲王氏代国夫人。贞元四年（788）三月，又诏为李晟立五庙，赠高祖李芝陇州刺史、曾祖李嵩泽州刺史、祖李思恭幽州大都督。②显见赠及四代也是与立庙联系在一起的。李晟在世之时，五庙之制其实只有高祖、曾祖、祖、父四亲庙，要待李晟卒后祔庙才能成为真正的五庙。尽管如此，赠官题写于四亲庙神主上，均是位至三品以上，这足以令人瞠目了。吴丽娱在分析唐代大量墓志开头多有关于父祖赠官的交代这一现象时指出："此事本身不仅可以弥补先世不曾为官或者官品抑屈的缺憾，使作为孝子贤孙的官员本人极感安慰；且亦营造了其出身来历，改变了家族门庭的卑微面貌，特别是有时父祖通过累赠，官品反而可以超过子孙本人，这就更会给人造成累世宦达的假象。"③此说可谓精辟。但我们知道，墓志的记载多取材于墓主子孙提供的行状，里面固然详尽记载了父祖赠官，但这种荣耀如何向外人道来？书于墓志只能是埋入地下，不见天日，较好的选择之一是镌刻神道碑。家庙也是一个不错的展示场所，外人从家庙的规模上即可判断庙主的官品地位；在举行祔庙及庙享仪式时，子孙也可借由神主的出场来感受祖先辉煌的往昔，通过一个个赠官的官名累积起对家族的自豪感，从而构建出一段世代勋贵的家族历史。因此，赠官与立庙的结合虽然没有走向制度化，但它对于一些家庙的建立无疑起到了锦上添花的作用，二者的关系正如常衮所说："臣闻德及于人，功济于物，然有光昭祖考，特加追命之荣；崇严庙室，俾展奉先之敬。"④追荣与敬祖，这不正是家庙建立的意义所在吗？

四、礼展私诚：祔庙与庙享

家庙完工之后，首先要做的一件事情就是祔庙。按照《开元礼》家庙礼制的规定，三品以上立庙时才有神主；四五品无神主，只设几筵；六品以下无几筵，设神

---

① 吴丽娱举出了德宗母沈氏、穆宗母郭氏、归崇敬、朱泚、王庭凑五例。参见吴丽娱：《光宗耀祖：试论唐代官员的父祖封赠》，《文史》2009年第1辑，第150页。
② 《旧唐书》卷一三三《李晟传》，中华书局，1975年，第3671、3673页。
③ 吴丽娱：《光宗耀祖：试论唐代官员的父祖封赠》，《文史》2009年第1辑，第169页。
④ 〔唐〕常衮：《谢赠官表》，见《全唐文》卷四一八，中华书局，1983年，第4272页上。

座①。神主本是祖先灵魂归依之处，无神主则难成祭祀②，从这个意义上讲，四五品与六品以下并无差别，这可能也是三品以上官员方立家庙的重要原因。

祔庙是家庙过程中极其重要的一个环节，可惜前人并未讨论。据史料推断，这个环节与立庙申请一样，庙主定好日期后也必须上奏。元和五年（810）权德舆立家庙，七年（812）正月他上奏请将亡父祔庙，这是目前能见到的最完整的请祔庙状，兹引如下：

> 臣亡父先臣秘书省著作郎赠太子少傅某。
>
> 右。臣先臣在玄宗朝筮仕河朔，忠孝名节，冠于当时。至德、乾元之间，历监察御史、起居舍人、著作郎。在代宗朝，早逭圣代。臣幼丁荼蓼，不及义方，过蒙渥恩，禄秩崇厚。按《开元礼》文，合立私庙三室，永怀怵惕，思展吉蠲，已于通济坊修建，择用二月二十日祔飨。臣位忝台司，时逢孝理，事循彝典，礼展私诚，感戴恩荣，不敢不奏闻，伏听敕旨。③

权德舆状文称"事循彝典，礼展私诚"，又说"不敢不奏闻"，可见按照规定祔庙是需要上奏的。奏上之后，皇帝依惯例予以批准，并令相关部门参与到后续的祔庙仪式中。《崔群家庙碑》对此有比较细致的记载。元和十四年，诏崔群立家庙于长安崇业坊：

> 粤五月二十二日，天子命以羊一、豕一助奠，太常出博士一人相礼仪，即日加赠烈考金部公尚书左仆射，极显亲之荣锡，教忠也。先是丞相清河公诹日卜牲，致斋盥洗，朝服立于阼阶之东，司仪告辨，宗祝赞事。奉赠郑州刺史府君神主祔于第一室，夫人乐平郡太夫人王氏配座，室曰皇考庙；奉怀州刺史赠太子少师府君神主祔于第二室，夫人魏国太夫人李氏配座，室曰王考庙；奉今赠太尉府君神主祔于第三室，夫人齐国太夫人卢氏、晋国太夫人王氏配座，室曰考庙。始迎严严，卒事兢兢，俄兴舒于，愉愉勿勿，瞻虡俯慕，盼蠁交格，逮闇质明。礼既勿违，君子于是观卿大夫之孝，而知周德之所在矣。④

---

① 《大唐开元礼》卷一四〇《三品以上丧之三·祔庙》、卷一四四《四品五品丧之三·祔庙》、卷一四八《六品以下丧之三·祔祭》，民族出版社，2000年，第672—673、695—696、715—716页。

② 甘怀真：《唐代家庙礼制研究》，台湾商务印书馆，1991年，第72页。

③ 〔唐〕权德舆：《权德舆诗文集》卷四六《请祔庙状》，郭广伟校点，上海古籍出版社，2008年，第703页。

④ 牛僧孺：《相国崔群家庙碑》，见《文苑英华》卷八八一《碑三八·家庙二》，中华书局，1966年，第4645页上。

我们从整个仪式过程的描绘中可以获知几点信息。第一，皇帝的恩惠是为了彰显皇权的存在。以羊、豕助奠，即"牲用少牢"，这是《开元礼》的规定①，私家也能自备，但皇帝赐予，意义自然不同。太常博士相礼仪，这是由皇家礼官来赞导仪式的进行，规格同样不一般；祔庙当日再次追赠先世，无疑是极大的荣耀。前两种是惯例，后一种则是殊恩。不管哪一种在仪式现场展现，这种行为本身就昭示了官员家族的荣耀源于皇权；官员能够庙祀祖先，这种"孝"其实是建立在对皇权的"忠"基础上的。第二，在"忠于国"之余，官员还是会尽可能地展现对祖先的孝思，所谓"礼展私诚"。庙碑所记诹日卜牲，致斋盥洗等仪式细节，完全是按照《开元礼》的规定进行的。第三是仪式的效果。碑文说"君子于是观卿大夫之孝，而知周德之所在矣"，是否可以达到这种效果，我们不好遽言，即便真能洗涤人心，也只是局限在家族内部成员。因为根据《开元礼》对仪式过程的设定，它是家祭，不是开放性的，只有所祀祖先的男性子孙以及礼仪人员才能步入庙院，家族的女性也只能停于庙外且"周以行帷"，一般的外人根本无法目睹整个仪式的过程。

从上奏到正式祔庙，我们可以清楚地看到，祔庙虽然只是将祖先祔于家庙的过程，表面上是官员私家之事，但整个过程其实都有皇权介入，不但要征求皇帝的诏敕同意，而且太常寺直接参与到礼仪活动中，整个仪式也是按照国家礼典的规定来进行的。在这个环节上，我们似乎看不到私家祭仪的影子。

当祔庙仪式完成，家庙才算真正建立起来。至此，一座夸耀家族历史的纪念碑式建筑矗立在长安的土地上。

家庙建立之后，它就成为家族礼仪活动的重要场所。《通典》云："昔者先王感时代谢，思亲立庙，曰宗庙。庙，貌也。宗庙者，先祖之尊貌也。因新物而荐享，以申孝敬。"②虽然说的是天子宗庙，同样适用于家庙。六朝时期，士族各家制订家礼（家仪）者不少，《隋书·经籍志》史部"仪注"类所见冠有家名或姓名者有：《徐爰家仪》一卷、《赵李家仪》十卷、《严植之仪》二卷③。谷川道雄以为六朝家礼反映了特定家族内部遵循的规约，作为支持门阀贵族独立地位的重要因素，家礼发挥了相当大的作用。④家祭是家礼的组成部分。《魏书·崔浩传》载："（崔）浩能为杂说，不长属文，而留心于制度、科律及经术之言。作家祭法，次

---

① 《大唐开元礼》卷三《序例下》，民族出版社，2000年，第34页上。
② 〔唐〕杜佑：《通典》卷四七《天子宗庙》，中华书局，1988年，第1298页。
③ 《隋书》卷三三《经籍二》，中华书局，1973年，第969、971页。
④ 〔日〕谷川道雄：《六朝士族与家礼——以日常礼仪为中心》，见高明士主编：《东亚传统家礼、教育与国法（一）：家族、家礼与教育》，华东师范大学出版社，2008年，第1—16页。

序五宗，蒸尝之礼，丰俭之节，义理可观。"① 可见至少从北魏开始，私家祭祀祖先就有了成文的礼仪规范。唐代，这种家祭仪更为普遍。《新唐书·艺文志》史部"仪注"类列有七种，分别是：孟诜《家祭礼》一卷、徐闰《家祭仪》一卷、范传式《寝堂时飨仪》一卷、郑正则《祠享仪》一卷、贾顼《家荐仪》一卷、卢弘宣《家祭仪》和孙日用《孙氏仲享仪》一卷。②据欧阳修记载，他曾在北宋秘书府见到"唐《家祭仪》《孙氏仲飨仪》数种，大抵以士人家用台棹享祀，类几筵，乃凶祭"③，故排除这些属于凶祭的仪注后，《寝堂时飨仪》和《祠享仪》等都应属于吉礼范畴的私家庙祀仪。上文已经指出，唐代有相当数量的官员品及而不立庙，他们虽然祭于寝堂，但规格不会同于六品以下官员及庶民。不过，就祭祀的场所而言，寝堂毕竟不能与家庙相比，因而在仪式上肯定会有所简化，这或许是催生唐代众多成文家祭仪的因素之一。另外，国家礼典关于非常祀的仪式规定阙如，常祀仪式虽有明确规定，但现实执行时却颇多变通，这也给了士大夫创造的空间。

一般来说，常祀即四时祭祀，在每年二月（春祠）、五月（夏礿）、八月（秋尝）及十一月（冬烝）举行④，但有些官员则有私家规定。比如王涯，穆宗长庆三年（823），王涯立家庙于长安崇业坊，四年（824）四月入为户部尚书兼御史大夫，十二月"躬行烝祭"⑤。六朝时期腊祭祖先本不足为奇，唐代由于"天子以四孟、腊享太庙，诸臣避之，祭仲而不腊"⑥，官员在十二月祭祖属于僭礼。庙碑清楚记载王涯行的是"烝祭"，也就是冬烝，可以排除非常祀的可能性，因此王氏家族应该就是把冬烝的时间定在了十二月。这种变礼并非只有王涯一个孤例，元稹的例子更能清楚地说明变礼的普遍性。长庆二年（822），元稹罢宰相，出为同州刺史，同州任上他撰写了《告祀曾祖文》，全文如下：

孝曾孙稹，谨以清酌庶羞之奠，敢昭告于曾祖岐州参军府君：礼称礿禘蒸尝，一岁用是，四者而已。唐制，位五品皆庙祀，庙祀亦以求吉日。其余未庙祀者，各奉家传，疏数每异。昔我先府君深惟孝思，终已不息。

---

① 《魏书》卷三五《崔浩传》，中华书局，1974年，第812页。
② 《新唐书》卷五八《艺文二》，中华书局，1975年，第1492页。
③ 〔宋〕欧阳修：《归田录》"佚文"，李伟国点校，中华书局，1981年，第49页。
④ 仪式的详细过程见《大唐开元礼》卷七五"三品以上时享其庙"、卷七六"三品以上祫享其庙，三品以上禘享其庙"、卷七七"四品五品时享其庙"，民族出版社，2000年，第374页下—383页上。
⑤ 〔宋〕刘禹锡：《刘禹锡集》卷二《代郡开国公王氏先庙碑》，中华书局，1990年，第19页。
⑥ 《新唐书》卷一三《礼乐三》，中华书局，1975年，第346页。

每岁换正,至涉佳辰,睹儿孙宾游相会聚,未尝无悲,是用日至暨正旦,仲夏之五日,季秋之初九,莫不修奉祠祀,以达事生之意焉。逮小子稹,冒华官荣,当立庙以事先人于京师,会值谴出,未果修构。宗子积,牧民于金,复不克以上牲陪祀。每衣裘葛,酸伤五情。今谨依约庙则,每岁以一至二分暨正旦,与宗积彼此奉祀于治所,始用变礼,不敢不告。伏惟尚飨。①

祭文里清楚地记载,未庙祀者各奉家传,所谓"家传"应该就是私家自己的祭仪,故"疏数每异"。元稹官至宰相,本可以在长安建立家庙,可惜他在相位上仅待了几个月就出为同州刺史,立庙之事也就无暇顾及了。元稹父亲元宽在世的时候,于元旦、端午、重阳和冬至四个时间祭祖;到了元稹这一辈,虽然同样不立庙,却依照"庙则"规定在元旦、春分、秋分三个时间祭祖。可见,即便是同一家族,前后的祭日也有变化。我们不清楚元稹所说的"庙则"具体指什么,从字面意思推测当与家庙有关,或许是家庙祭仪的相关规定。如果这种猜测成立的话,那么元稹显然又不是完全按照庙则来行事的。他因故没有立庙,心中定然抱着很大的遗憾,企盼以家庙的礼仪来祭祀祖先,但身处地方,远离长安,实在无法庙祀,所以只能将"家传"与"庙则"折中,既有家传中的元旦,也有庙则里的春分、秋分。然而,一年三祭终归不合礼数,可能这只是针对元稹曾祖父的祭仪吧。因为在长庆二年元稹祖父母获得追赠之时,他的祭文末尾有"谨以仲冬日至,修奉常荐,焚献制书,昭告神几"②一句,明确提到冬至是"常荐"。元氏的常祀日期经常处于调整状态,这应该与未建家庙、亲族分散有关,它直接导致了祭无定法,以至于元稹可以和仲兄元积分别祭祖,这也就是他在祭文里强调的"变礼"。

元稹的例子使我们看到了中唐以后变礼的普遍性。相当数量的官员虽然寝祭,但其规格却是仿照了四五品官庙享的仪式,稍微有所变通;庙祀者也不完全遵从《开元礼》的规定,融入私家祭仪的事例出现,有些甚至属于僭礼。这些状况都表明,在官品、皇权等"公"权力不断向私家渗透的同时,私家也在努力维护庙享仅有的一点"私人话语"空间,公私之间保持着一种必要的张力。

除了常祀外,其他如升官、立碑、婚娶等家族重要事务都需告庙,举行仪式。

---

① 〔唐〕元稹:《元稹集》卷五九《告祀曾祖文》,冀勤点校,中华书局,1982年,第618—619页。此文撰写时间无明确记录,卞孝萱《元稹年谱》(齐鲁书社,1980年)亦无载。文中提到"冒华官荣,当立庙以事先人于京师,会值谴出,未果修构",则元稹当时已有资格立庙。观元稹履历,前后被贬出京共三次,分别为河南尉、江陵士曹参军和同州刺史,以同州刺史任前入相官职最高,故此文最有可能撰写于长庆二年之后。

② 〔唐〕元稹:《元稹集》卷五九《告赠皇祖祖妣文》,冀勤点校,中华书局,1982年,第618页;卞孝萱:《元稹年谱》,齐鲁书社,1980年,第416—417页。将此文系于长庆二年,从之。

升官之例如令狐楚。大和元年（827），令狐楚立庙于长安通济坊。二年（828）十月，"公由浚郊以介圭入觐，真拜户部尚书，进爵为侯。既辞戎旃，得以列侯谒三庙。是岁南至，上不视朝，又得以展时祭"①。立庙时，令狐楚职在守藩，不能返回长安，因此一切事务包括祔庙都是交给弟弟令狐定主持。第二年他有机会入觐并成为京官，进爵为侯，故以列侯身份告庙。立碑之例如崔郸。崔郸父亲崔倕官至检校吏部郎中兼御史中丞，有六子，均官至三品②，估计在长子崔郾官太常卿时立家庙。开成四年（839）七月，崔郸入相，十一月"奉常事于家"，礼成，乃欲立碑以扬先世之荣，"又命宗祝卜柔日告于庙，尽诚也"，此举被刘禹锡喻为"仪甚备而敬有余，斯所谓达礼之君子"③。婚娶的情况，笔者没有找到长安家庙的例子，但可以地方的事例作为佐证。如咸通中，知盐铁陈许院事侍御史孙虬将娶妻裴氏，迎娶前夕，裴氏卒于绛州家中，墓志云："以岁不利，未遑□祢祭于孙氏之庙，以成来妇之义。"④此处既云"祢祭"，则"孙氏之庙"是座祢庙，虽非本文所论之家庙，亦可作为旁证。可想而知，官员有家庙者，新妇进门之后必告庙，此举旨在向祖先申明自己已成为家庭的一员。所以，裴氏之例虽然不是发生在长安，但具有普遍意义，可证长安家庙庙享中也应包括婚娶告庙。其他如出生、死亡等情况，我们虽然尚无具体事例佐证，但据常理推测也应该有告庙的仪式。

不管是祔庙还是庙享，复杂琐细的仪式过程通常需要提前三天就开始准备，因此唐代给予官员一定时限的假期。赵大莹根据北宋《天圣令》及相关史料复原了唐代《假宁令》的绝大部分条文，与本文相关的有两条，分别是第5条："诸百官九品以上私家祔庙，除程，给假五日。四时祭者，各给假四日。并谓主祭者。去任所三百里内，亦给程。若在京都，除祭日，仍各依朝参假例。"第22条："诸私忌日

---

① 〔唐〕刘禹锡：《刘禹锡集》卷二《彭阳侯令狐氏先庙碑》，中华书局，1990年，第23页。（此条中简称《先庙碑》）令狐楚立庙的时间，甘怀真定在宝历元年（825），王静定在大和三年（829），皆误。《先庙碑》起首言"今上元年某月，汴州刺史、宣武军节度副大使知节度事、汴宋亳等州观察处置使、银青光禄大夫、检校礼部尚书兼御史大夫、上柱国、彭阳县开国伯令狐公"，据《旧唐书》卷一七二《令狐楚传》，令狐楚任检校礼部尚书、汴州刺史等职在宝历元年（中华书局，1975年，第4461页），甘怀真当是以此为据。但《先庙碑》后又说"明年十月，公由浚郊以介圭入觐，真拜户部尚书"，而据本传，令狐楚拜户部尚书在大和二年，由"明年"推断，立庙时间当在大和元年。

② 《新唐书》卷一六三《崔邠附郸传》，中华书局，1975年，第5019页。

③ 〔唐〕刘禹锡：《刘禹锡集》卷三《故朝散大夫检校尚书吏部郎中兼御史中丞赐紫金鱼袋清河县开国男赠太师崔公神道碑》，中华书局，1990年，第40页。

④ 周绍良、赵超主编：《唐代墓志汇编续集》咸通○九三《唐知盐铁陈许院事侍御史内供奉赐绯鱼袋孙虬故室河东裴氏墓志铭并序》，上海古籍出版社，2001年，第1107页。

给假一日，忌前之夕听还。"①后者，赵氏没有给出复原过程，但有解说②；前者正好相反，有详细的复原过程却无解说。私家祔庙，《开元礼》规定："凡私家祔庙给五日，四时祭给四日。"③《唐六典》亦同④。仁井田陞据《太平御览》卷六三四《治道部·急假》引《假宁令》复原，增加了"诸百官九品"五个字⑤。池田温订补时没有改动。⑥直到《天圣令》重现，才将本条补全为"诸百官九品以上"。

笔者注意到，祔庙和四时祭，给假的对象是"主祭者"，而立庙资格只限于五品以上，这与"诸百官九品以上"是否矛盾？答案是否定的，因为现实里"主祭者"和庙主的身份并不一定重合。始立庙者成为庙主，立庙者去世后，嫡子无论能否达到五品清望官的官品，都自然继为庙主，如此代代承袭。理论上五品的立庙资格只是关系到死后能否祔庙，无关保有家庙的问题。按照制度规定，庙主就是家庙的主祭者，嫡子的主祭者身份不受"五品"的限制，只要他是流内官即可。除此之外，还存在一种情况。由于受到诸多实际因素的制约，庙主与主祭者的身份经常无法重合。比如贞元十三年（797）韦皋立庙于长安大安坊，从庙成到他去世的八年间，由于长期镇守西南，"不得视涤濯，承吉蠲"，庙祀只能交由长兄韦聿主持；等他去世后，家庙碑的镌刻也是在韦聿的操办下完成的。⑦元和十五年（820）马总立庙长安，时任天平军节度使，距长安一千八百二十里⑧，虽然按照《假宁令》的规定"除程"，路上花费的时间不算在五日假期内，但来回劳顿三千六百余里，只是回京匆匆完成祔庙礼，五天后就必须返回，这对于多数官员来说其实很难办到，于是由母弟马摧"摄祭，行升祔之礼"，礼毕，马摧又请李宗闵撰写了家庙碑文，李宗闵在碑文中对马摧颇多赞赏："公犹居外，推奉以行。克荐诚敬，如公在廷。"⑨长庆三年王涯立庙，当时他镇守剑

---

① 赵大莹：《唐假宁令复原研究》，见天一阁博物馆与中国社会科学院历史研究所天圣令整理课题组：《天一阁藏明钞本天圣令校证》，中华书局，2006年，第600、601页。
② 赵大莹：《唐宋〈假宁令〉研究》，见荣新江主编：《唐研究》（第12卷），北京大学出版社，2006年，第89—90页。
③ 《大唐开元礼》卷三《序例下》，民族出版社，2000年，第35页上。
④ 《唐六典》卷二"吏部郎中员外郎"条注，中华书局，1992年，第35页。
⑤ 〔日〕仁井田陞：《唐令拾遗》，东方文化学院东京研究所，1933年，第751页。
⑥ 〔日〕仁井田陞：《唐令拾遗》，东方文化学院东京研究所，1933年，第751页。
⑦ 〔唐〕权德舆：《权德舆诗文集》卷一二《韦公先庙碑铭并序》，郭广伟校点，上海古籍出版社，2008年，第196—199页。
⑧ 〔唐〕李吉甫：《元和郡县图志》卷一〇《河南道六·郓州》，贺次君点校，中华书局，1983年，第258页。
⑨ 〔唐〕李宗闵：《马公家庙碑》，见《文苑英华》卷八八一《碑三八·家庙二》，中华书局，1966年，第4644页下。

南东川，祔庙之礼是由长子孟坚主持完成的①。前举令狐楚立庙，祔庙也是由其弟令狐定代行。祔庙尚且如此，日常庙享就更不可能按时返京举行了。《假宁令》对于四时祭只局限于三百里内给程，也就是说四天的假期不包括任职三百里内的地方官在路上的时间。三百里外的情况没有设定，表明官方已经排除了这些地方官参加庙享的可能性。只有一种情况例外，那就是地方官正好在京。如元和十年（815），袁滋立庙长安，第二年二月他自荆南朝京师，停留六天，正好赶上春分，于是"率宗亲子属，用少牢于三室"②。权德舆在给薛苹撰写的家庙碑里也有描述：

  古诸侯五庙，大夫三庙，庙在其国。圣朝以官品制室数，侯伯理外，而庙在京师。其或觐于明庭，入为孤卿，则吉蠲恭信，展敬受福。居常则冢介子姓，荐其常事。僾然肃然，追养继孝之义重焉。③

众多事例都表明，由于路途遥远等因素，很多立庙于长安的地方官虽然身为庙主，实际上心有余而力不足，家庙的日常管理都是交付在京的兄弟或子嗣来进行。《假宁令》里虽然也规定了假期，但短暂的假期只适用于京官及周边的地方官，不少镇守一方的大员其实都不可能特意赶回长安主持仪式，除非他本人正好在京。如此就出现了庙主与主祭者身份不能一致的情况。所以，令文中规定的主祭者官品是"九品以上"，而非五品以上，就是因应现实而设置的。

对于多数立庙于长安的官员来说，家庙是凝聚宗人、昭显门风的重要途径，如刘禹锡所言："出授黄钺以伯诸侯，入服华章以谒家庙。追崇极大位，血食备多室，享全荣而奉昭荐。呜呼，公侯之孝欤！"④正因为如此，祔庙与庙享之仪不可或缺，可以说是整个家庙礼制中最为关键的两个环节。它要求祭祀者怀着对祖先的崇敬、对家族历史的自豪来展演整个仪式的过程，如同吕温所总结的：

  祭先之礼，自天子至于庶人，节文名物，差等虽繁，然以礼事亲，其义则一。寝庙虽不崇，而修除不可不严；牲物虽不腆，而享馈不可不亲；器皿虽不备，而濯溉不可不洁；礼虽不得为，而诚意不可不尽。故斋宿荐

---

① 〔唐〕刘禹锡：《刘禹锡集》卷二《代郡开国公王氏先庙碑》，中华书局，1990年，第19页。

② 〔唐〕韩愈撰，马其昶校注：《韩昌黎文集校注》卷六《袁氏先庙碑》，上海古籍出版社，1986年，第240页。庙碑中没有明确记录立庙的时间，起首云："袁公滋既成庙，明岁二月，自荆南以旗节朝京师。"《资治通鉴》卷二三九载：宪宗元和十一年（816）二月，袁滋入朝（中华书局，1956年，第7722页）。据《旧唐书》卷一五《宪宗本纪》下，他任荆南节度使的时间是元和九年九月至十一年七月（中华书局，1975年，第450、456页），则十一年二月他入朝时还在荆南节度使任上，故立庙时间当在元和十年。

③ 〔唐〕权德舆：《权德舆诗文集》卷一二《大唐浙江西道都团练观察等使润州刺史兼御史大夫河东郡公薛公先庙碑铭并序》，郭伟校点，上海古籍出版社，2008年，第203页。

④ 〔唐〕刘禹锡：《刘禹锡集》卷二《代郡开国公王氏先庙碑》，中华书局，1990年，第21页。

彻，致爱与恭，岂可徇流俗燕亵之常，同鄙陋不经之事？然虽未能方古，亦当略举春秋之荐，旬日具修，三日斋戒，务在躬亲诚洁而已。①

用一句话来概括，那就是"精意以享，展如在之仪"②。

五、敬则如在：庙祀的延续

作为礼仪性建筑，家庙一旦建立，便具有了某种纪念碑式的特性。在逐渐接受了以官品定门第高下的唐代社会，尤其是唐代中晚期社会，能在繁华的京城长安建立家庙，是宗门兴旺的标志之一，其荣耀远胜于门前列戟，故冯宿在给殷侑撰写家庙碑时不得不感慨：

能树休勋，着茂功，丰人爵，列天秩，焜耀当代，恢张其门者，几何人哉！不有营缮乎？先宗庙而后宫室，不有禘祀乎？怆春秋而感霜露。……扬名立身，养亲继孝，贤臣之懿图彰矣，君子之能事毕矣。③

将立庙视为人臣功成名就、忠孝两全的象征。因此，家庙能否延续，从一开始就是一个关系宗门发展、宗支兴衰的关键问题。

庙祀延续的外在形式便是庙享，这是最能展示家庙现状的活动。举凡庙主官品的变化、家族经济实力的起伏都可从仪式的细节中透露，但无论如何变化，只要庙享还在进行，即可证宗门尚未颓败，庙祀还在延续。

甘怀真在讨论庙祀延续的问题时谈到三点：第一，制度规定上，立庙者的后代如果官位达不到立庙的标准，也可以保有家庙，继续庙祀；第二，若后代子孙官品达不到立庙标准，没有资格入庙受祀；第三，累世三品的政治地位很难在一家之内承袭，加上家庙的维持需要一定的经济能力，如果后代子孙官位低下或丧失了官人身份，家庙便难以维系下去。④赵旭对于唐代家庙制度的衰微也提出了三点原因：第一，过分强调嫡子和直系的祭祀权，对承嗣立庙的官员品秩要求过高，忽视旁亲祔庙；第二，由于官品的差异导致庙祀频度和规格也不尽相同，三品以下五品以上的官员很难有大范围内的统合宗族的祭祀，制度本身不能充分表达中下层官员追先怀远的情结，亦不足以伸张古礼的精神，倡导家族聚居的道德；第三，家庙多建于长

---

① 〔唐〕吕温：《祭说》，见《全唐文》卷六三〇，中华书局，1983年，第6354页上。
② 〔唐〕武同德：《对封君祭判》，见《文苑英华》卷五一八《判一六·祭礼三》，中华书局，1966年，第2651页下。原阙作者，据《全唐文》卷四〇〇补（中华书局，1983年，第4082页上）。
③ 〔唐〕冯宿：《天平军节度使殷公家庙碑》，见《文苑英华》卷八八二《碑三九·家庙三》，中华书局，1966年，第4649页上—4650页上。
④ 甘怀真：《唐代家庙礼制研究》，台湾商务印书馆，1991年，第88—89页。本节所引甘氏观点，如无特别说明，均出自此处，不再另行注出。

安,致使营缮不易、耗资不菲,难以为继。①笔者将以上观点概括为两个层面。首先是制度本身的问题。一是强调嫡系的官品需达到之前立庙的品级,否则死后不能祔庙受享;二是庙祀以直系祖考为主,忽视旁亲。其次是庙堂的运营问题,即是否有足够的经济实力修建庙堂及维持今后的修缮、庙享等事务。这两个层面,后者是建立在前者基础上的,因为官员的经济实力一般决定于他的官品以及由此带来的一系列特权。所以,笔者重点需要辨析的是制度本身,至于立庙长安的经济实力问题,甘、赵二位已有很好的论述,兹不赘述。

我们先来讨论旁亲祔庙的问题。赵旭将家庙、影堂、祠堂放在前后相继的一个序列中考察,这种视野颇有见地,他的基本思路是要"从家庙的衰微、僭滥到影堂的普及乃至朱熹祠堂的构想",来探讨"从某个支脉的祖考祭祀转变为全族共祀一始祖的演变过程"②。因此,旁亲祔庙是祖考祭祀礼制具有统合宗族作用的一个重要证据。他认为,唐代家庙礼制不许旁亲祔庙,这与当时官僚立庙之家的要求相抵触,与王朝倡导的累世同居和宗脉和谐的道德不协调;而《朱子家礼》允许旁亲祔庙,这与唐宋时期官民同族共庙的祭祀礼俗相一致,具有统合宗族的思想,为明代官方礼制所承袭。笔者无意去争论旁亲祔庙是否具有统合宗族的思想,只想指出的是,赵旭的文章中凡是提到"旁亲",所指的都是"旁亲之无后者,殇者"。传统礼制本来就允许这部分人死后祭于宗子家,唐代也规定皆可祔食于家庙,甘怀真早已论及。旁亲祔庙实在无法作为庙祀衰微的原因之一。

对嫡系的官品要求过高一直被视为绝祀废庙的主要原因。笔者以为这点需要重新考虑。甘怀真的一个重要贡献在于,他通过对《开元礼》关于六品以下时祠的夹注的分析,揭示了嫡系官品达不到五品的立庙资格时,也能保有家庙。这是我们讨论的基础。在笔者看来,这无异于宣称,制度在设计的时候已经保证了庙祀不致废绝。因为理论上只要嫡系能保有家庙,就应该祭祀;即便后嗣官居六品以下,甚至变成庶民,他至少可以庙祀始立庙者(始封祖)。所以,官品的意义在于死后能否祔庙,而非保有庙堂。关于祔庙,甘怀真认为《开元礼》的祔庙规定是依家庙制度设定的,三品以上官人死后,祔三品以上的家庙;四五品官人死后,祔四五品的家庙;六品以下官人死后,祔祭于寝。赵旭没有列出依据,但他的看法和甘怀真相同。他举例说,如果祖考是三品以上官,子孙只为四五品官,子孙亡故后,只能单独立庙,不能被祔祭于其先考三品官为始封祖的家庙内。诚如甘怀真所指出的,

---

① 赵旭:《唐宋时期私家祖考祭祀礼制考论》,《中国史研究》2008年第3期,第20—24页。本节所引赵氏观点,如无特别说明,均出自此处,不再另行注出。
② 赵旭:《唐宋时期私家祖考祭祀礼制考论》,《中国史研究》2008年第3期,第36页。

《开元礼》的祔庙规定与官品对应,这点笔者并无疑义,但是否如赵旭所言,嫡系子孙官居四五品便无法入祔之前的家庙,而需另立新的庙堂呢?如果赵旭的论断成立,就意味着前后相续的两代嫡系,前一代因三品官身份得祔家庙,后一代因四五品官身份需单立祢庙,同一宗的嫡系传承居然可以拥有不止一座家庙,这显然是不可能的事情。笔者在第二节已经探讨过,四五品官其实绝少立庙者,亦可证现实中嫡系子孙官居四五品无须另立新的庙堂。实际上,对于这种情况的处理,《开元礼》没有清晰的规定。宋仁宗皇祐初定家庙制度,里面有一条是:"凡得立庙者,许适子袭爵以主祭。其袭爵世降一等,死即不得作主祔庙,别祭于寝。自当立庙者,即祔其主。"①甘怀真认为这是仿照《开元礼》的运作方式,言外之意嫡系官品低于立庙者的品级时,死后便无法祔庙。皇祐初年的规定其实没有施行,它是否源于唐代制度,笔者尚存疑虑,因为甘怀真在随后的论述中也指出,贞元九年(793)冬至的大赦制书里更改了庙制,"自今以后,凡有家庙者,即使子孙只袭有封爵,官品不能到达有庙的标准,也可依序祔庙"②,而唐制除了王爵外,其他是不会随代例降的。换言之,嫡系只要袭公爵以下,无论官品如何,死后均能祔庙受祀。

以上只是就制度本身而论,下面笔者以两个事例来具体说明。

第一个是前举韩休的例子。《唐会要》载:

> 宝历二年七月十二日,太常礼院奏:"伏奉四月二十八日敕,前同州朝邑县尉韩约进状,请祔亡父故金紫光禄大夫、守尚书左仆射、赠太子太保皋神主,祔礼院议定闻奏者。谨按礼经,诸侯二品以上祠四庙,五品以上祠三庙。今据韩皋祖休,先已立先祖庙三室,今子孙见继,昭穆享祭。皋父滉是众子,官至二品,身殁后,长子群,官至国子司业,已别立祢庙,祔滉神主入庙。今子孙承袭,自为一宗。皋是滉次子,官虽一品,身殁无升祔庙文。伏准《礼记》云:'别子为祖,继别为宗。'继祢者为小宗,若皋子约官至五品清资郎,合别置祢庙,祔皋神主,自列昭穆,庶合礼经。"敕旨依奏。③

这是学者们引用最多的一个事例,笔者在第二节讨论祢庙问题时已有涉及。下图所列是韩休家族的谱系④:

---

① 《宋史》卷一〇九《礼十二·群臣家庙》,中华书局,1977年,第2632页。
② 甘怀真:《唐代家庙礼制研究》,台湾商务印书馆,1991年,第90页。
③ 《唐会要》卷一九《百官家庙》,上海古籍出版社,2006年,第451—452页。
④ 资料来源:《新唐书》卷七三上《宰相世系三上》,中华书局,1975年,第2863—2873页;赵超编著:《新唐书宰相世系表集校》卷三《韩氏》,中华书局,1998年,第464—467页;《旧唐书》卷九八《韩休传》,中华书局,1975年,第3079页。

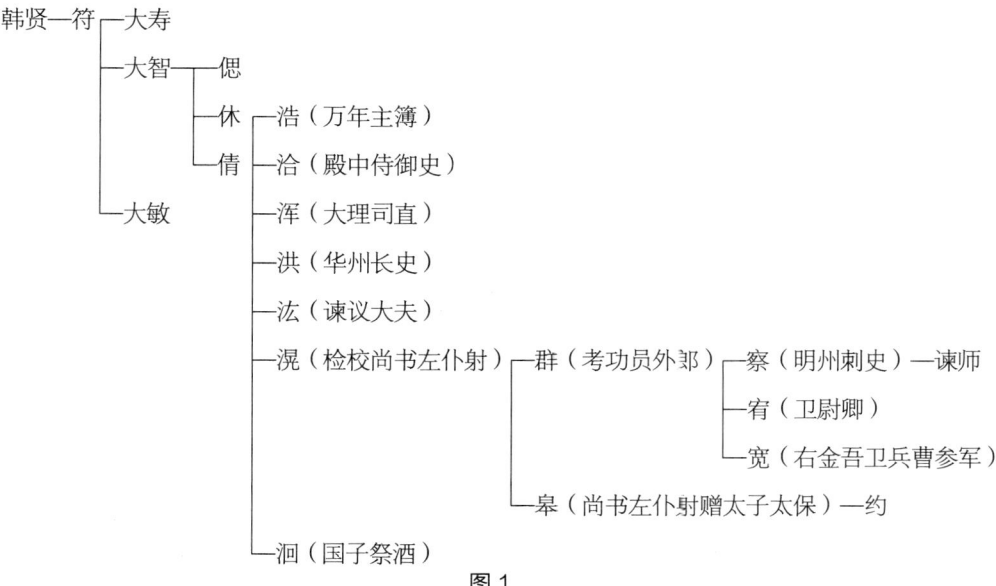

图1

前人的关注全部是围绕韩滉祢庙展开的，因为这个事例清楚地反映出庙制系统下严格区分嫡庶的宗法观念。但笔者这里要探讨的是韩休家庙的延续问题。韩休在世时，庙祀韩贤、韩符、韩大智三代，他去世后，嫡子韩浩继为庙主，奉祀韩符、韩大智、韩休三代。韩浩官万年主簿，正八品上，后因亨配流循州，死于安史之乱，赠吏部郎中。韩洽天宝中卒，韩浑、韩洪亦死于安史之乱。①这样，韩休七子中只剩下韩汯、韩滉和韩洞。韩浩官居六品以下，死后肯定不能祔庙，又逢战乱，但这并不等于宣判韩休家庙就此废绝，太常礼院的这份奏文明确记载"今据韩皋祖休，先已立先祖庙三室，今子孙见继，昭穆享祭"，表明直到敬宗宝历二年（826），庙祀依旧在进行。韩浩的子孙可能官位不显，以至于《宰相世系表》都无记录，但他们仍然是法定的大宗，延续着祖先的庙祀。假设韩休立庙是在其入相的开元二十一年（733），由此算起到宝历二年，庙祀已经持续了94年，并且还将延续下去。

第二个例子是王珪家庙，太宗为王珪立庙于长安永乐坊东北角。王珪谱系②如下：

---

① 《旧唐书》卷九八《韩休传》，中华书局，1975年，第3079页。
② 资料来源：《新唐书》卷七二中《宰相世系二中》，中华书局，1975年，第2643—2645页；赵超编著：《新唐书宰相世系表集校》卷二《王氏》，中华书局，1998年，第278页。

礼展奉先之敬 | 109

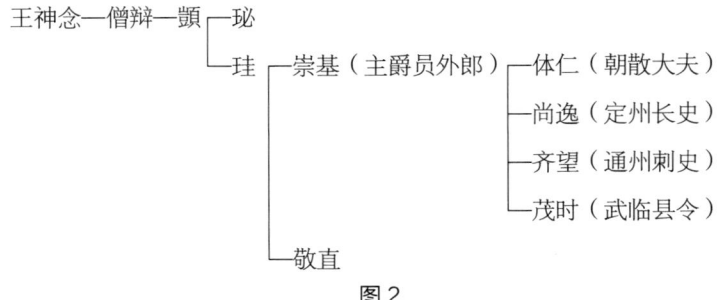

图 2

王珪封永宁公，卒于贞观十六年（642），嫡子崇基袭爵，官至尚书主爵员外郎，从六品上，已无资格祔庙。崇基长子体仁，嫡子则是次子尚逸，爵位由尚逸承袭，官定州长史，从五品上。据《元和郡县图志》，武德四年（621）置定州，天宝元年改为博陵郡，乾元元年（758）复为定州①，则尚逸官定州长史的时间最有可能是天宝元年之前。尚逸的子孙史无明载，但王珪家庙的延续时间很长，贞元八年（792）因修唐安寺，"移于寺西"②。从记载来看，此时的王珪家庙应该不是一座废庙，否则直接拆除即可，何必要换址重建？这也证明了尚逸的嫡系庙祀不断。从贞观六年到贞元八年，王氏庙祀已经持续了161年，我们不知道它最后将终结于何时，但这个数字已足够让人称奇的了。

韩休和王珪的例子告诉我们，理论与现实两方面都证实，只要嫡系的烟火接续不断绝，庙祀就有可能一直延续下去，官品并没有如之前学者想象中的那么重要。

六、礼成追养：废祀与夺宗

就现有资料来看，唐代长安城内曾经广泛存在着百官家庙，唐后期尤甚。史载，唐武宗南郊出行，见朱雀大街两侧广布家庙，逼近皇城，遂下诏令后禁止在皇城以南六坊内再建家庙。③旧有家庙得以维系，已如上一节所论，然而，现实的变化是多方面的，很多因素都有可能导致废祀的情况出现，比如战争、绝嗣、获罪、贫困等等。④此时，如果本宗之内的其他支系获得发展，地位上升，便有可能借机夺得主祭权，进而取代嫡系，笔者称之为"夺宗"。

《唐会要》记载了韦凑家庙的变迁：

---

① 〔唐〕李吉甫：《元和郡县图志》卷一八《河北道三·定州》，贺次君点校，中华书局，1983年，第510页。
② 〔宋〕王溥：《唐会要》卷一九《百官家庙》，上海古籍出版社，2006年，第449页。
③ 详细情况参见甘真：《唐代家庙礼制研究》，台湾商务印书馆，1991年，第108—111页。
④ 详细情况参见甘真：《唐代家庙礼制研究》，台湾商务印书馆，1991年，第91—93页。

大中五年四月，武昌军节度使、检校户部尚书韦损奏："臣四代祖凑，开元中于上都立政坊立庙，至建中四年，亡失木主，其庙屋及树并在。今臣官阶至三品，合立私庙，请祔享前件庙。"敕旨："宜依。"先是，韦损之门吏右司员外郎杨师复，以此事问于礼官，太常寺主簿韦儒实对曰："准何修之《礼问答》云：'始安靖王庙，东城事乱，神主不存，废祠未久，今欲造木主升祔，于礼如何？答曰：新造木主成，便合奉迎入室，当设酒脯之奠，然后即安也。'又准礼，文武官二品以上祠四庙，五品以上祠三庙。今韦尚书官至三品，自合得立三庙。缘四代祖河东节度伋先立私庙，太师已曾祔庙讫，至建中四年失木主，自后子孙位卑，其祠久废。今韦尚书官位三品，准《祠祭令》，各立三庙，即合祭太师、中丞及伋君三神主，便合营造庙宇，以安木主。今河东节度旧庙，木主亡失，庙宇尚存。其河东节度是四代神祖，不合更祭，今祔太师以下三神主于其庙，在礼无嫌。"①

根据相关史料，笔者先排出韦氏南皮公房部分成员的谱系图②：

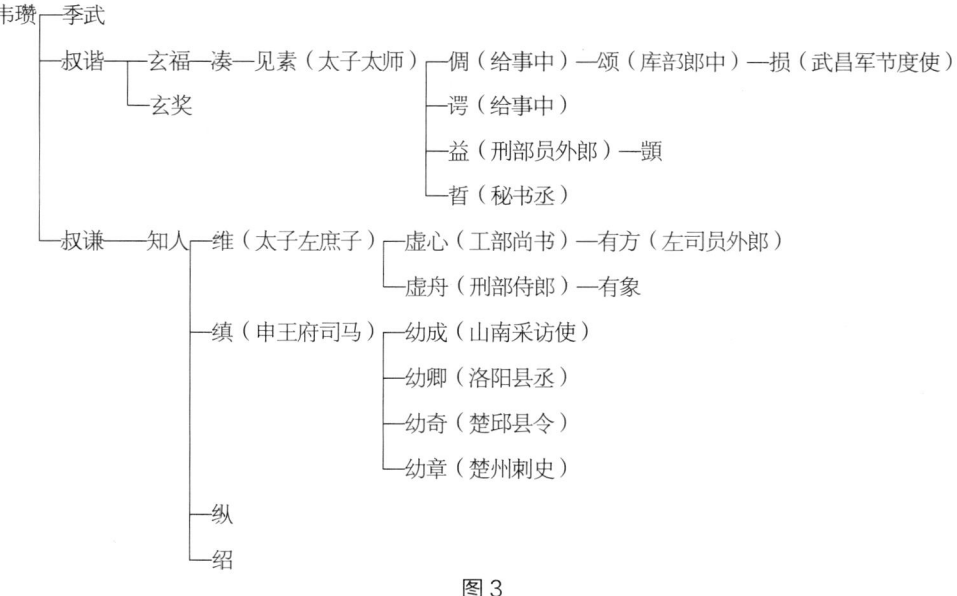

图3

---

① 〔宋〕王溥：《唐会要》卷一九《百官家庙》，上海古籍出版社，2006年，第452—453页。
② 资料来源：《新唐书》卷七四上《宰相世系四上》，中华书局，1975年，第3099—3102页；赵超编著：《新唐书宰相世系表集校》卷四《韦氏》，中华书局，1998年，第657—664页；《旧唐书》卷一〇八《韦见素传》，中华书局，1975年，第3276—3277页；〔唐〕常衮：《授韦谔给事中制》，见《文苑英华》卷三八一《中书制诰二·北省二》，中华书局，1966年，第1943页；〔唐〕独孤及：《故朝议大夫申王府司马上柱国赠太常卿韦公神道碑》，见《文苑英华》卷八九九《碑五六·神道一七》，中华书局，1966年，第4735页下—4736页上。

开元中，韦凑于长安立政坊立庙三室，十一年（723）卒于太原尹兼节度支度营田大使任上，此即韦儒实所谓的"河东节度"。韦凑子韦见素，玄、肃两朝宰相，官至太子太师，从一品，远高于乃父，宝应元年（762）卒，死后祔庙。甘怀真判定韦见素嫡系是长子韦偶一系，韦偶、韦颂虽均是五品官，甘氏还是认为与三品相比，他们属于"官卑"者，死后不能祔庙，须待韦损重修旧庙时才能入庙受祀。甘怀真的纰漏在于，韦见素的嫡子是韦谔，而非韦偶。韦凑封彭城郡公，死后韦见素袭爵，因随玄宗至蜀，进封豳国公，但他怕得罪于公议，恳辞不受①，故爵位仍旧。常衮《授韦谔给事中制》里提到韦谔的官称是"通议大夫、行尚书吏部郎中、彭城郡开国公"②，韦谔袭爵至为清楚。韦见素卒后，韦谔又延续了二十余年的庙祀，直到建中四年因朱泚之乱丢失神主为止。韦谔的后嗣没有留下任何记录，估计官位不显，所以韦儒实才说"子孙位卑，其祠久废"。既然韦谔是嫡系，韦偶一系自然不能祔庙。在等了将近八十年之后，韦损在韦凑家庙的旧址上另修新庙，祭祀韦见素、韦偶、韦颂三代，此时性质已经完全不同。韦凑是始封祖，本属百代不迁，由于嫡系没落导致庙祀废绝。韦损虽然是因旧庙建新庙，但本质上不是韦凑家庙的延续，而是以自己为始封祖的新庙，故韦凑"不合更祭"。也就是说，韦凑以下的大宗，从原来的韦谔转到了韦偶，这就是笔者所谓的"夺宗"。

类似的现象并不少见，唐后期宰相魏謩的夺宗过程更为奇特，甘怀真曾有过简要介绍③，依据的资料主要是《金石萃编》所收《魏公先庙碑》，然而《金石萃编》的录文只是原碑的五分之三左右，且错漏百出，故甘氏对很多关键性的信息无法揭橥。笔者据京都大学人文研究所和北京大学图书馆藏拓片对《魏公先庙碑》（以下简称《先庙碑》）进行了重新过录（参见附录2），对魏謩的夺宗历程也有了新的认识。

根据相关资料，笔者先列出魏徵以下谱系图④，再作探讨：

---

① 〔唐〕贾至：《为韦相让豳国公表》，见《文苑英华》卷五七二《宰相让官一》，中华书局，1966年，第2946页上。
② 〔唐〕常衮：《授韦谔给事中制》，见《文苑英华》，卷三八一《中书制诰二·北省二》，中华书局，1966年，第1943页上。
③ 甘怀真：《唐代家庙礼制研究》，台湾商务印书馆，1991年，第91页。
④ 相关考证见游自勇：《魏徵历史地位探赜——以魏氏家族在唐代的沉浮为中心》，见荣新江主编：《唐研究》（第17卷），北京大学出版社，2011年，第310—313、326页。

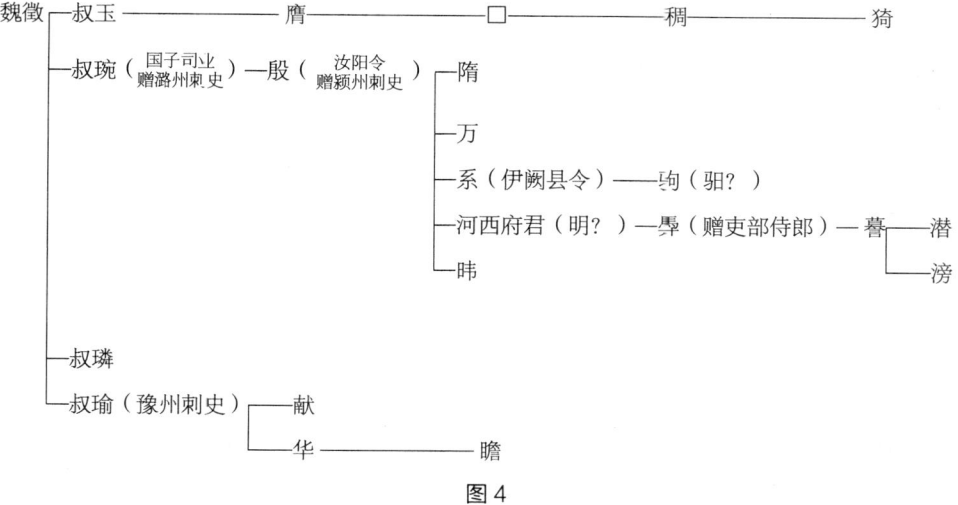

图 4

据《先庙碑》及《长安志》记载，魏徵于贞观年间在昌乐坊建立家庙，但建庙时间无载。魏徵嫡系魏叔玉、魏膺均承袭了郑国公的爵位①，如无意外，至少到唐中宗时期，家庙仍在维持。魏膺后裔不显，且生活日趋贫困，以至于在魏稠时不得不把一直居住的永兴坊故宅典卖与他人，到元和四年（809）才由宪宗下令用内库钱赎回，赐还魏稠等人。②宅邸尚且不能固守，远在昌乐坊的家庙恐怕更难以维持，笔者推测安史之乱以后，魏徵家庙已经处于废祀的状态。

转机出现在唐后期，据《先庙碑》记载，魏徵次子魏叔琬的四世孙魏謩重修了魏徵家庙。《金石录》著录《先庙碑》立于大中六年（852）十一月，《宝刻类编》无月数③。碑文首题"（前缺）判户部事上柱国赐紫金鱼袋魏公先庙碑"，碑中多处称魏謩为"相君"，又云"相国位犹滞于三品"，可知这是魏謩位居三品宰相时所立。我们可以排出魏謩在唐宣宗大中前期的仕途经历：大中二年（848），内征为给事中，很快就迁御史中丞，兼户部侍郎，判本司事，后又自请奏罢御史台事；五年（851）以本官同中书门下平章事，判如故；六年十二月，为中书侍郎；八年（854）十二月罢户

---

① 《旧唐书》卷七一《魏徵传》，中华书局，1975年，第2562页；《新唐书》卷九七《魏徵传》，中华书局，1975年，第3881页；《新唐书》卷七二中《宰相世系二中》，中华书局，1975年，第2658页。
② 《资治通鉴》卷二三七"元和四年闰三月"条，中华书局，1956年，第7657—7658页；《册府元龟》卷一四一《帝王部·念良臣》，中华书局，1960年，第1711页；〔宋〕王溥：《唐会要》卷四五《功臣》，上海古籍出版社，2006，第948页。
③ 〔宋〕赵明诚撰，金文明校证：《金石录校证》卷一〇，广西师范大学出版社，2005年，第184页；佚名：《宝刻类编》卷四，见《石刻史料新编》（第1辑第24册），新文丰出版公司，1982年，第18459页。

部①。魏謩虽于大中五年同中书门下平章事，备位宰相，但其本官是户部侍郎，属正四品下，只有中书侍郎是正三品，当时他还是判户部事。据此推测，《先庙碑》当立于大中六年十二月至八年十二月间。《金石录》和《宝刻丛编》均为宋人作品，或亲见原碑，惟碑文磨泐之下一、二易混，"十一月""十二月"必有讹误，然此碑立于大中六年魏謩官至中书侍郎之时应较可信。据碑文，魏謩按照营建家庙的一般程序上奏宣宗，提出申请，又为自己的父亲魏舜求得吏部侍郎的赠官。他还"稽于有司。□□太常，顺考礼令，酌损前文，版勖劳□"通过了相关部门的审核。结果令人惊讶，魏謩可立四庙，于是他举行了很隆重的祔庙仪式，供奉魏徵以下四室神主（见表6）

表6

室数	神主	配享
第一室	祖考郑国公魏徵	祖考妣郑国夫人河东裴氏
第二室	皇考颍州府君魏殷	皇考妣河东裴氏
第三室	王考河西府君	王考妣范阳□氏
第四室	考吏部府君魏舜	考妣南阳□氏

这明显是逾制了。对照上述韦损的例子，前后仅隔一年，但处理结果完全不同。礼官对韦损执行了严格的标准，使得韦损想祭祀四世祖韦凑的愿望落空，但对魏謩则采取宽松的标准。按照礼制的规定，魏謩此时位居三品，只能立三庙，祭祀曾祖魏殷、祖父河西府君和父亲魏舜三代。碑文提到魏謩四世祖魏叔琬时曾说："师儒道光，教源益浚，于世次为显考。以相国位犹滞于三品，室未备数，尚□孝思。"王昶将"显考相国"连读，认为即指魏謩；王鸣盛则认为魏謩父亲名魏濬而非魏舜。这都是对碑文此句的误读。魏叔琬官至国子司业，故言"师儒道光"云云；又为魏謩高祖，故云"显考"；"相国"乃是魏謩。所以此句文意是：因魏謩只是三品官，只能立三庙，所以显考魏叔琬不能祔庙。可见，魏謩对于能立几庙是很清楚的。但事实上，魏謩逾制得立四庙。虽然礼仪上的逾制在中唐以后十分普遍②，但家庙的修建需要上奏皇帝批准，因此很难出现违制的情形。魏謩的举动显然是得到了礼官的认可，以三品官得立四庙，整个唐代仅此一例。

---

① 《新唐书》卷六三《宰相年表下》，中华书局，1975年，第1731—1732页。
② 相关讨论参见姜伯勤：《王涯与中唐的令与礼》，见中国古代社会研究编委会编：《中国古代社会研究——庆祝韩国磐先生八十华诞纪念论文集》，厦门大学出版社，1998年，第47—61页。黄正建：《王涯奏文与唐后期车服制度的变化》，见荣新江主编：《唐研究》（第10卷），北京大学出版社，2004年，第297—328页；又收入黄正建主编：《中晚唐社会与政治研究》，中国社会科学出版社，2006年，第370—411页。

然而问题的核心不在于此。即便魏謩得立四庙，他也只能祭祀至高祖魏叔琬，如前所述，祭祀魏徵的主祭权在魏叔玉嫡系手上，其余各房只能是陪祀。所以，礼制上，如果魏謩营建家庙，这个家庙只能是以他为始祖，非嫡裔的身份不可能让他在自己的家庙中祭祀魏徵，这与韦损的例子是一个道理。换言之，魏謩所建家庙与贞观中魏徵所立家庙本无关系。但现实情况是，魏謩在修葺了魏徵家庙后，将嫡裔魏叔玉以下神主迁出，只留下魏徵神主，然后将自己的三代祖先魏殷、河西府君、魏彝的神主祔庙。在原家庙体系中，魏徵属始祖，百代不迁，但这是针对嫡裔来说的，支裔根本就无权作为主祭者来祭祀魏徵。现在，魏謩将魏徵作为始祖来祭祀，放弃了自己作为百代不迁始祖的身份，其实是冒领了嫡裔的地位。因此，他所修葺的家庙，依旧是魏徵家庙，而非魏謩家庙。所以，魏謩重修魏徵家庙，表面上是家族中兴的再现，实质上是对家族内部权力格局的重新配置，原本属于支裔的魏謩一系借由官位的显赫完成了夺宗的过程，成为魏氏大宗，而这一切应该是得到了朝廷支持的。

如果孤立地看这些夺宗事例，我们所能得出的认识比较有限，但是若将视野扩展到整个宗族，我们的认识就有可能更加深入。还以韦氏南皮公房为例。上文所列谱系图里，韦瓒季子叔谦一系也建有家庙。叔谦嫡系中，韦虚心官至三品，但未建家庙，结果是支系的韦缜季子韦幼章以楚州刺史（正四品）的身份立庙。《韦缜神道碑》云：

> 宝应二年春三月，以子（韦幼章）为大夫，故诏追赠公太常卿。君子谓公之义方，庆及其身，而楚州之孝诚格于宗祐，礼也。犹以为与物俱者人事，不我期者邱陇。虽大宗小宗，可详诸姓氏之谱；命官日时，各存乎其屋壁之志。①

碑铭的记载比较隐晦，似乎韦幼章立庙时受其支系地位的影响，阻力颇大。但他最终以现实的官品压倒了家谱上对于大宗小宗的界定，建立起自己的家庙，从而跃升为叔谦以下的大宗。这样一来，整个唐代，韦氏南皮公房至少建有三个家庙，分别是韦凑家庙、韦幼章家庙和韦损家庙，庙祀情况如图：

---

① 〔唐〕独孤及：《唐故朝议大夫申王府司马上柱国赠太常卿韦公神道碑》，见《文苑英华》卷八九九《碑五六·神道一七》，中华书局，1966年，第4736页上。

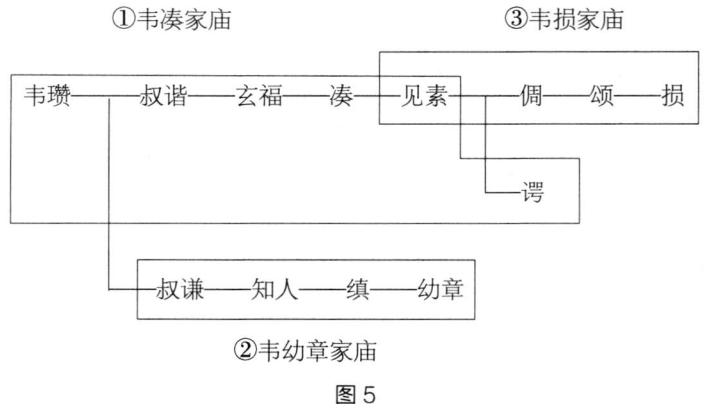

图5

这种宗族之内多个家庙的情况，颇像后世宗族总祠下的各个支祠。当然，在唐代，还没有产生"总家庙"一类的礼仪建筑，但庶子夺宗的现象时有发生，而且受到法律的保护。随着宗子的权威日益衰微、旁亲共祭始祖的趋势逐渐凸显，宋以后新宗族的建构已成为一股社会潮流。尽管如此，家庙并未退出历史舞台，即使在祠堂成为祭祀祖先的主要场所之后，它仍然存在于官宦之家①，坚守着"祭及高祖以下"的古礼。

七、结语

事死若生，这是崇尚人伦之道的中国古代社会长期秉承的信条，因此，祭祀祖先就成为人们日常生活中十分重要的一项活动。常建华曾指出："祭祀祖先既是中国传统社会的民间信仰，同时也是一种权力，它是社会身份等级的一种标志，这种等级性的权力体现在通过礼制确定不同身份的人在建筑宗庙和追祭祖先时的等级规定上。"②按笔者的理解，家庙很好地诠释了这个论断。我国古代的庙祀制度十分复杂，仅仅是天子宗庙一项，就令历代礼学家聚讼不已。汉魏以降，家庙开始崭露头角，到唐代得以广泛流行。就立庙的宗旨而言，二者大不相同。德宗建中年间，群臣论庙制，柳冕等十二人的集体意见中提道："私庙所以尊本宗也，太庙所以尊正统也。"③天子宗庙乃王朝合法性的象征，是天命所系、正统所在，家庙的地位自然无法与其比拟。但它同样是家族等级地位的象征，是大宗小宗关系的直接体现。

传统社会里，忠、孝是为人臣、人子的两个最高的道德期许，家庙大力张扬的

---

① 常建华：《明代宗族研究》，上海人民出版社，2005年，第427—442页。
② 常建华：《宗族志》，见刘泽华主编：《中国文化通志·制度文化典》（第31册），上海人民出版社，1998年，第55页。
③ 〔唐〕杜佑：《通典》卷五〇《袷禘下》，中华书局，1988年，第1405页。

正是后者。《李夷简家庙碑》曰:"报本反始之道,莫大于祀事,莫严于祠宇。"①《于頔先庙碑》云:"深惟祖祢尊尊之义,昭穆亲亲之道,乃图庙食,以永代德。"②韩愈给袁滋撰写家庙碑文,不惜笔墨称赞他:

> 公惟曾大父、大父、皇考比三世,存不大夫食,殁祭在子孙。唯将相能致备物,世祢远,礼则益不及;在慎德行业治,图功载名,以待上可。无细大,无敢不敬畏;无早夜,无敢不思。成于家,进于外,以立于朝。自侍御史历工部员外郎、祠部郎中、谏议大夫、尚书右丞、华州刺史、金吾大将军,由卑而巨,莫不官称;遂为宰相,以赞辨章;仍持节将蜀、滑、襄、荆。略苞河山,秩登禄富,以有庙祀,具如其志。又垂显刻,以教无忘,可谓大孝。③

这些碑文冲击着我们的视线,原来在唐人的观念中,可以庙祀祖先就是最大的"孝"。碑文或许放大了庙祀的意义,甚至成为部分官员勇攀仕途的动力,但这种"放大"行为本身不正透露出撰写者对庙祀的高度认同感吗?

家庙之所以能成为"大孝",源于子孙对于祖先的崇敬之意,张说有云:"夫为子则颂德以尊祖,饰终以荣亲,孝之大也。"④白居易也说:"礼惟辨贵,孝不贬亲。是谓奉先,孰云僭上?"⑤但这种孝不同于正史《孝行传》中"庐墓三年"之类的庶人之孝,而是建立在官品基础之上的贵族官人之孝,有着严格的身份、等级区分,就像《李夷简家庙碑》所总结的:"作庙之制,考室之数,视官品之高下,观祖德之厚薄也。"⑥因此,那些在官场浮沉起伏多年得以晋升高位的官员,通常要借助建立家庙来向外界传递一些讯息。首要的便是宣扬祖德,展示家世的清白与显

---

① 〔唐〕裴度:《唐淮南节度等使金紫光禄大夫检校尚书左仆射同中书门下平章事荥阳郡公李公家庙碑》,见吴刚主编:《全唐文补遗》(第5辑),三秦出版社,1998年,第6页。

② 〔唐〕权德舆:《权德舆诗文集》卷一二《大唐金紫光禄大夫守司空同中书门下平章事充太微宫使上柱国燕国公于公先庙碑铭并序》,郭广伟点校,上海古籍出版社,2008年,第200页。

③ 马通伯校注:《韩昌黎文集校注》卷六《袁氏先庙碑》,古典文学出版社,1957年,第241页。

④ 〔唐〕张说:《常州刺史平君神道碑》,见《全唐文》卷二二九,中华书局,1983年,第2323页上。

⑤ 〔唐〕白居易著,朱金城笺校:《白居易集笺校》卷六七《判·得丁为士葬其父用大夫礼或责其僭辞云从死者》,上海古籍出版社,1998年,第3651页。

⑥ 〔唐〕裴度:《唐淮南节度等使金紫光禄大夫检校尚书左仆射同中书门下平章事荥阳郡公李公家庙碑》,见吴刚主编:《全唐文补遗》(第5辑),三秦出版社,1998年,第6页。

赫。其次,塑造始立庙者的"大孝"形象,并希望这种孝行能代代延续。能立庙者必为高官,仕途坎坷,其间几多艰辛不足为外人道来,但在天子脚下庙祀祖先,建造出一座镌刻祖先德行、立庙人功绩的私家纪念碑式建筑,谁人不会啧啧赞赏?这层道理,白居易在为皇甫镛撰写的墓志铭里表述得至为明白,他说:

> 公(皇甫镛)自将仕郎累阶至银青光禄大夫,自武骑尉累勋至上柱国,自布衣而佩服金紫,自旅食而庙飨祖考,封爵被乎身,褒赠及乎先,官品荫乎后,大其门,肥其家。儒者之荣无阙焉。①

当一个人身居高位之后,不但荣及自身,而且可以光宗耀祖、遗泽子孙,一切的荣耀尽要归功于"官品"。所以,家庙尽管大力张扬的是"孝",实质上又离不开"忠",所有的家庙归根结底都是皇权的衍生物。我们所看到的一次次的庙祀展礼过程,既是在诉说奉先之敬的孝诚,也是在表达"祀之忠也"②的至诚,实践着《礼记》的理想社会,那就是:

> 是故人道亲亲也。亲亲故尊祖,尊祖故敬宗,敬宗故收族,收族故宗庙严,宗庙严故重社稷,重社稷故爱百姓,爱百姓故刑罚中,刑罚中故庶民安,庶民安故财用足,财用足故百志成,百志成故礼俗刑,礼俗刑然后乐。③

从这个意义上讲,长安的家庙(图6)绝不仅仅是一座建筑物,它更是王朝礼仪与私家祭仪共同展演的空间。在这个空间里,身份、等级、权力关系相互交织,忠与孝互相支撑,也许,这就是家庙在唐代流行并延及后世的根本原因所在吧!

---

① 〔唐〕白居易著,朱金城笺校:《白居易集笺校》卷七〇《唐银青光禄大夫太子少保安定皇甫公墓志铭并序》,上海古籍出版社,1988年,第3773页。
② 〔唐〕权德舆:《权德舆诗文集》卷一二《薛公先庙碑铭并序》,郭广伟校点,上海古籍出版社,2008年,第204页。
③ 《礼记正义》卷三四《大传》,《十三经注疏》本,中华书局,1980年,第1508页下。

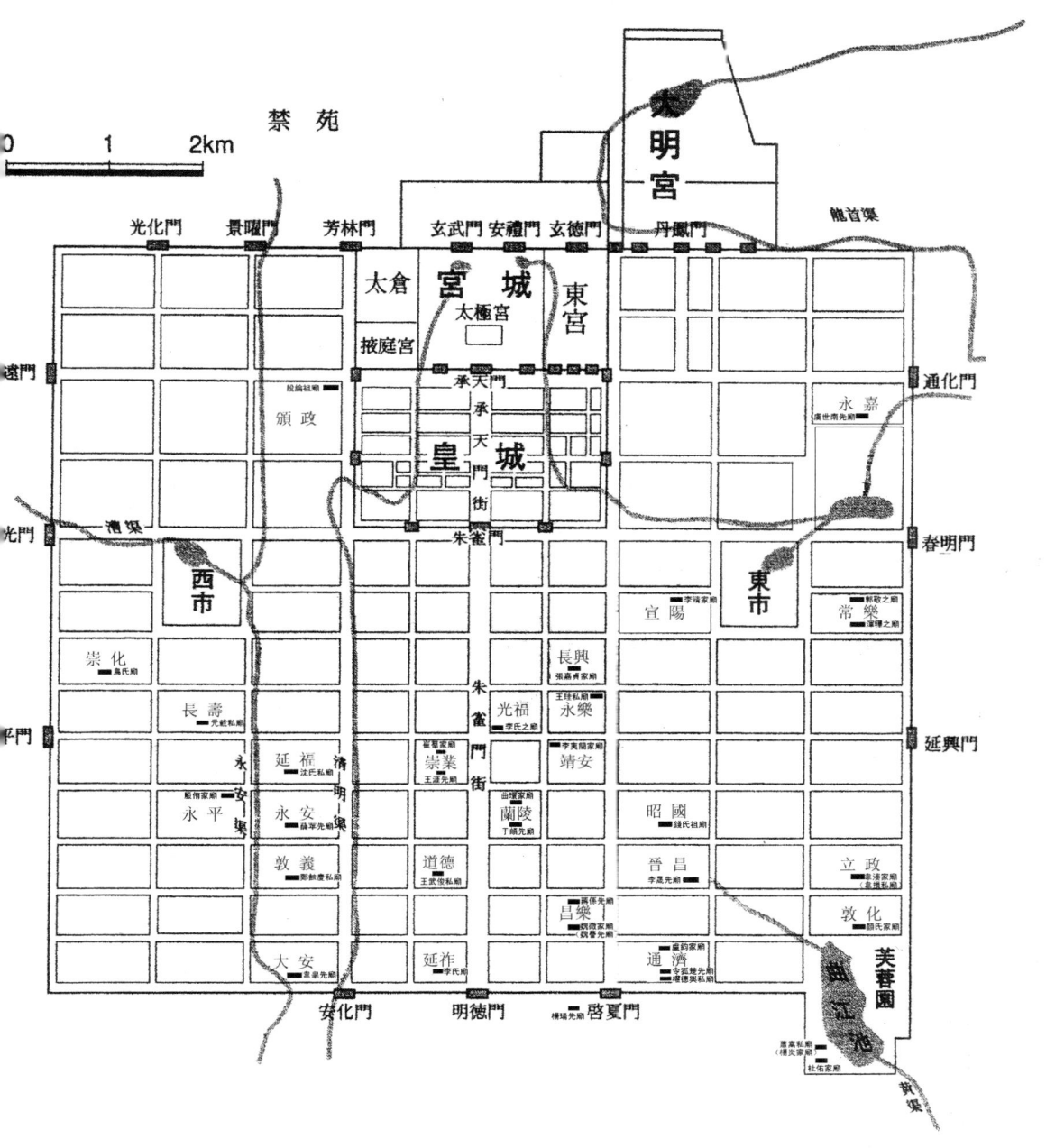

图 6 唐代长安私家庙祀分布图

附录1　唐代家庙情况表

序号		立庙时间	庙名	官品	庙数	庙址	资料出处	备注
1	太宗	贞观六年	王珪私庙	侍中（正三品）		长安永乐坊东北角	《通典》卷四八《诸侯大夫士宗庙》；《唐会要》《百官家庙》	贞元八年移于唐安寺西
2		贞观十六年前	魏徵家庙魏公先庙	太子太师（从一品）中书侍郎（正三品）	四室	长安昌乐坊	《魏公先庙碑》；《长安志》卷七	大中六年由魏慕重修
3		贞观十七年前	段纶祖庙	工部尚书（正三品）		长安颁政坊十字街北之东	《两京新记》卷三"颁政坊"条	贞观十七年为寺
4		贞观中	李靖家庙			长安宣阳坊	《旧唐书》卷六五二《马璘传》；《册府元龟》卷四五二《将帅部·奢侈》	天宝中为杨国忠马厩
5		贞观中	齐献公庙①				《旧唐书》卷一九〇上《文苑上·徐齐聃传》；《新唐书》卷一九九《儒学中·徐齐聃传》	
6		贞观中	虞世南先庙			长安永嘉坊	《宝刻丛编》卷八《唐永兴公虞世南先庙碑》；《长安志》卷九	
7	高宗	龙朔二年至文明元年间	杨德裔家庙	曹州刺史（从三品）			[唐]杨炯：《杨炯集》卷九《常州刺史伯父东平杨公墓志铭》	暂定；新补
8	中宗	景龙中	张柬之祖庙	中书令（正三品）		荆州	《唐代墓志汇编》开元三〇八《唐故秀士张君墓志铭并序》，天宝——《唐故河南府参军张公墓志铭并序》	
9	睿宗	太极延和间	崔沔私庙	给事中（正五品上）		河南府崇政坊	[唐]颜真卿：《通议大夫守太子宾客东都副留守云骑尉赠尚书左仆射博陵崔孝公宅陋室铭记》，见《全唐文》卷三三八；《旧唐书》卷一一九《崔佑甫传》	庙在宅西南

① 《新唐书》称"家庙"。甘怀真认为是"长孙无忌家庙"。

续表

序号		立庙时间	庙名	官品	庙数	庙址	资料出处	备注
10	玄宗	开元六年	宋璟家庙	侍中（正三品）			《册府元龟》卷二三一《帝王部·延赏第二》	暂定；新补
11		开元十七年后	萧嵩私庙	中书令（正三品）		长安曲江	〔唐〕张说：《赠吏部尚书萧公神道碑》，见《文苑英华》卷八八五；《唐会要》卷九《百官庙》	天宝元年官为拆移
12		开元二十六年（碑）	杨场先庙			长安城南	《宝刻类编》卷三《左散骑常侍杨场百神灵星三坛》；《游城南记》"出启夏门览南郊百神灵星三坛"条	
13		开元中	韩休祖庙	黄门侍郎同中书门下平章事（正四品上）	三室		《唐会要》卷九《百官庙》	新补
14		开元中	韦凑家庙	将作大匠（从三品）		长安立政坊	《唐会要》卷九《百官庙》	
15		开元中	张嘉贞家庙	中书令（正三品）		长安长兴坊	《长安志》卷七；《旧唐书》卷一二九《张延赏传附张弘靖传》。	新补
16		天宝十载（碑）	张公先庙	内常侍（正五品）		长安长安县	《宝刻丛编》卷七《唐陕州元从内常侍张公先庙碑》	新补
17		天宝中	杨铦私庙				《旧唐书》卷五一《杨贵妃传》	新补
18	肃宗	乾元中	李光弼家庙	太尉（正一品）			〔唐〕杨炎：《云麾将军李府君神道碑》《唐赠泾阳大都督忠烈公李府君神道碑铭并序》，见《全唐文》卷四二二	暂定
19	代宗	宝应二年（碑）	韦幼章家庙	兵部郎中持节典澧、楚二州			〔唐〕独孤及：《唐故朝议大夫申府司马上柱国赠太常卿韦公神道碑》，见《文苑英华》卷九八九	暂定
20		大历四年前	元载私庙	中书侍郎同中书门下平章事（正三品上）		长安长寿坊	《旧唐书》卷一一《五行志》；《册府元龟》卷九五《总录部·咎征第二》	

续表

序号		立庙时间	庙名	官品	庙数	庙址	资料出处	备注
21		大历五年九月①	崔公（圆）庙		三室	洛阳	[唐]韩云卿：《故中书令赠太子太师崔公庙碑》，见《文苑英华》卷八八〇	
22		大历十二年后	常衮私庙	门下侍郎同中书门下平章事（正三品）	三室		[唐]常衮：《谢赠官表》，见《文苑英华》卷五九七	新补
23	德宗	建中元年（碑）	颜氏家庙	太子少师（从一品）	四室	长安敦化坊	《金石萃编》卷一〇一《颜氏家庙碑》	以宅为庙
24		大历十四年至建中年间	杨炎家庙	门下侍郎平章事（正三品）		长安曲江	《旧唐书》卷一一八《杨炎传》；《册府元龟》卷九二五《总录部·谴累》	木箫嵩私庙地
25		贞元三年后	曲环家庙	陈许节度使检校工部尚书（正三品）		长安兰陵坊	《长安志》卷七	
26	德宗	贞元三年②	杜佑家庙	刑部尚书检校右仆射（从二品）	四室	长安延福坊；长安曲江	[唐]杜牧：《樊川文集》卷一六《上宰相求湖州第二启》；《游城南记》"出寺沿黄渠上谷园望芙蓉园西行过杜祁公家庙"条；[宋]叶梦得：《石林燕语》卷一	咸通八年移建于曲江
27		贞元四年三月③	李晟先庙	太尉兼中书令（正一品）	四室	长安晋昌坊慈恩寺西南	《宝刻类编》卷八《高平郡王李行至慈恩寺"东行至慈恩寺"条；《旧唐书》卷一三三《李晟传》；《唐会要》卷四五《功臣》	"高平郡王"当是"西平郡王"之讹，碑立于贞元八年

① 甘怀真系于大历三年。案：大历三年是崔圆去世时间，卒后两年大祥始立庙。
② 甘怀真系于元和中。
③ 甘怀真系于建中四年，误。

续表

序号	立庙时间	庙名	官品	庙数	庙址	资料出处	备注
28	贞元八年（碑）	马燧家庙	守司徒兼侍中（正一品）		长安	《宝刻类编》卷四《北平郡王马燧新庙碑》；《旧唐书》卷一三《德宗本纪下》；《唐会要》卷一九《百官家庙》	暂定
29	贞元八年后	赵憬私庙	中书侍郎同中书门下平章事（正三品）			《旧唐书》卷一三八《赵憬传》；《册府元龟》卷三一〇《宰辅部·清俭》	
30 德宗	贞元十三年	韦公（桌）先庙	西川节度使检校右仆射同中书门下平章事（从二品）	四室	长安大安里	《权德舆诗文集》卷一二《韦公先庙碑铭并序》	
31	贞元十三年①	王武俊先庙	成德军节度使，检校大尉兼中书令（正一品）		长安道德坊	《册府元龟》卷三八五《将帅部·褒异》；《宝刻丛编》卷七《唐成德节度王武俊先庙碑》；《长安志》卷九	碑立于贞元十九年
32	贞元廿年前	李锜家庙	检校礼部尚书润州刺史兼御史大夫（正三品）			《金石萃编》卷一〇四《李广业碑》；《旧唐书》一五二《卢坦之传》。	暂定；新补
33 宪宗	元和二年	李师道私庙	淄青节度使检校工部尚书（正三品）	三室		《白居易集笺校》卷五六《与师道诏》；《唐会要》卷一九《百官家庙》。	
34	元和五年	薛公（苹）先庙	浙江西道都团练观察使润州刺史兼御史大夫（正三品）	三室	长安永安里	《权德舆诗文集》卷一二《薛公先庙碑铭并序》	
35	元和五年	于公（顄）先庙	守司空同中书门下平章事充太微宫使（正一品）	四室	长安兰陵里	《权德舆诗文集》卷一二《于公先庙碑铭并序》	

① 甘怀真、张萍未定时间，王静在贞元中，今据《册府元龟》系于贞元十三年。

续表

序号	立庙时间	庙名	官品	庙数	庙址	资料出处	备注
36	元和六年	权德舆私庙	检校吏部尚书兼兴元尹御史大夫（正三品）	三室	长安通济坊	《权德舆诗文集》卷四六《请祔庙状》；《权德舆诗文集》卷二六《王妃夫人弘农杨氏祔葬墓志铭并序》	
37	元和六年（碑）	杨明义先庙	内常侍（正五品）	三室	长安万年县	《宝刻丛编》卷八《唐河中监军内常侍杨明义先庙碑》	新补
38	元和七年十一月	郑余庆私庙	从二品	四室	长安敦义坊	《唐会要》卷一九《百官家庙》；《长安志》卷一〇	
39	元和八年八月	乌氏庙	河阳军节度使兼御史大夫（正三品）	三室	长安崇化里	《韩昌黎文集校注》卷六《乌氏庙碑铭》	
40	元和八年十一月	沂国公（田弘正）先庙	魏博节度使兼检校工部尚书兼江陵尹（正三品）	三室	长安	《韩昌黎文集校注》卷六《魏博节度观察使沂国公先庙碑铭》	
41	元和十年	袁氏先庙	检校兵部尚书兼江陵尹荆南节度使（正三品）	三室	长安	《韩昌黎文集校注》卷六《袁氏先庙碑》	
42	元和十四年	崔群家庙	右相中书侍郎平章事（正三品）	三室	长安崇业里	[唐]牛僧孺：《相国崔群家庙碑》，见《文苑英华》卷八八一	
43 穆宗	元和十五年九月	马公（总）家庙	天平军节度使检校礼部尚书兼郓州刺史御史大夫（正三品）	三室		[唐]李宗闵：《马公家庙碑》，见《文苑英华》卷八八一	

续表

序号		立庙时间	庙名	官品	庙数	庙址	资料出处	备注
44	文宗	元和十五年九月廿三日	李公（夷简）家庙	淮南节度使检校尚书左仆射同中书门下平章事 （从二品）	四室	长安靖安里西北隅	〔唐〕裴度：《唐淮南节度等使金紫光禄大夫检校尚书左仆射同中书门下平章事荥阳郡公李公家庙碑》，见《全唐文补遗》（第5辑）	
45		长庆三年	王氏先庙	司空（正一品）	四室	长安崇业里	《刘禹锡集》卷二《代郡开国公王氏先庙碑》	
46		大和元年八月	令狐氏先庙	检校礼部尚书兼御史大夫（正三品）	三室	长安通济里	《刘禹锡集》卷二《彭阳侯令狐氏先庙碑》	
47		大和初	钱氏祖庙			长安昭国里	《唐代墓志汇编》乾符○二八《唐故吴兴钱氏女墓志》	新补
48		大和三年（碑）	薛平家庙	河中节度使（正二品）		陕州夏县	《宝刻丛编》卷一○《唐薛平增修家庙碑》	暂定
49		大和四年前	杨于陵家庙				〔唐〕李翱：《唐故金紫光禄大夫尚书右仆射致仕上柱国宏农郡开国公食邑二千户赠司空杨公墓志铭》，见《全唐文》卷六三九	
50		大和四年十二月前①	沈氏私庙			长安延福里	《太平广记》卷三八五《辛察》引《河东记》	
51		大和七年	温造先庙	御史大夫（正三品）		长安长安县	毛凤枝：《关中金石文字存逸考》卷四《御史大夫温口造先庙碑》，见《石刻史料新编》（第2辑第14册）	
52		大和八年十一月	殷公（侑）家庙	天平军节度使检校尚书右仆射（从二品）		长安永平里东北隅	〔唐〕冯宿：《天平军节度使殷公家庙碑》，见《文苑英华》卷八八二	
53		开成元年	皇甫镈家庙	太子少保分司东都（从二品）	三室	洛阳	《白居易集笺校》卷七○《唐银青光禄大夫太子少保安定皇甫公墓志铭并序》	

① 甘怀真系在贞元七年，认为是德宗为其生母沈氏所立家庙。

续表

序号		立庙时间	庙名	官品	庙数	庙址	资料出处	备注
54		开成四年前	崔氏家庙				《刘禹锡集》卷三《唐故朝散大夫检校尚书吏部郎中兼御史中丞赐紫金鱼袋清河县开国男赠太师崔公神道碑》	暂定；新补
55		开成中	李公（绅）家庙	淮南节度使检校尚书右仆射（从二品）	三室	洛阳	《白居易集笺校》卷七一《淮南节度使检校尚书右仆射赵郡李公家庙碑铭并序》	
56	宣宗	大中五年	韦损私庙	武昌军节度使检校户部尚书（正三品）	三室	长安立政坊	《唐会要》卷一九《百官家庙》	
57		大中九年（碑）	李绛先庙			长安长安县	《宝刻丛编》卷七《唐赠司徒赵郡贞孝公李绛先庙碑》	
58		大中间	卢钧家庙	检校尚书右仆射兼御史大夫宣武军节度使（从二品）		长安通济坊	《长安志》卷八	
59	懿宗	咸通二年	蒋系先庙	襄州刺史（从三品）		长安昌乐坊	《宝刻丛编》卷七《唐襄州刺史薛系先庙碑》；《长安志》卷七	"薛系"当是"蒋系"之讹
60		咸通中	徐商家庙				《唐摭言》卷七《起自苦寒》	新补
61	哀帝	天祐三年二月	罗绍威私庙	魏博节度使（从二品）	三室	魏州	《旧唐书》卷二〇下《哀帝纪》；《宋本册府元龟》卷三八八六《将帅部·褒异第十二》	
62		天祐三年十月	钱镠私庙	两浙节度使（从二品）		杭州	《旧唐书》卷二〇下《哀帝纪》；《唐会要》卷一九《百官家庙》；〔唐〕钱镠《大宗谱序》，见《全唐文》卷一三〇	新补

注：
1. 本表的制作，参考了甘怀真、张萍、王静、李健超诸位先生的成果。
2. 立庙时间一栏中，指号加注"碑"者，指家庙建立的时间。
3. 为求时间清晰明确，庙名一栏采取"庙主十庙名"的方式。笔者尽量使用文献中出现的庙名称呼，无法确定者，暂以"××家庙"或"××庙"称之，在备注栏中注明。
4. 资料出处一栏，正文中已经标注版本信息的，此处从略。

126 | 天下长安——古都与丝绸之路

附录2 《魏公先庙碑》录文

《魏公先庙碑》又称《魏公暮先庙碑》《相国魏暮先庙碑》《魏氏先庙碑》，是唐代名臣魏徵的五世孙魏暮重修家庙时所立。原碑在元明两代不见踪迹，清雍正年间（1723—1735）出土时已经断裂，得石五块，镶嵌成版，置于陕西布政使司二门内。嘉道间（1796—1850）又有二石出土，然知者甚少。时至今日，原石都已不知下落。《金石萃编》首次过录全文，但所录为五石碑文，大量文字无法识读。《全唐文》乃据《金石萃编》过录，仅修正了几处文字。《八琼室金石补正》对《金石萃编》的录文有大幅修正，但所据亦为五石碑文，在一些关键性的文字上也无法识读。本录文以京都大学人文研究所、北京大学图书馆藏七石整拓为底本，参考其他旧拓重作校录。

　　□□□□□□□判户部事上柱国赐紫金鱼袋魏公先庙碑铭并序
　　□□□□□□□国博陵县开国子食邑五百户赐紫金鱼袋崔珙篹
　　□□□□□□□柱国河东郡开国公食邑二千户柳公权书并篆额
　　□□□□□□□特进、侍中、赠太尉郑国文贞公魏氏在贞观立家庙于长安昌乐里。后二百卅五年，有来孙□□□□□□岁，既协于帝，道化光洽，前此诏赠先公府君侍御史□君为吏部侍郎，先夫人南阳□□□□□□□□□姓曰吾惟圣训，祭器不假，宗庙为先。今吾□□德惭前人，而□位卿相，岁时尚祭寝缺然，崇祀之□□□□□大罚吾如□□□□□庙而新之，则流光归烈祖。虽然，吾非达礼，必稽于有司。□□太常，顺考礼令，酌损前文，版勋劳□□□□□四庙以□□□□□□考。公于是靖端虚中，列上感疚。既获俞命，□□□□□书练时日，命工兴事，陶斲筑堲，坚□□□□□□□□□□□物，宿设助祭，夜鼓四通。公祗祓夙兴，缨冠鸣玉，入进于位，宾亲就列，祝史赞导，虔奉祖考郑公府君讳□□□□□吏部府君讳彝四神主第升于室。室上□□以祖考妣郑国夫人河东裴氏、皇考妣河东裴氏、王考妣范□□□□□堂之事既成而退。他日，使门吏左补阙郑愚羡谓珙曰："某涤虑虔思，由教以移忠，竭忠以致位，因位以有□□□□□详求能敌予之重托者，宜莫如子。"珙闻命震悚，即走相君之门，固辞不获。归次其世胄、德行、官业，垂承烈休□□□□文侯能师圣门人，而不好古乐，故风颓而不得□五伯。至无忌，不□国而封信陵，与齐、赵、楚公子相矜奋为□□□□□派绪滋广，因自别为西祖。暨诸戎盗华，晋鼎凌□，本宗随迁，世仕□□顿丘。四世之孙曰钊，树勋捍难，为义□□□□□□怀忠乱朝，直封诋政，侵铄奸幸，不容于时。出长屯留，去无愠色。或有以词致诮者，方激发忾咤，志气横厉，权西□□□□□□属时浊昏，助勋西东，怀奇含耀，濡足霜晦，竟逢大辰，助日月光，龙撼凤鸣，为祥辅昌。户□□□□□□□之迹焯（？）见国书。为臣克配于国享，为祖不迁于家祀，虽童子妇人，亦识□然。郑公生司业府君讳叔琬，祇训□□□□□□司成，师儒道光，教源益濬，于世次为显考。以相国位犹滞于三品，室未备数，尚□孝思。司业生颍州府君，是为第二室。□□□□□□积虑洽闻，业履无忝，命塞不雠，咎宜孰归。第三室河西府君，天资恢□，抱器卓迈，□无不通。而以先德，实尝以礻□□□□□□于时为邑南阳，当希烈猖獗之余，邑□杨柝，残蹂狼藉，牛空于牿，耕无以力，乃用古□，□□□犁，作为区田，岁大有稔。宿秉横□□□□□□长有为。中贵人干政者，违言交肆，□命□□，蔽罪无颜，邑长获申，刚中特操，前无□□，□□是举，出为河中中猗氏令，人咸为□□□□□□四室即吏部府君，浑粹秀发，识洞玄远，至□□□，□机难尚，□中□□，立德无方。而□□□□，蕴之华藻，当时贤侯，遂听风徽，□□□□，□□□□。历□府□□□□迁，始以大理评事兼监察换殿中侍御史。盛（？）□师帅，□□恤刑。召拜大理司直，□□□□，小大时当，性不苟合，□□当官，以□得□，□□移泰（？）陵□命□□□□□郑公忠劳大伐，为唐□臣，是宜延庆斯远。然而德器虽□，出比四世，无□□□□没振谓天道□□相君承之，公□□□和□举□□□□□□□终始一德，命求昆裔，期肖前人。以□察持盈之理得公，乃用为右拾遗，果能封章□□□□□□可朝闻夕拜，□视□下之病犹在，□□言之未□□□□□□上，书草充溢囊箧，使好事者得之，皆可编纂以续《政要》。而公贞慎不伐，存同焚削，□文宗益欲寘于侧，即以为右史入侍，未尝不使之□□□□□□故会昌中权幸恶忌，挤之外郡。闲关累岁，或佐或刺，上宅位之二年，□□□□□□征，兼领邦宪。间岁进陟公台，仍专九赋，衡平总齐，□度以贞时。属羌浑未靖，忧边安□，索将勇□，整易干城之不材者，蚤□孳孳□征缮是图。至□公府大体□□□□□□之旧宅永兴里，肇卜贞观，文皇尝以郑公居无正寝，方制小殿，罢构□材以成之。厥后绵历祀业，为他人有。元和□兴□□□□猗，猗后为右补阙。至公恭守俭德，不敢有加出入；瞻践无取，不思循□则复。自□中被衮朝天，又茸故庙，奉时□烝，天下□之，维忠与孝，可谓大备□□□□□□□□铭石于丽牲，其悉夷之志欤！铭曰：

□□□孔昭，厥绪益遥。人爵或替，行能愈高。笃生郑公，岳降本朝。云蒸龙变，□撅爰操。肇□皇□，廓端谏恪。□□□□□□□。魏还祖居，旌直恩购。弈弈先庙，孝孙新之。孝孙致尧，篡□□□。舍第奉祠，不敢改为。衮职旧官，载扬□□□□□□闻，躬洁祼羞，俎折□豚，交神悫善。尽物豆，登常事，礼成追养□□□□绥胾锡□□□□□考私维□报□□□

附图1 《魏公先庙碑》拓本

原载《唐研究》（第15卷），北京大学出版社，2009年

（游自勇，首都师范大学历史学院教授）

从"众"到"寺"
——隋唐长安佛教中心的成立

孙英刚

"二十五众"和所谓"五众",是隋代设置的两种佛教组织,仅仅存在于隋文帝统治时期。准确地说,应该是从大兴城建成之后才出现的,实际上是隋文帝在新都城组建的佛教组织。作为佛教组织的重要内容,"二十五众"和"五众"不断被学者引用和讨论,但是结论至今并不令人满意,依然如谜团一样,影响我们对中古佛教组织、隋代佛教政策,乃至隋唐长安城佛教寺院体系形成的理解。本文仔细梳理隋文帝树立新都城佛教中心地位的脉络,讨论地方僧团与大兴城之关系,进而提出新的理解,认为诸众必须放在隋文帝建立新都和以佛教意识形态为治国理念的背景下理解。实际上短暂存在的"众",是隋唐长安城佛教寺院体系形成过程中的中间形态。在此基础上,笔者对隋唐长安城佛教寺院体系的最初成立、中古僧团形成的因素、隋帝国中央与地方僧团之互动,进行一些新的阐释,努力更加真实地呈现当时佛学传承、王权干预、城市空间、地缘认同等因素在这一时期历史中的角色和意义。

一、隋文帝在大兴城立"五众""二十五众"的谜团

关于隋文帝建立二十五众和五众的核心材料,来自道宣《续高僧传》一段关于昙崇的记载,也正是这条记载,引发了许多佛教史研究者的激烈争论:

> 释法应,姓王氏,东越会稽人。……弱冠出家,事沙门昙崇。学宗禅业,见于别传。时值周初定门初辟,奉法履行。……后逢周祸,避迹终南,饭衣松萝,潜形六载。专修念慧,用祛凤罪。……隋开入度,还事崇公。定业既深,偏蒙印可。徒众五百,并委维持。教授奖擢,允开众望。开皇十二年,有敕令搜简三学业长者,海内通化。崇于禅府,选得二十五人。其中行解高者,应为其长。敕城内别置五众,各使一人晓夜教习。应领徒三百,于实际寺相续传业。四事供养,并出有司。声闻惟远,下敕赐

帛三百段。……以武德初年，……卒于清禅寺，春秋八十矣。①

从这段记载可知，法应是昙崇较为重要的弟子，如他的师傅一样，对清禅寺较为重视和认同。正如下文所论，清禅寺正是昙崇僧团在新都城的基地。尽管法应曾在实际寺从事佛教教育，但最后去世的地方依然是清禅寺。昙崇以僧祇律见长，但是同时却又于禅修有精深的造诣。所以开皇十二年（592），隋文帝选拔禅、定、慧三学见长的高僧到全国各地弘法时，是由昙崇负责选拔的，选拔的结果，排名第一的是法应。

许多学者依据这条材料的记载，认为二十五众与五众或立于开皇十二年，法应任二十五众之首。我们先清理二十五众。常盘大定、镰田茂雄、山崎宏、蓝吉富等学者虽然于细节的解读有些不同，但是基本都认为这条材料里的"二十五人"就是其他材料中的隋代"二十五众"，因此认为隋文帝建立二十五众应该是在开皇十二年。②山崎宏认为这二十五人就是二十五众，性质上是二十五个高僧教化团。③不同的是，蓝吉富等人认为这二十五人是由昙崇从三学专长中选拔出来的。镰田茂雄则认为"崇"是崇敬的意思，不是指昙崇，应该是隋文帝从三学专长的僧人中选拔二十五众主，而不是昙崇。镰田茂雄的判断虽然不符合文意，但却点出了这中间的逻辑问题。昙崇在开皇大兴城的佛教势力结构中，尚不足以有指派二十五众的权威。蓝吉富认为，二十五众是官方资助的弘法组织，而不是讲学组织，组织的成员是由昙崇选拔的"三学业长"的沙门，该组织的目标是弘法于海内。④显然蓝吉富已经察觉到这中间存在逻辑问题，二十五众是建立在大兴城的佛教组织，而这条史料里所说的二十五人，实际上是承担"海内通化"的任务，是要到地方上去弘法的。显然，这里的"二十五人"并不是隋文帝在大兴城所建立的二十五众，不但从文义上不通，而且不符合此时大兴城佛教僧团的局面。

我们看关于二十五众的其他材料，也可发现与此条记载有冲突的地方。开皇

---

① 〔唐〕道宣：《续高僧传》卷一九《唐京师清禅寺释法应传》，见《大正藏》（第50册），第580页。

② 相关讨论参见〔日〕常盘大定：《周末隋初に於ける菩薩佛教の要求》，见《中国佛教研究》，春秋社，1941年，第229页；〔日〕山崎宏：《隋の高祖文帝の佛教治国策》，见《中国中世佛教の展开》，清水书店，1947年，第305页；〔日〕山崎宏：《隋の大兴善寺》，见《隋唐佛教史研究》，法藏馆，1967年，第59页；〔日〕镰田茂雄：《中国佛教史》（5），东京大学出版会，1994年，第10—31页；蓝吉富：《隋代佛教史述论》，台湾商务印书馆，1998年，第99—102页。

③ 〔日〕山崎宏：《隋の大兴善寺》，见《隋唐佛教史研究》，法藏馆，1967年，第59页。

④ 蓝吉富：《隋代佛教史述论》，台湾商务印书馆，1998年，第99页。

十七年（597）翻经学士费长房所撰《历代三宝纪》有关开皇年间隋文帝建二十五众的记载，从逻辑上说，是当事人叙述，或许更为可靠。《历代三宝纪》中有关二十五众的记载有如下几条——实际上其他文献也不能提供更多的信息：

> 大兴善寺沙门释僧粲撰，……今为二十五众第一摩诃衍匠。……大兴善寺沙门成都释僧琨，……今为二十五众教读经法主。①

对于"第一摩诃衍匠"的解读，山崎宏认为，既然有第一，那么可能存在第二、第三等级的二十五众存在。②曾尧民则认为，五众、二十五众是按照戒、定、慧三学划分的。所以二十五众也有戒、定、慧三种，一共有七十五众。③不过所谓第一，很可能只不过是褒奖之词，并非一定有等级的存在。《历代三宝纪》还记载，舍卫寺沙门释慧影，"亦为二十五众主"④。可见二十五众应该存在多个众主，也就是说，每一众都有一个众主，其实就是一个僧团。正如笔者所论，这是隋唐长安城寺院体系成立初期的过渡形态。除了每个僧众有自己的组织之外，隋文帝可能还建立了一种松散的教育和管理体系，大兴善寺沙门释僧粲的"二十五众第一摩诃衍匠"和大兴善寺沙门成都释僧琨的"二十五众教读经法主"就是这类性质。值得指出的是，僧粲和僧琨都是大兴善寺沙门——开皇年间大兴善寺实际上是整个大兴城佛教世界的中枢所在，外地来的高僧大德，大多都先安置于大兴善寺，然后才将他们的僧团分散到大兴城的各个地方。道宣在《续高僧传》中描述了二十五众在大兴城的情形：

> 隋高荷负在躬，专弘佛教。开皇伊始，广树仁祠。有僧行处，皆为立寺。召诸学徒，普会京辇。其中高第，自为等级。故二十五众峙列帝城，随慕学方，任其披化。⑤

关于五众的记载，问题更大。关于五众成立的时间，常盘大定认为是开皇十七年⑥，山崎宏和蓝吉富认为是开皇十二年，依据的依然是上述《法应传》的记载。蓝吉富也认为，五众则是一种高等僧教育组织。国家寺院一般凝聚着创立者祖先纪念

---

① 《历代三宝纪》卷一二，见《大正藏》（第49册），第101页。
② ［日］山崎宏：《隋の高祖文帝の佛教治国策》，见《中国中世佛教の展开》，清水书店，1947年，第301—302页。
③ 参见曾尧民：《隋代佛教组织二十五众、五众再议》，见《第六届中国中古史青年学者联谊会论文集》，复旦大学，2012年8月25日—27日。笔者有幸担任曾尧民兄这篇文章的评议。学问之道，在于砥砺成锋；常棣之华，方能鄂不韡韡。
④ 《历代三宝纪》卷一二，见《大正藏》（第49册），第106页。
⑤ 《续高僧传》卷一八，见《大正藏》（第50册），第549页。
⑥ ［日］常盘大定：《周末隋初に於ける菩萨佛教の要求》，见《中国佛教研究》，春秋社，1941年，第229页。

的情感。大兴善寺的主要建筑是大兴佛殿,其"制度与太庙同"①。蓝吉富认为五众犹如太学里的五经博士。这一观点基本为学界所认可,至今仍被反复引用,此处笔者不再赘述。

不过,笔者认为,这些学者构建出来的所谓"五众",很可能只是误读史料造成的结果。关于五众的记载仅此一条,只不过学者们把其他史料中屡屡出现的"涅槃众主""大论众主""讲律众主""十地众主"等总结为这条史料里"五众"的对应物。然而,这里面有一个巨大的逻辑错误。法应率领的僧团是以禅修为主业,而史料中屡屡出现的众主中,根本没有一个定业众主或者讲禅众主。所有关于这些众主的记载,都发生在开皇十六年(596)、十七年,而没有出现在开皇十二年。所以常盘大定也怀疑,五众是成立于开皇十七年(不知道为何忽略十六年)。但是如果承认是开皇十七年立五众,就得全部推翻对《法应传》记载的推断。实际上,在大兴城中,同样是"涅盘众"或者其他类型的众,可能有好多个,而且众主不同,带领的僧众也不同。比如童真的"涅槃众主"和善胄的"涅槃众主"除了头衔相同,所管辖之僧众根本不同,一个是昙延系僧团,在延兴寺,属于北周-隋朝"本地"僧团;一个是慧远系,在净影寺,属于北齐系统的外来僧团。也就是说,所谓"五众",笔者认为是不存在的,这些以学业划分的众,很可能只是给予僧团的一个标签而已。每一种众,都很可能不是只有一个,而是有好几个。

在很多语境里面,所谓的"众",原是僧伽(samgha)的意译,所谓"五众",其实就是对僧团的代称,僧团五众指比丘(bhiksu)、比丘尼(bhiksuni)、式叉摩那(śiksāmana)、沙弥(rāmanera)和沙弥尼(rāmaneri),分别受持不同的戒本。比如上述法应的师傅昙崇在其师僧开去世后,继承僧开的僧团,道宣在《续高僧传》中记载道:"于时五众二百余人依崇习静。"②这里的"五众"显然是指昙崇众,五众是泛指而非五个众的意思。众主也就是僧团的领导人,如道宣在《量处轻重仪》中写道:"其有畜非法之物,众主破之无损贬咎。"③此类记载很多,不须赘述。《法应传》里的所谓"五众",显然都是修禅的,绝不能对应"涅槃众""大论众"等等。这两者之间是否存在对应关系,并没有证据可以支持。

实际上,对于"众"的理解,应该放在北朝到隋唐时期佛教僧团变迁、长安佛

---

① 〔宋〕宋敏求:《长安志》卷七,见《宋元方志丛刊》(第1册),中华书局,1990年,第110页。
② 〔唐〕道宣:《续高僧传》卷一七《隋京师清禅寺释昙崇传》,见《大正藏》(第50册),第568—569页。
③ 唐贞观十一年(637)神州遗僧释迦道宣辑叙〔乾封二年(667)重更条理〕《量处轻重仪》,见《大正藏》(第45册),第845页。

教寺院体系的成形、隋唐之际佛教权力结构等语境下思考。①

二、从"延众"到延兴寺：蒲州昙延系僧团与隋唐长安城

陈金华对隋代僧团的一系列研究，尤其是对僧团与党派政治的关系的研究，非常有启发性②，但是其中信息仍多，需要进一步阐发。比如六大德到达长安前后长安的佛教知识和权力结构，隋文帝建立诸"众"和隋唐长安城寺院布局的关系，僧团成立的认同基础，地方僧团与中央政治、信仰的联系，召六大德进京和分送舍利到地方的组织关系，都需要进一步探讨。

在开皇七年（587）隋文帝召六大德赴京师之前，大兴城最主要的佛教势力，第一当属国师昙延（516—588）的僧团。昙延僧团有两个显著的特点，第一，带有河东尤其是蒲州地方的佛学色彩；第二，却又代表着北周-隋朝佛教的官方正统。后一特点使其与后来的六大德有显著的区别：六大德基本上代表着被征服的北齐佛教势力。所以昙延及其追随者并非如六大德一样，被安置在新都城的大兴善寺，而是在迁都之初，就由隋文帝亲自下敕组建"延法师众"，也简称"延众"，到了开皇四年（584），他们就拥有了自己的栖身之所——延兴寺。从"延众"到"延兴寺"的转化，是隋唐长安城早期树立佛教中心地位的一个典型案例。正是通过这样的操作：一方面，长安城从佛教"一穷二白"的境地成为整个帝国的佛教中心；另一方面，长安城内主要的佛教势力结构得到初步确立，以后的分散组合和兴衰隆替，正是在这样的基础上展开的。本节的目的就是仔细梳理昙延系僧团的情况，探索其从"众"到"寺"的发展痕迹，进而揭示当时地方僧团与首都的关联性。

昙延是蒲州桑泉人，俗姓王氏，"世家豪族，官历齐周"，其出身既是地方豪族③，

---

① 镰田茂雄显然已经认为，开皇七年召集六大德入大兴城，设置五众、二十五众等佛教组织，都应该放在隋文帝复兴佛法的脉络里理解。参见［日］镰田茂雄：《中国佛教史》（5），东京大学出版会，1994年，第10—31页。

② Jinhua Chen, *Monks and Monarchs, Kinship and Kinghip: Tanqian in Sui Budhism and Politics*, Kyoto: Italian School of East Asian Studies, 2002; "A Holy Alliance: The Court-Appointed 'Monks of Great Virtue' and Their Religious and Poltical Role under the Sui Dynasty（581-617）"，见荣新江主编：《唐研究》（第7卷），北京大学出版社，2001年，第19—38页。

③ 直到唐代中后期，太原王氏还将昙延作为自己世家大族的骄傲进行敷演，贞元时期，太原王氏子孙王颜撰《追树十八代祖晋司空太原王公神道碑铭》，列举太原王氏著名成员，就提到昙延云："僧昙延有奇表，身长八尺，见《高僧传》，蒲州桑泉人也。或有《延公赞》曰：'德与天全，身居佛半。'"参见《全唐文》卷五四五，中华书局，1983年，第5530页。所谓"身居佛半"，是指昙延身材高大，这一点史料多有提及，尤其是跟佛教灵验感通故事有关，参看后文的论述。

学佛也带有地方特色，师从蒲州常念寺僧妙法师学习涅槃。僧妙是北周著名涅槃学高僧，周太祖"特加尊敬"，而昙延被视为僧妙的继承人，"承著宗本，更广其致"①。不过值得指出的是，虽然昙延以涅槃为主要研修对象，但是也并不排斥其他学问，"更听华严、大论、十地、地持、佛性、宝性等诸部，皆超略前导，统津准的"②。这是隋代及唐中期以前中国佛教的典型特征，所谓宗派观念，并不深入人心，长安城也并未出现入主出奴、壁垒森严的景象——这些景象很多是后人构建和想象出来的。不但昙延自己，甚至包括昙延的弟子，也都是各有所学，并非都以涅槃为专业。

昙延很早就得到了北周君主的赏识和供养。因为他原居于太行山百梯寺，距长安太远，所以周太祖"于中朝西岭形胜之所，为之立寺，名曰云居，国俸给之，通于听众"。不过，昙延真正跃升为北周佛教界的领袖，发端于他跟南朝陈的使者周弘正的辩论。周弘正以"辩逸悬河"著称，游说三国（北周、北齐、陈），"抗叙无拟"，没有敌手。他于北周建德年中奉命来使，给北周君臣一个大大的下马威。在这种背景下，昙延挺身而出，挫败了周弘正。根据佛教文献的记载，周弘正拜昙延为师，甚至"返陈之时，延所著义门并其仪貌，并录以归国，每夕北礼，以为昙延菩萨焉"。在这种情形下，北周给予了昙延极高的荣誉，将其拔擢到佛教领袖的地位，"帝以延悟发天真，五众倾则，便授为国统"③。所谓国统，就是大昭玄统，是国家最高的佛教领导人。北魏时，为了管理佛教，"先是，立监福曹，又改为昭玄，备有官属，以断僧务"④。《隋书》记载北齐佛教管理机构云："昭玄寺，掌诸佛教。置大统一人，统一人，都维那三人。亦置功曹、主簿员，以管诸州郡县沙门曹。"⑤昙延担任北周的大昭玄统，到了隋代复兴佛法时，首先起用的也依然是他，还是担任大昭玄统。这是可以理解的，虽然原来的北齐地区佛教远比北周发达，但是毕竟北周-隋朝是胜利者，即便隋文帝复兴佛法，也是先"解放"原先本朝的佛教高僧。同样作为北齐大昭玄统的慧远，到了开皇七年才作为六大德召到京师，而地

---

① 大统年，西域献佛舍利，太祖以僧妙弘赞著续，送令供养，可见对其相当重视。昙延正是在这种背景下被北周君主信赖，参见〔唐〕道宣：《续高僧传》卷八《周蒲州仁寿寺释僧妙传》，见《大正藏》（第50册），第486页。
② 〔唐〕道宣：《续高僧传》卷八《隋京师延兴寺释昙延传》，见《大正藏》（第50册），第488页。
③ 以上记载，参见《续高僧传》卷八《昙延传》。直到《北山录》的时代，挫败周弘正的故事，依然被反复叙说，参见梓州慧义寺沙门神清：《北山录》卷九，西蜀草玄亭沙门慧实注，见《大正藏》（第52册），第627页。
④ 《魏书》卷一一四《释老志》，中华书局，1974年，第3059页。
⑤ 《隋书》卷二七《百官志中》，中华书局，1973年，第758页。

位则居于昙延之下——虽然就佛法造诣来说似乎慧远的影响力远超过昙延。①

周武帝灭佛，昙延"极谏不从，便隐于太行山，屏迹人世"。这是北周僧人在灭佛处境下的一种选择。除了隐居山林之外，还有就是窜逃南朝或者东奔于北齐。北齐被灭之后，北齐僧人也是逃亡陈朝或者隐藏山林。根据道宣的记载，武帝不让昙延当和尚，希望他出来辅佐，"召延出辅，中使屡达"，不过昙延态度坚决，拒绝出仕。即使到了北周末年稍微解禁佛教，昙延仍拒绝合作。②直到隋文帝称帝，昙延看到机会，马上给自己剃度重新做回佛僧，并"法服执锡，来至王庭，面伸弘理"，他的诉求正跟隋文帝相合，于是隋文帝听从他的建议，度僧一千余人。正如道宣所论，"此皇隋释化之开业也"，"周废伽蓝，并请兴复，三宝再弘，功兼初运者，又延之力矣"。开皇六年（586），隋文帝"请延于大兴殿登御座南面授法，帝及朝宰、五品已上咸席地北面而受八戒"③，等于确认昙延的国师地位。隋文帝对昙延执弟子之礼，"帝既禀为师父之重，又敕密戚懿亲，咸受归戒。至于食息之际，帝躬奉饮食，手御衣裳，用敦弟子之仪，加敬情不能已"④。

隋文帝以佛教转轮王自居，其政治宣传，昙延也参与其中，并扮演重要角色。开皇二年（582）冬，那连提黎耶舍（Narendrayśas）在大兴善寺草创译场，隋文帝"敕昭玄统沙门昙延等三十余人，令对翻传"，监掌译务的除了大昭玄统昙延，还有昭玄都（也就是昭玄都维那）、大兴善寺寺主灵藏等。⑤那连提黎耶舍译《佛说德护长者经》，也就是疑为吴支谦译《佛说申日经》和西晋竺法护译《佛说月光童子经》，属于同经之异译本，皆收于《大正藏》第14册。支谦译《佛说申日经》在文末预言"月光童子当出于秦国作圣君"，统领夷夏崇信佛法⑥，不过这一记载不见于竺法护和求那跋陀罗的译本。那连提黎耶舍重译该经，将月光"出于秦国作圣君"

---

① 直到唐宝历时，薛重元《硖石寺惠（慧）远法师遗迹志》云："大隋受命，出诣上京。文帝始引昙延为大师，诏公掌校译经。"也可知慧远的官方地位不如昙延，参见《全唐文》卷七三九，中华书局，1983年，第7641页。
② 〔唐〕道宣：《续高僧传》卷八《昙延传》，见《大正藏》（第50册），第488页。当时昙延是新度一百二十个菩萨僧之一，而且"预在上班"，但是昙延"仍恨犹同俗相，还飙林薮"。
③ 道宣在别处撰云："于时昙延法师，是称僧杰，升于正殿而授帝菩萨戒焉。"参见〔唐〕道宣：《集古今佛道论衡》卷乙，见《大正藏》（第52册），第379页。
④ 〔宋〕志磐：《佛祖统纪》卷三九，［大正藏］（第49册），第359页。这里也正是将隋文帝开启复兴佛法归于"沙门昙延竭见，劝兴复佛法"。
⑤ 〔唐〕道宣：《续高僧传》卷二《隋西京大兴善寺北天竺沙门那连耶舍传》，见《大正藏》（第50册），第433页。有关讨论参见王亚荣：《大兴城佛经翻译史要》，见《长安佛教史论》，宗教文化出版社，2005年，第121—129页。
⑥ 《大正藏》（第14册），第819页。

改译为"于阎浮提大隋国内，作大国王"，直接确立了隋文帝的佛教君主地位。①

笔者不厌其烦阐述昙延的重要性，一则是因为他本人确实是佛教史上极为重要但阐发不足的人物，另外也因为他作为隋唐长安城的"本土佛教势力"（相对六大德等北齐、南方系僧团而言），对这座早期佛教都市产生了深远的影响。昙延本人因为地位崇高而被赋予了神秘色彩，其外形"长九尺五寸，手垂过膝，目光外发，长可尺余，容止邕肃，慈诱泛博，可谓堂堂然也"②。到了唐代，河中府柏梯山高僧文照就是因为受到昙延画影的感召而出家——"忽若假寐，见昙延法师，身长一丈，目光四射"③。西明寺高僧道世也记昙延灵验感通之事。④其形象乃至远播敦煌。莫高窟第323窟是初唐时期开凿的洞窟，其南壁画有昙延法师的神异事迹，其窟顶与南、北壁之壁画均为初唐时所绘，昙延之事迹以四个连环画的形式表现在该窟南壁东端壁画中。⑤

正由于昙延在隋文帝统治初期的地位和影响，其僧团获得了特殊的礼遇，道宣《续高僧传》记载：

> 移都龙首，有敕于广恩坊（唐长寿坊）给地，立延法师众。开皇四年，下敕改延众可为延兴寺。面对通衢，京城之东西二门，亦可取延名以为延兴、延平也。然其名为世重，道为帝师，而钦承若此，终古罕类。昔中天佛履之门，遂曰瞿昙之号；今国城奉延所讳，亚是其伦。又改本住云居以为栖岩寺，敕大乐令齐树提造中朝山佛曲，见传供养。延安其寺宇，结众成业。敕赍蜡烛，未及将爇而自然发焰，延奇之，以事闻帝，因改住寺可为光明也。延曰："弘化须广，未可自专以额，重奏别立一所。"帝然之，今光明寺是也。⑥

可见，就在迁都大兴城之始〔开皇三年（583）〕，隋文帝就在广恩坊南门之东给

---

① 此类研究甚多，兹不赘述。参见烈维（Sylvain Lévi）：《大藏方等部之西域佛教史料》，见冯承钧编译：《西域南海史地考证译丛》（第2卷第9编），商务印书馆，1962年，第221—222页；〔日〕藤善真澄：《末法家としての那連提黎耶舎——周隋革命と德護長者經》，《东洋史研究》1987年第46卷第1号，第29—56页。

② 〔唐〕道宣：《续高僧传》卷八《昙延传》，见《大正藏》（第50册），第488页。

③ 〔宋〕赞宁：《宋高僧传》卷二五《唐河中府柏梯山文熙传》，见《大正藏》（第50册），第868页。

④ 〔唐〕道世：《法苑珠林》卷二四，见《大正藏》（第53册），第467页。类似记载参见〔唐〕道宣：《集神州三宝感通录》卷下，见《大正藏》（第52册），第428页。

⑤ 敦煌研究院编：《敦煌石窟内容总录》，文物出版社，1996年，第132页；马世长：《莫高窟第323窟佛教感应故事画》，《敦煌研究》1981年第1期，第80页。

⑥ 〔唐〕道宣：《续高僧传》卷八《昙延传》，见《大正藏》（第50册），第489页。

地，先建立"延法师众"。次年即开皇四年，改"延众"为"延兴寺"①。延兴寺实际上是将昙延的"众"更加制度化的产物——不但有僧团，而且有了寺院建制、土地财产等。延兴寺面对广恩坊南面的东西大街，地理位置优越。为了尊崇昙延，隋文帝甚至把大兴城东西的城门取名"延兴""延平"——也就是道宣所说的"国城奉延所讳"——这些名字都沿用到了唐朝。可以说，昙延甚至在长安城留下了自己个人的痕迹。不但延兴寺，包括光明寺的建立，都跟昙延有关系。正是因为隋文帝赏赐给昙延的蜡烛自然发光，本拟改延兴寺为光明寺，但是由于昙延的建议，另外在怀远坊东南隅另立光明寺。

延众或者延兴寺，有助于我们理解"众"的实际意涵。据道宣记载：

> 延虚怀物我，不滞客主为心。凡有资财，散给悲敬，故四远飘寓，投告偏多。一时粮粒将尽，寺主道睦告云："僧料可支两食。"意欲散众。延曰："当使都尽方散耳。"明旦，文帝果送米二十车，大众由是安堵。②

这段记载赞颂昙延不分主僧客僧，一视同仁，以至于延兴寺粮食都快要吃尽了。此时，寺主想"散众"，但是昙延坚持粮食吃完才散，最后由于隋文帝的供养而避免了"散众"的局面。由此可见，"延众"这一僧团组织，即便有自己的地盘，也仍然会有解散的风险。"众"乃是对僧团"人"的描述，而"寺"则更加强调地点等"物"的标准。"散众"之后，寺院仍存。而在寺院成立之前，似乎僧团并不固定，所以以"众"称之。

昙延的众以及后来的延兴寺，从隋代到唐初，都在京师拥有一席之地。因此在隋文帝建立所谓"二十五众"和"五众"时，难以想象昙延系僧人会遭到忽视。事实也证明，昙延的弟子童真在开皇十六年被任命为涅槃众主，所居正是延兴寺。换句话说，实际上在昙延于开皇八年（588）去世之后，童真继续领导延众。正如笔者所论，隋文帝立众，是对当时佛教势力结构的一种确认，是在新的都城构建佛教中心的一种举措。

昙延开皇八年去世，隋文帝为之罢朝三日，设千僧斋。"寺侧有任金宝者，父子信向，云见空中幡盖列于柩前，两行而引，从延兴寺南达于山西"。其弟子众多，实为隋代到唐初长安城佛教界的一大势力。用道宣的话说，"弟子沙门童真、

---

① 据宋敏求《长安志》，延兴寺原为南朝萧梁后裔族居之地，后梁太尉吴王萧岑舍宅为寺。不过，《长安志》记载显然不确。根据道宣的记载，在建寺之初，昙延僧团就已经由隋文帝下敕得到了广恩坊的这块地，次年就建立了延兴寺。所谓萧氏舍宅，应该是在原先寺院的基础上增加。隋朝灭亡后，萧琮还舍宅入寺，成为延兴寺的东院。相关记载参见《长安志》卷一〇。
② 〔唐〕道宣：《续高僧传》卷八《昙延传》，见《大正藏》（第50册），第489页。

洪义、通幽、觉朗、道逊、玄琬、法常等,一代名流"①。在关东六大德到来之前,昙延系占据极为重要的地位,而其僧人的结构也非常值得探讨。根据相关史料的记载,我们梳理出昙延系僧人的情况如下表:

表1

僧名	籍贯	居寺	备注
童真	河东蒲阪	延兴寺	开皇十六年为涅槃众主;大业元年(605)为大禅定寺寺主
通幽	河东蒲阪	延兴寺	周武灭佛,奔陈
慧海	河东虞乡	城安长公主为其立静法寺	
道㥞	河东虞乡	早年跟随昙延在京师,后住蒲州仁寿寺	
道谦	河东虞乡		道㥞之弟
法常	河北郡	普光寺,又兼任空观寺上座	贞观朝长安佛教领袖,与李承乾关系密切
道洪	河东	贞观时为律藏寺上座,大总持寺主	与李承乾关系密切
慧诞	雍州	延兴寺,卒于寺	
玄琬	雍州	延兴寺、普光寺,卒于延兴寺	贞观朝佛教领袖,与李承乾关系密切
觉朗	河东		
道逊	疑为河东蒲阪	蒲州仁寿寺	弟子海顺也是河东蒲阪人

从上面的材料分析,我们或可窥见一个中古佛教僧团得以成立的某些基础。首先,昙延不但出身蒲州世家,而且佛教传承也来自蒲州,所以在昙延系的僧人中,河东尤其是蒲州僧人占据了极高的比例。在上述十一名僧人——其中很多是隋代唐初声名显赫的高僧——中,河东人占了八个。②在这八人之中,又有至少五位出自蒲州。虞乡正是蒲州的属县,慧海、道㥞、道谦都是虞乡人。而童真、通幽则与昙延一样是蒲阪人,童真虽然远祖陇西,出身却是在蒲阪。而且,代替昙延领导延兴寺僧众的正是同出蒲阪的童真。蒲州当地的寺院,也在昙延僧团的认同之中扮演了重要角色。道㥞早年跟随昙延,晚年则回到家乡蒲州仁寿寺居住。昙延的另外一个弟子道逊则是仁寿寺的高僧。另外,昙延出身的栖岩寺也是蒲州重要的寺院。隋炀帝时贺德仁撰《栖岩道场舍利塔碑》就显示蒲州佛教昌盛,"听法之侣如林,献供之徒成市"③。

---

① 〔唐〕道宣:《续高僧传》卷八《昙延传》,见《大正藏》(第50册),第489页。
② 道逊虽然没有记载说是河东人,但是从其跟随昙延学习,又居于蒲州仁寿寺来看,也当属蒲州僧人。
③ 此碑原在栖岩寺山门侧建的碑亭内,后移至蒲州城南宝神庙内,现存永济市博物馆。碑通高2.03米,宽0.98米,厚0.44米,相关介绍参见姚雅欣:《从隋〈栖岩道场舍利塔碑〉看蒲州佛教》,《文物世界》2005年第4期,第26—28页。

其他几位弟子，很大比例是雍州本地人，因地利之便成了昙延的弟子。比如慧诞是雍州人；唐初高僧玄琬虽然祖籍弘农华州，但是远祖就已经迁居雍州。昙延长期担任周、隋的官方佛教领袖，其弟子又多来自家乡，在蒲州和长安之间搭建了一条沟通的渠道。这种郡望和学识传统沟通构成的某种关联性，使得蒲州一个地方的僧人居然在隋唐帝国的首都居于如此重要的地位，这或许也是中古时期佛教僧团的一种特色。

其次，昙延系的僧人从隋文帝到唐太宗，绵延半个世纪盘踞于延兴寺。童真一直住在延兴寺，用道宣的话说，童真"恒处延兴，敷化不绝。听徒千数，各标令望。详真高誉，继迹之师"。他一直到大业元年担任大禅定寺道场主，不过很可能他也并未因为担任大禅定寺的职务而离开本居延兴寺①；通幽也是一直到大业元年在延兴寺去世；昙延的另外一个弟子慧诞更是一直到唐朝建立后的贞观初年才在延兴寺去世②。到了唐代，延兴寺的继承者似乎是昙延的高足玄琬，此时童真等人都已去世了。昙延在世时，玄琬发愿造一丈六的释迦像。等昙延去世之后，仁寿二年（602）在延兴寺建造成功。道宣记载说："金像之大，有未过也，今在本寺。"虽然玄琬是唐初长安城的佛教领袖，乃至唐太宗"敕召为皇太子及诸王等受菩萨戒，故储宫以下师礼崇焉"，道宣在《续高僧传》中也称呼他"普光寺释玄琬"，但是他始终以延兴寺为弘法的中心，在延兴寺"更造藏经"，被道宣称为"护法菩萨"。贞观十年（636），他也是在延兴寺去世。道世在《法苑珠林》中就称其为"京师延兴寺玄琬律师"，或者"大唐西京延兴寺沙门释玄琬"。③

之所以出现延兴寺这样与某个僧团紧密关联的情况，一个原因就是隋唐长安城本就是新城，其佛教寺院的建立带有强烈的政治干预色彩。从昙延众到延兴寺，都是隋文帝刻意扶持的结果，加上昙延个人的崇高地位及其弟子中也多大德高僧，使昙延一系绵延半个世纪之久。但是必须指出的是，这种僧团并非佛教宗派，它的构成不是由某一种学说为基础的，而是一种地缘、师承的混合产物。隋代到唐前期，长安城中并无宗派壁垒森严的局面。昙延系的僧人，包括其众主昙延本人，对佛学都是持开放的心态。最有代表性的就是玄琬。他先拜昙延法师为师，接着跟六大德之一的洪遵律师学习《四分律》，又跟六大德之一的昙迁禅师（542—607）学习摄

---

① 相关记载参见〔唐〕道宣：《续高僧传》卷一二《隋西京大禅定道场释童真传》，见《大正藏》（第50册），第517—518页。
② 〔唐〕道宣：《续高僧传》卷二六《隋京师延兴寺释慧诞传》，见《大正藏》（第50册），第671页。
③ 前一种称呼参见道世《法苑珠林》卷六五："唐武德初中有醴泉县人，姓徐名善才，一生已来，常修斋戒，诵念《观世音经》过逾千遍。每在京师延兴寺玄琬律师所，修营功德，敬造一切经。"后一种称呼参见《法苑珠林》卷一〇〇。

论,"法华、大集、楞伽、胜鬘、地论、中百等,并资承茂实"①。玄琬的老师昙延是法师、洪遵是律师、昙迁是禅师,虽然他认同延兴寺,也为老师昙延建造佛像,但是他自己却是律师。可以说,整个隋唐长安佛教的历史图景,并不是宗派所构成的,此时的佛教并未出现将佛教界割裂得支离破碎的局面。长安城中的佛寺,也没有哪一个归为某一宗一派。从昙延和延兴寺的情况看,在僧人的认同中,师承和地缘,远比学习某一经重要。②

最后,必须指出的是,昙延法师开启的隋唐长安延兴寺僧团,从隋文帝到唐太宗,都与政治存在密切关系。贞观之后,随着长安佛教势力的离散组合,以及政治的起伏变动,它从政治舞台以及佛教中心位置退了出去。昙延在开皇年间的政治和佛教中的角色不须赘述,延兴寺诸僧也积极参加了隋文帝的分舍利建塔。隋代秦王俊舍其"卧居",为延兴寺建造堂宇,在襄州命人图写当地佛像,在延兴寺铸造。③到了唐太宗时代,昙延系高僧因为与皇储李承乾关系密切,在政治和佛教中扮演了重要角色。其中法常为李承乾授菩萨戒,贞观九年(635)又为长孙皇后戒师。他居住于李承乾资助的普光寺,但是又兼任空观寺上座。其弟子众多,且对周边国家影响深远,"前后预听者数千,东蕃西鄙,难可胜述。及学成返国,皆为法匠",这里面包括新罗王子金慈藏。在贞观朝,法常一度成为长安城佛教界的领袖,许多重要事件都能看到他的影子,著《摄论义疏》八卷等。贞观十九年(645)卒,弟子德逊等为其立碑于普光之门,宗正卿李百药为文。④道洪贞观朝为律藏寺上座,为二宫(太子李承乾和长孙皇后)树福。又敕任大总持本居寺主。⑤玄琬"为皇太子及诸王等受菩萨戒,故储宫以下师礼崇焉"⑥。其兴也因政治,衰也因政治,其中正反映了中古时代王法与佛法关系之真谛。

---

① 〔唐〕道宣:《续高僧传》卷二二《唐京师普光寺释玄琬传》,见《大正藏》(第50册),第616—617页。
② 有关讨论,参见孙英刚:《夸大的历史图景:宗派模式与西方隋唐佛教史书写》,见朱政惠、崔丕主编:《北美中国学的历史与现状》,上海辞书出版社,2013年,第361—373页;转载于《中国社会科学报》2013年7月3日。
③ 法琳:《辩正论》卷四、道宣《集神州三宝感通录》卷下。
④ 〔唐〕道宣:《续高僧传》卷一五《唐京师普光寺释法常传》,见《大正藏》(第50册),第540—541页。
⑤ 〔唐〕道宣:《续高僧传》卷一五《唐京师慈恩寺释道洪传》,见《大正藏》(第50册),第547页。
⑥ 〔唐〕道宣:《续高僧传》卷二二《唐京师普光寺释玄琬传》,见《大正藏》(第50册),第616—617页。

三、敦煌慧远系僧团与净影寺

开皇七年来京六大德之一的敦煌慧远（523—592）实为隋唐长安城佛教势力结构布局中的最大受益者，而其弟子，据现有资料判断，出任众主者最多。这种情况也合乎他在佛教界的地位。慧远为原北齐的佛教领袖，北齐佛教比北周发达得多，早在北齐时期，慧远已经声名远播，弟子众多。开皇七年隋文帝诏六大德入长安，慧远名列第一，而且跟随他到达长安的，远远不止十人，而是两百余人。进入唐代，用道宣的话说，慧远系的影响"大唐之称首也"。敦煌慧远虽然没有东晋庐山慧远在佛教史上的崇高地位，但是在隋唐时期，却是领袖群伦的佛教高僧。由于庐山慧远声誉过隆，以致敦煌慧远在佛教史上的地位几被淹没。前辈学者如杜斗城曾梳理过敦煌慧远的生平事迹，尤其是利用P.3507背面《隋净影寺沙门惠远和尚因缘记》说明敦煌慧远在佛教史上的地位。① 然而，慧远并非边缘之地的僧人，实际上，他是隋唐长安城建立之初，对这座都市产生最大影响的一位僧人——甚至没有之一。下面我们简称慧远指代敦煌慧远，以区别于庐山慧远。

我们先梳理一下慧远的事迹，以前学者强调过的部分从略，而专注于慧远开皇七年到京师的意义。首先，慧远主要是一个禅师，称"慧远禅师"，正如道宣称"道宣律师"，玄奘称"玄奘法师"，反映了他们的知识结构。但是慧远又精通《四分律》，还对义解有很高的造诣，注疏甚多。② 现在通常给他贴的标签是涅槃学大师。慧远由华阴沙门僧思禅师度为僧，又跟大隐律师听《四分律》，他是北朝高僧、东魏昭玄沙门大统慧（惠）光的再传弟子。③ 慧远声名鹊起，除了学问高深外，最为大家熟知的是跟北周武帝宇文邕的激烈辩争。北周攻灭北齐后，武帝将灭佛政策扩展到北齐地区。当时北齐沙门大统法上等高僧都默然无语，而慧远抗声激辩，甚至以下阿鼻地狱相威胁，希望宇文邕改变灭佛政策。此时北齐刚被攻灭，慧远等

---

① 杜斗城：《敦煌慧远述评》，《法音》1988年第9期，第32—38页。《隋净影寺沙门惠远和尚因缘记》（简称《因缘记》）叙事多与道宣《续高僧传》不同，比如道宣记其为敦煌李氏，而《因缘记》记其为敦煌张氏；另外《因缘记》还说他"直入庐山，而求佛道"，显然是把敦煌慧远和东晋庐山慧远混为一谈了。这也反映了敦煌当地有关佛教知识的一般水平。

② 关于慧远的著述，参见汤用彤《隋唐佛教史稿》，中华书局，1982年，第87页。写于隋大业九年（613）的P.2091《胜鬘义记》卷下题记云："释慧远撰之也。大隋大业九年八月五日，沙门县皎写之，流通后世，校竟了。经疏卷之下。"录文参见〔日〕池田温：《中国古代写本识语集录》（473号），东京大学东洋文化研究所，1990年，第176页。

③ 慧光葬于东魏元象元年（538）五月，见近年新出土的《慧光墓志》，该志现存正定墨香阁，系藏家于2002年夏购入，卖者称出于河南安阳北郊。参见赵生泉：《东魏〈慧光墓志〉考》，《文物春秋》2009年第5期，第41—47页。

僧都是被征服者，如此激烈的争论，用道宣的话说，宇文邕"粉其身骨，煮以鼎镬"的可能性都是有的。这次护持佛法，使他获得了"护法菩萨"的声誉。不过，尽管武帝宇文邕没有杀掉慧远，但是也没有改变灭佛的政策。于是慧远藏匿"汲郡西山，勤道无倦。三年之间，诵《法华》《维摩》等各一千遍，用通遗法"。"大象二年，天元微开佛化，东西两京各立陟岵大寺，置菩萨僧。颁告前德，诏令安置，遂尔长讲少林"。隋朝建立，文帝下敕任命他为洛州沙门都，开皇七年又召其进京。①

由于慧远的崇高声望，跟随他进入大兴城的远远超过文帝规定的十位，实际上，慧远"与常随学士二百余人，创达帝室"——光常随弟子就多达二百多人。隋文帝先安置慧远僧团进入大兴善寺，但是很快就将其从大兴善寺迁出，选择了"天门之南，大街之右，东西冲要，游听不疲"之处，也即敦化坊南街之北，作为慧远僧团的住地，名为净影寺。由于慧远的号召力，四方投靠者众，"于是四方投学七百余人，皆海内英华"。相比其他大德以及大兴城的"本土"僧团昙延和昙崇系，这个规模是惊人的。用道宣的话说，"虽复兴善诸德，英名一期。至于归学师寻，千里继接者，莫高于远矣"——大兴善寺其他的大德，在弟子千里奔波前来大兴城投靠方面，无法与慧远匹敌。②

道宣的一处记载值得关注："但以堂宇未成，同居空露。蓬蒢庵舍，巷分州部。日夜祖习，成器相寻。"也就是说，将慧远僧团二百多人迁入净影寺后，四海投靠者众，僧人数量急剧扩大。但是此时净影寺的房子还没有建成，以至于这些僧人要"同居空露""蓬蒢庵舍"，而且是"巷分州部"，也就是说一个州来的住在一起，这也显见地缘、传承在僧团认同与构成中的重要性。这样的情况，也有助于我们理解所谓的二十五众、五众。当大兴城建成、诸寺建筑并未齐备时，隋文帝将各地的主要僧团往京城集中，人员虽然渐成规模，但寺舍并未齐备，将聚居一起的僧团（以师承、地域为纽带）以众命名，或是一种权宜之计。待大兴城寺院逐渐建立起来，僧人各有去处，"众"也就没有存在的必要，也因此迅速从史料中消失。到了开皇以后，就再没有看到有关"众"的记载。这也再次证明隋文帝所立诸"众"，主要是为了适应大兴城新建而又急迫需要树立其佛教中心地位的情况，是隋唐长安城寺院体系初步建立之前的一种临时形态。

---

① 〔唐〕道宣：《续高僧传》卷八《隋京师净影寺释慧远传》，见《大正藏》（第50册），第489—490页。
② 〔唐〕道宣：《续高僧传》卷八《隋京师净影寺释慧远传》，见《大正藏》（第50册），第489—490页。

慧远开皇十二年卒于净影寺，年七十，隋文帝为之罢朝。慧远弟子众多，其中多有杰出者。我们也根据相关史料梳理如下（只录较为著名的僧人）：

表2

法号	籍贯	居寺	备注
慧迁	瀛州	开皇十七年，敕立五众，请迁为十地众主，处宝光寺	北齐灭亡，奔陈；开皇七年，随慧远进京
善胄	瀛州	慧远死后，敕令于净影寺为涅槃众主	北齐灭亡，奔陈；弟子慧威著名京室
灵璨	怀州	大兴善寺；慧远去世，开皇十七年敕补于净影寺为众主	随慧远入关的十弟子之一
辩相	瀛州	净影寺；入唐为秦王李世民崇敬，入弘义宫，后住李世民供养的胜光寺	北齐灭亡南投徐部；开皇七年随慧远进京
宝儒	幽州	净影寺	北齐灭亡奔陈
慧畅	莱州	净影寺	
道颜	定州	净影寺	一直到唐朝武德五年（622），卒于净影寺
明璨	莒州	大兴善寺	
智嶷	襄阳	静法寺	康居王族后裔
宝安	兖州	开皇七年入关，住净影寺	北周灭齐，南投陈国
道嵩	瀛州	随慧远入京，先住净影，分舍利归来住总化寺	
行等	冯翊	净影寺学习，后居慈悲寺	为法总弟子，后跟慧远学习，属于"本地"人
净辩	齐州	开皇入京到净影寺依慧远，后又跟六大德之一的昙迁学大乘。后居禅定寺	

如果我们对慧远系僧人进行地域籍贯的分析，也会发现，实际上地域认同在结成僧团中依然扮演了重要角色。慧远僧众到达长安，虽然隋文帝下敕为他们建造净影寺，但实际上寺院尚未建成，他们就按照出身不同的州组成各部，讲习佛法。上述慧远弟子中，绝大部分都是山东河北人，尤其是瀛州，一共有慧迁、善胄、辩相、道嵩等四位高僧，其中慧迁和善胄被隋文帝任命为众主，其中慧迁是十地众主，而善胄是涅槃众主。显然，两人虽然都是慧远弟子，但是所学侧重不同，所以慧迁出居宝光寺独立成众，而善胄则留在老师的净影寺，继承和发扬慧远侧重的涅槃之学。除了瀛州之外，其他成员也大多出自原先北齐统治区域，只有智嶷是襄州人，带有些许南方色彩。

净影寺，显然在慧远僧团的发展过程中扮演了重要角色。作为新都城新建造的寺院，它在最初的僧人安置上具有整齐划一的特征——就是为了安置慧远师徒。这样的安排也见于上一节我们讨论的昙延与延兴寺。这种安排对最初的隋唐长安城佛教寺院势力结构产生了很大的影响。而且，在这之后隋唐长安城佛教势力结构的分散组合，都是在这样的基础上展开的。净影寺在慧远弟子中的认同感是极强的。比如官方正式认定的慧远十大弟子之一的灵璨，本来在其师入住净影寺之后留在了大兴善寺——这其实也是对其独立地位的某种认可。开皇十二年慧远死后，其另一个大弟子善胄继续带领慧远僧众，并被隋文帝任命为涅槃众主。稍后因为善胄跟随蜀王杨秀去四川，净影寺的慧远众"众侣无依"，于是开皇十七年，隋文帝下敕补灵璨为众主，带领从慧远、善胄传下来的涅槃众。①值得注意的是，就在同一年，应该就是跟灵璨从大兴善寺转入净影寺担任涅槃众主的同时，慧远另一大弟子慧迁被单独任命为十地众主，出居宝光寺。②可以揣测，这是隋文帝的一个通盘考虑。仁寿末年，灵璨也担任分舍利建塔的任务，其所去之处为泽州古贤谷景净寺，"即远公之生地也"，足见灵璨对慧远师承的认同，也表明隋文帝君臣也对这种关系了若指掌。③另外一个说明慧远弟子对净影寺有强烈认同的例子是善胄。大业中，善胄入居禅定寺。但是到了大业十三年（617），善胄希望回到净影本寺居住："大业十三年欲返本寺，众不许之。乃以土塞口，欲自取死。寺众见其志决，方复开许。以武德三年八月内终于净影寺，春秋七十有一。"④善胄采取如此敷烈的手段，希望能回净影寺，可见净影寺在慧远弟子心中具有何等重要的意义。

慧远的另外一个弟子、著名高僧辩相，也充满了对净影寺的认同：

> 释辩相，……后旋洛下，涉诸法席。又往少林，依止远公。学于十地，大小三藏，遍窥其陬隅，而于涅槃一部，详核有闻。末南投徐部，更采摄论及以毗昙。开皇七年，随远入辅，刱住净影，对讲弘通。仁孝居心，崇仰师辙。武德初年，蒙敕延劳，还止京室。重弘经论，更启蒙心。今上昔在弘义，钦崇相德，延入宫中，通宵法论，丞动天顾。徯锡丰美，乃令住胜光，此寺即秦国之供养也，故以居焉。晚以素业所资，慧门初辟，追崇净影，仍就讲说。又舍所遗，图远形相。常存敬礼，用光先范。⑤

---

① 有关记载参见〔唐〕道宣：《续高僧传》卷一〇《隋西京大禅定道场释灵璨传》，见《大正藏》（第50册），第506页。

② 〔唐〕道宣：《续高僧传》卷一二《唐京师大总持寺释慧迁传》，见《大正藏》（第50册），第520页。

③ 〔唐〕道宣：《续高僧传》卷一〇《隋西京大禅定道场释灵璨传》，见《大正藏》（第50册），第506页。

④ 〔唐〕道宣：《续高僧传》卷一二《唐京师净影寺释善胄传》，见《大正藏》（第50册），第519页。

⑤ 〔唐〕道宣：《续高僧传》卷一二《唐京师胜光寺释辩相传》，见《大正藏》（第50册），第519—520页。

辩相在唐朝建立之后，深受秦王李世民的崇敬，不但请他到自己居住的弘义宫讲法，还将其重新安置在"秦国之供养"的胜光寺居住。不过，辩相"追崇净影"，依然去净影寺讲法，甚至还出资描绘了慧远的图像，常常礼敬。

到净影寺的除了慧远的弟子，还有跟慧远师承密切的僧人，最为著名的是灵裕。灵裕是僧凭的弟子，而僧凭是慧光的弟子，所以灵裕跟慧远一样都是慧光的再传弟子。灵裕早在北齐时期就号"菩萨"，地位崇高。北齐被北周灭亡之后，隐居起来。开皇三年，被隋文帝任命为相州僧都统。开皇十年（590），被召到京师，比慧远晚了三年左右。他到京师之后：

> 当于京辇入净影寺，正值布萨，径坐堂中。见远公说欲，裕抗声曰："慧远读疏而云'法事因缘，众僧听戒'，可是魔说。"合座惊起，怪斥其言。识者告远，远趋而诣堂。裕曰："闻仁弘法，身令易传。凡习尚欣，圣禁宁准。"远顶礼自诚，衔泣受之。①

不过显然灵裕并不认同隋文帝分舍利建塔中的一些操作，他认为建塔过程中出现的祥瑞，是"祸福兼表"，甚至是凶兆。这也可以理解为何他在北齐地位崇高，而到了隋代却并未为隋文帝所任用。

不过，净影寺这种地位的根基，在于慧远在其弟子心中以及佛教界的地位，并非宗派壁垒森严的产物。随着慧远的去世，弟子逐渐离散②，到了第三代时，净影寺就逐渐衰落，在唐代长安城中的地位不复之前的光景。隋唐长安寺院地位的兴衰起落，跟世俗权力的干预紧密相关，佛法不依王者则不立，而一个寺院的兴起与衰落，则往往跟其世俗的赞助人的命运紧密联系在一起。这一点为大家所熟知，不须赘述。③

四、其余关东五大德僧团在大兴城的展开

关东六大德进入大兴城，对这座新建都市的佛教布局产生了巨大的影响，上节我们重点论述了净影寺慧远僧团的情形，本节我们梳理其他五大德僧团到达长安后

---

① 〔唐〕道世：《续高僧传》卷八《隋相州演空寺释灵裕传》，见《大正藏》（第50册），第489页。灵裕撰有《十德记》，是较早的僧传，但是道宣对其评价不高，认为它"偏叙昭玄师保，未奥广嗣通宗"，也就是说偏重描述具有官方职位者，而没有讲述学识传承。参见〔唐〕道世：《续高僧传序》，见《大正藏》（第50册），第425页。

② 比如善胄的弟子慧威，"著名京室"，却住大总持寺。其他五大德僧团也是一样的情况，道宣作为洪遵第三代弟子，已经完全独立，与之前洪遵崇敬寺并无密切关系，反而长期担任新兴起的西明寺的上座。

③ 一个个案的研究，参见孙英刚：《长安与荆州之间：唐中宗与佛教》，见荣新江主编：《唐代宗教信仰与社会》，上海辞书出版社，2003年，第125—150页。

展开的情形,以及这些僧团此后对长安佛教发展的影响。

1.宝镇系

有关宝镇系的资料很少,道宣的《续高僧传》没有为其做传,令人费解。以其与其他五大德并驾齐驱的地位,不应遭受如此待遇。值得注意的是,宝镇与道宣一样,也是律师。是否因为律学之争端导致道宣有所取舍?因为史料缺憾无从得知。尽管宝镇在《续高僧传》没有本传,但是其弟子宝宪却有:

> 释宝宪,郑州人,宝镇律师之学士也。……开皇之始,与镇同来,住大兴善。威仪调顺,言无涉俗。仁寿奉敕,置塔洪州。……宪还京室,寻事卒也。①

从这则材料看,如其他僧团一样,宝镇律师也是携带弟子进入大兴城的,待遇也与其他五大德一样,安置在大兴善寺。他的弟子宝宪也奉敕到洪州分舍利建塔。

2.慧藏系

慧藏是法师,姓郝氏,赵国平棘人。他精通涅槃、律仪、智论、十地、华严、般若等经论。如其他大德一样,早在北齐时就得到君主的崇敬和礼遇。"齐主武成,降书邀请,于太极殿开阐华严。法侣云繁,士族咸集,时共荣之,为大观之盛也。"但是北周征服北齐,把灭佛政策带入北齐旧地后,慧藏就"铲迹人间",避于山野。隋朝建立,再度出家。开皇七年,隋文帝诏其进京:

> 杖锡京辇,仍即谒帝。承明亟陈奥旨,凡所陶诱,允副天心,即六大德之一也。……时有沙门智稳(隐)、僧朗、法彦等,并京室德望,神慧峰起。祖承旧习,希奉新文,乃请开讲金刚般若论。……以大业元年十一月二十九日,遘疾卒于空观寺,春秋八十有四。②

道宣《续高僧传》提到的智稳(隐)、僧朗、法彦是慧藏的弟子。而金刚般若论则是慧藏擅长的佛学。僧朗如慧藏一样,"入关住空观寺","仁寿置塔,下敕令送舍利于番州,今所谓广州灵鹫山果实寺宝塔是也"③。开皇一二年,隋文帝设置十大

---

① 〔唐〕道宣:《续高僧传》卷二六《隋京师大兴善寺释宝宪传》,见《大正藏》(第50册),第672页。
② 〔唐〕道宣:《续高僧传》卷九《隋西京空观道场释慧藏传》,见《大正藏》(第50册),第498页。
③ 〔唐〕道宣:《续高僧传》卷一〇《隋西京禅定道场释僧朗传》,见《大正藏》(第50册),第507—508页。

德参与大兴善寺译场，其中就有慧藏。①

慧藏的弟子中，在开皇十六年立众时就有两位众主，一位是智隐，另一位是法彦。其中智隐开皇七年跟随慧藏进入京师的："释智隐，姓李氏，贝州人，即华严藏公之弟子也。……开皇七年，敕召大德，与藏入京住大兴善。通练智论、阿毗昙心及金刚般若论，明其窟冗。至十六年，以解兼伦例，须有绍隆，下敕补充讲论众主，于经藏寺，还扬前部。仁寿创福，敕送舍利于益州之法聚寺，寺即蜀王秀之所造也。……晚又奉送置塔莘州。……卒于京室。"②这里所说的华严藏公，显然不是后来的法藏，而是慧藏。智隐跟随其师进入大兴城，被安置在大兴善寺，开皇十六年被任命为讲论众主，居于经藏寺。

慧藏的另外一个弟子法彦，则在同一年被任命为大论众主：

> 释法彦，姓张，寓居洺州。……齐公高颎，访道遐方，知彦声绩，乃迎至京邑。……开皇十六年下敕以彦为大论众主，住真寂寺，镇长引化。仁寿造塔，复召送舍利于汝州。四年，又敕送于沂州善应寺。……彦传业真寂，道俗承音。左仆射高颎奉以戒法，合门取信，于今不倾。③

这是隋唐长安城佛教与世家大族关系的一个关键情节。法彦是高颎请到京师来的，而开皇十六年，隋文帝任命法彦为大论众主时，就是居于真寂寺。高氏家族对真寂寺（武德二年改名化度寺）的支持，一直延续到唐高宗时期。道宣说高氏"合门取信，于今不倾"，正是对此的真实描述。法彦在此担任大论众主，也说明《大智度论》也一度在此寺昌盛。

3.僧休系

僧休法师同洪遵、慧远一样，在北周末年稍稍复兴佛法时"初应诏为菩萨僧"，"同居陟岵"，开皇七年召入大兴善寺。他的弟子宝袭跟随入京：

> 释宝袭，贝州人，雍州三藏僧休法师之弟子。……从休入京，训勖为

---

① 开皇十七年费长房《历代三宝纪》卷一二记载："到十二年，翻书讫了，合得二百余卷。进毕，尔时耶舍先已殁亡，仍敕崛多专主翻译，移法席就大兴善寺。更召婆罗门沙门达摩笈多，并遣高天奴、高和仁兄弟等同翻。又增置十大德沙门僧休、法粲、法经、慧藏、洪遵、慧远、法纂、僧晖、明穆、昙迁等。"（《大正藏》（第49册），第104页）除了慧藏之外，僧休、洪遵、慧远、昙迁等大德也全数在内，这基本反映了他们当时在佛教界的地位。

② 〔唐〕道宣：《续高僧传》卷二六《隋京师经藏寺释智隐传》，见《大正藏》（第50册），第668页。

③ 〔唐〕道宣：《续高僧传》卷一〇《隋西京真寂道场释法彦传》，见《大正藏》（第50册），第505页；〔唐〕道世：《法苑珠林》卷二四记载略同，见《大正藏》（第53册），第468页。

任。开皇十六年，敕补为大论众主，于通法寺四时讲化，方远总集。逮仁寿造塔，又敕送舍利于嵩州嵩岳寺。……末又送于邢州泛爱寺。……至文帝升遐，起大禅定，以名称普闻，召而供奉。武德末年，卒于住寺，春秋八十矣。①

宝袭于开皇十六年敕补为大论众主，于通法寺讲法。宝袭的弟子昙恭、明洪"皆善大论"，贞观元年（627），昙恭被任命为济法寺上座，后又召入弘福，又令知普光寺任。明洪也召入普光寺②。僧休似乎活到了唐代，而且他似乎最晚在开皇十九年（599）就回到了邺。道杰曾于开皇十九年"自卫适邺，听休法师摄论，又于洪遵律师所听四分"③。到了唐初，玄奘也曾经到相州（也就是邺）拜访僧休，"质问疑碍"④。

4. 昙迁系

昙迁精华严、十地、维摩、楞伽、地持、起信等，后周武灭佛，逃遁金陵，又研究摄论、楞伽、起信、如实等论。隋朝建立，北返徐州，如道宣所说，"摄论北土创开，自此为始也"。开皇七年秋，文帝下诏："皇帝敬问徐州昙迁法师，承修叙妙因，勤精道教，护持正法，利益无边，诚释氏之栋梁，即人伦之龙象也。深愿巡历所在，承风餐德。限以朝务，实怀虚想，当即来仪，以沃劳望。弟子之内闲解法相能转梵音者十人，并将入京。当与师崇建正法，刊定经典。且道法初兴，触途草创，弘奖建立，终藉通人。京邑之间，远近所凑，宣扬法事，为惠殊广。想振锡拂衣，勿辞劳也。"可以想见，这封由文帝发给昙迁的信同样也发给了其他五大德，召他们入京是为了"崇建正法，刊定经典"。因为摄论在北方刚开始弘扬，所以希望来听的人很多，乃至如"沙门慧远，领袖法门，躬欠坐端，横经禀义"⑤，丝毫不见有任何门户之见、宗派之别。对于新知识，就像慧远这样的佛教领袖也不辞正襟危坐，认真聆听。

---

① 〔唐〕道宣：《续高僧传》卷一二《唐京师大总持寺释宝袭传》，见《大正藏》（第50册），第520页。
② 〔唐〕道宣：《续高僧传》卷一二《唐京师大总持寺释宝袭传》，见《大正藏》（第50册），第520页。
③ 〔唐〕道宣：《续高僧传》卷一三《唐蒲州栖岩寺释道杰传》，见《大正藏》（第50册），第529页。
④ 〔唐〕慧立、〔唐〕彦悰：《大唐大慈恩寺三藏法师传》，见《大正藏》（第50册），第222页。
⑤ 〔唐〕道宣：《续高僧传》卷一八《隋西京禅定道场释昙迁传》，见《大正藏》（第50册），第571页。

陈金华上引书对昙迁有专门的研究，主要围绕昙迁在隋文政治宣传中的地位以及他与禅定寺的关系展开。他的一个重要观点是认为禅定寺成为大兴城佛教禅修的中心。不过笔者已经揭示，大禅定寺并不是仅仅以禅定为修行法门——大业元年童真担任大禅定寺涅槃众主，足可证明。正如笔者不厌其烦讨论的那样，此时隋唐长安城因为某一学问某一经而壁垒森严的局面并不存在，多是基于后人的想象。另外陈金华基本接受了山崎宏等人关于"众"的观点，没有将昙迁僧团的成立放在隋唐长安城从"众"到"寺"的发展脉络中考察，因此也没有意识到建"众"是有组织的活动，并且和分舍利紧密相连。

昙迁系原跟其他六大德僧团一起住在大兴善寺，开皇十年，昙迁僧团移入新建立的胜光寺："敕为第四皇子蜀王秀，于京城置胜光寺。即以王为檀越，敕请迁之徒众六十余人，住此寺中受王供养。"①这里的"昙迁之徒众"，按照昙延僧团的例子，或可叫作"迁众"。延众发展成为延兴寺，迁众则发展成为胜光寺。胜光寺为隋唐两代的重要寺院，在隋代为蜀王秀供养，地位突出。我们很难想象，开皇十六年官方立众时，胜光寺不占据一席之地。之所以并无其僧众出任众主的记载，或仅仅源于史料的缺乏。因为胜光寺的缘故，昙迁僧团与蜀王秀紧密联系在一起：

> 十三年，帝幸岐州，迁时随彼，乃敕蜀王布围南山，行春蒐之事也。王逐一兽入故窑中，既失踪迹，但见满窑破落佛像，王遂罢猎，具以事闻。迁因奏曰："比经周代毁道，灵塔圣仪，填委沟壑者多。蒙陛下兴建，已得修营。至于碎身遗影，尚遍原野。贫道触目增恸，有心无事。"……故一化严丽，迁实有功。②

仁寿元年（601）分舍利建塔，也与昙迁有密切关系：

> 文帝昔在龙潜，有天竺沙门以一颗舍利授之云："此大觉遗身也，檀越当盛兴显，则来福无疆。"言讫莫知所之。后龙飞之后，迫以万机，未遑兴盛。仁寿元年，追惟昔言，将欲建立，乃出本所舍利，与迁交手数之。虽各专意，而前后不能定数。帝问所由，迁曰："如来法身，过于数量。今此舍利即法身遗质，以事量之，诚恐徒设耳。"帝意悟，即请大德三十人，安置宝塔为三十道，建轨制度一准育王。③

---

① 〔唐〕道宣：《续高僧传》卷一八《隋西京禅定道场释昙迁传》，见《大正藏》（第50册），第573页。

② 〔唐〕道宣：《续高僧传》卷一八《隋西京禅定道场释昙迁传》，见《大正藏》（第50册），第573页。

③ 〔唐〕道宣：《续高僧传》卷一八《隋西京禅定道场释昙迁传》，见《大正藏》（第50册），第573页。

因为昙迁是"蜀王门师",文帝欲令昙迁到蜀中送舍利建塔,宰辅们认为蜀道艰险,最后改为到岐州凤泉寺起塔。独孤皇后崩后,文帝于大兴城西南置禅定寺,专门弘扬禅学,任命昙迁为寺主,于海内召禅师一百二十人,每人可带两名侍者,入禅定寺修行。大业三年(607),昙迁去世,葬于终南北麓胜光寺之山园。①显然,昙迁始终是以胜光寺为弘法讲学的中心。昙迁僧团最初有六十多人,其中不乏高僧大德。比如道英,"在京住胜光寺,从昙迁禅师听摄论,迁特赏异之。……后入禅定"②。灵辨,"年十三得出家,住胜光寺。干素与昙迁禅师,芝兰允洽,因令亲侍,咨受异闻"③。智正,"与昙迁禅师同入魏阙,奉敕慰问,令住胜光"④。其他跟随昙迁学习摄论的还有静琳,"后入关中,遇昙迁禅师讲开摄论,一闻如旧,慧不新闻。仁寿四年,下敕送舍利于华原石门山之神德寺,琳即于此住"⑤。道哲,"沙门昙迁有知人之誉,敬备师礼,从受摄论"⑥。最能说明此时僧人无门派之别的是净业,他最初是跟慧远进京的,可谓慧远的嫡系,但是后来跟随昙迁学习摄论,"及远膺诏入关,业亦负帙陪从。……晚就昙迁禅师,学于摄论。……仁寿二年,被举送舍利于安州之景藏寺。……大业四年,召入鸿胪馆,教授蕃僧。九年,复召住禅定寺"⑦。

5.洪遵系

洪遵是隋唐律学大师。陈金华上引文在论隋代六大德时提到他的师承和居住寺院,并未对其知识结构进行探讨。不过除了律部,他也研修华严、大论,并"就诸禅林,学调顺法"。他是邺人,在北齐时就已经成名。"齐主既敞教门,言承付嘱,五众有坠宪纲者,皆据内律治之。以遵学声早举,策授为断事沙门。"虽然与

---

① 〔唐〕道宣:《续高僧传》卷一八《隋西京禅定道场释昙迁传》,见《大正藏》(第50册),第573—574页。

② 〔唐〕法藏:《华严经传记》卷三《唐蒲州普济寺释道英》,见《大正藏》(第51册),第161页。

③ 〔唐〕法藏:《华严经传记》卷三《唐京师大慈恩寺释灵辩》,见《大正藏》(第51册),第163页。

④ 〔唐〕道宣:《续高僧传》卷一四《唐终南山至相寺释智正传》,见《大正藏》(第50册),第536页。

⑤ 〔唐〕道宣:《续高僧传》卷二〇《唐京师弘法寺释静琳传》,见《大正藏》(第50册),第590页。

⑥ 〔唐〕道宣:《续高僧传》卷二〇《唐京师大庄严寺释道哲传》,见《大正藏》(第50册),第588页。

⑦ 〔唐〕道宣:《续高僧传》卷一二《隋终南山悟真寺释净业传》,见《大正藏》(第50册),第517页。

慧远所学侧重不同，但是两人关系紧密，洪遵"常与慧远等名僧通宵造昼"。北齐灭后，洪遵隐居于白鹿岩中。开皇七年，与其他五大德一起，携弟子十名，进入大兴城，被安置在大兴善寺。六大德中，洪遵是唯一一个亲自担任众主的，其他诸位都是由弟子担任。"至十六年，复敕请为讲律众主，于崇敬寺聚徒成业"。

由于洪遵对《四分律》的提倡，导致原本盛行关内的僧祇律逐渐被取代："先是，关内素奉僧祇，习俗生常，恶闻异学。乍讲四分，人听全稀。还是东川，攒击成务。遵欲广流法味，理任权机。乃旦剖法华，晚扬法正。来为开经，说为通律。屡停炎澳，渐致附宗。开导四分，一人而已。迄至于今，僧祇绝唱。"①由于洪遵的持续弘扬，《四分律》逐渐成为律学的主流。其律学的传承人，主要是智首律师。智首于律学的地位，凡学佛教史者多半熟悉，智首的弟子道宣更是一代律学大师。智首是"随师入关"，也就是作为洪遵十位弟子之一到达大兴城的。洪遵对他非常器重，"亲于法座，命众师之"，也就是说让僧众以师礼对待智首。用道宣的话说，智首"三十余载，独步京辇，无敢抗衡。敷演所被，成匠非一，所以见迹行徒知名唐世者，皆是首之汲引"②。而道宣自己也延续了洪遵、智首的《四分律》，著有《四分律删繁补阙行事钞》等著作，号称中国佛教史第一律学名匠，他是唐代前期长安城的佛教领袖，长期担任西明寺上座等教职。而此后长安城内的律学，便由洪遵一系的僧人占据主流地位，道宣的门人文纲在道宣之后也在长安律学中领袖群伦，为睿宗的菩萨戒师。这些都已经为大家熟知，不须赘述。而长安城内律学的这一格局，却奠定于开皇七年洪遵律师到达长安。③

五、召大德建众与分舍利建塔：中央和地方的互动

通过上述主要僧团的梳理，我们可以对所谓的"众"有更清晰的认识。下面笔者尝试做一些归纳总结，梳理出建立诸众的历史脉络和意义。

第一，"五众"和"二十五众"是隋文帝迁都大兴城、在新都重构佛教社区努力的一部分。隋文帝修大兴城，先立兴善寺。从全国召集高僧进入大兴善寺，充实首都佛教力量。开皇七年是关键的一年，隋文帝召六大德入京，入住兴善寺。开皇

---

① 以上记载，参见〔唐〕道宣：《续高僧传》卷二一《隋西京大兴善寺释洪遵传》，见《大正藏》（第50册），第611—612页。

② 〔宣〕道宣：《续高僧传》卷二二《唐京师弘福寺释智首传》，见《大正藏》（第50册），第614页。

③ 洪遵先后于仁寿二年，送舍利于卫州之福聚寺；仁寿四年（604），于博州起塔。而且隋文帝下敕令其知大兴善寺任，大业四年卒于寺。参见〔唐〕道宣：《续高僧传》卷二一《隋西京大兴善寺释洪遵传》，见《大正藏》（第50册），第612页。

十六年,将诸大德僧团(众)分散入大兴城新建立的其他诸寺;再经过其后的分散组合,最终完成从"众"到"寺"的过程。在大兴善寺建立之初,大兴城仅有数寺而已,随着二十五众等建立,每众入居一寺,进而构成了长安城寺院结构的基本格局。总体上说,所谓"众"既是一种普遍意义上的僧团,在开皇时期的大兴城又具有特定的意涵,是隋唐长安寺院系统构建完成的重要步骤。

第二,所谓"二十五众"和"五众",是对开皇时期京师(乃至全国)佛教势力结构的确认和反映。虽然隋文帝君臣可以操纵、影响大兴城的佛教布局,但是他们同时也要考虑自己面对的既有佛教势力版图是什么样的。此时,南朝陈还未投降,南方僧众尚未大规模到达京师。北方主要是北周和北齐两大佛教系统,而从北周到隋朝,关陇的佛教远远不如北齐地区的佛教昌盛。这也正是隋文帝建立大兴城后,为了尊崇佛法,从北齐故地召诸位高僧进京的背景。从现有的资料看,诸"众"的成立,并非国家力量一手主导,而是其对当时实际佛教界各个僧团地位的确认。

我们将六大德僧团稍做分析。六大德是徐州昙迁(禅师)、洛阳慧远(法师)、魏郡慧藏(法师)、清河僧休(法师)、济阴宝镇(律师)、汲郡洪遵(律师)。六大僧团跟之前就在关内的僧团,主要是昙延的"延众"和昙崇系僧人,共同构成了开皇时期隋唐长安城的主要佛教势力,在此基础上,又不断有外地僧团被召到京师,或者自己主动零散地到达京师。关于昙延僧团的情形,前文已经做了详细的梳理,这里对昙崇僧团稍做分析。

昙崇姓孟,咸阳人,属于京城地方僧人。也最早跟僧开禅师学习,后专门研究僧祇律,其僧团成为京辅地区最大的律学团体。"学僧祇十有余遍。依而讲解,听徒三百。京辅律要,此而为宗"。僧开去世后,"遗嘱令摄后徒",于是昙崇继承了僧开的僧众,"于时五众二百余人依崇习静"①。早在北周时期,周武帝就授其"周国伞藏"的称号,任陟岵寺主。隋朝建立,新建大兴城,入居大兴善寺领导僧众,"寻复别敕,令宰寺任"。李渊建立唐朝之前,就与昙崇有密切关系,昙崇僧众的中心清禅寺,就是由李渊舍宅建立的:"高唐公(李渊)素禀行门,偏所归信,遂割宅为寺,引众居之。敕以虚静所归,禅徒有誉,赐额可为清禅,今之清明门内寺是也。"②昙崇僧团得到了晋王杨广的极力支持和资助,"隋氏晋王钦敬禅林,降威为寺檀越,前后送户七十有余,水碓及碾,上下六具,永充基业,传利于今","开皇十一年晋王镇总扬越,为造露盘并诸庄饰。十四年内方始成就,举高

---

① 这里的"五众"显然是指昙崇众,五众是泛指,而非五个众的意思。
② 〔唐〕道宣:《续高僧传》卷一七《隋京师清禅寺释昙崇传》,见《大正藏》(第50册),第568—569页。

一十一级,竦耀太虚,京邑称最。尔后俵遗相接,众具繁委。王又造佛堂僧院,并送五行调度,种植树林等事,并委僧众,监检助成"。隋文帝和独孤皇后也对昙崇极尽礼遇之事,乃至自称弟子,"文帝礼接,自称师儿。献后延德,又称师女"。开皇十四年(594),昙崇在清禅寺去世。[①]

作为大兴城的"本土"势力,昙崇以僧祇律著称,不过我们知道,在关东六大德之一的洪遵律师于开皇七年到来之后,虽然刚开始洪遵的四分律遭到抵制,但是僧祇律的地位逐渐下滑,到了洪遵的弟子智首以及智首的弟子道宣的时代,僧祇律的地位完全被四分律取代。这也是外来佛教势力与本土势力角逐而对佛教自身发展产生影响的典型例子。不过,在开皇年间,作为较大的本土僧团,很难想象,昙崇弟子会被隋文帝排除在立众之外。

目前资料记载的所有众主,除了法总,全部都出自上述关东六大德和昙延、昙崇两大"本土"僧团,梳理如下表:

表3

法号	众主	僧系	居寺
宝袭	开皇十六年敕补为大论众主	关东六大德之一、僧休系	通化寺
善胄	慧远死(开皇十二年)后为涅槃众主	关东六大德之一、慧远系	净影寺
灵璨	开皇十七年敕补为(涅槃)众主	关东六大德之一、慧远系	净影寺
慧迁	开皇十七年敕为十地众主	关东六大德之一、慧远系	宝光寺
洪遵	开皇十六年出任讲律众主	关东六大德之一、洪遵系	崇敬寺
智隐	开皇十六年敕补讲论众主	关东六大德之一、慧藏系	经藏寺
法彦	开皇十六年诏法彦为大论众主	关东六大德之一、慧藏系	真寂寺
童真	开皇十六年任涅槃众主	本地、昙延系	延兴寺
法应	开皇十二年,领众修禅	本地、昙崇系	实际寺
法总	开皇中敕召为涅槃众主	不明	海觉寺

这些众主中,唯一不能确定背景的是法总。根据道宣的记载,法总是太原人,以涅槃为业,开皇中敕召为涅槃众主,居于海觉寺,一直到大业年卒于寺。其弟子行等、玄会也是知名僧人,道宣将他们的传记排列在一起,都列于《续高僧传》卷一五。[②]玄会也是居住在海觉寺,专修涅槃,唐朝武德年间为慈悲寺主。[③]行等是法总弟子,学习涅槃,后来又跟随慧远,依旧学涅槃,深为慧远所倚重。到了唐朝,

---

① 相关记载,参见《续高僧传》卷一七《隋京师清禅寺释昙崇传》,见《大正藏》(第50册)。
② 〔唐〕道宣:《续高僧传》卷一〇《隋西京海觉道场释法总传》,见《大正藏》(第50册),第505—506页。
③ 〔唐〕道宣:《续高僧传》卷一五《唐京师弘福寺释玄会传》,见《大正藏》(第50册),第542—543页。

也一样居住在慈悲寺。①从行等的例子看，这个时代佛教僧侣之间并无宗派之别，行等学习涅槃，可以跟法总学，也可以跟慧远学，并没有被指责为背弃宗师的危险。

虽然我们无法将所有众与众主完全复原，但是根据现有的条件，可以清晰地勾画出这些"众"与长安城、长安诸僧团的关系。几乎所有"众"都是对原先僧团的官方确认，比如昙延系早就立众，后又盘踞延兴寺，若立"二十五众"等众，难以想象他们会被排除在外。所以可以理解延兴寺的童真担任众主，头衔是"涅槃众主"，同时也可明白，童真的"涅槃众主"和善冑的"涅槃众主"除了头衔相同，所管辖之僧众根本不同。善冑是净影寺——慧远系，虽以涅槃著称，但依然管辖原来的慧远众。慧远一系的僧人中有三位众主，除了涅槃众主，还有十地众主，可见所学并未成为划分僧团的标准，一个老师教出来的学生，其所凭借的学问并不相同。另外可知，这些"众"与隋唐长安的寺院成立关系密切。光有建筑，不成寺院，所以"众"是成立寺院的重要前提。

另外，这些众主大多数都是六大德开皇七年奔赴京师携来的弟子，少数是长安当地僧团的僧人。除了洪遵之外，六大德也好，昙延、昙崇也好，没有资料显示他们出任众主，而是由他们的弟子充任。这反映了当时经过北周灭佛，佛教人才老化和断裂的情形。努力培植年轻宗教领袖，是这些大德的努力方向。六大德中，唯独不见宝镇和昙迁的弟子出任众主。但是我们绝对不能下结论说他们在长安没有僧团。实际上，昙迁的僧团势力是很大的。昙迁系原跟其他六大德僧团一起住在大兴善寺，开皇十年，昙迁僧团移入新建立的胜光寺。如前所述，昙迁本就有"众"，所以才有蜀王秀修建胜光寺，文帝敕请迁移昙迁"之徒众六十余人"于该寺的情况发生。②这里的"迁之徒众"，按照《昙延传》的说法，或可叫作"迁众"。延众成为延兴寺院，迁众成为胜光寺。胜光寺为隋唐两代重要寺院，在隋代为蜀王秀供养，地位突出。很难想象，开皇十六年官方立众时，胜光寺不占据一席之地。之所以并无其僧众出任众主的记载，或仅仅源于史料缺乏。

把关东高僧召到大兴城居住，通过行政手段迅速将隋朝的首都变成了整个帝国的佛教中心，这对于经过北周武帝灭佛、佛法相对凋零的关陇地区来说至关重要，也是跟隋文帝利用佛教意识形态巩固隋朝的统治相适应的。如果说把外地的佛教领袖聚集在首都是为了建立其新都城的佛教中心地位的话，反过来利用这些地方高僧

---

① 〔唐〕道宣：《续高僧传》卷一五《唐京师慈悲寺释行等传》，见《大正藏》（第50册），第543页。

② 〔唐〕道宣：《续高僧传》卷一八《隋西京禅定道场释昙迁传》，见《大正藏》（第50册），第573页。

往新统一地区分舍利建塔,既是巩固统一的举措,又是隋文帝树立自己佛教理想君主转轮王的必要手段。先将高僧召到京师,然后再由京师而至地方,这些佛教高僧充当了将帝国权威传播到各州去的使命,从这个逻辑看,召大德立众,和稍后的分舍利建塔,一个是把地方势力纳入中央,一个是把中央权威播种到地方,从目的上来说,有一定的一致性。

在佛教传入中国之前,中国传统政治合法性的论述,主要在天人感应、五德终始学说的框架下进行。统治人民的君主是"天子",天授符命(mandate)于天子,天子顺天命统治人民。君主是否拥有统治人民的符命,有赖于图谶和祥瑞的解释;君主受命于天,统治有方,达到天下太平,则可以封禅泰山(或中岳),向上天报告。在这一体系之中,"天命"可以转移,若君主所作所为违背天道,则有灾异出现示警。若君主不思反省,则天命会被上天剥夺,转入异姓。①佛教的传入带来了新的意识形态,为世俗界的君主们提供了将自己统治神圣化的新理论。佛教王权观的核心内容是转轮王(Cakravartin)。考察隋代到唐前期的历史可以发现,转轮王观念始终是僧俗理解世俗王权的主要理论。将君主描述为转轮王的传统,贯穿整个隋唐时期,而君主也顺应潮流,在中土本有的"天子"意涵之外,又给君主加上了佛教"转轮王"的内容,形成了我们可以称为"双重天命"的政治论述。而这种"双重天命",几乎贯穿隋唐时期。与之相关的"七宝""千轮"成为描述中土帝王之新术语;"分舍利建塔""灌顶""受戒"②等成为帝国仪式的重要内容;王衔之变迁、话语之演进、礼仪之革新、空间建筑之重置,旧意识形态之冲突融合,实为当时一大事件。

隋文帝的分舍利建塔也正是在这种背景下才能更好的理解。分舍利建塔本不是转轮王的主要标志和内涵,但是历史上著名的转轮王,尤其是阿育王(Asoka)和贵霜的迦腻色伽一世(Kanishika I)都通过在帝国范围内分舍利建塔的方式宣扬自己佛教转轮王的身份,分舍利建塔也因此逐渐被视为转轮王的一种仪式性的活动,或者说是一种政治惯例(practice)。戴密微(Paul Demiéville)早就敏锐地指出,隋文帝

---

① 除了汤武革命的暴力模式、尧舜的禅让模式外,完成天命转移的"革命"还与历法有关,为纬学所倡导,可称为"干支革命",即强调某些特殊的时间节点,具有强烈的"革命"或者"革政"(革令)的力量。参见孙英刚:《"朔旦冬至"与"甲子革令":历法、谶纬与隋唐政治》,见荣新江主编:《唐研究》(第18卷),北京大学出版社,2012年,第21—48页。

② 《菩萨戒经》之一的《梵网经卢舍那佛说菩萨心地戒品第十卷下》说得很清楚:"佛言:若佛子,欲受国王位时,受转轮王位时,百官受位时,应先受菩萨戒。"隋代及唐初的皇帝和太子等皇室成员,多受此戒。隋文帝、炀帝、元德太子、唐太宗、李承乾等都受过菩萨戒。这一问题仍有探讨的空间。

模仿的是历史上的转轮王,更直接指出模仿的是一种阿育王样式。①这一点学界早有论述,兹不赘述。

需要点明的是,隋朝开皇九年(589)攻灭陈朝,统一天下,结束了三百年的分裂局面,这是一件在当时看起来也非常伟大的成就。按照中国传统的政治理念,隋文帝应该去泰山封禅,昭告天地,报告自己取得的成就——这是传统中国君主理论上应该做的仪式。但是隋文帝却没有这么做,他选择了分舍利建塔——在刚统一的帝国范围内,模仿历史上的转轮王,分送舍利至一百多州,并在该州建一座舍利塔。通过这样的仪式,来宣告天下的统一。封禅是中华天子的做法,而分舍利建塔是转轮圣王的标志,完全是两种不同的意识形态在发挥影响。在《大般涅槃经》中,阿难说世尊的舍利应该视为世间一切王中之王(转轮王)的骨殖。除了分舍利建塔之外,隋文帝如阿育王一样,宣布自己以正法(Dharma)统治统一之后的国家。这种"正法"的说法,也见于贵霜时代的钱币上的铭文。对于杨坚,佛教界给予了热情的讴歌,多将其直接描述为佛教转轮王。比如《龙藏寺碑》说隋文帝"乘御金轮,□□□□,上应帝命,下顺民心。飞行而建,鸿名揖让,而升大宝"②;《大隋河东郡首山栖岩道场舍利塔之碑》说他"悬玉镜而临寓内,转金轮而御天下"③;《宝泰寺碑》说他"屏嚣尘而作轮王,救浊世而居天位"④。这些颂扬之辞中出现的概念,比如"金轮""飞行""轮王"等等,都是描述转轮王的术语。佛教转轮王信仰对中古时代政治语言的影响,最早可能出现在北朝的佛教造像中⑤,到了隋代和唐前期,已经变得非常普遍。

隋文帝仁寿元年、二年、四年先后三次分舍利建塔,"前后置塔诸州,百有余所。

---

① 〔英〕崔瑞德、〔英〕鲁惟一编:《剑桥中国秦汉史》,杨品泉、张书生、陈高华等译,中国社会科学出版社,1992年,第940页。另可参见Arthur Wright, "The Foundation of Sui Ideology, 581-604", in John Fairbank (ed.), *Chinese Thought and Institutions*, Chicago, 1957, p.86。

② 〔清〕王昶辑:《金石萃编》卷三八,中国书店,1985年,第646—648页。关于龙藏寺碑与北周和隋代政治关系,参见颜尚文:《隋〈龙藏寺碑〉考(一)——定州地区与国家佛教政策关系之背景》,见中国唐代学会主编:《第二届国际唐代学术会议论文集》,文津出版社,1993年,第937—969页。

③ 〔清〕陆耀遹:《金石续编》卷三,第3057—3059;〔清〕陆增祥:《八琼室金石补正》卷二六,文物出版社,1985年,第4420—4423页;

④ 韩理洲:《全隋文补遗》卷二,三秦出版社,2004年,第67页。

⑤ 〔日〕仓本尚德:《北朝造像銘におはる轉輪王關係の庄語の出現》,《印度学佛教学研究》2011年第60卷第1号,第16—19页。《赵郡王高叡定国寺碑》:"属大齐之驭九有,累圣重规,义轩之流,炎昊之辈,出东震、握北斗、击玉鼓、转金轮。"参见颜娟英主编:《北朝佛教石刻拓片百品》,"中央研究院"历史语言研究所,2008年,第152页。

皆置铭勒，隐于地府"①。杜斗城等学者认为，隋文帝分舍利建塔在很大程度上带有恢复曾被周武帝灭佛而废毁了的寺院与佛塔的目的等。②这种说法并不错，不过还要认识到的是，分舍利建塔，第一，它本就是佛教转轮王的一种政治惯例和仪式；第二，它也是隋文帝将中央权威通过佛教仪式、祥瑞、宣传等手段渗透到地方各州的手段。

必须指出的是，送舍利到各州建塔的僧人，本文分析的僧团扮演了最为重要的角色。我们把这些僧团中送舍利的僧人梳理如下表：

表4

僧系	僧名	籍贯	仁寿元年	仁寿二年	仁寿四年
慧远	慧迁	瀛州		本乡瀛州弘博寺	海州安和寺
	善胄	瀛州			梓州牛头山华林寺
	灵璨	怀州		本乡怀州长寿寺	泽州古贤谷景净寺
	辩相	瀛州	越州大禹寺		
	明璨	莒州	蒋州栖霞寺		
	宝安	兖州		营州梵幢寺	
	宝儒	幽州		邓州大兴国寺	
	慧畅	莱州	牟州巨神山寺		
	道颜	定州	桂州缘化寺		
	智嶷	襄阳	瓜州崇教寺		
	道嵩	瀛州	苏州虎丘山寺		
	净辩	齐州	衡州衡岳寺		
昙延	童真	蒲州	终南山仙游寺		
	慧海	蒲州	定州恒②岳寺		熊州十善寺
	慧诞	雍州		杭州天竺寺	
	觉朗	河东			绛州觉成寺
昙迁	昙迁	太原	岐州凤泉寺		
	静琳	京兆			京兆华原石门山神德寺
	净业	汉东		安州景藏寺	
慧藏	智隐	贝州	益州法聚寺		莘州
	法彦	洺州	汝州兴世寺		沂州善应寺
	僧朗	恒州	番州灵鹫山果实寺		
洪遵	洪遵	相州		卫州福聚寺	博州隆圣寺
僧休	宝袭	贝州	嵩州闲居寺		邢州泛爱寺③
宝镇	宝宪	郑州		洪州	

---

① 〔唐〕道宣：《集古今佛道论衡》卷乙，见《大正藏》（第52册），第379页。
② 杜斗城、孔令梅：《隋文帝分舍利建塔有关问题的再探讨》，《兰州大学学报》2011年第3期，第21—33页。相关讨论，还可参见游自勇：《隋文帝仁寿颁天下舍利考》，《世界宗教研究》2003年第1期，第24—30页。
③ 游自勇作"衡"岳寺，系笔误。
④ 此次送舍利建塔为游自勇文所忽略。

先组建佛教中心，把高僧笼络入京，然后再分舍利于四方，这是开皇、仁寿时期隋文帝对佛教界干预的两项主要措施。送舍利到地方，本来有一个重要的原则，就是尽量让僧人各回本乡。在逻辑上说，这样做是为了达到最大的宣传效果。比如僧粲送舍利时，隋文帝对他说："法师等岂又不以欲还乡壤，亲事弘化？宜令所司备礼各送本州。"①从上表来看，有一些确实是本着各回本乡的原则，比如瀛州人慧迁去本乡瀛州弘博寺、怀州灵璨去本乡怀州长寿寺。这一原则在有些僧众身上体现得并不明显，但是依然有一些例子可以看出一些内在逻辑。比如智嶷去瓜州崇教寺分舍利建塔，或许是因为他虽然祖居襄阳，却是康居王裔，带一些西域色彩。

六大德僧团和北周-隋朝系的僧人在分舍利建塔过程中扮演了最为重要的角色，他们的弟子占了送舍利僧人的很大一部分，实为隋文帝分舍利建塔的主力。但是各回本乡的原则没有完全得到执行，实际上这也是不现实的。此时，京师的僧人结构主要是原北齐系统和北周本土僧团，开皇九年南方的陈朝才灭亡，这时分送舍利到南方去的，大多依然是北方僧人，比如雍州人慧诞送舍利去杭州，瀛州人道嵩送舍利去苏州，恒州人僧朗送舍利去广州。此时，虽然如隋炀帝与南方天台大师等高僧交往甚密，但是京师的佛教势力结构，并未受到太激烈的冲击。等到隋炀帝上台以后，大兴城的寺院和僧团结构就发生了剧烈的变化。不过这不是本文讨论的内容，兹不赘述。

总之，隋唐长安城佛教中心的构建有赖于政治的干预，开皇七年召六大德进京，及其前后地方僧团往京师的集中，成就了以后长安城佛教中心的地位。隋文帝在开皇年间短暂建立的僧"众"，是从临时性组织转向佛教寺院的过渡形态。而且这一措施，还必须放在稍后全国范围的分舍利建塔的背景下考察，这些情节一方面是佛教势力结构的重塑，另一方面也是佛教意识形态作为隋文帝统治理论的反映。

六、余论

所谓"五众""二十五众"是隋文帝时代短暂存在于长安的两种佛教组织。一方面，它们是隋文帝迁都大兴城、在新都重构佛教社区的努力的一部分；另一方面，它也是对开皇时期佛教势力结构的确认和反映。这对于理解南北朝到隋唐时期的佛教、长安佛教寺院体系的成形、隋唐之际佛教权力结构等，都具有重大意义。众是寺院系统构建完成的重要步骤，是隋唐长安城寺院体系成型之前的一种过渡形态。开皇时期的这一举措，构成了长安城寺院结构的基本格局。在此基

---

① 〔唐〕道宣：《续高僧传》卷九《隋京师大兴善道场释僧粲传》，见《大正藏》（第50册），第500—501页。

础上，僧众不断分散组合，长安城的佛教寺院兴衰起落。在这些演化过程中，既有佛教自身发展的原因，也有权力和世俗供养干预和引导的原因。在隋唐长安这个中古都市里，佛教僧侣构成的神圣空间，不可能脱离世俗权力的渗透，神圣空间和世俗空间的彼此影响，构成了这座都市宗教和世俗日常生活乃至精神层面的独特风景。

原载《唐研究》（第19卷），北京大学出版社，2014年

（孙英刚，浙江大学历史学院教授）

长安道教的底色
——隋大兴城道观及其唐代命运

雷 闻

结束了三百年分裂局面、再造统一的隋王朝,虽然国祚短促,但在制度建设等诸多方面都有承前启后的重要意义。在思想文化方面,隋代在中国历史上也具有特殊地位。从三教关系来看,隋代儒学不彰,佛教则在意识形态领域享有超然地位。① 至于道教,《隋书·经籍志》曰:"高祖雅信佛法,于道士蔑如也。"② 初唐高僧道宣也称:"然(隋文)帝信重佛宗,情注无已,每日登殿,坐列七僧,转经问法,乃至大渐。至于道观,羁縻而已。"③ 这说的都是隋代统治者对道教的忽视。不过,近年来隋代道教研究也在深入和细化,学者们讨论了道教在整合南北传统上的努力、隋代二帝对道教政策的变化、隋唐之际佛道关系、隋亓道团利用谶谣对王朝更替的参与、隋与唐初道教思想的变迁等重要课题④,一些重要的道教石刻也得到细致

---

① [美]芮沃寿(Arthur F.Wright):《隋代思想意识的形成》,段昌国译,见[美]费正清编:《中国思想与制度论集》,联经出版事业公司,1976年,第77—122页。
② 《隋书》卷三五《经籍志四》,中华书局,1973年,第1094页。
③ [唐]道宣:《集古今佛道论衡校注》卷乙"隋两帝事崇佛理,禀受归戒事六",刘林魁校注,中华书局,2018年,第158页。
④ 参见李刚的系列论文:《试论隋代道教》,《江西社会科学》1992年第4期;《隋文帝与道教》,《福建论坛》1992年1期;《隋炀帝与道教》,《世界宗教研究》2006年第1期。另参见王光照:《隋炀帝与茅山宗》,《学术月刊》2000年第4期。思想史方面,参见[日]砂山稔:《道教重玄派表微——隋·初唐における道教の一系谱》,《集刊东洋学》1980年第43号,收入[日]砂山稔:《隋唐道教思想史研究》,平河出版社,1990年,第188—211页。陈弱水:《隋代唐初道性思想的特色与历史意义》,见成功大学中国文学系主编:《第四届唐代文化研讨会论文集》,成功大学教务处出版组,1999年,第469—494页。白杰:《道教生命实现理论的转型——兼论隋唐之际佛道教的关联》,见陈鼓应主编:《道家文化研究》(第32辑),中华书局,2019年,第471—494页;白杰:《隋唐之际佛道教的交融:"真藏"概念考》,《宗教学研究》2019年第3期。

解读①。当然,许多领域还有继续讨论的空间。

张泽洪曾指出,唐代是从山林道教到都市道教的转型期②,孙齐则勾勒了中古道教从领户治民到出家住观的演变③。其实,隋代在这些变化轨迹中具有关键意义,随着大一统帝国的再造,此前分别发展的南、北道教也在逐渐整合,而帝国的新都——大兴城一跃成为全国道教文化的中心。虽然唐代长安城在不同时期陆续新建了许多宫观,其中一些更曾显赫一时,但是,始置于隋代的那些道观依然发挥了重要作用,它们是长安道教文化的底色。孙齐在博士论文中对隋代西京道观的资料做过辑考④,刘康乐对玄都观的材料做了初步梳理⑤,笔者也曾专文讨论了从隋清都观到唐开元观的演变历程⑥,但总体而言,由于史料零散,我们对大兴城道观与观内道士的活动知之甚少。本文试结合传世文献与新见石刻材料,对隋代大兴城的道观及其在唐代的命运做一系统梳理。

一、隋大兴城道观概况

据晚唐五代高道杜光庭《历代崇道记》记载:"隋高祖文皇帝迁都于龙首原,号大兴城,乃于都下畿内,造观三十六所,名曰玄坛,度道士二千人。"⑦这个记载显然有不确之处,如道观改称"玄坛"始于炀帝大业年间⑧,而非文帝时期;所载

---

① 王连龙:《隋吴通墓志道教文化内涵考论》,《世界宗教研究》2011年第4期。另参见〔日〕神塚淑子:《隋代道教造像》,见《名古屋大学文学部研究论集(哲学)》,2006年总第52期,第111—136页。

② 张泽洪:《山林道教向都市道教的转型——以唐代长安道教为中心》,《四川大学学报》2006年第1期。

③ 孙齐:《从领户治民到出家住观:中古道教体制变迁述论》,见复旦大学历史学系、《中国中古史研究》编委会编:《中国中古史研究》(第7卷),中西书局,2019年,第339—362页。

④ 孙齐:《唐前道观研究》,博士学位论文,山东大学,2014年,第222—232页。

⑤ 刘康乐:《唐代长安玄都观考》,见汪桂平主编:《中国本土宗教研究》(第5辑),社会科学文献出版社,2022年,第178—188页。

⑥ 雷闻:《帝乡灵宇:唐两京开元观略考》,《首都师范大学学报》2021年第5期。

⑦ 〔唐〕杜光庭:《历代崇道记》,见罗争鸣:《杜光庭记传十种辑校》,中华书局,2013年,第361页。

⑧ 李刚据《佛祖统纪》卷三九中大业九年(613)诏改天下寺曰道场的记载,推测道观改称玄坛也可能与此同时,参见李刚:《隋炀帝与道教》,《世界宗教研究》2006年第1期,第53页。不过,英藏道经S.2295《老子变化经》题记明确记载:"大业八年八月十四日经生王俦写。用纸四张。玄都玄坛道士覆校。"显然此时已改名。其实,考虑到《隋书》卷二八《百官志下》将"郡县佛寺改为道场,道观改为玄坛,各置监、丞"(中华书局,1973年,第802页)的记载置于大业三年(607)定令部分,则改名更有可能即在此时。

道观、道士的数目,也无其他材料印证。所谓"造观三十六所"的范围是"都下畿内",即大兴城及其周边诸县,我们无从确知其中城内道观的数目。更为精确的记载,可能来自盛唐韦述的《两京新记》:"隋大业初有寺一百二十,谓之道场;有道观十,谓之玄坛。"① 然炀帝时大兴城中有十座道观,经过考证,我们已可确知其名称及所在坊里,先列表如下(表1)②:

表1 隋大兴城道观情况表

序号	观名	坊里	始建年代	立观因缘	唐代命运	出处
1	玄都观	崇业坊	开皇二年（582）	自长安故城徙通道观于此	存	《唐会要》卷五〇《观》
2	会圣观	待贤坊东北隅	开皇七年（587）	文帝为秦孝王俊所立	存。开元二十八年（740）改千秋观,天宝七载又改天长观	《唐会要》卷五〇《观》
3	至德女冠观	兴道坊西南隅	开皇六年（586）		存。唐宣宗时,改为道士观	《长安志》,《东观奏记》上卷
4	清虚观	丰邑坊东北隅	开皇七年	文帝为道士吕师玄所立	存	《唐会要》卷五〇《观》
5	清都观	永兴坊	开皇七年	隋文帝为道士孙昂所立	存。唐高祖武德初,迁于永乐坊西南隅宝胜寺旧址,开元二十六年（738）改额为开元观	《长安志》卷七,《唐会要》卷五〇《观》
6	五通观	安定坊东北隅	开皇八年（588）	隋文帝为道士焦子顺所立	存。天宝末改为女冠观	《两京新记》卷三,《唐会要》卷五〇《观》
7	灵应观	醴泉坊西南隅	开皇七年	隋道士宋道标所立	存。唐贞观二十三年（649）,与三洞观互换观址	《长安志》卷八；《唐会要》卷五〇《观》
8	三洞女冠观	永崇坊东南隅	隋		存。唐贞观二十三年,与灵应观互换观址	《两京新记》卷三,《唐会要》卷五〇《观》
9	澄虚观③	道德坊	隋		唐高祖武德中废	《两京新记》卷三
10	灵感观	长兴坊	隋		唐高祖武德初废	《长安志》卷七

---

① 〔唐〕韦述撰,辛德勇辑校:《两京新记辑校》,三秦出版社,2006年,第13页。

② 刘兴成也曾列出一个"隋代大兴城道观统计表",但错漏颇多,如将灵应观与灵应道士观两置,又将清都观误置于长兴坊,且漏掉三洞女冠观。参见刘兴成:《大业七年隋炀帝废大兴城佛寺研究》,《中国历史地理论丛》2012年第4期。

③ 《长安志》卷九作"澄灵观",参见〔宋〕宋敏求:《长安志》,辛德勇、郎洁点校,三秦出版社,2013年,第316页。

在这十座道观中,有道士观八座,女冠观两座。澄虚观与灵感观在唐高祖武德年间被废,其他八座道观均在唐代保留下来,当然也有不少变化,比如清都观在武德初由永兴坊迁至永乐坊原隋宝胜寺旧址,并在玄宗时改名开元观,灵应观与三洞女冠观在贞观年间互换了观址①,会圣观在唐玄宗时相继改名为千秋观与天长观,五通观在中唐以后变为女冠观,至德女冠观则在唐宣宗时改由男道士主持。由于澄虚、灵感二观早废,且几无相关材料,而我们已专文详论了清都观的演变,因此下文将主要讨论其他七座道观的情况。

二、大兴城道观之首——玄都观的兴衰

1. 从通道观到玄都观

玄都观无疑是大兴城历史最悠久也最负盛名的道观,前身是北周时的道教学术中心通道观②,开皇二年建设新都时,直接从旧长安城迁来,并更名为玄都观。据孙齐考证,北周长安城早有一座规模宏大的"玄都观",观内道士曾编《玄都经目》,建德七年(574)周武帝废佛道二教时被罢废③,大兴城的玄都观虽袭自通道观,但其名则直接来自这座废佛运动前的名观。据《唐会要·观》记载:

> 玄都观 本名通达观,周大象三年,于故城中置。隋开皇二年,移至安善坊。玄都观有道士尹崇,通三教,积儒书万卷,开元年卒。天宝中,道士荆朏亦出道学,为时所尚。太尉房琯每执师资之礼,当代知名之士,无不游荆公之门。初,宇文恺置都,以朱雀门街南北尽郭有六条高坡,象乾卦,故于九二置宫阙,以当帝之居。九三立百司,以应君子之数。九五贵位,不欲常人居之,故置玄都观、兴善寺以镇之。④

这段记载中的"通达观",显为"通道观"之误,而所谓"移至安善坊",李健超先生已辨其误⑤。但无论如何,玄都观在大兴城据一坊之地(崇业坊),称之为全国

---

① 孙齐在《唐前道观研究》中,将灵应观与三洞女冠观视作前后承继的关系(博士学位论文,山东大学,2014年,第228—229页),当属误解。
② 关于通道观,参见〔日〕山崎宏:《隋と玄都観とその系譜》,见中国思想宗教史研究会编:《中国の宗教と社会》,不昧堂书店,1965年;收入〔日〕山崎宏:《隋唐佛教史研究》,法藏馆,1967年。〔日〕山崎宏:《北周の通道観》,《东方宗教》1979年第54号;收入《中国佛教·文化史研究》,第94—110页。
③ 孙齐:《唐前道观研究》,博士学位论文,山东大学,2014年,第216—217页。
④ 〔宋〕王溥:《唐会要》卷五〇《观·杂记》,上海古籍出版社,1991年,第1026页。
⑤ 〔清〕徐松撰,李健超增订:《最新增订唐两京城坊考》,三秦出版社,2019年,第216页。

规模最大的道观,应不为过。

玄都观的建筑规模非常宏大,晚唐杜光庭在《道教灵验记》中记载了一则唐玄宗时营造昭成观的故事,称"阁上舺棱高八尺,两廊檐霤去地三十余尺,京师法宇,最为宏丽,唯玄都观殿可以亚焉"①。按长安城在唐代新置诸多宫观,但玄都观的大殿依然鹤立鸡群,亦可想见其初构时的盛景。另据初唐高僧道宣《续高僧传》卷十一《唐京师慈门寺释普旷传》记载,隋文帝将通道观钟赐予玄都观,但被普旷以"刵耳"这样激烈的手段夺得,立于大兴善寺,孙齐据此认为:"虽然玄都观是通道观直接改名而来,但从某种意义上说,兴善寺和玄都观都是由'齐一三教'的通道观一分为二而来"②,这的确是个敏锐的观察。

比建筑与法器更重要的是人的活动,玄都观首任观主王延无疑是灵魂人物,其事迹见于《云笈七签》,略云:

> 王延,字子玄,扶风始平人也。九岁从师,西魏大统三年丁巳入道,依贞懿先生陈君宝炽,时年十八,居于楼观,与真人李顺兴特相友善。又师华山真人焦旷,共止石室中,餐松饮泉,绝粒幽处。后周武帝钦其高道,遣使访之。焦君谓曰:"世道陵夷,伫师拯援,可应诏出,以弘大法,吾自此逝矣。"延来至都下,久之,请还西岳,居云台观。周武诏修所居观宇,……其三洞玄奥,真经玉书,皆焦君所留,俾后传于世。周武以沙门邪滥,大革其讹,玄教之中,亦令澄汰。而素亶于延,仰其道德,又召至京,探其道要。乃诏云台观精选道士八人,与延共弘玄旨。又敕置通道观,令延校三洞经图,缄藏于观内。延作《珠囊》七卷,凡经传疏论八千三十卷,奏贮于通道观藏。由是玄教光兴,朝廷以大象纪号。至隋文禅位,置玄都观,以延为观主,又以开皇为号。六年丙午,诏以宝车迎延于大兴殿,帝洁斋请益受智慧大戒。于时丹凤来仪,飞止坛殿。诏以延为道门威仪,之制自延始也。苏威、杨素皆北面执弟子之礼。仁寿四年告门

---

① 〔唐〕杜光庭:《道教灵验记》卷一"上都昭成观验",见罗争鸣:《杜光庭记传十种辑校》,中华书局,2013,第159—160页。

② 孙齐:《唐前道观研究》,博士学位论文,山东大学,2014年,第223—224页。铜钟是中古时期佛、道寺观共同使用的法器,且都兼有实用与信仰意义,故往往成为争夺的对象,这在一些灵验故事中得到渲染。参见陈鸿琦:《唐代道教"钟声制度"试探》,《"国立"历史博物馆学报》1998年第9期,第17—38页;辛德勇:《唐代都邑的钟楼与鼓楼——从一个物质文化侧面看佛道两教对中国古代社会的影响》,《文史哲》2011年第4期。

人曰:"吾欲归止西岳,但恐帝未悉尔。"是年九月委化于玄都观。①

如学者所言,王延的重要性在于,他将代表北方道教传统的楼观道与焦旷带来的南方上清派结合在一起,真正代表了南北道教融合的潮流与方向,故深得北周武帝与隋文帝的尊崇。在周武帝所立通道观中,王延就具有特殊地位,即"令延校三洞经图,缄藏于观内。延作《珠囊》七卷,凡经传疏论八千三十卷,奏贮于通道观藏",为通道观的典籍建设做出了巨大贡献,这也奠定了后来玄都观宏富藏书的基础。隋朝建立之后,王延因其巨大声望毫无悬念地出任玄都观主,直到仁寿四年(604)九月仙逝。至于隋文帝以其为道门威仪之事,则显示了他及其主持的玄都观在大兴城的核心地位。②

隋王朝平陈之后,全国一统,一些江南的道士也纷纷来到帝国新都,希望在更高的平台上崭露头角。据道宣《续高僧传》记载:

> 时李宗有道士褚揉者,乡本江表,陈破入京。既处玄都,道左之望,探微辩析,妙拟三玄,学勘宗师,情无推尚。每讲《庄》《老》,(僧)粲必听临。或以义求,或以机责,随揉声相,即势沉浮。注辩若悬泉,起唉如风卷,故王公大人莫不解颐抚髀,讶斯权变。尝下敕,令揉讲《老经》,公卿毕至,唯沙门不许预坐。粲闻之,不忍其术,乃率其门人十余,携以行床,径至馆所。防卫严设,都无畏惮,直入讲会,人不敢遮。揉序王将了,都无命及。粲因其不命,抗言激刺,词若俳谑,义寔张诠,既无以通,讲席因散。群僚以事闻上,帝曰:"斯朕之福也,得与之同时。"③

褚揉为江南高道,曾撰《道德经玄览》六卷④,他也是重玄学的重要人物,如杜光庭所言:"梁朝道士孟智周、臧玄静,陈朝道士诸糅,隋朝道士刘进喜,唐朝道

---

① 〔宋〕张君房编:《云笈七签》卷八五《尸解·王延》,李永晟点校,中华书局,2003年,第1922—1923页。
② 〔唐〕杜光庭:《仙传拾遗》卷四"王诏"条亦载:"隋文帝始以玄都观主王诏(延)为威仪。"参见罗争鸣:《杜光庭记传十种辑校》,中华书局,2013年,第870页。参见周奇:《道门威仪考》,《史林》2008年第6期。此事缺乏早期材料支持,姑置此待考。
③ 〔唐〕道宣:《续高僧传》卷九《隋京师大兴善道场释僧粲传十四》,郭绍林点校,中华书局,2014年,第331页。
④ 〔唐〕杜光庭:《道德真经广圣义·序》,见《道藏》(第14册),文物出版社、上海书店、天津古籍出版社,1988年,第309页。

士成玄英、蔡子晃、黄玄赜、李荣、车玄弼、张惠超、黎元兴，皆明重玄之道。"①其中的"诸糅"当即"褚揉"，孙齐推测他在陈朝担任过"道正"之职，另撰有《老子义例》②。平陈之后，这位江南高道入京进入玄都观，因其高超的义学水平迅速引起朝中公卿的注意，文帝甚至下敕令其宣讲道经。

新出土墓志中也有玄都观道士的身影，如2004年西北大学长安校区出土的《唐故处士李先生墓志铭》略云：

> 先生讳毗，字怀正，河东永乐人也。……祖俊，周二命士、曲沃男。考，大隋朝散郎，礼则盈庭，珪璋烂目，言为史则，行成物范。先生高掌腾气，少微降精，生而岐嶷，卓然悟道，至于青襟弱冠，混迹闾阎，而精彩殊伦，神气孤拔，故能脱落声利，厌唠风尘。年十有四，舍俗为玄都观道士，阅金书于七部，披龙章于三洞。是以望赤水而索玄珠，弃筌蹄而取鱼兔。至乃饮和味道之客，朝夕填门；山林江海之宾，千里攸继。先生融冶自任，秽迹随时。贞观二年，还来入俗，混鸡鹜而饮啄，同人世以哺歠。虽栾巴之入蜀中，梅福之游吴市，抑扬暧昧，异辙同奔。……贞观十七年四月十三日，终乎京第，春秋六十有一。嗟乎！天不憖遗，歼良奄洎，上玄杳冥，福善惩征，即以大唐贞观十七年岁癸卯四月廿一日迁窆于雍州长安县高阳原。……故友王肖等以为林宗有道，翠碣颂其清徽；伊人昭德，玄石宜其播美。乃屈词士，以勒铭云……③

志主李毗，贞观十七年（643）卒，年六十一，则其生于开皇三年（583）。开皇十六年（596），他在十四岁时于玄都观入道，当时观主王延依然在世。如果仅从其祖、父的官职来看，李毗似乎来自一个北方的普通家庭。不过，他出身的河东永乐（今山西省芮城县）李氏乃是北周隋唐时期著名的奉道世家④，这样即可理解李毗为何会在少年时就舍俗入道。他在玄都观做了三十余年道士，可惜墓志并未提到他的师承，只是用"阅金书于七部，披龙章于三洞"这样的语言描绘其修道生活。唐

---

① 〔唐〕杜光庭：《道德真经广圣义》卷五，见《道藏》（第14册），文物出版社、上海书店、天津古籍出版社，1988年，第340页。
② 孙齐：《唐前道观研究》，博士学位论文，山东大学，2014年，第225页。
③ 陕西省考古研究院编：《长安高阳原新出土隋唐墓志》，文物出版社，2016年，图版见第54页，录文见第55页。
④ 在芮城出土过许多与李氏相关的道教文物，如北周建德元年（572）道民李元海兄弟七人等造天尊像碑、隋开皇八年李洪钦等合邑造老君像碑、唐天宝五载（746）李氏造石灯台等，都显示了永乐李氏悠久的奉道传统。详见孙齐：《芮城道教三百年史——以北周隋唐造像为中心的考察》，见叶炜主编：《唐研究》（第24卷），北京大学出版社，2019年，第226—231页。

贞观二年（628），李毗在四十六岁的年纪还俗，但志文并未记载其中因由，只是举了栾巴、梅福的例子，表明他虽归俗世，但仍存道心。至于为其帮忙找人撰写墓志的"故友王峘"，则是初唐长安有名的道士，据道宣《广弘明集》记载，以反佛著称的傅奕在"武德之始，西来入京，投道士王峘。峘，道左之望，都邑所知。见其饥寒，延居私宅"①。李毗能与王峘为友，自然与其三十多年的玄都观道士生涯有关。

在敦煌文书中也有隋代玄都观的记载，英藏S.2295《老子变化经》题记："大业八年八月十四日经生王俦写／用纸四张／玄都玄坛道士　覆校／装潢人／秘书省写。"②这件文书书法精美，用纸考究，是由秘书省主持的隋朝官方写经，而玄都玄坛的道士负责覆校文字，可见此观在大业年间依然有浓厚的官方色彩，只是题记中除经生王俦之外，本应负责覆校的道士并未留下姓名。孙齐认为，这部经典成书于汉魏，而这卷写经的底本当来自北周通道观收藏的道经，因年代久远，保存较差，所以虽书法精美，但文字却舛漏很多，而负责覆校的玄都观道士没有署名，可能是这个程序并未进行。③

2.唐代的玄都观

经过隋唐的王朝鼎革，玄都观迎来了新时代。据朱景玄《唐朝名画录》记载："阎立本，太宗朝官至刑部侍郎，位居宰相，与兄立德齐名于当世。尝奉诏写太宗御容，后有佳手传写于玄都观东殿前间，以镇九岗之气，犹可仰神武之英威也。"④然则阎立本所绘唐太宗真容悬挂于玄都观殿前，在时人眼里，也起到"镇九岗之气"的作用，这与当初宇文恺在九五高坡置玄都观、兴善寺的功能是一致的。至于玄都观殿内，则有唐初名画家范长寿的作品⑤，可惜题材不详。

1972年，西安南郊山门口乡曹家堡出土了一方咸亨三年（672）的《大唐故朝散大夫开府仪同三司玄都观主牛法师墓志铭》，志主牛弘满可能是目前所知玄都观最

---

① 〔唐〕道宣：《广弘明集》卷六，见《大正新修大藏经》（第52册），大正一切经刊行会，1927年，第124页。
② 〔日〕池田温编：《中国古代写本识语集录》（第731号），东京大学东洋文化研究所，1990年，第176页。
③ 孙齐：《敦煌本〈老子变化经〉新探》，《中国史研究》2016年第1期。
④ 朱景玄：《唐朝名画录》"神品下"，见于安澜编：《画品丛书》，上海人民美术出版社，1982年，第77页。
⑤ 〔唐〕张彦远：《历代名画记》卷三，俞剑华注释，上海人民美术出版社，1964年，第68页。

早的一位唐代观主。志文由杜践言撰,略云:

> 法师讳弘满,字无逸,陇西成纪人也,因宦长安而家焉。……曾祖远,周甘州别驾;祖伯,隋简州录事参军;父明,隋豹骑领备身校尉;并秀人杰,俱称家宝,邦国不空,戎麾且略。法师幼怀雅素,早厌嚣尘,年甫十三,辞家入道。伏膺妙旨,高步玄宗,括幽键之枢机,漱微言之沥液。雅好林壑,尤精摄饵,亟陟名山,多游胜境。紫书垂露,疏石壁于高文;丹灶凝烟,溜金泥于秘诀。调神水玉,托志流沙,晦博物之生知,陋飞钱之小术。灵溪千仞,杂地籁以俱吟;神符六甲,与天文而并印。年逾壮齿,甫丧慈亲,毁瘵过于礼经,穷哀震于心骨。五日之内,不入浮浆;三年之中,空余饮溢。虽劳息均于雅识,而至性逾伤;聚散在于常期,而因心尤切。神皋奥壤,是曰珍藏;帝里高门,由多胜侣。法师卓尔孤出,拔萃不群,锐气陵霄,冲襟照月。每銮舆顺动,祗谒宫闱,出入功德,周施顾答。陇西王帝族分枝,天人早秀,降贵交结,味道殷勤。至若月上桂山,风清竹苑,每辍南皮之务,恒接西园之游。法师委质和光,虚情澹水,无违玉醴之赏,且洽金文之会。岂直道存八叟,申密契于刘安;迹迈九天,畅真游于魏植。加以觊赐交积,珍玩盈门,前后相资,不可胜数。然而薄己厚物,革侈循恭,凡有所臻,并持充施。帝城豪杰,戚里贵游,仰喻马之高谈,挹如龙之盛德。自维持观务,积有岁年,无辞伏柱之劳,且叶司阍之用。情田独茂,自托赏于真台;心镜凝华,乃忘怀于负局。观宇周给,施惠丰饶,家倾金穴之资,人委铜山之赡。门徒道众,饮德知归;异侣缁俗,餐风仰止。暨乎岁椿将晚,朝菌移辰,空惊西域之香,遂敛东山之魄。以咸亨三年二月一日化于观,春秋七十有一。弟润痛天伦之永隔,切同气之斯分,嗟坠石于担山,泣舆泉于逝水。弟子弘农杨安,陕东高士,关西盛族,纂业勖四知之训,承师去三惑之青。号慕靡追,攀援莫逮,以其月十日壬申窆于长安杜城之原,其茔即法师生平之所预修也。(下略)①

牛弘满卒于咸亨三年,则其生于隋文帝仁寿二年(602)。炀帝大业十年(614),在他十三岁时,辞家入道。虽然墓志并未明确指出他入道之观,但应该就在玄都观,当时首任观主王延已辞世十年。牛弘满墓志未记载其师门,从"雅好

---

① 此志录文,见吴刚主编:《全唐文补遗》(第2辑),三秦出版社,1995年,第3—4页;周绍良主编:《唐代墓志汇编》咸亨047号,上海古籍出版社,1992年,第542—543页。图版见《隋唐五代墓志汇编·陕西卷》(第3册),天津古籍出版社,1991年,第81页。

林壑，尤精摄饵，亟陟名山，多游胜境"的记载来看，他也曾周游名山，寻访胜境，这也是唐代高道修行精进的常见途径。牛弘满任玄都观主的具体时间不明，但肯定在入唐之后，因为如果年纪太轻，应该不太可能出任长安第一大观的观主。颇疑其时在高宗即位（649）之后，当时牛弘满已年近半百，资历已经足够，而以"自维持观务，积有岁年"之语观之，则为时颇久。志文称牛弘满"每銮舆顺动，祗谒宫闱，出入功德，周施顾答"，且志题有"朝散大夫、开府仪同三司"之衔，显然政治地位颇高。牛弘满最有力的外护，应是志文强调的对其"贶赐交积，珍玩盈门，前后相资，不可胜数"的"陇西王"，即武德元年（618）六月受封的唐高祖李渊之侄博乂。①在正史中的记载中，博乂骄奢无比，但《牛弘满墓志》则将他与淮南王刘安、陈思王曹植这样的前代贤王模拟，与史传的恶评大相径庭。②这当然可以理解，毕竟对于牛弘满与玄都观来说，陇西王博乂不仅是其朋友，更是一位重要的靠山。

牛弘满之后，玄都观最有名的观主当属尹敬崇（文献中有时亦简称"尹崇"），他曾在先天元年（712）参与史崇玄主持的《一切道经音义》的编纂。③前引《唐会要》所谓"玄都观有道士尹崇，通三教，积儒书万卷，开元年卒"，显然，作为玄都观主，尹敬崇继承了北周通道观会通三教的传统，他"博学先达，素多坟籍"，唐代高僧、著名天文学家僧一行少时还曾向其借阅扬雄的《太玄经》④。尊经阁本《两京新记》卷三残卷开头称："（前缺）成当往。及经毕，开元（八）年，八十一卒。给事中裴子余为其碑文，左卫长史郭谦光八分书之。"赵明诚《金石录》卷五有《唐玄元观尹尊师碑》："裴子余撰，郭谦光八分书。"⑤应即此碑，只是"玄都观"误作"玄元观"，当据陈思《宝刻丛编》卷七引《金石录》及《宝刻类编》卷二校改⑥，二者均称此碑"开元八年四月立"，唯《宝刻类编》将撰人裴

---

① 〔宋〕王溥：《唐会要》卷四六《封建》，上海古籍出版社，1991年，第955页。
② 《旧唐书》卷六〇《宗室·陇西王博乂传》称其"有妓妾数百人，皆衣罗绮，食必粱肉，朝夕弦歌自娱，骄侈无比。与其弟渤海王奉慈俱为高祖所鄙"（中华书局，1975年，第2356—2357页）。
③ 参见雷闻：《唐长安太清观与〈一切道经音义〉的编纂》，见荣新江主编：《唐研究》（第15卷），北京大学出版社，2009年，第199—226页。
④ 《旧唐书》卷一九一《方伎·僧一行传》，中华书局，1975年，第5112页。
⑤ 〔宋〕赵明诚，金文明校正：《金石录校证》卷五，上海书画出版社，1985年，第93页；跋文见卷二六，472页。
⑥ 《宝刻丛编》卷七，见《石刻史料新编》（第1辑第24册），新文丰出版公司，1982年，第18209页；《宝刻类编》卷二，见《石刻史料新编》（第1辑第24册），新文丰出版公司，1982年，第18420页。

子余误作"张子余"。可惜的是,《尹敬崇碑》原石早已不存,碑文亦不见录于传世金石学著作。

令人兴奋的是,尹敬崇的墓志最近刊布①,为我们了解其生平事迹提供了非常宝贵的新资料。墓志载其卒于开元四年(716)十月七日,年八十一岁,将碑、志合而观之,可知墓志成于当年,而碑立于四年之后。墓志不著书人,撰人则是其"从弟长安县尉倩"。据墓志记载,尹敬崇出自天水尹氏,"曾祖造,随州都主簿、天水郡开国公。祖俊,随开府仪同三司、石州别驾。父端,皇南溪县令、直秘书省、朝散大夫"。尹敬崇来自北方,其祖、父都曾担任隋唐州县基层官员。与牛弘满一样,尹敬崇也是十三岁出家入道,"尔后诣西岳贾文才、上德成玄英,受《道德经》、持《百八十诫》"。贾文才暂不可考,但成玄英则是唐前期与李荣并称的道教义学大师,精通重玄之学,因久住长安西华观,被尊称为"西华法师"②,尹敬崇能成为他的弟子,可谓出身不凡。

据墓志记载,尹敬崇先后受到高宗、武则天、中宗、玄宗的尊崇,又与唐玄宗的两位妹妹金仙、玉真公主关系密切。"金仙、玉真者,太上皇之爱女,敕令归道,事乃同尘。遂诏尊师宣戒开度,祗奉纶涣,训导禮华,装写道经,刊定音义,流辈传习,弘益良多",他不仅对两位公主入道有巨大帮助,也对当时的道门建设做出卓越贡献。墓志还特别提道:

> 玄都之观,建立有年,房廊则崇,精思无院。尊师不惜躯命,爰事修造,横云栋宇,不日财成。开步虚之堂,补从来之阙。殊为不宰,因彼力焉。嗟乎!丹灶欲成,将升三景;青囊不验,翻瘗九泉。春秋八十有一,开元四年十月七日反真巨室,即以其月十九日葬于义阵原,礼也。

从开皇二年玄都观初置到开元初,已历时一百三十年,虽然房廊规模宏大,但"精思无院",即缺少唐代道观必备的"精思院"。初唐成书的《三洞奉道科戒营始》对置观规划有详细介绍,包括天尊殿、讲经堂、说法院、经楼、钟阁、写经

---

① 《大唐故玄都观主尹敬崇墓志铭并序》,见刘文、杜镇编著:《陕西新见唐朝墓志》071号,三秦出版社,2022年,图版见第156页,录文见第157页。此书的录文颇有疏漏,本文据图版直接订正,不一一说明。

② 关于成玄英与西华观,详见雷闻:《唐两京龙兴观略考》,见刘晓、雷闻主编:《隋唐辽宋金元史论丛》(第6辑),上海古籍出版社,2016年,第138—159页。

坊、烧香院、升遐院、受道院、精思院、骡马坊、车牛坊、俗客坊等等①。精思院尤为重要，该书称："科曰：凡精思院，本欲隔碍嚣氛，清净浑秽，须为别院，置之幽静，东西南北，远近阔狭，适时宜便。置天尊殿，入静室炼气处、浴室、药堂，缘师所须，皆为备设，勿使阙少。"②显然，精思院是道士们入静修炼的场所，但隋大兴城地位最显赫的玄都观在建立时，却并无精思院。精思院的出现，或许反映了修道方式在入唐之后的新变化，即在建设国家大型宫观、使道士们集中修道的同时，也需要与"静室"这样的道教传统相结合。事实上，无论是唐代东都第一名观大弘道观，还是远处庐山的九天使者庙，都有精思院的建置③，这已是盛唐道观建设的标配。尹敬崇在玄都观建设精思院，正是为了"补从来之阙"。在某种意义上，玄都观精思院从无到有，也是从隋朝到盛唐在道观规划建设发展的一个缩影。

《宝刻丛编》收录了一方开元六年（718）的《唐玄都观碑》④，惜无撰、书人姓名。同书还收录了一方天宝十载（751）的《唐玄都观碑阴记》，或即前碑之阴，二者具体内容均不可考。

《碑阴记》由"道士裴朏撰，道士卢晓八分书"⑤，孙齐推测撰人"裴朏"即前引《唐会要》提到的天宝时玄都观道士"荆朏"。这虽有可能，但缺乏旁证，而且

---

① 《洞玄灵宝三洞奉道科戒营始》卷一"置观品"，见《道藏》（第24册），文物出版社、上海书店、天津古籍出版社，1988年，第744—747页。关于中国中古时期的道观规划，可参见Livia Kohn, "A Home for the Immortals: The Layoutand Development of Medieval Daoist Monasteries," *Acta Orientalia Academiae Scientiarum Hung* 53, 1-2（2000）, pp. 79-106.都筑晶子也以《洞玄灵宝三洞奉道科戒营始》及朱法满的《要修科仪戒律钞》为基础，讨论了唐代道观的空间与运作，参见[日]都筑晶子：《唐代中期的道观——空间·经济·戒律》，见[日]吉川忠夫编：《唐代的道教》，朋友书店，2000年，第269—296页。中文译本参见罗亮译，《魏晋南北朝隋唐史资料》（第35辑），上海古籍出版社，2017年。
② 《洞玄灵宝三洞奉道科戒营始》卷一"置观品"，见《道藏》（第24册），文物出版社、上海书店、天津古籍出版社，1988年，第746页。
③ 参见雷闻：《唐洛阳大弘道观考》，见中国人民大学国学院主编：《国学的传承与创新——冯其庸先生从事教学与科研六十周年庆贺学术文集》，上海古籍出版社，2013年，第1234—1248页。
④ 《宝刻丛编》卷七，见《石刻史料新编》（第1编第24册），新文丰出版公司，1982年，第18208页。
⑤ 《宝刻丛编》卷七，见《石刻史料新编》（第1编第24册），新文丰出版公司，1982年，第18211页；《宝刻类编》卷八，见《石刻史料新编》（第1编第24册），新文丰出版公司，1982年，第18513页。

开元、天宝时期长安的确有一位相当活跃的裴朏[①]。至于老人卢晓，则曾出任嵩山第一大观嵩阳观的观主[②]。

因为玄都观悠久辉煌的历史，在唐代道门有着极大的影响力，一些从外地入京的高道纷纷选择玄都观作为居处，如从高宗至玄宗初叶法善就在这里留下神异故事。《朝野佥载》记载："孝和帝令内道场僧与道士各述所能，久而不决。玄都观叶法善取胡桃二升，并壳食之并尽。僧仍不伏。法善烧一铁钵，赫赤两合，欲合老僧头上，僧唱'贼'，袈裟掩面而走。孝和抚掌大笑。"[③]

另一位著名道士叶静能也曾在玄都观降妖除魔，敦煌文书《叶静能诗》称其至长安之后，"且见玄都观内安置，徒经一月，不出院内，只是弹琴长啸，以畅其情。观家奴婢，往往潜看，不见庖厨，亦无餐啜之处。五三侪流参谒，问其道术，净能具说符箓（篆）之能，除其精魅妖邪之病，无不可言矣。遂出一人之口，入万人之耳，不经信宿，长安两市百姓悉知玄都观内一客道士，解医疗魅病，兼有符箓（篆）之能"[④]。《叶静能诗》中的不少故事都混合了叶法善事迹在内[⑤]，而玄都观多出神异道士，已成为长安百姓的常识。值得注意的是，《叶静能诗》所谓"观家奴婢，往往潜看，不见庖厨，亦无餐啜之处"，表明玄都观内奴婢的存在，而各院道士可能需要自行解决饮食问题，而非如佛寺那样集体进食。二叶之后，玄都观另一位传奇道士则是李遐周，《明皇杂录》称其"开元中，尝召入禁中，后求出，住玄都观"，曾在"所居壁上题诗数章，言禄山僭窃及幸蜀之事，时人莫晓，后方验

---

① 这位裴朏是孟浩然的知交，曾撰《续文士传》十卷，开元十八年（730），与徐安贞等十位学士一起主持吏部的书判考试；到天宝二年（743）正月，安禄山向玄宗告发考判中的舞弊案，最终吏部侍郎宋遥、苗晋卿被贬远州太守，而"同考判官礼部郎中裴朏等皆贬岭南官"。因此，也不能完全排除这位裴朏从岭南贬官回京之后，进入玄都观出家的可能。详见〔唐〕王士源：《孟浩然集序》，见《全唐文》卷三七八，中华书局，1983年，第3837页；《新唐书》卷五八《艺文志二》，中华书局，1975年，第1483页；〔唐〕独孤及：《唐故朝议大夫高平郡别驾权公神道碑铭》，见刘鹏、李桃校注：《毗陵集校注》卷八，辽海出版社，2007年，第197—198页；《资治通鉴》卷二一五，中华书局，1956年，第6857页。

② 《宝刻丛编》卷四收录了一方"唐太原尹唐公碑"，系"唐嵩阳观主卢晓八分书"，可惜立碑年代不详。参见《石刻史料新编》（第1编第24册），新文丰出版公司，1982年，第18141页。

③ 〔唐〕张鷟：《朝野佥载》卷三，赵守俨点校，中华书局，1979年，第66—67页。

④ 李时人编校：《全唐五代小说》卷九三，何满子审定，詹绪左覆校，中华书局，2014年，第3236—3237页。

⑤ 吴真：《为神性加注：唐宋叶法善崇拜的造成史》，中国社会科学出版社，2012年，第104—108页。

之。其末篇曰：'燕市人皆去，函关马不归。若逢山下鬼，环上系罗衣'"①，预言了安史之乱中的一系列事件，此事也被《新唐书·五行志》目为"诗妖"②。

中晚唐的玄都观在一定程度上依然保持着某种官方色彩，其观中道士继续作为使者，为朝廷四处投龙做功德。比如大历十二年（777），玄都观主王端静等就与中使魏成信等一起，前往常州义兴县修章醮仪式：

> 敕：诸道修□□□□五岳四渎、名山
> 大川、廿四化，所□□□□告，□
> 十二年三月廿五日，□洞灵观修
> 章醮功德，□□□度□□□□。
> 使朝散大夫行内侍省内侍魏成信
> 使□□□□元（玄）都观主赐紫□□王端静
> （后略）③

下面还有两位来自内侍省的判官、随行道士骆真运及多位来自常州、义兴县的地方官员的题名，共15行。题记中的"洞灵观"在宜兴城西南二十多公里的张公洞，后者在"七十二福地"中位居第五十九④，代宗永泰元年（765）至大历三年（768）间曾任常州刺史的李栖筠曾有《张公洞》诗曰："一径深窈窕，上升翠微中。忽然灵洞前，日月开仙宫。道士十二人，往还驭清风。焚香入深洞，巨石如虚空。夙夜备苹藻，诏书祠张公。五云何裴回，玄鹤下苍穹。我本道门子，愿言出尘笼。扫除方寸间，几与神灵通。宿昔勤梦想，契之在深衷。迟回将不还，章绶系我躬。稽首谢真侣，辞满归崆峒。"⑤而大历十才子之一的皇甫冉也有《祭张公洞》诗二首，其一曰："尧心知稼穑，精意绕山川。风雨神祇应，笙镛诏命传。沐兰祇扫

---

① 郑处诲：《明皇杂录》卷下《李遐周道术》，田廷柱点校，中华书局，1994年，第33页。
② 《新唐书》卷三五《五行志二》，中华书局，1975年，第920页。
③ 〔清〕吴骞：《阳羡摩崖纪录》，见《石刻史料新编》（第3辑第7册），新文丰出版公司，1982年，第50页。"王端静"之"端"原录作"耑"，此据《岱岳观碑》所载大历七年（772）正月、八年（773）九月两条题记改（详后）。陈尚君主编《全唐文补编》卷四八据以收录，题为《洞灵观修醮题记》，但略去魏成信以下题名（中华书局，2005年，第577—578页）。
④ 唐代司马承祯《天地宫府图》"七十二福地"条载："第五十九张公洞，在常州宜兴县，真人庚桑治之。"参见〔宋〕张君房编：《云笈七签》卷七九，李永晟点校，中华书局，2003年，第629页。杜光庭《洞天福地岳渎名山记》"七十二福地"条下曰："阳羡山，在常州义兴县张公洞。"参见罗争鸣：《杜光庭记传十种辑校》，中华书局，2013年，第392页。
⑤ 《全唐诗》卷二一五，中华书局，1960年，第2245—2246页。李栖筠任常州刺史的时间，参见郁贤皓：《唐刺史考全编》卷一三八，安徽大学出版社，2000年，第1884页。

地,酌桂伫灵仙。拂雾陈金策,焚香拜玉筵。"①显然,诗中描述的都是代宗时地方官奉诏与道士一起在此斋醮祭祀之事,适可与上述题记互读。②至于题记中"魏成信",则系代宗朝的宦官,他曾任修功德使,多次代表朝廷前往名山大川修功德,《岱岳观碑》上就有他在泰山举行斋醮活动的记录。而题记中的玄都观主王端静,则曾多次与魏成信一起出使,《岱岳观碑》所载大历七年正月、大历八年九月两次奉敕修金箓斋后题记就有"翰林供奉道士王端静"③,他被敕命为玄都观主,当在其后。

不过,毋庸讳言,与入唐之后陆续建立的东明观、景龙观、兴唐观、太清宫等相比,历史悠久的玄都观在中晚唐似已失去往日荣耀,引发更多关注的,反而是刘禹锡那两首借观内桃花讽喻时政的诗歌。《旧唐书·刘禹锡传》略云:

> 元和十年,自武陵召还,宰相复欲置之郎署。时禹锡作《游玄都观咏看花君子诗》,语涉讥刺,执政不悦,复出为播州刺史。……去京师又十余年,连刺数郡。

> 大和二年,自和州刺史征还,拜主客郎中。禹锡衔前事未已,复作《游玄都观诗序》曰:"予贞元二十一年为尚书屯田员外郎,时此观中未有花木,是岁出牧连州,寻贬朗州司马。居十年,召还京师,人人皆言有道士手植红桃满观,如烁晨霞,遂有诗以志一时之事。旋又出牧,于今十有四年,得为主客郎中。重游兹观,荡然无复一树,唯兔葵燕麦,动摇于

---

① 《全唐诗》卷二四九,中华书局,1960年,第2793页。

② 直到宋明时期,张公洞与洞灵观依然是当地重要的信仰圣地与文人画家的游观之处。据北宋范镇《东斋记事》卷一记载:常州张公洞是仁宗时朝廷保留的二十个投龙祭祀的圣地之一(汝沛点校,中华书局,1980年,第4页);南宋《咸淳毗陵志》卷二五"宫观""宜兴"条记载:"天申万寿宫,旧名洞灵观,在张公洞。唐以前为寺,开元初,万惠超天师投龙简,奏复焉。明皇为题扁。韩熙载记云:……又云:'旧御笔以题额,赐"洞灵"之美名。'……乾道六年,内侍刘能真入道请升为宫,祝高庙寿,改今额。"[《宋元方志丛刊》(第3册),中华书局,1990年,第3180页]详见[日]酒井规史:《第五十九福地"张公洞"与周边地域的宗教关联遗迹的现况——以宜兴、湖州、德清为中心》,见[日]土屋昌明主编:《洞天福地研究》,2018年第8号,第59—79页。关于宋明时期张公洞在文人游记与绘画中的表现,参见[日]酒井规史:《宋代游记中所见的洞天福地与道观——以周必大的游记为中心》,见吕舟、崔光海主编:《2019年第一届洞天福地研究与保护国际研讨会论文集》,科学出版社,2021年,第173—190页。李丰楙:《游观洞天:故宫名画与明人游道》,见吕舟、崔光海主编:《2019年第一届洞天福地研究与保护国际研讨会论文集》,科学出版社,2021年,第114—126、122—123页。

③ 陈垣编纂:《道家金石略》,陈智超、曾庆瑛校补,文物出版社,1988年,第156、159页。前者拓本图版见北京图书馆金石组:《北京图书馆藏中国历代石刻拓本汇编》(第27册),中州古籍出版社,1989年,第114页。

春风,因再题二十八字,以俟后游。"其前篇有"玄都观里桃千树,总是刘郎去后栽"之句,后篇有"种桃道士今何在,前度刘郎又到来"之句,人嘉其才而薄其行。①

从刘禹锡的诗序来看,玄都观以红桃满观的盛景闻名,是在贞元二十一年(805)至元和十年(815)之间。种桃道士不知何许人也,但当时玄都观的桃花就像唐昌观的玉蕊花一样,吸引了大批文人墨客前来赏玩,如章孝标《玄都观栽桃十韵》就有"驱使鬼神功,攒栽万树红。……色然烧药火,影舞步虚风"等诗句,比刘禹锡描绘得更为直接。②可惜好景不长,大和二年(828),当刘禹锡十四年后重返长安时,玄都观盛极一时的桃花竟然"无复一树"。颇具讽刺意味的是,大和十年(836),长安立有刘禹锡撰并书的《唐游玄都观诗》碑③,似乎他那两首政治讽喻诗反而成为中唐以后玄都观的招牌。

中晚唐的玄都观也曾出现过一位还俗的大僚,其经历颇与唐初李毗相类。高锴《唐故朝散大夫守中书舍人赠礼部侍郎上柱国赐紫金鱼袋荥阳郑府君墓志铭》略云:

> 公讳居中,字贞位,荥阳人。……开成二年春二月,拜墓东洛。事毕,游王屋,陟嵩少。仙坛灵境,无不斋醮;窈冥之间,胦蠁如答。将归,行次山下禅师隐公兰若,无病而终,其年四月六日也,享年五十有四。……呜呼!公之先君子,素深于道门。唯公一子,龆龀之岁,命之加黄冠,隶于玄都观。年过幼学,先子云殁。姑叔以其烝尝无嗣,遂令反初。然后始为儒家子,耽阅坟史,深奥自得。及长,举进士。……公虽反儒服而慕道斯甚,身佩上清箓,自仙冠之徒,以至于岩栖谷隐、炼丹养气者,朝夕游处,无不宗礼,及止足之限,不知为灵仙异人告之耶?为精爽感通自知耶?遍游洞府,欻然而逝,为数极时尽自终耶?为浮丘、令威相携耶?④

志主郑居中出生于一个奉道世家,自幼出家于玄都观,后来还俗习儒,科举入仕,官至中书舍人。不过,幼时在玄都观的修道经历影响了他的一生,故终身保持着道教信仰,不仅身佩上清法箓,且喜与修道者交游。在开成二年(837)临死

---

① 《旧唐书》卷一六〇《刘禹锡传》,中华书局,1975年,第4211—4212页。
② 《全唐诗》卷五〇六,中华书局,1983年,第5759页。
③ 《宝刻丛编》卷七,见《石刻史料新编》(第1编第24册),新文丰出版公司,1982年,第18214页;《宝刻类编》卷五,见《石刻史料新编》(第1编第24册),新文丰出版公司,1982年,第18463页。
④ 吴钢主编:《全唐文补遗》(第8辑),三秦出版社,2005年,第156—157页。

之前,他还特意去王屋山、嵩山访道修斋,此事被时人当作传奇记录下来,收录于《逸史》中①,其细节可与墓志相互参照。

三、从会圣观到天长观

韦述《两京新记》卷三"待贤坊"条记载:"东北隅,会圣观。(原注:开皇七年,隋文帝为秦孝王俊所立。)"②《唐会要》卷五〇《观》则载:"天长观 侍(待)贤坊。本名会圣观,隋开皇七年,文帝为秦孝王俊所立。开元二十八年,改千秋观。天宝七载,改名天长观。"③交代了这座道观在隋唐时期的演变轨迹。据《隋书·文四子传》记载:"秦孝王俊字阿祇,高祖第三子也。开皇元年立为秦王。二年春,拜上柱国、河南道行台尚书令、洛州刺史,时年十二。……俊仁恕慈爱,崇敬佛道,请为沙门,上不许。六年,迁山南道行台尚书令。"④杨俊对佛、道二教都有好感,但文帝为这位十七岁的王子置观的具体因由已不得而知。

入唐之后的会圣观,在长安的政治、宗教舞台扮演着重要角色。贞观十三年(639),会圣观道士韦灵符与西华观道士秦英、还俗道士朱灵感等"并薄解章醮,敕令事东宫,惑乱东宫,结谋大意。为事不果,秦英、灵符、灵感等并被诛斩。私宅财物及有妇儿,并配入官"⑤。由于事涉太子承乾,故太宗采取霹雳手段加以惩处。高宗时,会圣观的道士仍很活跃,据道世《法苑珠林》记载:

> 又至麟德元年,西京诸观道士郭行真等,时诸道士见行真恩敕驱使,假托天威,惑乱百姓,更相扇动。简集道士东明观李荣、姚义玄、刘道合,会圣观道士田仁慧、郭盖宗等,总集古今道士所作伪经,前后隐没不行者,重更修改。私窃佛经,简取要略,改张文句、回换佛语、人法名数,三界、六道、五阴、十二入、十八界、三十七道品、大小法门,并偷安道经,将为华典。旧时道经祭醮并有鹿脯清酒,今新改安乾枣香水。但道经言辞拙朴杂恶处,并以除却。⑥

---

① 《太平广记》卷五五《神仙五五·郑居中》,中华书局,1961年,第341—342页。
② 〔唐〕韦述撰,辛德勇辑校:《两京新记辑校》,三秦出版社,2006年,第67页。
③ 〔宋〕王溥:《唐会要》卷五〇《观》,上海古籍出版社,1991年,第1026页。
④ 《隋书》卷四五《文四子传》,中华书局,1973年,第1239页。
⑤ 〔唐〕释道世撰,周叔迦、苏晋仁校注:《法苑珠林校注》卷五五《破邪篇第六十二》,中华书局,2003年,第1665页。关于此事的背景,参见雷闻:《唐两京龙兴观略考》,见刘晓、雷闻主编:《隋唐辽宋金元史论丛》(第6辑),上海古籍出版社,2016年,第139—141页。
⑥ 〔唐〕释道世撰,周叔迦、苏晋仕校注:《法苑珠林校注》卷五五《破邪篇第六十二》,中华书局,2003,第1660页。

众所周知，唐初是佛道斗争比较激烈的时期，除了参加御前的三教论衡，双方还相互攻击对方抄袭自己的经典。站在佛教的立场来看，最有威胁的对手是东明观的李荣与会圣观的田仁慧等道士，据说他们将佛典术语略加改换，就拼凑为道典。当然，这类来自对手的指控从另一个方面说明他们当时的道门地位。

唐玄宗时期，会圣观先后改名为千秋观与天长观，这自然与玄宗诞节相关。据《唐会要》记载："开元十七年八月五日，左丞相源乾曜、右丞相张说等上表，请以是日为千秋节，着之甲令，布于天下，咸令休假。……制曰：可。至天宝二年八月一日，刑部尚书兼京兆尹萧炅及百寮请改千秋节为天长节。制曰：可。"①而会圣观改名的时间分别是开元二十八年和天宝七年（748），与玄宗诞节改名的时间并不同步。《唐会要》记载："至（天宝）七年八月十五日，敕两京及诸郡所有千秋观、寺，宜改'天长'名。"②可见，从千秋观改名天长观，是全国统一的行动。改名天长观之后，相关的材料更少，目前所见唯一一条材料来自杜光庭《道教灵验记》，记载了刘处士在昭成观所塑夹纻天师像的灵验，"其塑中土形，移在天长观，金彩严饰，亦皆灵应"③。总体来说，会圣观除了在唐初一段时间里比较活跃外，并未有太多事迹。

四、至德女冠观

《长安志》卷七载："万年县所领朱雀门街之东从北第一兴道坊。西南隅，至德女冠观（原注：隋开皇六年立）。"④在肃宗宝应元年（762）咸宜观建立之前，至德观很可能是长安城中最重要的女冠观。不过，对于其在隋朝始置的因缘，如今已不得而知。目前所见最早也是最重要的材料，当属贞观十六年（642）由岑文本撰、褚遂良书的《唐京师至德观法主孟法师碑》，碑文略云：

> （前略）法师俗姓孟氏，讳静素，江夏安陆人也。……幼而慕道，超然拔俗。志在芝桂，譬刍豢于糠秕；心系烟霞，方绮罗于桎梏。既而初笄云毕，迫吉有典，懿戚托继世之援，慈亲割相离之情，千金甫陈，百两将戒，法师凌霜之操，必守节于玄冬；匪石之诚，誓捐生于白刃。素概难夺，嘉礼遽寝，乃脱屣通德之门，绝景集灵之馆。虔修经戒，长甘蔬菲，

---

① 〔宋〕王溥：《唐会要》卷二九《节日》，上海古籍出版社，1991年，第631页。
② 〔宋〕王溥：《唐会要》卷五〇《观·杂记》，上海古籍出版社，1991年，第1031页。
③ 杜光庭：《道教灵验记》卷八《昭成观天师验》，见罗争鸣：《杜光庭记传十种辑校》，中华书局，2013年，第226—227页。
④ 〔宋〕宋敏求：《长安志》，三秦出版社，2013年，第257页。

漱元气于停午,思轻举于中夜。若夫金简玉字之余论,玄牝道枢之妙旨,三皇内文,九鼎丹法,莫不究其条贯,犹登山而小鲁;践其户庭,若披云而见日。允所谓天挺才明,人宗模楷者已。

随(隋)高祖文皇帝闻风而悦,征赴京师。亦既来仪,居于至德之观,公卿虚己,士女翘心。于是高视神州,广开众妙,悬明镜于讲肆,陈鸿钟于灵坛。著录之侣,升堂者比迹;问道之客,及门者成群。虽列星之仰天津,众山之宗地轴,未足以喻也。我高祖以大圣缔基,功逾覆载;皇上以钦明纂历,道冠牺农。崇三清以纬民,怀九仙而济俗,天地交泰,中外和平。法师维持科戒,弘宣经典。时历夷险,怀赵璧而无玷;年殊盛衰,鼓吴涛而不竭。迹均有待,心叶无为。循大小于元倪,既齐椿菌;忘寿夭于物化,宁辨彭殇?而灵气有感,仙骨夙著。金液方授,驾白龙而不反;玉棺遽掩,望青鸟之来翔。以贞观十二年七月十二日,遗形而化,春秋九十有七。颜色如生,举体柔弱,斯盖仙经所谓尸解者也。冕旒惜道门之梁坏,缙绅悼人师之云亡。固以恩俾撤乐,悲踰辍相,有敕赐以赗礼,资给葬事,并加隆焉。弟子陈光等,义结在三,名高入室,对衣履而增绝,瞻风云而永慕,思欲寄铭赞以叙思,勒琬琰以纪德,俾夫成银之室,神变久而若在;遗履之地,灵迹垂于不朽(后略)。①

这是一通书法名碑,但其史料价值并未受到此前的研究者太多重视。孟静素来自江南,自幼慕道,及笄之年,拒绝婚配,遂出家学道,碑文称其"若夫金简玉字之余论,玄牝道枢之妙旨,三皇内文,九鼎丹法,莫不究其条贯",则所学的道门知识非常广泛而深入。隋文帝慕名召其入京的时间,碑无明文,但当在平陈之后。至德观亦非隋文帝为孟静素而立,因为它始置于平陈之前的开皇六年,故碑文只说她"亦既来仪,居于至德之观"。按孟静素贞观十二年(638)以九十七岁高龄仙逝,则其生于梁武帝大同八年(542),隋平陈的开皇九年她约四十八岁,应召入京或在此后不久。从碑文里,我们也看不出孟静素何时成为

---

① 此碑最早著录于《集古录跋尾》卷五,见《石刻史料新编》(第1编第24册),新文丰出版公司,1982年,第17879页;录文见《全唐文》卷一五〇,中华书局,1960年,第1531—1533页。陈垣编纂:《道家金石略》,陈智超、曾庆瑛校补,文物出版社,1988年,第54—55页。杨震方《碑帖叙录》指出:"石佚失已久。有清人李宗瀚所藏一本,定为唐拓,现已流入日本。"(上海古籍出版社,1982年,第106页)这个拓本已影印出版,见《褚遂良孟法师碑》,上海书画出版社,2000年。校以此拓本,可知《全唐文》所录文字颇有误处,可惜此拓已残百余字。此处所录以拓本为据,残缺部分以《全唐文》补之。另参见路远:《褚遂良〈孟法师碑〉曾为碑林藏石考》,见《碑林语石》,三秦出版社,2010年,第97—101页。

至德观主，但至晚在贞观年间。在其高龄仙逝之后，太宗"有敕赐以赙礼，资给葬事"，又得名臣岑文本撰、大书法家褚遂良书碑文，可谓光宠一时。岑文本曾在隋末农民战争中出仕江陵的萧铣政权，与孟静素都来自荆湖地区，可能因同乡之谊，遂有忘年之交。值得一提的是，《宝刻类编》还收录有一方开元九年（721）的《至德观主孟法师遗碑》，撰人不详，书人为"白献诚"[①]。这位"孟法师"究竟是孟静素还是另有其人，颇难遽断。但笔者更倾向于认为，它是为纪念孟静素在至德观史上的崇高地位而追树的新碑，毕竟一个女冠观前后出现两位孟姓法师任观主，概率并不太大。

中唐的至德观也有重要碑志存世，如肃宗上元二年（761）的《唐至德观上座杨仙师志文》。据称原石出自陕西，今藏河南商丘听雨轩。几年前笔者有幸在网上购得一纸拓本，并曾在一篇文章中提及这方墓志，同时刊布了一张并不清晰的图版，但未及录文与分析。此志为方形，高、宽各37.5厘米，正书，18行，每行满格17字。录文如下：

> 仙师讳法行，弘农人也。曾祖从政，祖自忠，父智果。苍苍太华，浑浑长河，凝流贡祉，真仙乃育。其生也通灵，神授经法；其长也特操，心至香灯。景云二年，制度为女道士，从夙好也。开元中，诣清简先生受三洞秘法，匣中宝镜，拂拭因人；涧底寒松，坚贞自我。每鸳灯夕焰，婴香晓焚，鹤舞于庭者二时，神告密旨者三祀。是以年几八十，鬓发如云。时方去留，灵台若鉴。上元元年秋八月十八日，谓门弟子曰："尔以五炼藏吾形。"是日，不疾而静，享龄凡七十有五。明年夏四月初吉，藏剑于万年县凤栖原同人也[②]。伟夫！心不变生死，玄门曰德焉；至夫！言不汩是非，君子曰真焉。文曰：
>
> 于予仙师，洁以淳婴，然灵舆兮，友夫天真；
>
> 于予仙师，志以直□，而心专兮，树夫阴德。
>
> 凤之原，山之阴。风飔飔，云沉沉。剑藏于是兮，无为伤心。
>
> 　　　　　　　　　　　　　　上元二年三月廿九日书

志主杨法行虽号称出自弘农杨氏，但其曾祖、祖、父三代并无值得夸耀的官职，显非贵盛之房，而是平民之家。她于上元元年（760）仙逝，年七十五，则当

[①] 《宝刻类编》卷三，《石刻史料新编》（第1编第24册），新文丰出版公司，1982年，第18438页。

[②] "同人也"三字比较突兀，或指唐代墓志常见的"同人原"，即"铜人原"之异写，但其前已有"凤栖原"，故具体何指，尚待索解。

生于武则天垂拱二年（686）。志文称其景云二年（711）"制度"出家，则时年二十六岁，入道之观当即至德观。这方墓志最重要的信息是其师承，志文称杨法行在开元中随"清简先生"习三洞秘法，从其在七十高龄依然"鬒发如云"来看，似乎修炼颇有所得。"清简先生"泉景仙的墓志藏于西安市文物考古院，虽文字极少，但却异常珍贵，我们曾借助它复原了一个来自江南的道教法脉在长安的发展历程。由其后申甫、吴善经、赵常盈等数代弟子多任道门威仪的情况来看，这显然是中晚唐长安一个相当显赫的传法谱系，而杨法行身为泉景仙弟子，自然也是天下道门威仪使冲虚先生申甫的同门。①志文称杨法行仙逝之前要求弟子"以五炼藏吾形"，即在葬礼中使用五方镇墓石，以求死后继续修仙，可惜目前尚未发现。至于志文以"藏剑"喻葬事，也与泉景仙墓志称为"藏剑之铭"如出一辙。

杨法行之后，我们还见到另一方至德观女道士的墓志，即大历十□年（776—779）的《唐故上都至德观主女道士元尊师墓志文》。此志系正式考古发掘出土，原石现藏洛阳市文物考古研究院，略云：

  尊师法名淳一，河南人也。系自后魏，郁为令族，惟曾毗祖，弈叶联荣。父茂宗，怀州河内县丞。才足干时，位不充量。尊师天开颖晤，神假词华，龀岁而日诵万言，笄年而遍览三教。……于是深入道门，大弘法要。天宝初，度为女道士，补至德观主。闭机丹灶，养德玄坛。人仰宗师，□高令问。优游恬旷，三纪于兹。大历中，揭来河洛，载抱沉痾。粤以十□年七月三日返真于东都开元观，春秋六十□，□终，谓门弟子曰：吾方欲撷三芝，练五石，干白日，升青天。虽事将志违，而道与心叶。适去顺也，归夫自然。言已如□，□而不乱。是月十八日，迁窆于龙门之北原。②

贾晋华将志主元淳一与中唐著名女冠诗人元淳勘同，他认为二者在时代与家庭背景方面相合，又分析称："'淳一'可能是元淳的道名或字。另一可能性是由于道教崇拜'一'或'太一'，男女道士的名字常带有'一'字，'淳一'也有可能仅是'淳'的另称。例如，与元淳同时的道士卢鸿，也被称为卢鸿一。"③这个推测是合理的。元淳一是洛阳人，北魏鲜卑人的后代。其父在唐朝仅为县丞这样的

---

① 雷闻：《太清宫道士吴善经与中唐长安道教》，《世界宗教研究》2015年第1期。
② 图版见洛阳市文物工作队：《洛阳出土历代墓志辑绳》，中国社会科学出版社，1991年，第593页。录文见吴钢主编：《全唐文补遗》（第6辑），三秦出版社，1999年，第465页；周绍良、赵超主编《唐代墓志汇编续集》建中011号亦有录文（上海古籍出版社，2001年，第729—730页），然文字、断句疏漏颇多，此处据前者录文，又据笔者听藏拓本校改数字。
③ 贾晋华：《〈瑶池新咏集〉与三位唐代女道士诗人：中国古代女性诗歌发展的新阶段》，《华文文学》2014年第4期。

基层官员，本不足道，不过其任职的怀州河内县，却是道风浓厚的地区，上清宗师司马承祯与中宗、睿宗朝煊赫一时的太清观主史崇玄都来自河内，而晚唐时敬宗之师——升玄先生刘从政的启蒙恩师张通玄也是河内人。①元淳一可能因其父在此地任职而受到道教的影响，志文称其"龀岁而日诵万言，笄年而遍览三教"，说明其自幼即开始学习道门知识，进而通览儒释道文献，打下了良好文化基础。从其现存六首诗歌来看，元淳一的确不仅是道门大德，而且是位才华横溢的诗人。

可惜的是，元淳一墓志在一些关键信息处石花蔓延，如其卒年与享龄仅能看出是"十□年""春秋六十□"，贾晋华推测其大约卒于大历末的779年，又将其入道的"天宝初"定为天宝元年（742），这个推算应该出入不会太大。按志文称"天宝初，度为女道士，补至德观主"，有权任命京城名观观主者，当系天下道门威仪使，天宝初在此任者是萧玄裕②。元淳一担任至德观主"三纪于兹"，时间相当长，与前文提及的上座杨法行应该会有一段时间重合。安史之乱中，她思念家人，曾写下《寄洛中诸姊》诗："旧国经年别，关河万里思。题诗凭雁翼，望月想蛾眉。白发愁偏觉，归心梦独知。谁堪离乱处，掩泪向南枝。"③这首诗情真意切，抒发了她在暮年对亲人与故乡的牵挂。最终在大历年间，元淳一从长安返回东都，居住在开元观，直至谢世④。而志题中的"上都至德观主"，则标识着她一生道门功业的最高成就。

至德观最大的命运转折，发生在宣宗即位之后。据《东观奏记》记载："上微行至德观，女道士有盛服浓妆者，赫怒，亟归宫。立宣左街功德使宋叔康，令尽逐去，别选男道士二十人住持，以清其观。"⑤中晚唐长安城的佛、道管理体制与前期不同，左右神策军护军中尉例兼左右街功德使，故当宣宗发现至德观女道士行为不检，震怒之下，遂令左街功德使宋叔康将女冠全部逐去，这座具有二百六十余年历史的女冠观从此改为道士观。其实，宣宗发现的这种现象在长安并不鲜见，一些女

---

① 参见雷闻：《传法紫宸：敬宗之师升玄先生刘从政考》，《中华文史论丛》2017年第1期。
② 关于萧玄裕的事迹，参见雷闻：《新见〈中都大弘道观主上清大洞刘尊师玄台铭〉跋》，见刘晓、雷闻主编：《隋唐辽宋金元史论丛》（第10辑），上海古籍出版社，2020年，第53—61页。
③ 《全唐诗》卷八〇五，中华书局，1983年，第9060页。
④ 关于东都开元观的演变，参见雷闻：《帝乡灵宇：唐两京开元观略考》，《首都师范大学学报》2021年第5期。
⑤ 〔唐〕裴庭裕：《东观奏记》上卷"唐宣宗清至德观"条，田延柱点校，中华书局，1994年，第92页。

冠诗人甚至被目为"半娼"①,咸宜观女道士鱼玄机更因争风吃醋杀害婢女绿翘而被处斩,而韩愈《华山女》长诗中那位"洗妆拭面着冠帔,白咽红颊长眉青"的女冠靠卖弄色相来吸引听众、与佛教俗讲竞争②,同样与此相关。可以说,至德观只是运气不好,撞在了微服出访的宣宗手里而已。

五、佛道论衡中的清虚观

《两京新记》卷"三丰邑"坊条曰:"东北隅,清虚观。(原注:开皇七年,隋文为道士吕师玄所立。师玄却谷练气,故以清虚为名。)"③可惜的是,我们在文献里并未发现吕师玄的相关信息,姑置此待考。

入唐之后,清虚观一度成为佛道论衡中道教一方的重镇,其代表人物是刘进喜与李仲卿。据释彦悰《唐护法沙门法琳别传》卷中载:"琳所著《辩正》,根起有由。往以武德四年(621)仲冬之月,得清虚观道士李仲卿所制《十异九迷》及刘进喜《显正》等论,轻侮大圣,昏冒生灵,妄引典谟,饰非为是。琳既慨其无识,念彼何辜。因乃广拾九流,论成八轴,叙述三教,志明益国。……《十喻》斥其《十异》,《九箴》挫彼《九迷》。"④据道宣记载,李、刘二人是受了反佛名臣傅奕的煽动:"武德九年,清虚观道士李仲卿、刘进喜,猜忌佛法,恒加讪谤,与傅奕唇齿结构,诛剪释宗。卿著《十异九迷论》,喜《显正论》,仍托傅氏上闻天听。"⑤以舍身护法闻名的初唐高僧法琳之前已撰写了《破邪论》,由于武德四年李仲卿、刘进喜又撰《十异九迷论》《显正论》,并通过岁傅奕上奏给唐高祖,到武德九年(626)春,遂有敕沙汰僧尼,只是由于玄武门之变后太宗登基,才取消了这一政策。法琳遂发心撰写了《辩正论》加以驳斥,陈子良为其序称:"道士李仲卿、刘进喜等,并作庸文,谤毁正法。在俗人士,或生邪信。法师愍其盲瞽,遂著斯

---

① 黄世中:《论〈全唐诗〉中所反映的女冠"半娼式"恋情》,《许昌师专学报》1996年第2期。
② 韩愈:《华山女》,见《韩昌黎诗系年集释》卷一一,钱仲联集释,上海古籍出版社,1996年,第1093页。
③ 〔唐〕韦述撰,辛德勇辑校:《两京新记辑校》,三秦出版社,2006年,第66页。《唐会要》卷五〇《观》所载略同(上海古籍出版社,1991年,第1026页)。
④ 〔唐〕释彦悰:《唐护法沙门法琳别传》卷中,见《大正新修大藏经》(第50册),大正一切经刊行会,1927年,第205页。
⑤ 〔唐〕道宣撰,刘林魁校注:《集古今佛道论衡校注》卷丙"道士李仲卿著论毁佛、琳师抗辩事三",中华书局,2018年,第189—190页。

论。"①可见李、刘二论在当时影响颇大。②

李仲卿、刘进喜两位高道出身不详，但无疑都是隋末唐初长安道教最重要的代表人物。据道宣记载：

> 武德八年，岁居协洽，驾幸国学，将行释奠。堂置三坐，拟叙三宗。众复乐推，乘为导首。时五都才学，三教通人，星布义筵，云罗绮席。天子下诏曰："老教、孔教，此土先宗，释教后兴，宜崇客礼。令老先、次孔，末后释宗。"当尔之时，相顾无色。乘虽登座，情虑莫安……乘前宣帝德，云"陛下巍巍堂堂，若星中之月"云云。次述释宗，后以二难，双征两教。玄梯广布，义网高张，莫不蹑向风驰，应机云涌。既而天子回光，敬美其道，群公拜手，请从弘业。黄巾李仲卿结舌无报，博士、祭酒等束体辕门。慧日更明，法云还布。③

武德八年（625）在释奠之后举行的这次三教论衡，是唐王朝开国之后的第一次。虽然佛教文献通常都宣称己方大获全胜，如上文就称沙门慧乘凭博学口辩，驳倒李仲卿等道士及"博士祭酒"等儒臣，但实情未必如此。据《旧唐书·陆德明传》记载：

> 王世充平，太宗征为秦府文学馆学士，命中山王承乾从其受业。寻补太学博士。后高祖亲临释奠，时徐文远讲《孝经》，沙门惠乘讲《波若经》，道士刘进喜讲《老子》，德明难此三人，各因宗指，随端立义，众皆为之屈。高祖善之，赐帛五十四。贞观初，拜国子博士，封吴县男。寻卒。撰《经典释文》三十卷、《老子疏》十五卷、《易疏》二十卷，并行于世。④

从这段记载来看，这次三教论衡的确极一时之选，大儒徐文远讲《孝经》，高僧惠（慧）乘讲《波若经》，而道教方面则由刘进喜开讲《老子》，最后则由另一位大儒——太学博士陆德明与此三人论难且优势明显。显然，道宣所谓"博士、祭酒等束体辕门"殊非事实。通过以上两方面的记载，可知代表道门参与这次三教论衡的，正是来自清虚观的道士刘进喜、李仲卿。前者登台讲《老子》，因为他深通

---

① 〔唐〕道宣：《续高僧传》卷二五《唐终南山龙田寺释法琳传》，郭绍林点校，中华书局，2014年，第956页。
② 关于这一过程，参见李猛：《释法琳〈破邪〉、〈辩正〉二论之编撰与早期流传》，《文献》2021年第3期。
③ 〔唐〕道宣：《续高僧传》卷二五《唐京师胜光寺释慧乘传》，郭绍林点校，中华书局，1975年，第940页。
④ 《旧唐书》卷一八九上《儒学上·陆德明传四》，中华书局，1975年，第4945页。

重玄学,还曾为《道德经》"作疏六卷"①。

当然,他们能在唐初就有此地位,显然不是初入道门的年轻人。武周时期由道转佛的玄嶷在《甄正论》中严厉指控道教抄袭佛经,其中就说:"至如《本际》五卷,乃是隋道士刘进喜造,道士李仲卿续成十卷。并模写佛经,潜偷罪福,构架因果,参乱佛法。"②在玄嶷的记述中,刘进喜被视作"隋道士",且被认为是《本际经》的作者,李仲卿则是续作者。刘屹推测刘进喜造作五卷本是今十卷本的卷一、二、三、四、六,其他五卷则是李仲卿在唐太宗时期续成。③《太玄真一本际经》是唐代最流行的道经,深受国家重视,在敦煌出土的道书中,它也是写本最多者。④如果他们造作《本际经》之事属实,则其道教水平不言而喻。直到贞观中,刘进喜还继续参与佛道论衡,并著有《老子通诸论》一卷,引发了与普光寺僧道岳的辩论。⑤

可以说,由于刘进喜、李仲卿两位高道的存在,使隋与唐初的清虚观一度风头颇盛。但是,当他们逝去之后,清虚观在长安的地位却一落千丈,目前尚未看到高宗之后清虚观的任何材料,其衰落可见一斑。

六、五通观:从道士观到女冠观

韦述《两京新记》卷三"安定坊"条载:"东北隅,五通观。(原注:隋开皇八年,为道士焦子顺所立。子顺能驱使鬼神,受诸符箓,预告隋文受命之应。及即位,授上开府、永安公、徐州刺史,固辞。常咨谋军国,出入卧内,帝恐其往还疲

---

① 杜光庭:《道德真经广圣义·序》,见《道藏》(第14册),文物出版社、上海书店、天津古籍出版社,1988年,第309页。

② 〔唐〕玄嶷:《甄正论》卷三,见《大正新修大藏经》(第52册),大正一切刊行会,1927年,第569页。关于玄嶷与道教的关系,参见雷闻:《唐洛阳大弘道观考》,见中国人民大学国学院编:《国学的传承与创新——冯其庸先生从事教学与科研六十周年庆贺学术文集》,上海古籍出版社,2013年,第1234—1248页。

③ 刘屹:《敦煌道经与中古道教》第十三章"敦煌本《太玄真一本际经》概述",甘肃教育出版社,2013年,第343—351页。

④ 〔日〕山田俊:《唐初道教思想史研究——〈太玄真一本际经〉的成立与思想》,平乐寺书店,1999年。另可参见叶贵良:《敦煌本〈太玄真一本际经〉辑校》,巴蜀书社,2010年。

⑤ 事见〔唐〕道宣:《续高僧传》卷一三《唐京师普光寺释道岳传》,郭绍林点校,中华书局,2014年,第455—456页。不过,此书误将《老子通诸论》一书点断,已经孙齐、陈志远等指出,苏小华的《续高僧传校注》已做了调整(上海古籍出版社,2021年,第355—356页)。按:刘进喜《老子通诸论》一卷,著录于《新唐书》卷五九《艺文志三》(中华书局,1975年,第1521页)。

顿，令选近所。于此立观，仍以五通为名焉。）"①唐雯先生发现，尊经阁本《两京新记》的这条记载不全，因为晏殊《类要》所引《两京记》佚文在其后还有以下文字："以旌其神异，号为焦天师。开皇十六年卒。突厥寇西边，帝仗子顺书持录（箓）以厌之，寇便解散，西土赖之。至贞观、永徽间，瓜、沙、甘、肃诸州往往有焦开府庙。"②《唐会要》所载文字略同，所据当即《两京新记》，只是删去了"开皇十六年卒"之后的相关文字。③不难看出，焦子顺可能是一位以符箓见长的北方天师道的传人，其神通故事在隋与唐初流传颇广，在隋文帝开皇八年为其立观时，以"五通"为名，正是为了"旌其神异"④。不过，他虽有"天师"之号，但文帝更看重的，可能还是他"咨谋军国"大事的能力。

焦子顺也是为隋文帝改朝换代摇旗呐喊的几位道士之一，据《隋书》记载：

> 道士张宾、焦子顺、雁门人董子华，此三人，当高祖龙潜时，并私谓高祖曰："公当为天子，善自爱。"及践阼，以宾为华州刺史，子顺为开府，子华为上仪同。⑤

这三人中，董子华事迹无考，张宾则是从北周以来极为活跃的政治道士，武帝灭佛正是由他与卫元嵩一起推动的。⑥道世《法苑珠林》所载与此不同："后周武帝灭二教时，有华州前道士张宾诏授本州刺史。长安前道士焦子顺，一名道抗，选得开府。扶风前进士马翼，雍州别驾李通等四人，以天和五年于故城内守真寺抄揽佛经，造道家伪经一千余卷。时万年县人索皎装潢，但见甄鸾《笑道》之处，并改除

---

① 〔唐〕韦述撰，辛德勇辑校：《两京新记辑校》，三秦出版社，2006年，第43页。
② 唐雯：《〈两京新记〉新见佚文辑考——兼论〈两京新记〉复原的可能性》，见荣新江主编：《唐研究》（第15卷），北京大学出版社，2009年，第585页。
③ 〔宋〕王溥：《唐会要》卷五〇《观》，上海古籍书版社，1991年，第1026页。
④ "五通"本为佛教术语，指普通人经过修行之后所获得的五种神通，即天眼通、天耳通、他心通、宿命通、身如意通。中古道教也部分吸收并改造了这一思想，如唐代上清宗师潘师正《道门经法相承次序》卷下曰："五通：眼通，耳通，鼻通，舌通，心通。"参见《道藏》（第24册），文物出版社、上海书店、天津古籍出版社，1988年，第798页。
⑤ 《隋书》卷七八《艺术·来和传》，中华书局，1973年，第1774页。
⑥ 〔唐〕道宣：《续高僧传》卷二四《周终南山避世峰释静蔼传》："属周武之世，道士张宾诵诈罔上，冒增荣宠。潜进李氏，欲废释宗。既纵幸紫宸，蝇飞黄屋，与前僧卫元嵩唇齿相副。"（郭绍林点校，中华书局，2014年，第908页）同卷《隋益州孝爱寺释智炫传八》曰："会周武帝废佛法，欲存道教，乃下诏集诸僧道士试取，优长者留，庸浅者废。于是诏华野高僧、方岳道士千里外有妖术者大集京师，于太极殿内设高座，帝自躬临。敕道士先登，时有道士张宾最为首长。"（郭绍林点校，中华书局，2014年，第926页）可见张宾的道门地位及其在周武帝灭佛中的核心作用。

之。"①道世显然是将张宾任华州刺史、焦子顺任开府的时间置于北周时，而非《隋书》所称隋文帝即位之后。由张宾、焦子顺等四人于天和五年（570）根据佛经造作道经千卷观之②，则他们在北周时已经是道门中坚，在经典建设、与佛教争胜等方面都非常活跃。之后，在杨坚代周的政治变动中，他们又假托符命，宣扬隋朝建立的正当性。

在前引道世的记载中，还提到大业末年五通观另一位道士的事迹："近如大业末年，有五通观道士辅慧祥三年不言，因改《涅槃经》为《长安经》。当时禁约，不许道士出城，门家见道士内着黄衣，执送留守。改经事发，为尚书卫文升所奏，于金光门外敕令戮杀。此是近事，耳目同验。"③在某种程度上，辅慧祥继承了观主焦子顺在北周时期造作道经的传统，可惜时运不济被杀身亡。到了唐高宗麟德年间，西华观道士郭行真与东明观道士李荣、姚义玄、刘道合，会圣观道士田仁慧、郭盖宗等，"总集古今道士所作伪经，前后隐没不行者，重更修改"。于是，在隋末被废的《长安经》"今复取用，改为《太上灵宝元阳经》"④，而已被诛杀的辅慧祥却无法看到了。

入唐之后的五通观依然具有某种官方色彩，而且在道门的地位依旧显赫，一个最重要的表征，可能是贞观时期太宗命玄奘法师译《道德经》为梵语，其译场即置于五通观，而当时道门大德均汇聚于此，可谓盛事。道宣《集古今佛道论衡》卷三载：贞观二十一年（647），太宗"即下敕，令玄奘法师与诸道士对共译出。于时道士蔡晃、成英二人，李宗之望，自余锋颖三十余人，并集五通观，日别参议，详核道德。奘乃句句披析，穷其义类，得其旨理，方为译之。诸道士等并引用佛经《中》《百》等论，以通玄极。奘曰：'佛教、道教，理致天乖。安用佛理，通明

---

① 〔唐〕释道世撰，周叔迦、苏晋仁校注：《法苑珠林校注》卷五五《破邪篇第六十二》，中华书局，2003年，第1659—1660页。
② 《隋书》卷三四《经籍志三》（中华书局，1973年）著录有"华州刺史张宾撰"《历术》一卷（第1023页）、"张宾撰"《七曜历经》四卷（第1024页），不知是否在这"千卷"之内。
③ 〔唐〕释道世撰，周叔迦、苏晋仁校注：《法苑珠林校注》卷五五《破邪篇第六十二》，中华书局，2003年，第1659页。
④ 〔唐〕释道世撰，周叔迦、苏晋仁校注：《法苑珠林校注》卷五五《破邪篇第六十二》，中华书局，2003年，第1660页。刘屹经过比勘敦煌文书与《道藏》本，认为存在三种不同的《元阳经》，他将麟德元年（664）李荣等在辅慧祥《长安经》基础上改定者列为C本。参见刘屹：《敦煌道经与中古道教》第十一章"采撮与改换佛经而成的《太上灵宝元阳经》"，甘肃教育出版社，2013年，第289—307页。

道义？'如是言议往还，累日穷勘。"①因玄奘坚决反对用佛教术语翻译道教观念，此事最终不了了之，但五通观能作为翻译《道德经》为梵文的译场，依然显示了它在唐初长安宫观体系中的地位。

在敦煌文书中，我们也可以看到五通观道士的踪迹。安徽省博物馆藏《太玄真一本际经》卷四《道性品》钞本的卷末题记曰："显庆元年十二月　日　经生梁玄/用纸十一张/装潢人许芝/五通观道士梁玄真初校/五通观道士马湛再校/专当官祠部主事常筠监/专当官右骁卫仓曹高宝监/使祠部员外李谅总监。"②如前所述，《本际经》备受唐代朝廷重视，这件敦煌道经属于官方写本，是在祠部官员（员外郎、主事）的监督之下，由五通观道士负责初校与再校，只是梁玄真、马湛等道士的事迹已无从查考。这件写经楷书精美，法度森严，与其官写道经的性质是相符的。

中唐之后，五通观最大的变化是改为女冠观，然具体时间不详。西安碑林博物馆收藏有一方元和四年（809）的《大唐五通观威仪兼观主冯仙师墓志铭》，志文由"外侄孙前仆寺丞翟约"撰并书，为我们了解中唐的五通观提供了宝贵资料，略云：

> 仙师法号得一，长乐冯氏，赠工部尚书昭泰之孙，鸿胪卿绍烈之季女。并德著当时，才名冠世，徽猷彰乎国史，勋绩光于图谍，积善余庆，爰诞仙师。仙师禀岳渎之秀气，降须婺之星精，生自贵门，承资盛绪，风神清浪，淑性冲和，立志于虚无之表，托迹于众妙之门，是以不夺其志，诏度兹观。至于放旷杳冥，澹然净默。精五千之玄理，明六一之丹方，聋俗津梁，道门领袖。若乃聪慧博达，贞固干事，心悬明镜，手运神筹。徒侣见知，众举当观威仪，固辞不受。大众诚请，由衷恳发，不得已而莅之，交馨竭之余，处虚薄之后，仙师于是提振纲领，纂缉赜败。数年之间，日新成立。创置精思院一所，再修常住砲一窠，当欲缔构之初，众人皆谓不可。仙师精诚已至，确乎不拔，曾未浃稔，肖然以就。诸所营建，其功难纪，徒众赖焉。既而炼骨道成，玄根厌世，访蔡经于麻姑之侧，迎周穆于王母之前，俗累虽哀，寂灭应乐，享龄七十有一，以元和四年五月廿二日，终于五通之玄寺。其年十二月廿五日，法葬于小杨原，礼也。侄季贤等，追惠爱之罔及，切封树之有期，永怀慈阴，刊石为志。约忝曰侄

---

① 〔唐〕道宣撰，刘林魁校注：《集古今佛道论衡校注》卷丙"太宗诏奘师翻道经为梵文，与道士辩核事十"，中华书局，2018年，第234—236页。
② 王卡：《敦煌道教文献研究——综述·目录·索引》，中国社会科学出版社，2004年，第201页。

孙，偏承眷念，忍涕握管，谨为铭曰：（铭文略）

元和四年岁次己丑十二月壬申朔廿五日景申翟约书①

王原茵、李举纲先生已对此志涉及的人事做了初步考释②，我们在此试做进一步讨论。志主冯得一系玄宗朝大臣冯绍烈之幼女，元和四年五月卒于五通观，享年七十一，则其出生于开元二十七年（739）。志文称其"生自贵门，承资盛绪，风神清浪，淑性冲和，立志于虚无之表，托迹于众妙之门。是以不夺其志，诏度兹观"。若以唐朝大多十三四岁入道来计算，则其奉诏度于五通观，当在天宝末，然此时的五通观已经成为女冠观，只是我们尚未发现这一转变的机缘。

在五通观，冯得一担任过负责风纪与戒律的威仪，后又兼任观主，惜具体时间不详。志文称其担任观主期间最大的功绩是"创置精思院一所，再修常住碨一窠，当欲缔构之初，众人皆谓不可。仙师精诚已至，确乎不拔，曾未浃稔，屹然以就。诸所营建，其功难纪，徒众赖焉"。王原茵等已指出所谓"常住碨"，当即《三洞奉道科戒营始》中提到的"碾硙坊"。"精思院"则更引人瞩目，前述开元年间尹敬崇对玄都观的一个重要贡献，正是在观内修造了精思院，而冯得一力排众议在五通观创立精思院，更晚至约贞元、元和之际。我们或许可以大胆推测，隋大兴城里的十座道观中可能均无精思院，《三洞奉道科戒营始》记载的道观规划，可能直到盛唐之后才真正得以推行。

七、灵应观与三洞观

由于灵应观与三洞观在唐初曾互换观址，我们在此将其一并讨论。韦述《两京新记》卷三："醴泉坊　西南隅，三洞女（官）[冠]观。（原注：隋开皇七年所立也。）"③《唐会要》卷五〇《观》："三洞观　醴泉坊。本灵应道士观，开皇七年立。贞观二十三年，（朱）[永]崇坊移换于此。"④宋敏求《长安志》卷八："次南永崇坊。东南隅，七太子庙。庙西灵应观。（原注：隋道士宋道标所

---

① 录文见吴钢主编：《全唐文补遗》（第6辑），三秦出版社，1999年，第132页；周绍良、赵超主编：《唐代墓志汇编续集》元和020号，上海古籍出版社，2001年，第814页。图版见中国文物研究所、陕西省古籍整理办公室编：《新中国出土墓志·陕西·二》（下册）202号，文物出版社，2003年，第162页。

② 王原茵、李举纲：《唐〈五通观冯仙师墓志铭〉疏证》，见樊英峰主编：《乾陵文化研究》（第2辑），三秦出版社，2006年，第181—185页。

③ 〔唐〕韦述撰，辛德勇辑校：《两京新记辑校》，三秦出版社，2006年，第46页。

④ 〔宋〕王溥：《唐会要》卷五〇《观》，上海古籍出版社，1991年，第1026页。

立。）"①合而观之，可知隋时三洞观在永崇坊东南隅，具体立观年代不详；灵应观在醴泉坊西南隅，则系开皇七年宋道标所立。到了唐贞观二十三年，两观互换观址。永崇坊在朱雀门街东，大致位于长安城的东南，而醴泉坊则在朱雀门街西，大致位于长安城西北，两坊之间颇有距离，由于史料缺载，我们尚无法知道两观换址的原因。

无论是灵应观还是三洞观，我们基本上看不到它们在隋代的史料，连开皇七年置立灵应观的道士宋道标也完全无考。到了唐代，相关文献则有不少。例如，在P.3233《洞渊神咒经誓魔品第一》、P.2444《洞渊神咒经斩鬼品第七》这两件法藏敦煌道经的结尾，都有官方写经的题记。其中，P.3233题记如下：

洞渊神咒誓魔品第一

麟德元年七月廿一日奉　敕为皇太子于灵应观写。

初校道士　李览

再校道士　严智

三校道士　王感

专使右崇掖卫兵曹参军事　蔡崇节

使人司藩大夫　李文暕

P.2444题记如下：

洞渊神咒经斩鬼第七

麟德元年七月廿一日奉　敕为皇太子于灵应观写。

道士　李览初校

道士　辅俨再校

道士　马诠三校

专使右崇掖卫兵曹参军事　蔡崇节

使司藩大夫　李文暕②

毫无疑问，这两件文书是同一次官方写经活动的产物，都是官方主持完成的精写本。池田温已指出：文书中的"司藩大夫"，即礼部所属的主客郎中，而李文暕则是唐宗室襄邑王李神符的少子，后被封为魏国公，垂拱年间获罪被诛。③他是这次

---

① 〔宋〕宋敏求：《长安志》，辛德勇、郎洁点校，三秦出版社，2013年，第284页。
② 〔日〕池田温：《中国古代写本识语集录》（第564号），东京大学东洋文化研究所，1990年，第208—209页。
③ 〔日〕池田温：《〈中国古代写本识语集录〉解说》（上），李德范译，孙晓林校，《北京图书馆馆刊》1994年第3—4期。

写经活动的总负责人,称为"使人"或"使",而具体负责的"专使",则是"右崇掖卫兵曹参军事"蔡崇节。高宗龙朔二年(662)至咸亨元年(670),改太子左右监门率府为左右崇掖卫,蔡崇节本来就是东宫官属,由他具体负责写经祈福,可谓分内之事。不过,对于其中的"太子"究竟是何人,学界颇有争议。王卡先生认为"当系为超度太子忠亡故而写经",又称"今按此次写经,恐系名为废太子悼亡,暗含新太子应谶之意"①,这个观点还需斟酌。永徽六年(655)废王立武,太子忠被废,次年立李弘为太子。麟德元年忠死于黔州,武则天痛恨废太子忠,巴不得他早死,岂能为他写经悼亡?况且在麟德元年,忠岂能乃被称为"太子"?这种错误绝不可能出现在礼部官员充使主持的官方写经上,因为不合制度。更何况,具体经办写经事宜的专使蔡崇节,正是现任太子李弘的东宫僚属,他只会效忠于李弘。在《洞渊神咒经》里涉及救世主"李弘",因此,为太子写此经,倒也确有应谶之意②。

从这两件文书的题记来看,这次写经活动在灵应观举行,且当观道士进行了三次校对,严谨异常,毕竟这次写经系奉敕而为。卷一《誓魔品》、卷七《斩鬼品》的初校都是道士李觅;再校道士则有区别,前者是严智,后者则是辅俨;三校道士也不相同,前者是王感,后者则是马诠。这些灵应观的道士大多无考,只有辅俨是个例外。调露二年(680)时,始平县令李嗣真根据东宫新制的乐曲,对太清观道士刘宝㮕、辅俨预言了章怀太子的悲剧命运,且很快应验③,然当时辅俨已离开灵应观,成为刚刚成立的太清观的道士。这座太清观地处颁政坊,仪凤二年(677)由太平女冠观改名,到垂拱二年又改名为魏国观,它也是后来大崇福观与昭成观的前身④。

至于三洞女冠观,相关传世文献极少,不过我们可从石刻史料中发现一些入唐

---

① 王卡:《敦煌道教文献研究——综述·目录·索引》,中国社会科学出版社,2004年,第36页。

② 参看左景权:《〈洞渊神咒经〉源流试考——兼论唐代道教与政治的关系》,《文史》1984年第23辑,第279—285页。关于敦煌本《洞渊神咒经》,参见刘屹:《敦煌道经与中古道教》第八章"神鬼信仰的经教化——十卷本《洞渊神咒经》与江南地方信仰",甘肃教育出版社,2013年,第221—238页。关于中古时期"李弘"的含义,参见唐长孺:《史籍与道经中所见的"李弘"》,见《魏晋南北朝史论拾遗》,中华书局,1983年,第208—217页。

③ 〔宋〕王溥:《唐会要》卷三四《论乐》,上海古籍出版社,1991年,第729页。此事亦见《旧唐书》卷一九一《方伎·李嗣真传》,中华书局,1975年,第5099页。

④ 雷闻:《唐长安太清观与〈一切道经音义〉的编纂》,见荣新江主编:《唐研究》(第15卷),北京大学出版社,2009年,第211—213页。

之后的线索。南宋《宝刻丛编》就收录了一通武则天万岁通天二年（697）的《唐三洞观女冠刘芬提墓志》①，可惜无撰书人姓名，此志久佚，我们也无从知晓刘芬提的事迹。今天能见到的，是另外两方女道士的墓志，即景龙二年（708）的《大唐故三洞观女官田法师墓志铭》及开元二十七年的《三洞观女冠冯太虚墓志》。后者的真实性目前受到质疑②，虽未必确凿，但为避免争议，本文主要考察前者。

《大唐故三洞观女官田法师墓志铭》原石现藏陕西户县文物管理所。据该所所长王亚周介绍，这方墓志是2015年7月16日户县渭丰镇定舟村村民董新军所捐，"据言墓志是上个世纪90年代他在长安县王寺村南约100米的立交建设工地捡得，拉回一直当桶石用。该墓志青石质地，呈方形，边长38.5厘米，厚9.5厘米。志四侧刻有蔓草纹。志文为楷书，共26行，满行26字，无撰书者姓名"。王亚周刊布了墓志的照片和拓本，并做了录文和初步的考释。③2019年，承西安市文物考古研究院张全民居中联系，王亚周送给我一张拓本，可据以校正录文与标点。全文如下：

> 法师讳法炬，其先丞相田延年，徙居安陵，家于酆镐。祖荣，父孝，世袭簪裾，业尚真仙，门传道德，母氏昼寝，室觉异香，因而有娠。奇资是禀，体芳兰茝，目规明彻，神情敏悟，专炁致柔。及历试睟辰，遂先擘经囊，志气绵邈，容止闲放。年甫六岁，日诵千言，愿乐出家，克期舍俗，洎乎十二，果遂志焉。光宅元年，依师郭花光，编名道籍。垂拱二载，诣师冯太贵，佩服真经。虽识纵生知，而非师不度，于是遍寻法印，博涉灵文，蹔赐篇目，皆详旨要。每谓教门平等，人情执着昏彼，佛性迷此道原，思□一乘，同归二观。遂乃发思三洞，摈落六尘，理贯精微，义祈梯橙。至于十六，即为座主，巧说法相，□谈诫律，随方级引，必逗机宜。其有学综七经，词该六籍，怸来启请，皆飡义味。由兹辩慧，远迩奔集，一经忏礼，众累咸消。一念传灯，诸闻皆尽，人神肃穆，竹树凄清，争弃烦恼，竟求解脱。或有独好偏执，曲陈信毁，辄摇琪树，强泪清泉。法师行唯喜舍，言开方便，定雌黄于喉舌，论报应于枢机。破坏诸见，竟无彼我，震惊群有，用息是非。由是束敛矛戟，卷藏毒宫，珍财入施，雨

---

① 《宝刻丛编》卷七，见《石刻史料新编》（第1编第24册），新文丰出版公司，1982年，第18207页。

② 白照杰：《新见〈咸宜观李洞真墓志〉及〈三洞观冯太虚墓志〉重审》，《宝鸡文理学院学报》2021年第1期；见白照杰：《泡影集》，上海社会科学院出版社，2021年，第119—152页。

③ 王亚周：《唐〈三洞观田法炬墓志〉考略》，本文最早公布在他的微博中，后正式发表于《三秦道教》2016年第3期。

泗沾襟。欲乃明镜不疲,虚舟无忤,皆使住功德本,处智慧源,内洁诚珠,外持斋净。方欲秉度明之操,栖景栢林;执华存之心,洗身汤谷。岂图猒兹对俗,功满含真,步朱陵而标格,从紫元而高逝,春秋卅六,迁化于琁房。粤以景龙二年八月廿二日安兹五练,以卫三宫。真俗咨嗟,怅卜年之运促;朝野嘘唏,惜法桥之路断。仙官有得朋之喜,同道兴阒户之悲。哀哀慈亲,煢煢弱妹,法师逝矣,与谁为对?恐青鸟循复,莫辩山茔;黄鹤徘徊,不分练石,其铭曰:

男官女官,宣道之元。男真女真,与道为邻。度明猒俗,华存登辰。谁其有嗣?法师为亲。拯济群品,开度天人。异学革面,同志回津。绍隆正法,眇邈教神。迹留秘景,魂归反真。玉棺下代,金兰恒新。哭之如子,验在兹辰。千秋兮不灭,万古兮长春!

志主田法炬来自京兆田氏,父、祖均无名位。我们在墓志资料中也先后发现了几位来自京兆田氏的道士、女冠,如天宝六载(747)正月去世的杨贵妃之师、景龙观威仪检校修功德使田僙[①],以及大和三年(829)五月去世的大明宫玉晨观女道士田元素[②],只是不知她们是否与田法炬来自同一个家族。田法炬卒于景龙二年,时年三十六岁,则她生于高宗咸亨四年(673)。

志文记载田法炬的修道经历曰:"年甫六岁,日诵千言,愿乐出家,克期舍俗,洎乎十二,果遂志焉。光宅元年,依师郭花光,编名道籍。垂拱二载,诣师冯太贵,佩服真经。"可见她自幼就有出家之志,到光宅元年(684)十二岁时,正式随女冠郭花光入道,所谓"编名道籍",即正式在道观出家,成为国家认可的正式女道士,其道籍当在三洞观,只是其入门之师郭花光在史籍中完全无考。到了垂拱二年,她又师承冯太贵"佩服真经",领受法箓。冯太贵亦于史无考,不过可略加推论。在武周天册万岁元年(695)十二月陈子昂所撰的《别中岳二三真人序》中,就有一位与上清宗师司马承祯并称的中岳高道"冯太和"[③],他"霓裳眇然,冥掣独立",深受陈子昂敬仰。《全唐文》收录了崔尚开元十一年(723)所撰的《沁州刺史冯公碑》,碑主冯太玄是在神龙后的政治变动中相当活跃的"精忠道士"冯道

---

① 雷闻:《贵妃之师:新出〈景龙观威仪田僙墓志〉所见盛唐道教》,《中华文史论丛》2019年第1期。
② 录文见吴钢主编:《全唐文补遗》(第2辑),三秦出版社,1995年,第48页;图版见吴钢主编:《隋唐五代墓志汇编·陕西卷》(第4册),天津古籍出版社,1991年,第103页。
③ 《全唐文》卷二一四,中华书局,1983年,第2164页。

力之父①。碑文称冯太玄"特有奇禀,识密洞微,德晖内藏,道气潜运",虽非正式出家的道士,但显然与道教关系密切。冯太玄卒年八十九岁,则与陈子昂文中的中岳真人冯太和、田法炬之师冯太贵是同时代人,颇疑三者是兄弟关系,这个冯氏,显然是一个具有深厚道教传统的家族。从志文来看,田法炬在道教研修方面颇有天赋,十六岁时即可登坛说法,"巧说法相,□谈诫律,随方级引,必逗机宜。其有学综七经,词该六籍,悠来启请,皆飡义味",可惜英年早逝。志文所称"安兹五练,以卫三宫",似乎其葬仪也使用了五方镇墓石,但目前已无由得见。

中晚唐的三洞观几乎不见于史籍,但在杜光庭讲述的灵验故事中却多次出现。其中一则记载葭萌县令李邵因参选入京,"税居于三洞观侧客院之中",发现已故多年的亡妻被冥界牛头神人日日折磨,遂"于三洞观中访太一天尊之像,殿上即有,古本剥落,厚以金帛召良工画之。亦就观设斋醮表祝,只三日内,事事周毕",以此福报使亡妻得以解脱,于是"邵每劝人作太一天尊像,其福报可以立待矣"②。在另一则灵验故事中,唐初"灵州押衙"赫连宠奉使入京,借助终南山道士杨景通的神通,得知其亡父因曾杀降兵千人之罪,深陷地狱之苦,遂"入城于三洞观设黄箓道场七日七夜"③。从"押衙"一职来看,故事设定在贞观自不可信。事实上,这两则故事似乎表明在杜光庭的时代,三洞观的天尊像颇有灵验,这个女冠观也像其他两京宫观一样,不仅经营旅舍,也常为信众提供"拔度先祖"的黄箓斋仪式服务。

八、结语

以上我们详细分析了隋代大兴城中十座道观及其在唐代的变化,不难看出,这些道观虽然在入唐之后的命运各异,但至少在隋与唐代前期有许多共同之处。

首先,这些道观中,除了三洞观、澄虚观、灵感观等三座道观始置年代不详,玄都观于开皇二年从长安故城迁来之外,其余六座道观均始置于开皇六年至八年之间,其中四座与隋文帝直接相关,一座是为其子秦王杨俊所立,另外三座则分别是他为道士焦子顺、孙昂、吕师玄所立。这提示我们,隋文帝虽对佛教情有独钟,但并非完全"于道士蔑如也",因为大兴城近半道观都是他亲自建立,因而具有一定

---

① 《全唐文》卷三〇四,中华书局,1983年,第3090页。张鸿杰主编:《咸阳碑石》,三秦出版社,1990年,第65—68页。参见〔唐〕李峤:《为道士冯道力让官表》,见《全唐文》卷二四五,中华书局,1983年,第2476—2477页。
② 〔唐〕杜光庭:《道教灵验记》卷五"李邵太一天尊验",见罗争鸣:《杜光庭记传十种辑校》,中华书局,2013年,第199—200页。
③ 〔唐〕杜光庭:《道教灵验记》卷一六"赫连宠修黄箓斋解父冤验",见罗争鸣:《杜光庭记传十种辑校》,中华书局,2013年,第312页。

程度的官方色彩。正因如此，这些道观也积极参与了国家的写经事业，如大业八年（612）秘书省所写《老子变化经》即由玄都玄坛的道士覆校。入唐之后，我们也看到高宗显庆元年（656）祠部员外李谅总监写《太玄真一本际经》时，是由五通观道士梁玄真等负责校对的。而麟德元年高宗下敕为皇太子在灵应观写《洞渊神咒经》，亦由道士辅俨等众多参与校对。

其次，虽然这几座道观大多建立在平陈之前，但随着隋朝一统天下，大兴城成为南北道教文化融合汇聚的中心舞台，这些道观正是其重要载体。虽然南方道教传统如上清、灵宝经法传入北方，从南北朝时期就已开始，而侯景之乱后，巴蜀、荆襄落入西魏、北周之手，更为北周道教融合南北创造了条件①，不过，隋平陈之后天下一统局面的形成，无疑为二者的交融提供了更大的便利和更宽广的舞台。我们看到，一批来自江南的高道涌入帝国新都，将南方道教的传统注入北方。例如，曾撰《道德经玄览》《老子义例》等著作的江南道士褚揉，在平陈后进入玄都观，在此开讲重玄之学。同样出自陈朝的女道士孟静素，也在平陈之后应文帝之召入京，住在至德观，当时"公卿虚己，士女翘心。于是高视神州，广开众妙，悬明镜于讲肆，陈鸿钟于灵坛。著录之侣，升堂者比迹；问道之客，及门者成群"。她不仅开坛讲经，而且广开门墙，在京城士女中有深远影响。到了唐代，这种情形更加普遍，如来自巴蜀的高道李荣也来到长安，成为高宗时新立的东明观大德，而叶法善、叶静能等来自浙东的高道也在入京之后，以玄都观为基地，开始了降妖除魔的传奇。李荣将重玄之学带入宫廷的佛道论衡，而叶氏则代表了南方天师道的符箓传统。当然，出身于北方的道士依然是京城道观的主流，如玄都观首任观主王延是扶风始平人，隋代出家于玄都观的道士李毗来自河东永乐，而五通观那位"天师"焦子顺则是长安本地人，代表着北方天师道的传统。入唐之后，几任玄都观主如牛弘满、尹敬崇等，也都来自北方。从隋代以来，南北道教的传统在长安道观中相互接触与整合，如王延本人就将楼观道与受自焦旷的南方经教传统结合起来。

再次，在隋与唐初的佛道斗争中，来自这几座道观的道士发挥了举足轻重的作用。隋代五通观主焦子顺、道士辅慧祥都是造作道经的中坚力量，而清虚观道士刘进喜、李仲卿更造作了唐代国家最重视的道经《太玄真一本际经》。入唐之后，李仲卿撰《十异九迷论》、刘进喜撰《显正论》攻击佛教，并通过傅奕上奏高祖，名僧法琳撰《辩正论》加以驳斥。高宗时，会圣观道士田仁慧、郭盖宗与西华观道士郭行真，东明观道士李荣、姚义玄、刘道合等，继续收集、纂修道经。在唐初举行

---

① 刘屹：《神格与地域——汉唐间道教信仰世界研究》第四章第一节"南朝经教道教的形成及其对北方道教的影响"，上海人民出版社，2011年，第245—280页。

的三教讲论中，清虚观道士刘进喜、李仲卿，清都观道士张惠元等，都曾是长安道门的代表。在太宗下勅令玄奘法师与诸道士译《道德经》为梵语时，也是在五通观与道士蔡晃、成玄英等三十余人往复辩难的。

正是由于隋朝建立的这几座道观在唐初佛道斗争中的巨大作用，它们也被视为最大的敌手，痛加贬斥。法琳《辩正论》卷六："注曰：汝以禁约妻房而为罪者，玄都、会圣，仍为燕尔之坊；至德、清虚，便是同牢之观也。既学长生，汝恒对妇；亲慕李氏，皆须养儿。但李耳、李宗，人人取妇，张陵、张鲁，世世畜妻，故有男官、女官之两名，系师、嗣师之别号。"①文中点名批判的"玄都""会圣""至德""清虚"，都是隋与唐初长安最重要的道观，其中清虚观更是法琳最痛恨的刘进喜、李仲卿的本观。至于法琳批判的内容，主要指向观中道士娶妻养儿的问题。事实上，隋与唐初是国家建立道籍、推行出家制度的过渡期，因此这种情形实属寻常，即使在中唐之后亦不罕见，如"麻姑仙师"邓延康就有三子，其中二子传其道法，在其仙逝之后，长子道牙归故乡麻姑山修道，而幼子道苗则继续留在长安龙兴观传法。②

入唐之后，长安几座更重要的道观相继建立，特别是贞观五年（631）太宗为道士秦世英所立的西华观，以及高宗显庆元年所立的昊天观与东明观。在西华观，不仅有深具政治影响力的观主秦世英与郭行真，也有一代重玄学宗师"西华法师"成玄英。③昊天观则是高宗以晋王府旧宅为其父祈福所立，与玄都观一样占一坊之地（保宁坊），高宗还御书观额，委派终南山宗圣观主尹文操兼任观主，无论是建筑规模还是政治背景，都备受瞩目④。至于东明观，《两京新记》称其"明庆元年，孝敬升储所立。规度拟西明之制，长廊广殿，图画雕刻，道家馆舍，无以为比"⑤，在当时宗教舞台扮演着重要角色，重玄学大师李荣自巴蜀入京之后即住此观。而显

---

① 〔唐〕法琳：《辩正论》卷六，见《大正新修大藏经》（第52册），大正一切经刊行会，1927年，第535页。

② 雷闻：《碑志所见的麻姑山邓氏——一个唐代道教世家的初步考察》，见荣新江主编：《唐研究》（第17卷），北京大学出版社，2011年，第39—70页。

③ 雷闻：《唐两京龙兴观略考》，见刘晓、雷闻主编：《隋唐辽宋金元史论丛》（第6辑），上海古籍出版社，2016年，第139—143页。

④ 巴瑞特认为"昊天"是国家祭祀的最高神昊天上帝之名，昊天观之设立，表明高宗在其统治之初便试图将道观、国家祭祀以及皇家帝系象征性地联系起来。T. H. Barrett, Taoism under the T'ang: Religion & Empire during the Golden Age of Chinese History, London: Wellsweep, 1996, pp.29-30.参见高叶青：《唐代昊天观历史与现状考察》，见汪桂平主编：《中国本土宗教研究》（第3辑），社会科学文献出版社，2020年，第268—278页。

⑤ 〔唐〕韦述撰，辛德勇辑校：《两京新记辑校》，三秦出版社，2006年，第56页。

庆三年（658），清都观的耆老张惠元亦移住东明观①。这似乎意味着从隋到唐高宗时，长安道教的权势中心开始转移，西华观（后来的金台观、龙兴观）、昊天观、东明观异军突起。②到中宗时，则有景龙观（后来的玄真观）的建立，玄宗时更有太清宫、兴唐观、肃明观、昭成观等名观出现，相继成为京城宫观体系的中心。在这一过程中，隋朝始建的那些宫观逐步边缘化，官方色彩日渐褪去，即便久负盛名的玄都观在一定程度上保持着传统，但也在中晚唐走向没落，更不用说清虚、五通、灵应等道观了。但无论如何，在武德、贞观乃至高宗初年，在长安道门发挥核心影响的，毕竟是从隋朝延续下来的那几座道观，它们不仅代表着大一统帝国重建后道教从山林到都市、从住家到出家的发展趋势，其观内道士与道法传统的广泛来源，也昭示了南北朝以来道教整合的成果。

原载《世界宗教研究》2022年第12期、2023年第1期

（雷闻，北京师范大学历史学院教授）

---

① 关于张惠元与清都观，参见雷闻：《帝乡灵宇：唐两京开元观略考》，《首都师范大学学报》2021年第5期。关于东明观，参见［日］土屋昌明：《唐長安の東明觀について》，《洞天福地研究》2018年第8号，第48—58页。刘康乐：《东明观与唐代长安道教》，见王卡、汪桂平主编：《中国本土宗教研究》（第2辑），社会科学文献出版社，2019年，第127—136页。

② 如前所述，玄都观主尹敬崇早年即随西华法师成玄英受学，可谓具有象征意义的事实。

丝绸之路

从出土汉简看汉王朝对丝绸之路的开拓与经营

张德芳

20世纪初以来,中国西部的甘肃、新疆等地陆续出土大量汉晋竹木简牍。这些出土简牍几乎都是丝绸之路的原始记录,对我们了解当时丝绸之路的路线走向、沿线地区和国家以及当时的中原王朝同中亚、西亚以及南亚次大陆古代国家的关系,具有十分重要的意义。根据传统文献和出土汉简材料,通过对两汉丝绸之路路线走向的考察,可以看出汉王朝以强大的综合国力对不同路段采取了不同措施,保证了丝绸之路畅通繁荣,为人类文明和社会的进步做出了贡献。

一、丝绸之路东段路线走向和停靠站点

从长安到敦煌的丝绸之路东段,或曰秦陇段,或曰陕甘段,20世纪80年代就已引起历史、地理学界的关注。学界大体认为,从长安到敦煌,以黄河为界,河东和河西属于两个不同的地理范畴。河西走廊两山相夹,走廊内部有荒漠、戈壁、绿洲、城镇,东西大道只能沿着一个方向延伸。即使左右摆动,从武威到张掖,再到酒泉、敦煌,仍然在一条线上。但陇东高原就不同了,高山大川,道路险峻,不同时期人们会选择不同路线。最便捷的线路是北线,即从长安出发,溯泾水西北走,经陇山,过固原、海原,在靖远县北渡黄河,经景泰再抵武威。早在1971年,严耕望就对唐代长安到凉州的南北两道做了详细考察:"长安西北至凉州主要道路有南北两线,南线经凤翔府及陇、秦、渭、临、兰五州,渡河至凉州;北道经邠、泾、原、会四州,渡河至凉州,皆置驿。""大抵北道径捷二百里,但平凉以西道较峻险,南道虽迂,但较平坦,且沿途亦较富庶,故唐人行旅,似取南道者为多。"[①]唐代如此,实际上是继承了汉代的路线。鲜肖威在20世纪80年代研究两汉时期甘肃境

---

① 严耕望:《唐代长安西通凉州两道驿程考》,《中国文化研究所学报》1971年第4卷第1期;增订版收入《唐代交通图考》(第2卷),"中央研究院"历史语言研究所,1985年,第416、419页。严文所记南北两道均有详细的驿站里程。

内的丝绸之路，结论不谋而合，认为北道是两汉时期最便捷的选择。①这表明至少在汉、唐两代丝绸之路繁盛时，从长安到敦煌，北线是一条主干线。这点在出土汉简中得到充分证实。1974年在居延甲渠候官遗址和1990年在悬泉置遗址分别出土的两枚里程简，衔接起来记载了从长安到敦煌的驿置里程。②根据里程简的记载，我们将所记路段分别定为京畿段、安定段、武威段、张掖段、酒泉段以及悬泉汉简中所记之敦煌段。其中的京畿段，汉简中记载了长安、茂陵、茯置、好止、义置等五个地点。其实就是从长安出发，经今兴平市境之茂陵，过乾县、永寿、彬县进入泾水流域，再经长武进入今甘肃东部之泾川、平凉。也就是上述严耕望、鲜肖威二先生所说的汉唐时期从长安到武威的北线。特别值得注意的是，出土里程简上记载的大都是驿置和城镇（县城），是附有基本供应和保障设施的停靠站点，而不是一般的地名。"这六段路线，从陕西彬县到甘肃泾川将近90千米、从宁夏固原到甘肃景泰200千米，因简牍残缺而有所中断，其余都是连在一起的。河西四郡有35个站点，安定和京畿有记载的站点有10个。从今天的西安到敦煌近2000千米的距离，除上述两段空白300千米外，其余1700千米的路段上，分布着45个停靠站点，平均每个站点相距约38千米。这就是汉简给我们提供的丝绸之路东段明确具体的行程路线……"③我们通过出土汉简的记载研究两汉丝绸之路的路线走向，是要说明两汉的丝绸之路，是有固定走向的，沿途需要站点并附有相应的保障设施，受到国家的保护和官府的支持。在当时的交通条件下，整个路段都分布着供人歇息、打尖、补给、喂马的地

---

① 参见鲜肖威：《甘肃境内的丝绸之路》，《兰州大学学报》（哲学社会科学版）1980年第2期；鲜肖威：《〈两关以东的丝绸之路〉一文究竟商榷了什么？——答吴礽骧同志》，《兰州大学学报》（哲学社会科学版）1981年第2期；鲜肖威：《唐乌兰县何在？——兼论敦煌以东丝绸之路》，《兰州学刊》1982年第4期。

② 居延里程简（EPT59.582）实际上是一块22.7厘米长，2.2厘米宽的木牍，上有文字四栏。前三栏记载从长安到武威的路线，第四栏记载张掖、山丹一段，全文是："长安至茂陵七十里，茂陵至茯置三十五里，茯置至好止七十五里，好止至义置七十五里。月氏至乌氏五十里，乌氏至泾阳五十里，泾阳至平林置六十里，平林置至高平八十里。媪围至居延九十里，居延置至觻里九十里，觻里至禽次九十里，禽次至小张掖六十里。删丹至日勒八十七里，日勒至钧耆置五十里，钧耆至屋兰五十里，屋兰至氐池五十里。"参见甘肃省文物考古研究所等编：《居延新简》，中华书局，1994年，第174页。悬泉里程简（Ⅱ90DXT0214①：130）只有19厘米长，2厘米宽，左下部残缺，留存文字三栏，全文是："仓松去鸾鸟六十五里，鸾鸟去小张掖六十里，小张掖去姑臧六十七里，姑臧去显美七十五里。氐池去觻得五十四里，觻得去昭武六十二里府下，昭武去祁连置六十一里，祁连置去表是七十里。玉门去沙头九十九里，沙头去乾齐八十五里，乾齐去渊泉五十八里，右酒泉郡县置十一，六百九十四里。"参见胡平生、张德芳编撰：《敦煌悬泉汉简释粹》，上海古籍出版社，2001年，第56页。

③ 张德芳：《西北汉简中的丝绸之路》，《中原文化研究》2014年第5期。

方。如果没有这些基本条件，不可能长距离出行。因此，丝绸之路没有"路"，而是一张"没有标识的道路网络"的说法并不符合实际。①

悬泉置遗址是迄今为止经考古发掘的规模最大、保存最为完整、出土文物最多、汉简内容最为丰富的古代邮驿遗址，总面积22500多平方米。该遗址的主体建筑是一个2500平方米左右的院落，院内外有29间房屋和其他附属建筑。根据悬泉汉简的记载，正常情况下悬泉置的人员编制有官卒徒御37人，传马40匹和传车10多辆。②而像悬泉置这样的驿置机构，在当时敦煌郡东西300千米的地面上就有9座，这在汉简中有明确记载："郡当西域空道，案厩置九所，传马员三百六十四。"③如上文所说，从长安到敦煌边关可以确知类似悬泉置这样的停靠站点有45个。这样一条保障线一直延伸到边关，说明当时汉帝国政治上的高度统一和综合国力的强盛，从政治、经济、军事各方面都为丝绸之路的畅通提供了保障。

除北线以外，还有南线，即从长安出发，沿渭河西行，经今兴平、武功、眉县、宝鸡，再沿汧水西北走，经千阳、陇县、道渭、定西、兰州，在兰州以西渡黄河，沿庄浪河（乌亭逆水）过永登，翻过乌鞘岭，到达武威。这条线早在李约瑟（Joseph Needham）于1954年剑桥大学出版的《中国科学史·第一卷·总论》中就已

---

① 芮乐伟·韩森（Valerie Hansen）："丝'路'并非一条'路'，而是一个穿越了广大沙漠山川的、不断变化且没有标识的道路网络。""丝绸之路这个词甫一出现就被看做是一条商旅往来不断的笔直大道，但实际上从来就不是这样。一百多年来的考古发掘从来没有发现过一条有明确标识的、横跨欧亚的铺就好的路。跟罗马的阿庇亚大道完全不同，丝绸之路是一系列变动不居的小路和无标识的足迹。因为并没有明显可见的路，旅人几乎总是需要向导引领，路上如果遇到障碍就会改变路线。"参见［美］芮乐伟·韩森：《丝绸之路新史》，张湛译，北京联合出版公司，2015年，第5、9页；［美］芮乐伟·韩森：《丝路新史：一个已经逝去但曾经兼容并蓄的世界》，黄庭硕、李志鸿、吴国圣译，麦田出版社，2015年，第14、16页。两书的译文略有不同，但基本意思相同。

② 张德芳：《悬泉汉简中的"悬泉置"》，见卜宪群、杨振红主编：《简帛研究·2006》，广西师范大学出版社，2008年，第169—182页。

③ 原简为："甘露二年七月戊子朔壬寅，敦煌大守千秋、长史憙、丞破胡谓县，律曰：诸乘置其传不为急及乘传者，驿驾囗令葆马三日，三日中死，负之。郡当西域空道，案厩置九所，传马员三百六十四，计以来死者……（Ⅱ90DXT0115③：8C）"

提到。①此外，李并成也利用出土汉简对南道的走向进行了详细考证并做了大量实地考察，认定了南线的存在。②其他学者的研究也都肯定了该线的存在，只是在关于渡河的地方和进入乌鞘岭的路线的认识上有一些小的分歧。③有一枚汉简里程简记录了从悬泉到金城允吾、天水平襄、刺史（治所）、长安等四个地点的里距④，证实了穿越乌鞘岭这条道路的畅通。不过，金城郡置于昭帝始元六年（前81），刺史升格开府治事也到了元帝（前48—前33）时期。所以这条道路真正通行可能也到了西汉末年。汉简的记载也没有像北道那样详细。但这条路一经开通，就绵延了很长时期。严耕望对这条道路的细密考证，说明到了唐代，这条路已经同北线一样，变成长安到敦煌的主干道，绵延一千多年。只有这些逐步固定化且有沿途保障设施的路线，才是汉唐丝绸之路畅通繁荣的标志。

除上述两条路线外，还有学者提出另一条南线"羌中道"，就是从长安出发沿渭河西行，经宝鸡、天水、陇西、渭源、临洮，再经临夏进入青海的西宁，或者出扁都口到张掖，或者继续西行穿过柴达木盆地到若羌。这条线最早由裴文中提出："我推测，在汉以前中西文化交通的道路，似在湟水流域，不在河西走廊。"⑤当然，这是关于史前时期情况的推测。后来夏鼐根据西宁出土的76枚萨珊朝银币认为："今日青海西宁在第四世纪末至第六世纪初，在当时中西交通路线上是占有相

---

① 李约瑟认为："从甘肃省会兰州西北行是甘肃走廊，通过这条走廊，现在的省界隐约显出古代丝绸之路的轮廓。这条商路通过南山或祁连山的融雪所形成的许多绿洲（融雪化水流入戈壁沙漠），而使中国和中亚相沟通。"参见［英］李约瑟：《中国科学技术史·第一卷·总论》，《中国科学技术史》翻译小组译，科学出版社，1975年，第122页。在后来由袁翰青等人翻译，并于1990年出版的新版本中，译文略有不同："从甘肃省会兰州西北行是甘肃走廊（形似锅柄），通过这条走廊，现在的省界显示出最古老最著名的古代通商之路——古代丝绸之路的轮廓。这条商路通过南山或祁连山的融雪所形成的许多绿洲（融雪化水流入戈壁沙漠），而使中国和中亚相沟通。"参见［英］李约瑟：《李约瑟中国科学技术史·第一卷·导论》，袁翰青等译，科学出版社，上海古籍出版社，1990年，第57页。
② 李并成：《汉代河西走廊东段交通路线考》，《敦煌学辑刊》2011年第1期。
③ 鲜肖威：《甘肃境内的丝绸之路》，《兰州大学学报》（哲学社会科学版）1980年第2期；吴礽骧：《两关以东的"丝绸之路"——兼与鲜肖威先生商榷》，《兰州大学学报》（哲学社会科学版）1980年第4期；杨建新：《丝绸之路东段述略》，《西北史地》1981年第1期；齐陈骏：《丝路考察纪略》，《兰州大学学报》（自然科学版）1982年第4期。
④ "金城允吾二千八百八十里，东南。天水平襄二千八百卅，东南。东南去刺史□三□……一八十里……长安四千八十……（V92DXT1611③：39）"参见胡平生、张德芳编撰：《敦煌悬泉汉简释粹》，上海古籍出版社，2001年，第59页。
⑤ 裴文中：《史前时期之东西交通》，《边政公论》1948年第4期。

当重要地位的。"①这是南北朝时期的情况。两汉时期是否已开辟了"羌中道",学术界有争论。②其实两汉时期的青海湖以西及柴达木盆地,主要是羌人的游牧区,中原与西域的通道,只能走河西而不能走羌中。张骞返回时,"欲从羌中归",结果还是落到匈奴人手中。王北辰认为,还有一条北线居延道。③其实在两汉时期,居延地区有军事防线,主要防范匈奴进入河西和河西的汉人进入匈奴,因而它不是两汉时期丝绸之路的主干道。

上面集中讨论两汉时期从长安到敦煌的两条路线,是想说明在张骞出使西域以后,汉王朝经过一系列向西推进的战略措施,同西域各国的关系与交往达到空前高度,中西来往的交通也形成基本固定的路线,以及相应的保障措施。当然,这并不排除各个绿洲之间不管是东西还是南北短距离交往,但不能由此认为丝绸之路并不是一条"路",而是一张随意行走和纵横交错的网。需要说明的是,前文列举的40多个停靠站点,只是中西关系处在十分稳定情况下的产物,张骞出使西域、霍去病三出河西以及李广利伐大宛时,这种情况尚不存在。

二、汉王朝对丝路中段即西域南北两道的经营管理

丝绸之路的中段,即天山南北,而两汉时期狭义的西域则多指天山以南。当时一般通行的道路是塔里木盆地的南缘和北缘,即《汉书·西域传》所说的南道和北道。天山以北的草原之路只是在西汉末年和东汉初年"北新道"开通以后才得以通行。尽管天山以北地区地势平衍,水草丰茂,大部分地区还是乌孙的游牧地。但整个西汉时期,即使汉与乌孙的来往也要通过天山以南,折而转向伊塞克湖(阗池),就是因为天山以北游牧地区没有定居农耕地区那样的固定站点,无法满足长途出行的需要。

《汉书·西域传》:"西域以孝武时始通,本三十六国,其后稍分至五十余,皆在匈奴之西,乌孙之南。"④三十六国之数,历代史家多有考证。但王先谦《汉书补注》中所列最为可信。他认为三十六国自东向西应为:婼羌、楼兰、且末、小

---

① 夏鼐:《青海西宁出土的波斯萨珊朝银币》,《考古学报》1958年第1期;夏鼐:《夏鼐文集》(第3册),社会科学文献出版社,2017年;夏鼐著,夏正楷编:《丝绸之路考古学研究》,浙江大学出版社,2019年。

② 初师宾认为"羌中道"在两汉时期已经开辟,而吴礽骧则持否定态度。参见初师宾:《丝路羌中道开辟小议》,《西北师范大学学报》(社会科学版)1982年第2期;吴礽骧:《也谈"羌中道"》,《敦煌学辑刊》1984年第2期。

③ 王北辰:《古代居延道路》,《历史研究》1980年第3期。

④ 《汉书》卷九六《西域传上》,中华书局,1962年,第3871页。

宛、精绝、戎卢、扜弥、渠勒、于阗、皮山、乌秅、西夜、子合、蒲犁、依耐、无雷、难兜、大宛、桃槐、休循、捐毒、莎车、疏勒、尉头、姑墨、温宿、龟兹、尉犁、危须、焉耆、姑师、墨山、劫国、狐胡、渠犁、乌垒。①这三十六国除《史记》《汉书》等传统文献有详略不等的记载外，出土汉简中有其中二十三国的记载，大都是分布在西域南北两道的绿洲城邦，在两汉丝绸之路上具有重要地位。

先看西域南道。《汉书·西域传》载："从鄯善傍南山北，波河西行至莎车，为南道。南道西逾葱岭则出大月氏、安息。"②悬泉汉简中对西域南道的记载有鄯善（楼兰）、且末、小宛、精绝、扜弥、于阗、渠勒、皮山、莎车、蒲犁等十国。尤其是神爵二年（前60）西域都护府建立后，作为西域都护府下属的地方政权，为过境使者提供保障是朝廷赋予南道诸国的职责和义务。它们既是丝绸之路上东西交往的主体，也是为过往行人提供食宿安全的停靠站点。其中的鄯善、扜弥、于阗、莎车，都曾先后成为南道大国，在后来的丝绸之路上发挥过重要作用。

西汉后期，对西域南道最重要的保障措施就是伊循屯田。《汉书·西域传》记载，元凤四年（前77）汉遣平乐监傅介子刺杀楼兰王：

> 乃立尉屠耆为王，更名其国为鄯善，为刻印章，赐以宫女为夫人，备车骑辎重，丞相将军率百官送至横门外，祖而遣之。王自请天子曰："身在汉久，今归，单弱，而前王有子在，恐为所杀。国中有伊循城，其地肥美，愿汉遣一将屯田积谷，令臣得依其威重。"于是汉遣司马一人、吏士四十人，田伊循以填抚之。其后更置都尉。伊循官置始此矣。③

关于伊循屯田，我们从文献记载只能得到这些简单信息，但悬泉汉简却提供了丰富资料，让我们看到伊循屯田从司马到都尉的体制规模以及同敦煌太守的隶属关系。比如：

> ☐敦煌伊循都尉大仓谓过所县☐。（Ⅰ90DXT0111②：73）
>
> 敦 煌 伊 循 都 尉 臣 大 仓 上 书 一 封 。甘 露 四 年 六 月 庚 子 上 。
> （Ⅱ90DXT0216③：111）

在"伊循都尉"之前冠以"敦煌"，说明伊循都尉受敦煌太守节制，行政上同河西四郡关系密切。

> 七月乙丑，敦煌大守千秋、长史奉憙、守部候修仁行丞事，下当用者：
>
> 小府、伊循城都尉、守部司马、司马官候、移县置、广校候、郡库，承书从

---

① 〔汉〕班固撰，王先谦补注：《汉书补注》，上海古籍出版社，2008年，第5758页。
② 《汉书》卷九六《西域传上》，中华书局，1962年，第3872页。
③ 《汉书》卷九六《西域传上》，中华书局，1962年，第3878页。

事下当用者如诏书。掾平、卒史敞、府佐寿宗。（Ⅴ92DXT1312③：44）

这是敦煌太守府下发文件的范围，包括伊循城都尉。

  甘露三年四月甲寅朔庚辰，金城大守贤、丞文谓过所县道官：遣浩亹亭长秦贺以诏书送施（弛）刑伊循。当舍传舍，从者如律令。（Ⅱ90DXT0114④：338）

这是金城太守贤开具的一封过所文件，派浩亹亭长送弛刑徒到伊循，说明去伊循屯田的人员不光有官员、戍卒、家属，还有弛刑徒。诸如此类，不再赘举。

可见，伊循屯田不仅是鄯善国王尉屠耆就任时的请求，同时符合汉王朝开拓西域的旨意。从元凤四年到西汉末年，伊循屯田一直是汉王朝在西域南道保障丝绸之路的政治、经济和军事措施，对西域南道的畅通至关重要。

再看西域北道："自车师前王廷随北山，波河西行至疏勒，为北道；北道西逾葱岭则出大宛、康居、奄蔡焉。"[①]北道也是从敦煌西出，沿着天山南麓、塔克拉玛干沙漠北缘西越葱岭到达中亚的路线。汉简中留下了车师、山国、危须、焉耆、尉犁、渠犁、龟兹、姑墨、温宿、疏勒十国的记载。除乌垒本身是西域都护的驻地外，其他沿途的绿洲城邦都是丝绸之路上的重要站点。为使上述绿洲城邦能为丝绸之路的畅通发挥应有作用，汉朝政府采取了一系列重要措施，其中最重要的莫过于西域都护府的设立和戊己校尉的屯田，在出土汉简中都有丰富记录。

《汉书·西域传》载："匈奴西边日逐王置僮仆都尉，使领西域，常居焉耆、危须、尉黎间，赋税诸国，取富给焉。"[②]神爵二年秋，"匈奴乖乱，日逐王先贤掸欲降汉，使人与吉相闻。吉发渠黎、龟兹诸国五万人迎日逐王。口万二千人、小王将十二人随吉至河曲，颇有亡者，吉追斩之，遂将诣京师。汉封日逐王为归德侯"。[③]日逐王降汉、西域都护的设立，标志着匈奴势力的彻底衰落和汉朝对西域的完全控制，具有里程碑式的意义，影响了当时的世界格局和基本走向。悬泉汉简提供了日逐王的行踪和相关接待记录，从原始档案的角度证实了日逐王降汉的相关史实。

  神爵二年八月甲戌朔□□，车骑将军臣增□谓御史□□制诏御史□□侯□□□敦煌酒泉迎日逐王，为驾一乘传别□载……御史大夫☑如律令☑（Ⅱ90DXT0313③：5）

简文虽多处漫漶不清，但时间、人物和事件原委都可以辨识。神爵二年八月，

---

① 《汉书》卷九六《西域传上》，中华书局，1962年，第3872页。
② 《汉书》卷九六《西域传上》，中华书局，1962年，第3872页。
③ 《汉书》卷七十《郑吉传》，中华书局，1962年，第3005页。

车骑将军韩增派朝廷官员到酒泉迎接日逐王，由御史大夫发出过所，要求沿途各地必须提供车辆食宿的接待。

  神爵二年十一月癸卯朔乙丑，县泉厩佐广德敢言之，爰书：厩御千乘里畸利辨告曰：所葆养传马一匹，骓、牡、左剽、久生腹，齿十二岁，高六尺一寸，□□敦煌送日逐王，东至冥安病死。即与御张乃始√冷定杂诊，马死身完，毋兵刃木索迹，病死。审证之，它如爰书。敢言之。（87—89DXC：12）①

这是敦煌悬泉迎送日逐王时，马死途中的记载。

从第一任西域都护郑吉到王莽时的最后一任西域都护李崇，先后任职者18人，历时80多年。②他们代表西汉中央政府在西域行使职权，有力保障了这段时间内西域各地同中央政府的密切联系和丝绸之路中段的安全畅达。都护的职责是："督察乌孙、康居诸外国动静，有变以闻。可安辑，安辑之；可击，击之。"③从汉简具体记载看，西域有什么军情要务，西域都护都要随时通过河西驿道向朝廷报告，而朝廷亦随时向西域都护发出指令。

  使都护安远侯吉上书一封，□□元年十月庚辰日餔时，受遮要□□□□□□行。（Ⅰ90DXT0114③：62）

这是第一任西域都护安远侯郑吉给朝廷上书的记录。其职衔全称应是"使都护西域骑都尉"，此处用了简称。

  出东：绿纬书□封皆完。其一封西域都护上，诣王路四门……上，诣王路四门。始建国元年十二月己亥，日蚤食时，遮要卒桥音付县泉佐杨博。（Ⅱ90DXT0115①：63）

这是王莽时期西域都护但钦给朝廷上书的记录。

  诏书一封，丞相之印章。诣使都护西域骑都尉。县厩置译骑行·有请诏。建始元年四月庚戌，昼漏上十八刻起丞相府。（Ⅱ90DXT0115③：37）

这是丞相府给时任西域都护段会宗下发的诏书。诸如此类，所在多有，从中可以看出中央政府和西域都护对丝绸之路和西域事态的密切关注。

《汉书·西域传》载："至元帝时，复置戊己校尉，屯田车师前王庭。"④同

---

① 张德芳、石明秀主编：《玉门关汉简》，中西书局，2019年，第109页，简1301。
② 从神爵二年郑吉任第一任都护到王莽时西域都护李崇还保龟兹，"数年莽死，崇遂没，西域因绝"，共80多年。
③ 《汉书》卷九六《西域传上》，中华书局，1962年，第3874页。
④ 《汉书》卷九六《西域传上》，中华书局，1962年，第3874页。

书《百官公卿表》又说："戊己校尉,元帝初元元年置,有丞、司马各一人,候五人,秩比六百石。"①西汉后期,汉政府在车师前王庭(交河城)设立戊己校尉屯田驻守,这是继西域都护设立后又一保障丝路交通的重大措施。但是由于《汉书》记载的歧义,从唐朝颜师古以来,就对上述记载中产生的问题不断进行讨论。一是所谓"戊己校尉"是一个校尉还是戊校尉和己校尉两个校尉?二是戊己校尉的秩级是比二千石还是六百石?三是戊己校尉隶属于西域都护抑或敦煌太守?或是中央直辖?四是戊己校尉的下属编制和人员规模究竟是何种情况?②出土汉简中大量关于戊己校尉屯田的记载,提供了新材料,使人们得出新结论。汉简中关于戊校尉、己校尉的分别记载,驳正了传统史料中"戊""己"连称造成的混乱;校尉、都尉都是比二千石的官员,同西域都护平级,其下属丞、司马、候则是六百石秩级;戊己校尉属朝廷直接领导,但要受西域都护的节制,其戍边吏卒三年一更,更尽回返,军籍属北军;一校人马一般情况下500人左右,校尉以下,设左右前后中等部曲候。戊己校尉正常情况下,大约有近千人的吏士,平时屯垦,战时打仗,因而车师屯田地区是扼守西域东大门,保障中西交通的战略据点。西域都护总领西域,政治上代表朝廷行使职权;戊己校尉则在军事上拱卫西域,保障丝路交通的安全。

丝绸之路的中段即前文分别谈到的西域南道和北道,同东段即秦陇陕甘道的情况完全不同。秦陇陕甘道分布在中央政府直辖的郡县地区,有45个沿线城镇和道路驿置作为停靠站点来保障长途通行的安全。西域地区则完全不同,像天山以南的绿洲城邦,一片绿洲就是一个部落和族群,不管大小按当时的习惯都称之为"国",实际上同现代意义上的"国",完全不是一个概念。西域都护只代表中央对西域各国实行羁縻,并不改变其内部的机能和体制,因而在丝绸之路的保障上实行完全不同的政策,就是上面所讲的屯田、驻军、设置都护。在传统文献的基础上,大量出土汉简更加确凿地证明:没有汉王朝对西域政治、军事、经济、外交等各方面强有力的保障,两汉丝绸之路的畅通是不可能的。当然,从广义上说,从长远观点看,

---

① 《汉书》卷一九《百官公卿表》,中华书局,1962年,第739页。
② 参见劳榦:《汉代的西域都护与戊己校尉》,《"中央研究院"历史语言研究所集刊》,1956年第28本上册;侯灿:《汉晋时期的西域戊己校尉》,《西北史地》1983年第3期;林剑鸣:《西汉戊己校尉考》,《历史研究》1990年第2期;李大龙:《西汉西域都护略论》,《中国边疆史地研究》1991年第2期;余太山:《西汉与西域关系述考》,《西北民族研究》1994年第1、2期;高荣:《汉代戊己校尉述论》,《西域研究》2000年第2期;李炳泉:《两汉戊己校尉建制考》,《史学月刊》2002年第6期;孟宪实:《西汉戊己校尉新论》,《广东社会科学》2004年第1期;贾丛江:《西汉戊己校尉的名和实》,《中国边疆史地研究》2006年第4期;刘国防:《西汉比胥鞬屯田与戊己校尉的设置》,《西域研究》2006年第4期;薛宗正:《西汉的使者校尉与屯田校尉》,《新疆社会科学》2007年第5期。

北方的匈奴作为汉帝国的强敌也曾为丝绸之路的繁荣做出过贡献，更何况他们在后来也都融入了汉族和其他族群，成为中华民族的一部分。但具体问题要放在具体的历史环境中，放在特定的语境中来考虑、分析。在汉匈强烈对峙的情况下，汉帝国作为当时统一而强大的政治势力，才是东方文明的当然代表。

三、从出土汉简看中亚各国同汉王朝的直接交往

从汉简记载看，张骞"凿空"后，丝绸之路的西端最早与汉王朝保持直接来往的西方国家有乌孙、大宛、康居、大月氏、乌弋山离、罽宾等。下面只举乌孙和康居的例子。

乌孙是西域的重要国家，是张骞第二次西使的目的地。按照《汉书·西域传》记载："大昆弥治赤谷城，去长安八千九百里。户十二万，口六十三万，胜兵十八万八千八百人。"①赤谷城在今吉尔吉斯斯坦伊塞克湖东南伊什提克一带，但驻牧范围在天山以北整个伊犁河流域。按照西汉末年的人口统计，乌孙人口63万，在保存人口统计的西域诸国中，最为大国②。从张骞元狩四年（前119）至元鼎二年（前115）出使乌孙，到西汉末年王莽新朝的一百多年里，汉与乌孙的关系有外交（如张骞出使）、有政治（如朝廷对大小昆弥的分封和昆弥到朝廷的朝拜）、有军事（如本始年间联手出击匈奴）、和亲（两公主远嫁）、商贸（如朝贡、纳聘和赏赐），还有驻军屯田为之维护秩序（如长罗侯率三校屯田赤谷城），等等。其间，长罗侯常惠六出乌孙，西域都护段会宗也就近五到乌孙。公主远嫁，冯夫人锦车持节来往于汉、乌之间。这都是从长安到西域国家的远距离交通。汉朝如此，乌孙亦然。史载"元康二年，乌孙昆弥因惠上书：'愿以汉外孙元贵靡为嗣，得令复尚汉公主，结婚重亲，畔绝匈奴，愿聘马、骡各千匹。'……上美乌孙新立大功，又重绝故业，遣使者至乌孙，先迎取聘。昆弥及太子、左右大将、都尉皆遣使，凡三百余人，入汉迎取少主。"③从这300多人来汉朝迎亲的规模，亦可想见当时丝绸之路上的盛况。

---

① 《汉书》卷九六《西域传上》，中华书局，1962年，第3901页。
② 在西域都护管辖的48国中，人口上万的有9国，分别是乌孙630000人、大宛300000人、龟兹81317人、姑墨34500人、焉耆32100人、扜弥20040人、于阗19300人、疏勒18647人、鄯善14100人。
③ 《汉书》卷九六《西域传上》，中华书局，1962年，第3905页。

类似情况，除了传世文献外，汉简中亦有大量记载①：

> 甘露二年二月庚申朔丙戌，鱼离置啬夫禹移县泉置：遣佐光持传马十匹，为冯夫人柱，廪穧麦小石卅二石七斗，又茭廿五石二钧。今写券墨移书到，受簿入三月报，毋令缪，如律令。（Ⅱ90DXT0115③：96）

这是公元前52年4月13日，相邻的鱼离置和悬泉置就关于接待冯夫人时使用马匹和开销草料的账目如何上报核销的问题来往的商洽文件。

> 甘露三年十月辛亥，丞相属王彭护乌孙公主及将军、贵人、从者道上。传车马为驾二封轺传，有请诏。御史大夫万年下谓成，以次为驾，当舍传舍如律令。（Ⅴ92DXT1412③：100）

这是公元前51年10月30日，御史大夫陈万年下发的一封文件。丞相属王彭护送乌孙公主、将军、贵人、从者等，从长安以西第一站起，沿途都要提供食宿和车辆的接待。

> 出粟二斗四升。以食乌孙大昆弥使者三人，人再食，食四升，西。（Ⅴ92DXT1611③：118）

这是乌孙大昆弥使者三人在敦煌悬泉置吃过两顿饭的记录，每顿四升，用粟二斗四升。

> ☐乌孙小昆弥使者却适等三人，人一食，食四升。（Ⅴ92DXT1509②：4）

这是小昆弥使者三人路过悬泉置，停留用饭的记录。

> 鸿嘉三年三月癸酉遣守属单彭送自来乌孙大昆弥副使者簿游、左大将☐使☐单，皆奉献诣行在所，以令为驾一乘传。凡二人。三月戊寅东。敦煌长史充国行大☐六月以次为驾如律令☐（Ⅱ90DXT0214②：385）

这是敦煌太守府开具的过所：守属单彭护送乌孙大昆弥的副使和左大将的使者前往京师，诣行在所，朝见天子。时在公元前18年4月2日。路过悬泉置是在4月7日。

> 出粟十八石，骑马六十匹。都吏王卿所送乌孙客。元延四年六月戊寅，县泉啬夫欣付敦煌尉史襃马。（Ⅱ90DXT0114③：454）

这是公元前9年8月17日，都吏王卿护送乌孙客时路过悬泉置的记载。用粟18石，用马60匹，路过的人数可能不少。

从上列文献和汉简的诸多例证中，不难看出：乌孙作为西域第一大国，而且远

---

① 张德芳：《〈长罗侯费用簿〉及长罗侯与乌孙关系考略》，《文物》2000年第9期；《悬泉汉简中的乌孙资料考证》，见中国文化遗产研究院编：《出土文献研究》（第15辑），中西书局，2016年。

在今天的中亚伊塞克湖以西以北,从张骞出使以后到王莽新朝,双方的来往不曾间断,而且都是远距离跋涉。出使来往的内容包括政治、和亲、军事、外交,也不乏贡纳赏赐等商贸活动。所有这些都应是丝绸之路上经济文化交流的重要内容。

就因为丝绸之路不同于罗马阿庇亚(Via Appia)大道那样经过修整,就不是"路"?甚至说,在丝绸贸易量极少,又没有一条固定道路的情况下,所谓的丝路贸易只能是一个绿洲到一个绿洲的短途行为,"很少有人从撒马尔罕穿越整个中亚到达长安"。①从上面引证的材料看,这些观点是有待商榷的。

下面,举一些康居的例子。史载康居国:"去长安万二千三百里。不属都护。至越匿地马行七日,至王夏所居蕃内九千一百四里。户十二万,口六十万,胜兵十二万人。"②康居是拥有60万人口的大国,驻牧范围主要在锡尔河北岸、哈萨克斯坦南部草原,势力繁盛时可能达泽拉夫善河流域(今布哈拉河)。③康居有五小王:一曰苏薤王,治苏薤城,地望在今乌兹别克斯坦东南部卡什卡塔尔里亚省的沙赫里夏波兹;二曰附墨王,治附墨城,在今天乌兹别克斯坦纳沃伊;三曰窳匿王,治窳匿城,在今天的塔什干附近;四曰罽王,治罽城,在今乌兹别克斯坦的布哈拉;五曰奥鞬王,治奥鞬城,地望在今阿姆河下游花拉子模州首府乌尔根奇附近。事实上,康居包括了今天哈萨克斯坦和乌兹别克斯坦的大部分。

张骞初次来此,"康居传致大月氏",曾得到康居的友好接待。其后太初年间(前104—前101)李广利伐大宛,康居怕唇亡而齿寒,曾为大宛后援。④但后来西域都护建立后,康居同汉朝的关系进入互派使者的阶段。康居的稳定和同汉朝的密切关系,亦为丝路畅通的基本保证。汉简记载:

> 甘露二年正月庚戌,敦煌大守千秋、库令贺兼行丞事,敢告酒泉大守府卒人:安远侯遣比胥犍罢军候丞赵千秋上书,送康居王使者二人、

---

① 芮乐伟·韩森认为:"丝'路'并非一条'路',而是一个穿越了广大沙漠山川的、不断变化且没有标识的道路网络。事实上,在这些艰苦的商路上往来的货物量很小。"参见[美]芮乐伟·韩森:《丝绸之路新史》,张湛译,北京联合出版公司,2015年,第5页。对于这一看法,美国哥伦比亚大学东亚语言和文化所教授滕华瑞(Gray Tuttle)的评论是:"韩森挑战了人们对这个中亚十字路口的惯常描述。她发现当地居民主要处于维持生计和以物易物的状态,而非从事大规模的长途商业贸易;她发现中国军队在把丝绸带到丝绸之路上扮演着重要角色,而非商人。"(见该书封底)
② 《汉书》卷九六《西域传上》,中华书局,1962年,第3891—3892页。
③ 郝树声:《汉简中的大宛和康居——丝绸之路与中西交往研究的新资料》,《中原文化研究》2015年第2期。
④ 郝树声:《汉简中的大宛和康居——丝绸之路与中西交往研究的新资料》,《中原文化研究》2015年第2期。

贵人十人、从者六十四人。献马二匹、橐他十匹。私马九匹、驴卅一匹、橐他廿五匹、牛一。戊申入玉门关,已阅(名)籍、畜财、财物。
（Ⅱ90DXT0213③：6＋T0214③：83）①

这是公元前52年3月6日和3月8日康居王使者路过悬泉置的记载。使团从使者、贵人到从者,一共76人,随行大牲畜78头。78头大牲畜中,有贡献的马匹和骆驼若干,有私马、驴、驼、牛若干,前者是给朝廷的贡献之物,后者可能是使团人员自己的乘驾。②

还有康居王使者册：

康居王使者杨伯刀、副扁阗；苏薤王使者姑墨、副沙囷即贵人为匿等,皆叩头自言：前数为王奉献橐佗,入敦煌［简四］关,县次购食至酒泉,昆□官大守与杨伯刀等杂平直肥瘦。今杨伯刀等复为王奉献橐佗入关,行道不得［简五］食,至酒泉,酒泉大守独与小吏直畜,杨伯刀等不得见所献橐佗。姑墨为王献白牡橐佗一匹,牝二匹,以为黄。及杨伯刀［简六］等献橐佗,皆肥,以为瘦。不如实,冤。［简七］

永光五年六月癸酉朔癸酉,使主客谏大夫汉侍郎当,移敦煌大守,书到验问言状。事当奏闻,毋留如律令。［简八］

七月庚申,敦煌大守弘、长史章、守部候修仁行丞事,谓县：写移书到,具移康居苏薤王使者杨伯刀等献橐佗食用谷数,会月廿五日,如律令。／掾登、属建、书佐政光。［简九］

七月壬戌,效谷守长合宗、守丞敦煌左尉忠谓置：写移书到,具写传马止不食谷,诏书报,会月廿三日,如律令。／掾宗、啬夫辅。［简十］
（Ⅱ90DXT0216②877—883）③

本简册有七枚简,293字,记载了公元前39年,康居王使者杨伯刀、副使扁阗,苏薤王使者姑墨、副使沙囷、贵人为匿等五人来京师贡献时,由于没有受到敦煌、酒泉等地方官员的应有礼遇,后来把冤屈上告到了朝廷。

阳朔二年四月辛丑朔,甲子,京兆尹信、丞义下左将军、使送康居校尉,承书从事下当用者,如诏书。四月丙寅,左将军丹下大鸿胪、敦煌大

---

① 本简内容参见郝树声：《汉简中的大宛和康居——丝绸之路与中西交往研究的新资料》,《中原文化研究》2015年第2期。
② 郝树声：《汉简中的大宛和康居——丝绸之路与中西交往研究的新资料》,《中原文化研究》2015年第2期。
③ 本简内容参见郝树声：《汉简中的大宛和康居——丝绸之路与中西交往研究的新资料》,《中原文化研究》2015年第2期。

守，承书从事下当用者如诏书。（玉门关汉简Ⅱ98DYT2：3）①

这是说公元前23年6月18日，有一封朝廷公文，先由京兆尹信、丞义下达左将军和使康居校尉。6月20日，又由左将军下达给大鸿胪和敦煌太守。②

从上面三封出土汉简中可见，公元前52年、公元前39年、公元前23年这30年时间里，康居和汉朝有着友好的往来关系，而且是经过长途跋涉，从丝路的一端到了另一端。所谓"很少有人从撒马尔罕穿越整个中亚到达长安"的说法是站不住脚的。

总之，通过出土汉简和传世文献，我们可以看到，两汉时期的丝绸之路，从东到西有着大致固定的路线和走向。从长安到敦煌，属于汉王朝直接统治的郡县地区，沿线建有绵延不绝且分布均匀的驿站馆舍。这些交通设施的高效运转，是国家统一而强大的综合国力的集中体现。没有国家强有力的保障，就没有丝绸之路的畅通。所谓丝绸之路网状说并不符合事实。至于丝绸之路的中段则与内地不同。天山以南是城郭之国，属于农耕定居之地；而天山以北则属于草原游牧地区。穿行在塔克拉玛干沙漠的南北两道，以绿洲为据点，在汉王朝政治、经济、军事等多种措施的保障下，西域都护管辖的绿洲各国按照朝廷的意志，履行东道国的义务，以此来保障丝路中段的正常通行。葱岭以西，汉王朝军事外交并用，保持同中亚各国以及西亚、南亚次大陆的直接来往。那种认为丝绸之路上只是一个绿洲到另一个绿洲短距离间接交易的说法同样是不全面的。

丝绸之路的概念从1877年李希霍芬提出以后就是一个开放和发展的系统，随着历史的发展，在不同的历史语境下应有不同的内涵和限定。不能由于西汉的丝绸之路尚未延伸到罗马，就否定它的存在。罗马的势力不断扩张从共和进入帝国是公元前30年以后的事，在此之前的丝绸之路实际上已经进入了繁荣时期。

原载《中国社会科学》2021年第1期

（张德芳，陕西师范大学人文科学高等研究院特聘教授）

---

① 本简内容参见郝树声：《汉简中的大宛和康居——丝绸之路与中西交往研究的新资料》，《中原文化研究》2015年第2期。
② 郝树声：《汉简中的大宛和康居——丝绸之路与中西交往研究的新资料》，《中原文化研究》2015年第2期。

敦煌悬泉汉简反映的丝绸之路再认识

葛承雍

敦煌悬泉置汉简是汉代丝绸之路最宝贵的文物遗存,很多学者依据对汉简的整理与缀合,拼接出断裂的丝路文明,对我们具有不可替代的启发意义。

近几年来,关于汉代有无李希霍芬所定义的"丝绸之路"异议不断,主要有以下四个方面的意见:其一,丝绸之路交流是双向的,中国的文化对外传播证据不足,没有一条从汉长安通往罗马的笔直商业大道,传世的零星文献记载尚不足以说明汉代与罗马帝国架起了一座丝路桥梁。李希霍芬在19世纪所勾画的"丝绸之路"是西方人心目中构筑的殖民势力范围梦想。其二,"丝"比"路"更容易引人误解,因为丝绸只是中西古道货物交易中的一种物品而已,金属制品、矿物原料、玉石、香料、马具及皮革制品、玻璃和纸都很常见。用"丝绸之路"为它命名,误以为"丝绸"是罗马帝国时代对东方最感兴趣的商品,实际上论对文明交流的贡献,中国"四大发明"中的纸远远超过丝绸的传播。其三,丝路经济活动主要并非长途贸易。那些绿洲聚落大多以农业而非商业维生,绿洲贸易大多发生在当地城邦之间,转手中介占据绝大多数,而且多"以物易物"而不是用货币交易,所以认为丝路上"实际的贸易额相当小",并没有活跃的国际物资交流。[①]其四,张骞出使西域的目的本身是政治外交、军事联合和国家安全,而非重视贸易,宗教、艺术、语言和新技术交流方面的意义远远大于经济外贸。绿洲小邦国的经济活动不大可能那么依赖外贸。对丝绸之路从经济收益和对外开放意义上的理解是一种误读。

对于这些质疑和不同看法,我们需要认真回应。

---

① [美]芮乐伟·韩森:《丝绸之路新史》,张湛译,北京联合出版公司,2015年。耶鲁大学历史系韩森于2012年出版的这本书在西方学术界引起了反响,认为她从丢弃的垃圾碎片中(指出土简牍和文书)恢复了历史真相,揭穿了丝绸之路的虚假景象,丝绸之路上活跃的是军队而不是商人,丝绸并不是重要交易商品,丝绸之路没有一条直通的路,而是一连串市场在东西方交易,评价她颠覆了传统的丝绸之路观念。

一、汉代传置道里簿记载的驿站里程路线

汉代丝绸之路真实存在吗？1974年从居延破城子出土的里程简和1990年敦煌悬泉出土河西驿道里程简，构成了汉代长安到河西敦煌的里程表，两处发现的原始里程简（又称"传置道里簿"），清晰地记载了汉代丝绸之路驿传设置和行进路线。

长安至茂陵七十里　茂陵至茯置卅五里　茯置至好止七十五里
好止至义置七十五里　月氏至乌氏五十里　乌氏至泾阳五十里……①

仓松去鸾鸟六十五里　鸾鸟去小张掖六十里　小张掖去姑臧六十七里
姑臧去显美七十五里　昭武去祁连置六十一里　祁连置去表是七十里
玉门去沙头九十九里　沙头去乾齐八十五里　乾齐去渊泉五十八里……②

正是这些汉简无可辩驳地说明了当时有道路、驿站、里程，已不是一个粗线条的丝绸之路，不是猜想与意象，而是由出土文献细化的历史路线。

汉代丝绸之路的基本走向是，东面始于西汉的首都长安（今西安），经咸阳，一条路沿泾河而上，经固原、景泰进入河西走廊，路途短但缺水补给难；另一条路沿渭水西行，经陇西、金城（今兰州）进入河西走廊，路途适中补给一般。沿河西走廊西行，经武威、张掖、酒泉，再西行即到咽喉之地敦煌。由敦煌出玉门关或阳关，穿过白龙堆到罗布泊地区的楼兰。长安至敦煌的路途按照汉简分为京畿段、安定段、武威段、张掖段、酒泉段和敦煌段等六段路线，每个站点平均相距约38公里。③唐代敦煌文书《沙州都督府图经》卷三记载的开元时期十九站的交通路线更为翔实丰富④，充分说明汉至唐路线的继承关系，由政府开办的驿站不仅提供了食宿停歇补充的便利，而且有官方法律保驾护航。不管是小规模中转贸易还是长距离远途贸易，都可供大规模商队休整联系，是一个网络式的连接。

我们发现汉唐涉及远途奢侈品贸易的简牍与文书都极为罕见，但在中国境内

---

① 中国文物研究所、中国社会科学院历史研究所、甘肃省文物考古研究所等：《居延新简：甲渠候官》，中华书局，1994年，第395—396页，EPT59.582。
② 张俊民：《敦煌悬泉汉简释文选》，《文物》2000年第5期；郝树声：《敦煌悬泉里程简地理考述》，见胡平生、张德芳编撰：《敦煌悬泉汉简释粹》，上海古籍出版社，2001年，第207页。
③ 张德芳：《西北汉简中的丝绸之路》，《中原文化研究》2014年第5期。
④ 李正宇：《古本敦煌乡土志八种笺证》，甘肃人民出版社，2008年，第162页。

敦煌悬泉置一个驿站就能发现的二十多条记载，如果不是有着巨额利润的可能，又是什么驱动着这些逐利的商人长途跋涉呢？汉代以来"胡商"的形象通常都与珠宝等奢侈品有关，这恐非偶然，因为高利润、高风险的长距离贸易以高价值的商品为主，这也是我们今天看到的遗存下来的精美文物。

出土的简牍文书不可能记下所有的过境贸易，一个烽置也只是过路驿站，同样不可能记录所有路过的人与物。但是汉代是一个重视文书记录的帝国，我们从居延和悬泉这两个地方汉简的吉光片羽，推测每个驿置都有"传置道里簿"的记录，官方勘验护送西域来客就是一站站接力不断，从使者、贵人到胡商接踵而来，从中可以认识西域的外来胡风，开眼一瞥外来的世界。

二、悬泉汉简所见的西域胡人与物品

对出土简牍，中国的考古学者一般从文献、年代史的角度进行梳理研究，欧美考古学者更多地从人类学、社会学角度进行研究。为了回应西方学术界，我们也从人与物两个角度给予关注。

（一）使者

最著名的悬泉汉简《康居王使者册》记载："康居王使者杨伯刀、副扁阗，苏薤王使者、姑墨副沙囷、即贵人为匿等皆叩头自言，前数为王奉献橐佗入敦煌……"①简册中的康居国幅员广阔，西起锡尔河中游，东至塔拉斯河，"王冬治乐越匿地。到卑阗城。去长安万二千三百里。不属都护。至（乐）越匿地马行七日，至王夏所居蕃内九千一百四里。户十二万，口六十万，胜兵十二万人。东至都护治所五千五百五十里。与大月氏同俗。东羁事匈奴"。《汉书·西域传》还记载："康居有小王五：一曰苏薤王，治苏薤城，去都护五千七百七十六里，去阳关八千二十五里；二曰附墨王，治附墨城，去都护五千七百六十七里，去阳关八千二十五里；三曰窳匿王，治窳匿城，去都护五千二百六十六里，去阳关七千五百二十五里；四曰罽王，治罽城，去都护六千二百九十六里，去阳关八千五百五十五里；五曰奥鞬王，治奥鞬城，去都护六千九百六里，去阳关八千三百五十五里。凡五王，属康居。"②

苏薤城即粟特城，唐代昭武九姓之"康国"，或称飒秣建（Sm'rknδc），在乌

---

① 胡平生、张德芳编撰：《敦煌悬泉汉简释粹》，上海古籍出版社，2001年，第118页。
② 康居国有五小王，指康居国统治下的粟特藩王。粟特五城邦后来发展为九个城邦，唐代文献称"昭武九姓"，或称"九姓胡"。

兹别克斯坦撒马尔罕市附近阿弗拉西亚卜古城。附墨城则为乌兹别克斯坦布哈拉（Bukhara）城之别称，唐代昭武九姓之"安国"，今称"瓦拉赫沙"（Varakhsha）古城。窾匿城即贵霜匿（Kšy'n'k），唐代昭武九姓之"史国"，或称"碣石"（Kesh），在乌兹别克斯坦卡尔希市附近沙赫里萨布兹（Shahrisabiz）古城。闟城即劫布呾那城（Kedud/Kaptutana），唐代昭武九姓之"何国"，在撒马尔罕城东12公里。奥鞬城在土库曼斯坦古玉龙杰赤城，唐代昭武九姓之"火寻"，在阿姆河下游乌尔根奇市。

悬泉汉简还记录有乌孙、莎车、大宛、大月氏等国使者，如果说使者是官方代表，其本身就说明了西汉后半个世纪政治稳定与边塞畅通的状况，汉代长城、烽燧、关隘、驿置、城堡等构成的军事设施保障着道路的畅通，反映出当时丝绸之路往来的频繁与密切。

（二）贵人

悬泉汉简载："乌孙、莎车王使者四人，贵人十七，献橐佗六匹……"①一次就有17名贵人跟随队伍来"献橐佗"，这些贵人不会是一般平民，他们作为贵族上层阶级的显赫人物，在汉人眼里显然是需要特别予以重视的，因为他们可能代表了一个邦国的实力。所以简牍中不仅记录"大宛贵人乌莫塞献橐佗一匹"，而且特别标注"大宛贵人食七十一人，凡三百一十八人"，②这在当时已经很具规模。

（三）客商

悬泉汉简记录黄龙元年（前49）六月壬申"诏传□吏甘使送康居诸国客"，"送精绝王诸国客凡四百七十人"，"使送于阗王、渠犁、疎勒诸国客，为驾二封轺传，载从者一人……"③迎送载客是驿置的正常事务，简中的"客"即胡客，在汉代西域三十六国中，最早到中国经商的是康居国粟特人。早在丝绸之路开通以前，他们就扮演东西方经济文化交流中间人角色。由于汉代粟特诸城邦都在康居国统治之下，故商胡均被视为"康居人"。《后汉书》卷五一《李恂传》记载："复征拜谒者，使持节领西域副校尉。西域殷富，多珍宝，诸国侍子及督使贾胡数遗恂奴婢、宛马、金银、香罽之属，一无所受。""贾胡"无疑是西域商人。

---

① 张俊民：《敦煌悬泉汉简释文选》，《文物》2000年第5期；胡平生、张德芳编撰：《敦煌悬泉汉简释粹》，上海古籍出版社，2001年，第109页。
② 胡平生、张德芳编撰：《敦煌悬泉汉简释粹》，上海古籍出版社，2001年，第108页。
③ 张俊民：《敦煌悬泉汉简释文选》，《文物》2000年第5期。

丝绸之路上的贸易最初是以粟特商人为先的。汉武帝元光元年（前134），《董仲舒对策》曰："夜郎、康居殊方万里，说德归谊，此太平之致也。"元光五年（前130），司马相如《喻巴蜀民檄》曰："康居西域，重译请朝，稽首来享。"故知张骞通西域之前，康居商胡就到巴蜀乃至长安经商了。公元前1世纪末，康居商人频繁地奔走于塔里木盆地南道诸国和甘肃河西走廊。西域都护郭舜致汉成帝（前32—前7在位）书中责难康居说："其欲贾市为好，辞之诈也……敦煌、酒泉小郡及南道八国，给使者往来人马驴橐驼食，皆苦之。"①像汉简记录"使者、贵人、从者度四百人，使者严急自临廪，欲酒美，米麕□"，"楼兰王以下二百六十人当东，传车马皆当柱敦□"，"今使者王君将于阗王以下千七十四人，五月丙发禄福，度用庚寅到渊泉"。②如此人众，小小的驿站样样准备的话肯定接待不了。

（四）侍子

侍子就是质子，是西域诸国与汉朝保证友好联盟的人质，西域各大国下属的小属国也遣子入侍中国皇帝。悬泉汉简记载："元始二年二月己亥，少傅左将军臣丰、右将军臣建，承制诏御史曰，候旦受送乌孙归义侯侍子，为驾一乘轺传……"③"阳朔四年四月庚寅朔戊戌，送康居王质子乘传……如律令。"④汉简中还有供食质子的记录，这说明汉朝经营西域纵横策略中非常注重与各国联盟关系，以共同打击匈奴。

（五）献马

　　□守府卒人，安远侯遣比胥健……者六十四人，献马二匹，橐他十匹，私马。□名籍畜财财物。⑤（BⅡ0214③：83）

这是记载被汉朝封为安远侯的西域都护骑都尉郑吉，派遣西域"比胥健"的64人来献马和骆驼。这么庞大的一个队伍不可能都是使者，应该有商人，因为有"私马"还要根据名籍"畜财"物。当时献马、献驼大多是打着奉献、朝贡旗号进行商贸交换活动，以便沿途能得到官方驿置补充给养。

---

① 《汉书》卷九六《西域传上》，中华书局，第3893页。
② 胡平生、张德芳编撰：《敦煌悬泉汉简释粹》，上海古籍出版社，2001年，第110页。
③ 胡平生、张德芳编撰：《敦煌悬泉汉简释粹》，上海古籍出版社，2001年，第146页。
④ 张德芳：《悬泉汉简中若干西域资料考论》，见荣新江、李孝聪主编：《中外关系史：新史料与新问题》，科学出版社，2004年，第141页。
⑤ 胡平生、张德芳编撰：《敦煌悬泉汉简释粹》，上海古籍出版社，2001年，第123页。

（六）天马

> 元平元年十一月己酉，□司□使户籍民迎天马敦煌郡，为驾一乘传，载奴一人。御史大夫广明，下右扶风，以次为驾，当舍传舍，如律令。①

这条简记载公元前74年敦煌民众迎接"天马"之事。天马是汉代上至朝廷下至官署都追求的外来标志物，既是一种西域载体符号，又是汉朝人朝思暮想的西极神马，从大宛"西极马""汗血马"到被形容的"天马"，"西域震惧，贡马不绝"。武帝得大宛马，"以铜铸像，立于署门，因以为名"。②咸阳博物馆陈列的汉代和田玉天马就是明证，骑者身上还有飞翼，艺术地表现了当时人们的向往。

从悬泉汉简可知，过往的大队人马长途跋涉并不是纯商业目的，但结伙相伴有组织的队伍中有商人的存在，这本身意味着对那些来自中亚大宛、康居、大月氏、乌孙等地的人们而言，存在着刺激他们远距离流动的机会，有着对奢侈品等诸种特产的需求。如果没有一个商贸网络的存在，也不可能形成以后沿中西古道沿线的移民聚落。当然，诸多变迁的汉代路线本身也要求汉帝国在军事上稳定的环境和地方沿途治安护卫的支撑作用，这是长途贸易的基本保障。

三、从汉简观察打破胡汉隔膜后的西域人种面貌

悬泉位于河西走廊西头，来往的人员中驻守西域的官员或其他民族首领不少，"行事昆弟家戊校候致君当从西方来，谨待给法所当得，毋令有谴……"③虽然这里"西方"所指比较笼统，但是汉朝人认识的西方已不是遥不可及，而是有所指向。西汉后期流行的西王母也说是来自西方，一时风靡汉地直到长安、洛阳京畿地带。

当时人们对西来的周边民族和外国人种区分并不清楚，至少有隔膜。敦煌汉简所见乌孙人、车师人以及"不知何国胡"④，对近距离的车师就熟悉："□平元年十月车师戊校兵曹薄……""车师戊校司马丞……"⑤"客大月氏、大宛、疏勒、于阗、莎车、渠勒、精绝、扜尔王使者十八人，贵人□人"⑥。

悬泉汉简中既可见西域人身份登记的信息，例如疏勒王子、贵人、翻译等，

---

① 胡平生、张德芳编撰：《敦煌悬泉汉简释粹》，上海古籍出版社，2001年，第104页。
② 何清谷：《三辅黄图校释》，中华书局，2005年，第174页。
③ 胡平生、张德芳编撰：《敦煌悬泉汉简释粹》，上海古籍出版社，2001年，第129页。
④ 吴礽骧：《敦煌汉简释文》，甘肃人民出版社，1991年，第202页。
⑤ 胡平生、张德芳编撰：《敦煌悬泉汉简释粹》，上海古籍出版社，2001年，第127、129页。
⑥ 胡平生、张德芳编撰：《敦煌悬泉汉简释粹》，上海古籍出版社，2001年，第133页。

又有名字记录,例如鄯善卢匿、姑俔、乌不豚,大宛乌莫塞,康居扁阗、沙困、为匿,乌孙的知适、多斤鞬、姑代,等等。一个简牍上写了来自乌孙、危须(今焉耆)、乌垒(今轮台)等国的许多路过驿置人名,如屈俄子、胡奴殊子、病籍子、跗力子、贝卿子、驹多子、少卿子、子王子、屋贝卿子等等①,在验问时备案以便追查,至少登记的文吏要竭力辨清。

大英图书馆藏20世纪初斯坦因所获简牍残片中,有管理人事簿籍残文,记载了西域诸国往来人员②:

(一)□月氏国胡支□　　　　　　　　　　　　　372—1689

(二)月氏国胡支柱,年卅九,中人,黑色□　　　372—1703

(三)□卅,中人,黑色,大目,有髭须　　　　　　373—1714

(四)□□异,年五十六,一名奴,中人。　　　　 373

从这些残简文字能看出当时对西域月氏国胡人往来是登记造册的。完整的名籍应该有国名、姓名、年龄、身高(短壮、高瘦)、肤色(白色、黄色)以及脸部特征(面短)等等。例如:"兴客不审郡县姓名。习字子严,年卅所,为人短壮,毋须,短面。"③"骊靬万岁里公乘儿仓,年卅,长七尺二寸,黑色。"④所以,我们才能理解东汉繁钦《三胡赋》中对异族胡人的描述:"莎车之胡,黄目深睛,员耳狭颐。康居之胡,焦头折颏,高辅陷无,眼无黑眸,颊无余肉。罽宾之胡,面象炙蝟,顶如持囊,隅目赤眦,洞颏卬鼻。颏似鼬皮,色象萎橘。"⑤字眼里充满了对异族胡人的好奇,但"鼬皮""萎橘"也流露出不屑、鄙视的态度。这也说明随着中西交通的往来,中原人对中亚、南亚人种的辨别已经有了清晰的认识。

汉魏时期西域贾胡和僧人中有不少粟特人。《诸葛亮集》所载后主刘禅建兴五年(227)三月诏书提到,诸葛亮第一次北伐时,"凉州诸国王各遣月支、康居胡侯支富、康植等二十余人诣受节度"。如果说西汉时粟特人经商范围仅限于塔里木盆地至河西走廊,而东汉以后他们已深入中国内地。《后汉书·马援传》有"伏波将军类贾胡,到一处辄止"的譬喻,从另一方面说明"贾胡"走城窜镇的印象深入人心。

---

① 胡平生、张德芳编撰:《敦煌悬泉汉简释粹》,上海古籍出版社,2001年,第134—135页。

② 簿籍残文见李均明:《英藏斯坦因所获残简的文书学考察》,见《耕耘录——简牍研究丛稿》,人民美术出版社,2015年,第202—203页。

③ 甘肃省文物考古研究所编:《敦煌汉简》683,中华书局,1991年。

④ 中国社会科学院考古研究所编:《居延汉简甲乙编》334,中华书局,1980年。

⑤ 《太平御览》卷三八二,中华书局,1960年,第1764页。

一般来说，僧侣和商人是不可分割的伙伴，但从出土汉简来看，队伍中没有僧人相随。当时佛教已经在犍陀罗地区传播，并深入中亚，佛教的普世主义对传教、交流和皈依非常重视，为什么商人、贵人都没有携带僧侣一起入华呢？令人惊喜的是，悬泉汉简发现东汉初年的"浮屠简"："少酒薄乐，弟子谭堂再拜请。会月廿三日，小浮屠里七门西入。"①不仅印证了早期佛教传入的迹象，而且反映公元1世纪西汉末年很可能就有僧侣进入敦煌民间。

《史记·大宛列传》说："自大宛以西至安息，国虽颇异言，然大同俗，相知言。其人皆深眼，多须髯，善市贾，争分铢。"说明司马迁记载西域时也是以胡人貌相和商贸为主导。汉简里面也没有西域伎乐或乐舞人的具体记载，反映当时还是以商贸人员最为重要。

胡奴或奴婢应是丝绸之路商队不可或缺的人员，特别是将奴婢作为西域贩卖人口的特产，这是值得关注的。可惜汉简残破断失，只笼统地提到"从者"，目前还没有发现专门的记录，倒是居延、金关汉简中有"奴""大奴"的名籍，跟随使者、贵人的"奴侍"也许身份低下忽略不计。我们在中原各地见到胡人举灯、胡人守门、胡人吹箫等艺术造型的文物，正说明汉代入华胡人已经渐成群落。

悬泉汉简上记录了一些物品，"移护羌使者移刘危种南归责藏耶苴种零虞马一匹、黄金珥悬青碧以"②。从印度到中亚诸城邦，公元1世纪前后来自西亚的提花亚麻布（figured linens）、黄玉（topaz）、珊瑚（coral）、苏合香（storax）、乳香（frankincense）、玻璃器皿、金银盘、葡萄酒等已经流行。由此，出口的物品有：香草（costus，又译"生姜"）、没药树脂（bdellium）、枸杞（lycium）、甘松香（nard）、绿松石（turquoise）、青金石（lapis lazuli）、赛里斯兽皮（Seric skins）、棉布（cotton cloth）、绢纱（silk yarn）、靛青染料（indigo）等。公元前2世纪，河中地区沙漠绿洲的布哈拉和撒马尔罕城主开始发行银币，主要模仿塞琉古和希腊大夏银币，并在钱币上采用粟特文。西安发现的希腊铅币或许就是这时沿着丝绸之路进入汉城的。

悬泉汉简还有一条贡献狮子的简文："其一只以食折垣王一人师使者，□只以食钩盾使者迎狮子，□□以食使者弋君"③。虽然我们不知折垣王为何国，但却使人知道早在西汉就开始接受异国贡狮，这无疑是丝绸之路上一个饶有兴趣的景观。

---

① 郝树声、张德芳：《悬泉汉简研究》，甘肃文化出版社，2009年，第186页。
② 胡平生、张德芳编撰：《敦煌悬泉汉简释粹》，上海古籍出版社，2001年，第159页。
③ 郝树声、张德芳：《悬泉汉简研究》，甘肃文化出版社，2009年，第209页。

关于汉帝国宏观历史下"胡风渐入"的微观变化，笔者曾专门论述过。[①]我们不能将丝绸之路仅仅理解为一个历史符号或遥远的历史记忆，作为一个20世纪提出的形象概念，它可能有简单化的倾向，但硬要纠缠概念而不重视内容，说汉代丝绸之路"是一个概念、一段时空、一种比喻，是浪漫主义的想象与传奇"[②]，是有违古籍记载和出土文物证据的，更无益于研究自汉代以来的中西交通和文化交往。从敦煌悬泉部分残存的汉简来看，虽然不能全面反映当时的丝绸之路整体状况，有些外来官名还不清楚其职守，祭越、钧耆、折垣等国位置至今还未破解，但汉代丝绸之路涉及的人物与物品都是实实在在的，它体现了以官方使节与民间客商混合为代表往来的真实细节，而且超越了我们以往对大宛、康居、大月氏、罽宾、乌弋山离等国的认识。我们不能"为其所用"地筛选使用一些出土文书，而应全面理解出土文献既有不可替代的证据珍稀性，又有碎片化疏漏的局限性。

原载《西域研究》2017年第2期

（葛承雍，陕西师范大学人文科学高等研究院特聘教授）

---

① 葛承雍：《汉帝国宏观历史下"胡风渐入"的微观变化》，见黎明钊主编：《汉帝国的制度与社会秩序》，牛津大学出版社，2012年，第483—504页。

② Valerie Hansen, *The Silk Road: A New History*, Oxford University Press, 2012. "亚洲学者国际公约"最近同意这本书可用于人文学科的教学使用，认为它修正了骆驼商队长途贸易的想象，实际上是内亚小贩短距离交易；称赞这本书的一个基本前提就是推翻一些常规和流行的观念，误认为丝绸之路很繁荣。实际上丝绸只是大规模支付驻在西北部的军队和小规模的本地贸易，而不是繁荣的长途贸易。参见《中世纪历史杂志》（*The Medieval History Journal*）2015年第18卷第1期，第166—191页。

"瀚海"名实：草原丝绸之路的地理条件

王子今

考察丝绸之路史，必然注意到通行地貌条件，如史籍记述所谓"翰海""瀚海"。"翰海""瀚海"，或解说为"北海"，即北荒自然水面。又有学者以为即"杭爱山"，指出"'杭爱'实'瀚海'之对音"。分析"瀚海"语词的中古文学表现，可知其真实名义。"翰海""瀚海"并非言"山"，而是对于"沙碛四际无涯"地貌形势的形容。亦有说"瀚海，一名旱海"，"俗谓之旱海"，"旱海即瀚海"者。对"瀚海"名实予以辨正，有益于深化对丝绸之路交通条件的认识。相关考察对于汤因比所谓"草原象'未经耕种的海洋'一样"，"为旅行和运输提供更大的方便"的理解，也可以提供更好的条件。

一、《史记》《汉书》所见"翰海"

《史记》《汉书》都出现"翰海"语词，以指代"北边""西北边"常见地理条件[①]，语称"临"或"登临"。

霍去病远征匈奴，《史记》卷一一〇《匈奴列传》记载："骠骑封于狼居胥山，禅姑衍，临翰海而还。"裴骃《集解》："翰海，北海名。"张守节《正义》"按：翰海自一大海名，群鸟解羽伏乳于此，因名也。"[②]《史记》卷一一一《卫将军骠骑列传》有"天子曰：'骠骑将军去病率师，躬将所获荤粥之士，约轻赍，绝大幕，涉获章渠，以诛比车耆，转击左大将，斩获旗鼓，历涉离侯。济弓闾，获屯头王、韩王等三人，将军、相国、当户、都尉八十三人，封狼居胥山，禅于姑衍，登临翰海。'"裴骃《集解》中"张晏曰：'登海边山以望海也。'"司马贞《索隐》有"崔浩云：'北海名，群鸟之所解羽，故云翰海。'《广异志》云'在沙漠

---

① 王子今：《秦汉边政的方位形势："北边""南边""西边""西北边"》，《中央民族大学学报》（哲学社会科学版）2021年第3期，第144—151页。
② 《史记》，中华书局，1959年，第2911页。

北'。"①

《史记》卷六三《三王世家》记载，群臣议"奏请立皇子为诸侯王"，说道："陛下躬亲仁义，体行圣德，表里文武。显慈孝之行，广贤能之路。内褒有德，外讨强暴。极临北海，西溱月氏，匈奴、西域，举国奉师。舆械之费，不赋于民。"所谓"极临北海"，张守节《正义》："《匈奴传》云霍去病伐匈奴，北临翰海。"②

《汉书》卷五五《霍去病传》"上曰：'票骑将军云病率师躬将所获荤允之士，约轻赍，绝大幕，涉获单于章渠，以诛北车耆，转击左大将双，获旗鼓，历度难侯，济弓卢，获屯头王、韩王等三人，将军、相国、当户、都尉八十三人，封狼居胥山，禅于姑衍，登临翰海，执讯获丑七万有四百四十三级，师率减什二，取食于敌，卓行殊远而粮不绝。'"③颜师古注"张晏曰：'登海边山以望海也。……'如淳曰：'翰海，北海名也。'"④《汉书》卷九四上《匈奴传上》："票骑封于狼居胥山，禅姑衍，临翰海而还。"⑤《汉书》卷一〇〇下《叙传下》："饮马翰海，封狼居山，西规大河，列郡祈连。"⑥由所谓"饮马翰海"，可以体会"翰海，北海名"以及"翰海自一大海名"理解的依据。

对于"翰海"的早期理解，似乎多与"海""大海"即自然水面接近，然而很多迹象表明，"翰海"通常用以指草原荒漠地貌。

"翰海"，《后汉书》又写作"瀚海"。《后汉书》卷九〇《鲜卑传》："汉有阗颜、瀚海之事。"李贤注："使霍去病击匈奴，封狼居胥山，登临瀚海也。"⑦《后汉书》卷八九《南匈奴传》言勒石燕然事，李贤注："为刻石立铭于燕然山，犹《前书》霍去病登临瀚海，封狼居胥山也。"⑧

二、"翰海"与"瀚海"

汉武帝使用文字即"上曰""天子曰"所谓"翰海"，《史记》《汉书》通用。稍后则"翰海"往往又写作"瀚海"。

---

① 《史记》，中华书局，1959年，第2936—2938页。
② 《史记》，中华书局，1959年，第2109页。
③ 《汉书》，中华书局，1962年，第2486页。
④ 《汉书》，中华书局，1962年，第2487页。
⑤ 《汉书》，中华书局，1962年，第3770页。
⑥ 《汉书》，中华书局，1962年，第4254页。
⑦ 《后汉书》，中华书局，1965年，第2990页。
⑧ 《后汉书》，中华书局，1965年，第2969页。

前引《后汉书》卷九〇《鲜卑传》："汉有闻颜、瀚海之事。"李贤注："使霍去病击匈奴，封狼居胥山，登临瀚海也。"又《后汉书》卷八九《南匈奴传》："后亦颇为出师，并兵穷讨，命窦宪、耿夔之徒，前后并进，皆用果谲，设奇数，异道同会，究掩其窟穴，蹑北追奔三千余里，遂破龙祠，焚罽幕，阬十角，梏阏氏，铭功封石，倡呼而还。'"李贤注："为刻石立铭于燕然山，犹《前书》霍去病登临瀚海，封狼居胥山也。"①

看来，可能基于汉武帝诏命"翰海"之称的西汉史籍所见"翰海"，后来被写作"瀚海"。

由"翰海"而"瀚海"的文献学差异，有学者指出："自魏晋以降，由于隶书对汉字形体结构进行了调整，由形符和声符构成汉字的方法得到广泛运用。许多汉字都被增加了形符，'翰海'亦因指称湖泊而为'翰'字增添一形旁作'瀚'，又被赋予'水面浩大的湖'之语义。这正是《说文》中仅收录有'翰'字而无'瀚'字的原因所在。'翰海''瀚海'之语义虽有别而指称的客体对象却未变。"论者以为"指位于天山北麓吉木萨尔县以西至乌苏县境连续的湖泊沼泽"②。赞同"翰海""瀚海"指湖泽的意见，亦见于其他学者的论述③。

所谓"翰海""瀚海"是否"北海名也"以及可以确知某地"湖泊沼泽"，当然还有深入讨论的必要。

也有以为"翰海本来应该是匈奴语的音译"，并不具体指"特定场所"，然而指代比较理想的环境条件。论者以为，蒙古语的ハンガイ（Khangai，Qangecai）是指"最适宜游牧的土地"④。这当然是要具备理想的"水草"条件的。"善水草"见于《史记》卷一〇九《李将军列传》及《史记》卷一一一《卫将军骠骑列传》⑤。《史记》卷一一〇《匈奴列传》司马贞《索隐》引《西河旧事》又有"美水草"的说法⑥。《史记》卷一一八《淮南衡山列传》载录伍被语，作"水草美"⑦。《汉

---

① 《后汉书》，中华书局，1965年，第2967、2969页。
② 李树辉：《瀚海新考——兼论〈辞源〉、〈辞海〉相关词条的释义》，《中国边疆史地研究》2017年第4期。
③ 王廷德：《"翰海"考辨》，《内蒙古大学学报》（哲学社会科学版）1989年第3期；王廷德：《"翰海"是湖不是山》，《学术研究》1990年第2期。
④ ［日］海野一隆：《释汉代的翰海》，辛德勇译，《中国历史地理论丛》1991年第1期，第161—166页。
⑤ 《史记》，中华书局，1959年，第2869、2929页。
⑥ 《史记》，中华书局，1959年，第2908页。
⑦ 《史记》，中华书局，1959年，第3090页。

书》卷九六下《西域传下》"渠犁国"条又可见"饶水草"。在种种有关"水草之利"[②]的记述中,"水"是最为重要的[③]。

而《三国志》卷三〇《魏书·东夷传·倭》:"又南渡一海千余里,名曰瀚海,至一大国,官亦曰卑狗,副曰卑奴母离。"[④]这是与荒漠地理条件明显不同的另一种"瀚海",与我们这里讨论的学术主题没有直接关系。

三、"瀚海""杭爱山"说

元代学者刘郁认为"今之所谓'瀚海'者",就是"古金山"。他在《西使记》中写道:"西域之开,始自张骞。其土地山川固在也,然世代浸远,国号变易,事亦难考。今之所谓'瀚海',即古金山也。'印毒'即汉'身毒'也。曰'鸵鸟'者,即安息所产'大马爵'也。"[⑤]此说为元人王恽《玉堂嘉话》卷二引录。[⑥]清人李文田注《西游录注》亦引录这一意见。[⑦]认同此说者还有清人刘智。[⑧]魏源《海国图志》卷二九《西南洋诸国》有《五印度沿革总考》,题注"原本无,今补辑",其中录有"元刘郁《西使记》",篇末署"中统四年三月刘郁记"[⑨]。文廷式《纯常子枝语》卷一写道:"刘郁《西使记》云:今之所谓'瀚海'者,即古金山也。据此则'杭爱'实'瀚海'之对音。李若农侍郎之说盖信。"[⑩]

---

① 《汉书》,中华书局,1962年,第3912页。
② 《汉书》,中华书局,1962年,第2980页。
③ 王子今:《从秦汉北边水草生态看民族文化》,《中国社会科学报》2020年8月14日第4版。
④ 《三国志》,中华书局,1959年,第854页。
⑤ 〔元〕刘郁:《西使记》,见〔清〕魏源:《海国图志》,岳麓书社,1998年,第892页。
⑥ 王恽:《秋涧先生大全文集》,见《四部丛刊》,上海商务印书馆,1919年,第1028页。
⑦ 李文田:《西游录注》,见〔元〕盛如梓:《庶斋老学丛谈·知不足斋丛书》(第23辑),长塘鲍氏,清嘉庆十年(1805),第3页。
⑧ 〔清〕刘智:《天方至圣实录》,金陵启承堂,清乾隆五十年(1785)袁国祥印本,第134页。
⑨ 魏源还写道,刘郁言"今之所谓'瀚海'者",就是"古金山",所说"今",即指元代。魏源《海国图志》载录《西使记》,就此书有所说明:"《四库书目》曰:《西使记》,元刘郁撰,郁真定人,是书记常德西使皇弟锡里库军,军中返道,途之所见。""所记虽但据见闻,不能考证古迹。""计常德所经,皆在今屯田列障之内,具详《西域图志》。刘郁所记,本不足道。姑录以备考耳。"亦有相关评议:"源案:此记所载回国,则直造天方,佛国则直穷印度,皆逾葱岭而抵西海。今新疆版图,仅有葱岭以东,安能在屯田列障之内。读高宗《御制五天竺说》,则我朝不勤远略,无庸与元代争黩武,亦不必以谀词诬往代也。"参见〔清〕魏源:《海国图志》,王继平等整理,山东画报出版社,2004年,第490—491页。
⑩ 〔清〕文廷式:《纯常子枝语》,江苏广陵古籍刻印社,1990年,第21页。

岑仲勉《自汉至唐漠北几个地名之考定》论"翰海之意义"赞同此说，认为"瀚海"是"杭海""杭爱"的译音，"为山而非海"[①]。

柴剑虹《"瀚海"辨》进一步关注维吾尔语汇中突厥语的相关遗存，通过语言学研究发现，以为可以"确定'瀚海'一词的本义与来历"。他指出"两千多年前，居住在蒙古高原上的突厥民族称高山峻岭中的险隘深谷为'杭海'"，"后又将这一带山脉统称为'杭海山'、'杭爱山'，泛称变成了专有名词"[②]。其说所谓"两千多年前"，判定汉代"翰海""瀚海"之说与"高山峻岭中的险隘深谷"相关，而后来则指称"这一带山脉"。

支持这种判断的意见，亦见于后来有关"翰海""瀚海"的学术讨论。[③]有的学者认为不同历史时期"翰海""瀚海"的指义有所变化，但是"元代称杭爱山为瀚海，是当地居民沿用唐瀚海都督府所在地名山"[④]。

对于以"翰海""瀚海"为"山"的论点，其实还可以继续辩议。我们看到，诸多文献遗存体现"瀚海"作为自然地理符号指代的，多是类同"海"的平坦广阔的草原荒漠地貌。

四、"翰海"之"海""山"疑义

《后汉书》卷八九《南匈奴传》李贤注："为刻石立铭于燕然山，犹《前书》霍去病登临瀚海，封狼居胥山也。"[⑤]《后汉书》卷九〇《乌桓传》李贤注："使霍去病击匈奴，封狼居胥山，登临瀚海也。"[⑥]史言"登临"，并说"海""山"，似有不明朗处，以致容易产生误解。

然而，据前引《汉书》卷一〇〇下《叙传下》"饮马翰海"语，其实已经可以较早文献依据否定"翰海""瀚海""为山而非海"的意见。而《晋书》卷五二《阮种传》的"以众制寡，令匈奴远迹，收功祁连，饮马瀚海"[⑦]，也沿袭班固说，而"翰海"直接写作"瀚海"。"祁连"与"瀚海"的对应关系，也是可以澄清误解的。

---

① 岑仲勉：《中外史地考证》，中华书局，1962年，第71—72页。
② 柴剑虹：《"瀚海"辨》，见张忱石编：《学林漫录》二集，中华书局，1981年。
③ 胡和温都尔：《翰海是何之名》，《内蒙古社会科学》1990年第4期，第50—51页。
④ 应晓琴、黄坤：《翰海考》，《华东师范大学学报》（哲学社会科学版）2006年第5期，第101—104页。
⑤ 《后汉书》，中华书局，1965年，第2967页。
⑥ 《后汉书》，中华书局，1965年，第2990页。
⑦ 《晋书》，中华书局，1974年，第1446页。

庾信《彭城公夫人尔朱氏墓志铭》写道："若夫阴山衮里，冲北斗之玑衡；瀚海弥纶，直西街之毕昴。"①这里"瀚海"与"阴山"形成典型的对仗关系。大约南北朝时期历史文献的撰写者，认识多是比较明确的。《宋书》卷九《后废帝纪》："夷肎山之险，澄瀚海之波，括《河图》于九服，振玉轫于五都矣。"②明确言"瀚海之波"，又与"肎山之险"对应。显然"瀚海"并非说"山"。《梁书》卷五六《侯景传》："开疆辟土，跨瀚海以扬镳；来庭入觐，等涂山而比辙。"③"瀚海"也与"涂山"对应。

又如《魏书》卷八二《常景传》："乃令景出塞，经瓮山，临瀚海，宣敕勒众而返。"④此"瀚海"和"瓮山"的关系，也是明朗的。又如《魏书》卷一〇三《蠕蠕传》："分军搜讨，东至瀚海，西接张掖水，北渡燕然山，东西五千余里，南北三千里。"⑤所谓"瀚海"，并非指"山"。又写道："镇卫北藩，御侮朔表，遂使阴山息警，弱水无尘，刊迹狼山，铭功瀚海，至诚既笃，懿绪莫酬。"⑥

《隋书》卷六七《虞世基传》："登燕山而戮封豕，临瀚海而斩长鲸。"⑦也以"瀚海"对"燕山"。在这样的语境中，"瀚海"不应当是说"山"。

大多唐诗作者所理解的"瀚海"，应当并不是"为山而非海"。如李世民《拟饮马长城窟》："塞外悲风切，交河冰已结。瀚海百重波，阴山千里雪。"⑧又如王维：《燕支行》："画戟雕戈白日寒，连旗大旆黄尘没。叠鼓遥翻瀚海波，鸣笳乱动天山月。"⑨李白《塞上曲》也写道："命将征西极，横行阴山侧。……萧条清万里，瀚海寂无波。"⑩虞世基《出塞二首和杨素》之一："衔枚压晓阵，卷甲解朝围。瀚海波澜静，王庭氛雾晞。"⑪顾野王《陇头水》："瀚海波难息，交河冰未

---

① 〔北周〕庾信撰，〔清〕倪璠注：《庾子山集注》卷一六，中华书局，1980年，第1076页。
② 《宋书》，中华书局，1974年，第180页。
③ 《梁书》，中华书局，1973年，第855页。
④ 《魏书》，中华书局，1974年，第1804页。
⑤ 《魏书》，中华书局，1974年，第2293页。
⑥ 《魏书》，中华书局，1974年，第2303页。
⑦ 《隋书》，中华书局，1973年，第1572页。
⑧ 《文苑英华》卷二〇九，中华书局，1966年，第1037页。
⑨ 〔唐〕王维撰，赵殿成笺注：《王右丞集笺注》，上海古籍出版社，1984年，第96页。王安石《胡笳十八拍》之二："流星白羽腰间插，叠鼓遥翻瀚海波。一门骨肉散百草，安得无泪如黄河。""叠鼓遥翻瀚海波"袭用王维句。参见《临川先生文集》卷三七，《四部丛刊》景明嘉靖本，第187页。
⑩ 王琦注：《李太白全集》，中华书局，1977年，第291页。
⑪ 《文苑英华》，中华书局，1966年。

坚。宁知盖山水，逐节赴危弦。"①钱起《送王使君赴太原行营》："惊蓬连雁起，牧马入云多。不卖卢龙塞，能消瀚海波。"②这些也都说到"瀚海波"。而"瀚海"分别与"阴山""天山"对仗，如果指"山"，则语句重叠。

相关例证还有卢照邻《结客少年场行》："追奔瀚海咽，战罢阴山空。"③高适《燕歌行》："校尉羽书飞瀚海，单于猎火照狼山。"④释皎然《七言塞下曲二首》之二："旄竿瀚海扫云出，毡骑天山踏雪归。"⑤张鷟《将军宋敬状被差防河恐冰合贼过请差州兵上下数千里椎冰庶存通镇》则有"千寻紫塞，远接天山，万里黄河，遥通瀚海"⑥的文字。所见"瀚海"各与"阴山""狼山""天山"相对。"万里黄河遥通瀚海"，明显是说"瀚海"与"黄河""万里"水脉相"通"。

唐人皇甫冉《送客》诗说到"瀚海沙"："城下春山路，营中瀚海沙。河源虽万里，音信寄来查。"⑦宋诗仍可见"瀚海沙"，如苏颂《系山路》："风烟不改卢龙俗，尘土犹兼瀚海沙。"⑧所谓"瀚海沙"，文意接近我们关注的"流沙""大漠"。

岑仲勉《自汉至唐漠北几个地名之考定》论"翰海之意义"，指出"观夫唐代不闻有同样译音之地"，或许唐诗所见"瀚海"语意已背离其原义。但是至少可以说明在一个相当长的历史时期内，即岑仲勉所谓"抑翰海之称，传于汉世，其后竟寂寂无闻，逾千百年，迄元乃复传于我国"⑨之"汉世""迄元"之间，通常人们以"翰海""瀚海"称可以与"阴山""天山"等形成文字对仗关系的，以"沙"与"黄尘"为基本特征的地貌，应当是联想到海洋水文形态即"瀚海波""瀚海波澜"的。

西北"草原"和东南"海洋"，在诗人们的意识中显现出微妙的对应关系。

距离刘郁《西使记》发表"今之所谓'瀚海'者，即古金山也"意见年代临近的耶律楚材作品《赠高善长一百韵》中，有这样的诗句："君初涉洛濡，我已达敦

---

① 《文苑英华》，中华书局，1966年。
② 高棅：《唐诗品汇》，上海古籍出版社，1988年，第666页。
③ 卢照邻：《卢照邻集》，徐明霞点校，中华书局，1980年，第10页。
④ 刘开扬：《高适诗集编年笺注》，中华书局，1981年，第97页。
⑤ 郭茂倩：《乐府诗集》，中华书局，1979年，第1304页。
⑥ 《全唐文》卷一七三，中华书局，1983年，第1768—1769页。
⑦ 〔唐〕皇甫冉：《皇甫冉诗集》，上海商务印书馆，1935年，第29页。
⑧ 〔宋〕苏颂：《苏魏公文集》，王同策、曾成学、颜中其等点校，中华书局，1988年，第171页。
⑨ 岑仲勉：《中外史地考证》，中华书局，1962年，第71—72页。

煌。瀚海浪奔激,金山路彷徨。"①可知作为同样生活在元弋的学者,且"旅居西域前后共十年(1218—1227)"②,对西北史地非常熟悉的耶律楚材,用"瀚海浪"排除了"瀚海"为"山"的可能。而"瀚海浪"与"金山路"对仗,也表明了以为"瀚海"并非"金山"的认识。

五、古说西北草原荒漠地理代号:"流沙""大漠"

中国古籍"草原"一语使用较晚。但是通用"流沙""大漠"之说,使用从水之字形容西北地貌,这一语言现象,或许可以帮助我们理解"翰海""瀚海"语意。《说文·水部》:"漠,北方流沙也。"③而"流沙",是中原帝国西北方向典型地貌形态,已显现代表性符号的性质。

《史记》卷一《五帝本纪》说"帝颛顼高阳"的权威:"北至于幽陵,南至于交阯,西至于流沙,东至于蟠木。动静之物,大小之神,日月所照,莫不砥属。"关于"西至于流沙",裴骃《集解》中"《地理志》曰:流沙在张掖居延县。"张守节《正义》中"《括地志》云:'居延海南,甘州张掖县东北千六十四里是。'"④《史记》卷二《夏本纪》引录《禹贡》:"织皮昆仑、析支、渠搜,西戎即序。"裴骃《集解》中"孔安国曰:'织皮,毛布。此四国在荒服之外,流沙之内。羌、髳之属皆就次序,美禹之功及戎狄也。'"司马贞《索隐》:"郑玄以为衣皮之人居昆仑、析支、渠搜,三山皆在西戎。王肃曰'昆仑在临羌西,析支在河关西,西戎在西域'。王肃以为地名,而不言渠搜。今按:《地理志》金城临羌县有昆仑祠,敦煌广至县有昆仑障,朔方有渠搜县。"⑤在关于西北边远地方民族地理的介绍中,也涉及"流沙"。《禹贡》又言"道九川:弱水至于合黎,余波入于流沙。道黑水,至于三危,入于南海。"注家解说有歧见。裴骃《集解》中"郑玄曰:'《地理志》弱水出张掖。'孔安国曰:'合黎,水名,在流沙东。'"司马贞《索隐》:"《水经》云合黎山在酒泉会水县东北。郑玄引《地说》亦以为然。孔安国云水名,当是其山有水,故所记各不同。"张守节《正义》引《括地志》云:"兰门山,一名合黎,一名穷石山,在甘州删丹县西南七十里。"又引《淮南子》云:"弱水源出穷石山。""又云:'合黎,一名羌谷水,一名鲜水,一名覆

---

① 〔宋〕耶律楚材:《湛然居士文集》,谢方点校,中华书局,1986年,第266页。
② 〔宋〕耶律楚材:《湛然居士文集》,谢方点校,中华书局,1986年,前言第4页。
③ 段玉裁注:"《汉书》亦假幕为漠。"参见〔汉〕许慎撰,〔清〕段玉裁注:《说文解字注》,上海古籍出版社,1981年,第545页。
④ 《史记》卷一,中华书局,1982页,第12页。
⑤ 《史记》卷二,中华书局,1982年,第67页。

表水，今名副投河，亦名张掖河，南自吐谷浑界流入甘州张掖县。'今按：合黎水出临松县临松山东，而北流历张掖故城下，又北流经张掖县二十三里，又北流经合黎山，折而北流，经流沙碛之西入居延海，行千五百里。合黎山，张掖县西北二百里也。"关于"余波入于流沙"，裴骃《集解》中"孔安国曰：'弱水余波西溢入流沙。'"又引郑玄说："《地理志》流沙在居延东北，名居延泽。《地记》曰'弱水西流入合黎山腹，余波入于流沙，通于南海'。"裴骃指出："马融、王肃皆云合黎、流沙是地名。"司马贞《索隐》："《地理志》云'张掖居延县西北有居延泽，古文以为流沙'。《广志》'流沙在玉门关外，有居延泽、居延城'。又《山海经》云'流沙出钟山，西南行昆仑墟入海'。按：是地兼有水，故一云地名，一云水名，马郑不同，抑有由也。"①

前引《说文·水部》所谓"漠，北方流沙也"，提示了"漠"与"流沙"同样作为地貌表现，相互间存在一定的关联。

《后汉书》卷八〇上《文苑传上·杜笃》载录杜笃《论都赋》，其中写道："勇惟鹰扬，军如流星，深之匈奴，割裂王庭，席卷漠北，叩勒祁连，横分单于，屠裂百蛮。"②崔浩解释《史记》卷一一一《卫将军骠骑列传》"破符离"，也说，"漠北塞名"③。以上都说到"漠北"。《汉书》卷九九中《王莽传中》也说匈奴"塞于漠北"。

起初"漠"字作"幕"④。汉武帝与诸将议，言"赵信为单于画计，常以为汉兵不能度幕轻留"。司马贞《索隐》："幕即沙漠。"⑤汉武帝嘉奖霍去病，说到"约轻赍，绝大幕"⑥。"大幕"也就是"大漠"⑦。

---

① 《史记》卷二，中华书局，1982年，第71页。
② 《后汉书》卷八〇，中华书局，1965年，第2600页。
③ 《史记》卷一一一，中华书局，1982年，第2924页。
④ 如《史记》卷一一〇《匈奴列传》："翕侯信为单于计，居幕北，以为汉兵不能至。""单于闻之，远其辎重，以精兵待于幕北。""何徒远走，亡匿于幕北寒苦无水草之地，毋为也。"参见《史记》，中华书局，1982年，第2910、2912页。《史记》卷一一一《卫将军骠骑列传》："乃悉远北其辎重，皆以精兵待幕北。"参见《史记》，中华书局，1982年，第2935页。《史记》卷一二三《大宛列传》："汉击走单于幕北。"参见《史记》，中华书局，1982年，第3167页。
⑤ 《史记》，中华书局，1982年，第2935页。
⑥ 《史记》，中华书局，1982年，第2936页。
⑦ 《汉书》，中华书局，1962年，第4140页。

六、"瀚海"真义与"沙碛四际无涯"形势

《汉书》卷五五《卫青传》所谓"封狼居胥山,禅于姑衍,登临翰海",张晏解释说:"登海边山以望海也。"如淳的理解:"翰海,北海名也。"看来,起初较早的《汉书》注家似乎一般以为"翰海"就是"海"。王先谦《汉书补注》引齐召南之说,提出另一种意见:

> 按"翰海",《北史》作"瀚海",即大漠之别名。沙碛四际无涯,故谓之"海"。张晏、如淳直以"大海""北海"解之,非也。本文明云"出代、右北平二千余里",则其地正在大漠,安能及绝远之"北海"哉?①

对于"翰海""瀚海"的理解,大概齐召南"沙碛四际无涯,故谓之'海'"的意见是正确的。

《魏书》卷四一《源怀传》记载,源怀"至恒代",设计"诸镇""筑城置戍"防务,"凡表五十八条"。其中说到"蠕蠕""游魂鸟集,水草为家","中国"虽"北拓榆中,远临瀚海",而"胡人颇遁"。又写道:"北方沙漠,夏乏水草,时有小泉,不济大众。脱有非意,要待秋冬,因云而动。"②所说"沙漠"形势,是可以帮助我们理解"瀚海"这一地理概念的。《魏书》卷一〇三《蠕蠕传》介绍了"蠕蠕"主要活动区域的生态形势:"随水草畜牧,其西则焉耆之地,东则朝鲜之地,北则渡沙漠,穷瀚海,南则临大碛。"③看来,"瀚海"和"沙漠""大碛",意义是相近的。

而"尽有陇西之地,士马强盛"的地方实力派军政领袖张骏上疏晋主,曾经有"宵吟荒漠,痛心长路"语④。所言"荒漠"与"长路"对仗,形容丝绸之路河西路段交通形势。而"草原荒漠"今天依然作为地理学概念使用,是学术界共同接受的。齐召南言"按'翰海',《北史》作'瀚海'",其说不确。如上文所论,更早《后汉书》已经"作'瀚海'"了。

历史地理学者或以为,唐代军政建置"瀚海都护府""瀚海都督府"位于蒙古国哈尔和林⑤,在"金山"东北。但是似乎"瀚海"并非从"金山"得名。《新唐

---

① 王先谦:《汉书补注》,中华书局,1983年,第1145—1146页。
② 《魏书》卷四一,中华书局,1974年,第927—928页。
③ 《魏书》卷一〇三,中华书局,1974年,第2290页;《北史》卷九八,中华书局,1974年,第3251页。
④ 《晋书》卷八六,中华书局,1974年,第2239页。
⑤ 谭其骧:《中国历史地图集》(第5册),中国地图出版社,1982年,第42—43页。

书》卷二一五《突厥上》:"麟德初,改燕然为瀚海都护府,领回纥,徙故瀚海都护府于古云中城,号云中都护府,碛以北蕃州悉隶瀚海,南隶云中。"①《新唐书》卷二一七《回鹘上》:"龙朔中,以燕然都护府领回纥,更号瀚海都护府,以碛为限,大抵北诸蕃悉隶之。"②《唐会要》卷七三《安北都护府》也说:"仍以碛为界,碛北诸蕃州悉隶瀚海。"③所谓"瀚海"名号更可能与"碛以北""以碛为限"的"碛"有关。"瀚海军"所在北临"沙陀碛"④,可能也因"碛"得名。处于这一空间位置,距离"金山"甚远的"瀚海军",元代依然存在。《元史》卷一二三《阿剌瓦而思传》:"从帝亲征,既破瀚海军,又攻轮台、高昌、于阗、寻斯干等,靡战不克……"⑤

元人刘郁《西使记》提出"今之所谓'瀚海'者,即古金山也"这一意见时,可能忽略了此处"瀚海军"。

对于"瀚海"名义,李树辉《瀚海新考》指出:"明清学者多谓之指荒漠戈壁。"所列举的意见包括:"明陈诚、李暹《西域番国志》称鲁陈城(汉代之柳中县,又作柳陈城,今鲁克沁)与哈密之间的荒漠戈壁'夷人谓之瀚海'。明周圻《名义考》卷四:'瀚海在火州柳城东北,地皆沙碛,若大风则行者人马相失,夷人呼为瀚海。'明彭大翼《山堂肆考》卷二九:'瀚海在柳陈城东北,皆沙碛。'清徐文靖《管城硕记》卷一二:'《一统志》瀚海在火州柳城城东,地皆沙碛。'"⑥这些说法均指"瀚海"为一地,可能不能看作"瀚海"名义的确解。但是均以为"瀚海""地皆沙碛",这样的解说,可能切近"瀚海"的确诂,是值得重视的。

七、"旱海""沙海"说及"以驼代舟"比喻

随着中原人对西北方向交通地理知识的扩展,有人以为古语"流沙"或指更遥远的沙漠。《艺文类聚》卷五三引梁元帝《郑众论》曰:"汉世衔命匈奴困而不辱

---

① 《新唐书》卷二一五《突厥上》,中华书局,1975年,第6042页。
② 《新唐书》卷二一七《回鹘上》,中华书局,1975年,第6114页。
③ 〔宋〕王溥:《唐会要》卷七三《安北都护府》,中华书局,1960年,第1315页。有学者就此有所辨析,认为"这条记载中的瀚海都督府为瀚海都护府之讹"。参见李丹婕:《瀚海都护府与瀚海都督府之辨——兼及唐前期管辖北方游牧部族势力的军政建制及其调整》,《民族研究》2019年第6期。
④ 谭其骧:《中国历史地图集》(第5册),中国地图出版社,1982年,第63—64页。
⑤ 《元史》卷一二三《阿剌瓦而思传》,中华书局,1976年,第3026页。
⑥ 李树辉:《瀚海新考——兼论〈辞源〉、〈辞海〉相关词条的释义》,《中国边疆史地研究》,2017年第4期。

者,二人而已。子卿手持汉节,卧伏冰霜。仲师固无下拜,隔绝水火。况复风生稽落,日隐龙堆;翰海飞沙,皋兰走雪。岂不酸鼻痛心!……经长乐,抵未央,及还望塞亭,来依候火,傍观上郡,侧眺云中。虽在己之愿自逢,而于时之报未尽。"①其中"翰海飞沙"语,说明了"翰海"的地理性质。《艺文类聚》卷七引晋潘尼《西道赋》有"飞沙飘瓦"句,又说:"马则顿蹄狼傍,虺颓玄黄;牛则体疲力竭,损食丧肤。駏蹄穿领,摩髋脱躯。"《西道赋》又作《恶道赋》②,丝路"西道"即"恶道",也是社会共识。《艺文类聚》卷四二引宋鲍昭《代陈思王白马篇》曰:"白马驿角弓,鸣鞭垂北风。要途问边急,杂虏入云中。……薄暮雪云起,飞沙披远松。……弃别中国爱,要冀胡马功。……但令塞上儿,知我独为雄。"③诗句言"北风""胡马","杂虏""中国",区域背景则言"云中""塞上""边""远"方向,正是丝路风景。而"飞沙"同样作为环境史现象的表现符号。

又有称"翰海""瀚海"为"旱海"者。④"旱海"之称多见于宋代史籍。《宋史》卷二五四《药元福传》:"朔方距威州七百里,无水草,号旱海,师须赍粮以行,至耀德食尽……"⑤《宋史》卷二五七《李继隆传》:"先是,受诏送军粮赴灵州,必由旱海路,自冬至春,而刍粟始集。"⑥《宋史》卷二七七《郑文宝传》:"文宝前后自环庆部粮越旱海入灵武者十二次。""清远据积石岭,在旱海中,去灵、环皆三四百里,素无水泉。"⑦《宋史》卷四八五《外国传一·夏国上》:"时朝议或云率轻骑三道捣平夏;或云暑涉旱海无水泉,粮运艰辛,不如静以待之,帝不听。"⑧"号旱海"的"无水草"或说"素无水泉"之地,有人以为就是"水泉乏绝""难得水泉"的所谓"翰海""瀚海"。《西夏书事》卷六"(至道二年)五月合党项诸族兵围灵州索使人张浦"条记载,对于吕端"请发兵出麟府、鄜延、环庆三道,会兵直捣平夏,覆其巢穴"的建议,"或云:寒垣表里沙碛,三道兵从何处会合?况盛夏涉翰海,水泉乏绝,粮运艰辛,未见其利,不如静以待之。"关于"涉翰海",注曰:"瀚海,一名旱海。赵珣《聚米图经》云:'盐夏清远军间,

---

① 〔唐〕欧阳询:《艺文类聚》,汪绍楹校,上海古籍出版社,1965年,第965页。
② 〔唐〕欧阳询:《艺文类聚》,汪绍楹校,上海古籍出版社,1965年,第127页。
③ 〔唐〕欧阳询:《艺文类聚》,汪绍楹校,上海古籍出版社,1965年,第753—754页。
④ 《旧五代史》,中华书局,1976年,第1644页。
⑤ 《宋史》卷二五四《药元福传》,中华书局,1977年,第8895页。
⑥ 《宋史》卷二五七《李继隆传》,中华书局,1977年,第8968页。
⑦ 《宋史》卷二七七《郑文宝传》,中华书局,1977年,第9425、9427页。
⑧ 《宋史》卷四八五《外国传一·夏国上》,中华书局,1977年,第13987页。

并系沙碛，俗谓之旱海。自环州出青冈川，本灵州大路，自此过美利砦，渐入平夏中经旱海七百里，无溪涧山谷，难得水泉。'钱即曰：'瀚海地皆舄卤，或以饮马，口鼻皆裂。'"①

胡林翼《读史兵略》卷四五《通鉴》："冯晖引兵过旱海，至辉德。"注文明确说："旱海即瀚海，今曰戈壁。"②嘉庆《回疆通志》卷一一《吐鲁番·山川》写道："瀚海，地皆沙碛，无水草，赤地千里。《通志》云：经前庭县有大沙海，在柳中县东南九十里，亦名旱海。"③李慎儒《辽史地理志考》卷三《中京道》说道："回鹘其国凡十五种……皆散处碛北。碛者，今之戈壁，汉谓之幕，唐谓之碛。即瀚海，亦名旱海者也。"④同书卷五《西京道》解释"古碛口"："又案内蒙古各部及归化城之北，外蒙古四喀尔喀之南，皆沙漠，无水草，古谓之瀚海，亦曰旱海。汉谓之幕，唐谓之碛，今谓之戈壁。"⑤

李树辉关于"瀚海"讨论的《瀚海新考》一文引录了清人祁韵士的意见，也说"瀚海"又称"旱海"，"清祁韵士《西域释地》：'瀚海：东至安西州，西至吐鲁番界，俱有沙碛，乏水草，不毛之地数百里，谓之瀚海，一作旱海，今呼为戈壁。'"⑥

杨钟羲《雪桥诗话续集》卷八说到"道西陲事赋志"的诗句："瀚海沙如海，人烟自古空。半年青鸟信，平地白驼风。转饷危逾战，跳梁计每工。谁将诸将苦，一为达宸聪。"又写道："南洲名海英，从左文襄十余年，谓关外沙漠无水草，转输皆须挈带安西。西去遂以戈壁滩，流沙如海，凡一千八百里乃至哈密，名瀚海，一名旱海。沙中难行者四十里，风极狂。其来惟白驼知之。风将至则伏地以鼻埋沙中。人效所为乃免为此风吹去。"⑦也说"瀚海，一名旱海"。而"白驼"的作用引人注目。

清人金永森《西被考略》写道："至阿剌伯之流沙，尤前人所未睹。西书言其地有沙海，广千余里，沙乘大风如浪，凡欲渡者以罗经定方位，以驼代舟车，常乏水草，则杀驼剖腹，沥水而饮。商旅必结队而行，否则虞盗贼，且虑风沙埋没。

---

① 吴广成：《西夏书事》，小岘山房，清道光五年（1825），第43页。
② 胡林翼：《读史兵略》，武昌节署，清咸丰十一年（1861），第1127页。
③ 和宁：《（嘉庆）回疆通志》，中华民国外交部，1925年，第331页。
④ 李慎儒：《辽史地理志考》，刻印者不详，清光绪二十八年（1902），第51页。
⑤ 李慎儒：《辽史地理志考》，刻印者不详，清光绪二十八年（1902），第8页。
⑥ 李树辉：《瀚海新考——兼论〈辞源〉、〈辞海〉相关词条的释义》，《中国边疆史地研究》2017年第4期。
⑦ 杨钟羲：《雪桥诗话续集》（民国"求恕斋丛书"本），上海古籍书店，1963年，第838页。

《楚辞》云：'西方之害，流沙千里。'《禹贡》'西被于流沙'，正为此地。若以居延一隅当古流沙，则陋矣。经云流沙之滨，流沙必近海隅，阿剌伯地傍红海，流沙当在此。"①其中"沙海"之说值得注意。所谓"流沙必近海隅"，将两种地理条件联系起来，也自有识见。而今人多言"沙漠之舟"者，以沙漠交通和海上交通比拟，金著所谓"以驼代舟车"，可知以"舟"比喻骆驼，较早已见于文献。

骆驼为沙漠交通提供主要动力。《宋史》卷四九〇《外国传六·高昌》说西北丝绸之路有的路段"沙深三尺，马不能行，行者皆乘橐驼"②。以为骆驼行进又如水上行舟者，又有魏源《海国图志》卷二四《西南洋》"阿丹国"条写道："凡菜饭皆调以骆驼乳。"③又引《万国地理全图集》曰："其驼系国之舟，忍耐辛苦。"④卷三六《小西洋·中利未加洲三十五国》"重辑"条："其驼若舟，动止醒睡，恒与人同伴。行路如患渴死，则杀其驼饮血，且胃内有存水解渴。"⑤这些都明确说沙漠行走，其"驼"如"舟"。《天方至圣实录》卷一三《迁都七年至八年事实》记述"古来氏"风土，言"巨鱼""之大"，"以肋骨两端着地，选长人乘高驼过其下，如舟帆过桥下也"⑥，也使用"驼""舟"比喻。清人王士禛《养马行》诗："建旗臂隼号一万，为马大小尤倍之。碧眼骆驼足千里，此军云是舟山师。"⑦读来也可以体会同样的联想。

关于沙漠交通行为"其驼若舟"的比喻，是以"旱海""沙海"作为认识基点的。

八、汤因比"草原""无水的海洋"论

俄罗斯学者比楚林（Бичурин）曾经指出，丝绸之路开通"在中国史的重要性，绝不亚于美洲之发现在欧洲史上的重要"⑧。应当注意到，"美洲之发现"，是"欧

---

① 金永森：《西被考略》，刻印者不详，清光绪二十九年（1903），第5页。
② 《宋史》卷四九〇《外国传六·高昌》，中华书局，1977年，第14110页。
③ 《海国图志》卷二四《西南洋》，山东画报出版社，2004年，第393页。
④ 《海国图志》卷二四《西南洋》，山东画报出版社，2004年，第394页。
⑤ 《海国图志》卷三六《小西洋·中利未加洲三十五国》，山东画报出版社，2004年，第614页。
⑥ 〔清〕刘智：《天方至圣实录》，金陵启承堂，清乾隆五十年（1785）袁国祥印本，第134页。
⑦ 王士禛：《带经堂集》第一编《渔洋诗集》，见《清代诗文集汇编》编纂委员会编：《清代诗文集汇编（一三四）》，上海古籍出版社，2010年，第22页。
⑧ 〔苏〕狄雅可夫、〔苏〕尼科尔斯基：《古代世界史》，日知译，高等教育出版社，1954年，第224页。

洲"人通过经行海洋的交通行为实现的。

中国对外交往有两条主要通道，西北草原通道和东南海洋通道。①

汤因比《历史研究》对于草原条件便利文化沟通的功能发表了见识明朗的论说。他分析了草原与海洋对于交通的作用，也进行了两种地理条件交通史视角的比较。他说："草原象'未经耕种的海洋'一样"，草原虽然不适宜定居农耕，但是却能够"为旅行和运输提供更大的方便"②。在"海洋和草原是传播语言的工具"的标题下，汤因比发表了这样的意见。他分析了语言传播的史实，引用航海者往往把自己的语言传播到海洋沿岸的例证以为解说："古代的希腊航海家们曾经一度把希腊语变成地中海全部沿岸地区的流行语言。马来亚的勇敢的航海家们把他们的马来语传播到西至马达加斯加，东至菲律宾的广大地方。在太平洋上，从斐济群岛到复活节岛、从新西兰到夏威夷，几乎到处都使用一样的波利尼西亚语言，虽然自从波利尼西亚人的独木舟在隔离这些岛屿的广大洋面上定期航行的时候到现在已经过去了许多世代了。此外，由于'英国人统治了海洋'，在近年来英语也就变成世界流行的语言了。"就海洋和草原在"作为传播语言的工具的职能"方面的相似之处，汤因比告知读者："在草原的周围，也有散布着同样语言的现象。"在当今还有"柏伯尔语、阿拉伯语、土耳其语和印欧语"这几种语言的跨地域散布，与"草原上游牧民族的传布"有密切关系。"草原"如同"无水的海洋"为不同文化体系之间的相互交往提供了条件。③我们回顾东西方文化交流史，确实可以看到这一情形。丝绸之路形成并发生作用也有"草原"这一地理条件作为基本要素。

汤因比所说包括"绿洲"地貌的"草原"，"到处是野草和碎石"，或译作"表面是草地和砂砾的草原"④，其实是包括荒漠戈壁的。可以与汤因比笔下所谓

---

① 王子今：《丝绸之路交通的草原方向和海洋方向》，见刘进宝编：《丝路文明》（第5辑），上海古籍出版社，2020年。
② ［英］汤因比著，［英］索麦维尔节录：《历史研究》，曹未风译，上海人民出版社，1966年，第234—235页。
③ 后一段文字另一种译本如下："确实，欧亚草原比任何其他干旱地区更接近另一种非常难以相处的自然成分——海洋。草原的表面与海洋的表面有一个共同点，就是人类只能以朝圣者或暂居者的身份才能接近它们。除了海岛和绿洲，它们那广袤的空间未能赋予人类任何可供其歇息、落脚和定居的场所。二者都为旅行和运输明显提供了更多的便利条件，这是地球上那些有利于人类社会永久居住的地区所不及的。"参见［英］汤因比：《历史研究》（修订插图本），刘北成、郭小凌译，上海人民出版社，2000年，第113页。
④ ［英］汤因比著，［英］D.C.萨默维尔编：《历史研究》，郭小凌、王皖强、杜庭广等译，上海人民出版社，2010年，第163页。

"无水的海洋""未经耕犁的海洋""未经耕种的海洋""未曾开垦的海洋"①形成对照的,是中国史籍文献中形容西北与北方交通地理风貌之所谓"流沙""大漠""瀚海"②。《说文·水部》:"漠,北方流沙也。"③这些从"水"的字样,似乎也暗示"草原"与"海洋"之间的联想。

从这一视角理解"瀚海"一语的意义,或许能够获得接近历史真实的认识。我们对丝绸之路史的理解,也因此可以更为准确。

原载《甘肃社会科学》2021年第6期

(王子今,西北大学历史学院教授)

---

① 〔英〕汤因比著,〔英〕D.C.萨默维尔编:《历史研究》,郭小凌、王皖强、杜庭广等译,上海人民出版社,2010年,第163页。

② 《汉纪》卷二九《孝哀皇帝纪》"元寿二年"载扬雄上书:"(汉武帝)大兴师数十万,连兵十余年。于是浮西河,绝大漠,破颠颜,袭单于王庭,穷极其地,封狼居胥山,禅于姑衍,以临瀚海,虏名王贵人以百数。"参见〔东汉〕荀悦:《汉纪》,张烈点校,中华书局,2002年,第514页。《法言·孝至》:"龙堆以西,大漠以北,鸟夷、兽夷。"汪荣宝:《法言义疏》,陈仲夫点校,中华书局,1987年,第554页。班固《燕然山铭》:"经碛卤,绝大漠。"李贤注:"沙土曰漠,直度曰绝。"参见《后汉书》卷二三《窦宪传》,中华书局,1965年,第815—816页。又《后汉书》卷八八《西域传》:"浮河绝漠,穷破虏庭",李贤注:"沙土曰漠,直度曰绝也"。参见《后汉书》,中华书局,1965年,第2911、2913页。

③ 段玉裁注:"《汉书》亦假'幕'为'漠'。"参见〔汉〕许慎撰,〔清〕段玉裁注:《说文解字注》,上海古籍出版社,1981年,第545页。可知前引李贤注"沙土曰漠,直度曰绝",应承袭《史记》卷一一〇《匈奴列传》"绝幕",裴骃《集解》:"瓒曰:'沙土曰幕,直度曰绝。'"。(《史记》,中华书局,1982年,第2903页)

论青藏高原古代各族人民共同开创了"高原丝绸之路"

霍 巍

"丝绸之路"是德国地理学家李希霍芬（F. von Richthofen）最初提出的一个概念，是指代汉代中国通向西方（这里所指的西方，主要是中亚南部、西部以及古代印度）的一条以丝绸贸易为主的交通路线。后来，这个概念随着时代的发展也不断发生变化：一是在时间轴上，人们意识到事实上早在汉代以前，以中国中原地区为出发点的东西方交流已经有之，因而从汉代一直向前追溯到史前时代，也向后延续到汉唐宋元以后，将不同时代的东西方交流的路线均纳入其中；二是在地理空间上，也突破了狭义的"陆上丝绸之路"（也称之为"沙漠丝绸之路"）的空间范围，提出更为北方的"草原丝绸之路"和南方以海上交通为主的"海上丝绸之路"，以及区域间形成的"西南丝绸之路"等不同的概念。如同荣新江所言，"丝绸之路是一条活的道路"[①]。然而，迄今为止，却很少有人将中国西南地理空间上极为辽阔、地理位置上极其重要的青藏高原纳入这个体系当中来加以考虑，从而提出"高原丝绸之路"这个概念。本文拟从以下方面，以历史文献和考古发现作为主要材料，来讨论相关的问题。

一、"高原丝绸之路"这一概念的提出

笔者提出的"高原丝绸之路"，很显然是在狭义的丝绸之路概念上的拓展，是一个广义的概念。具体而言，它是指从中国中原地区经由青藏高原，或者由青藏高原出发的不同时期东方与西方、中国与外域交流的交通网络及其主要干线。笔者曾对这个概念做过进一步的阐述："其一，（这个概念）并不仅仅局限在以丝绸贸易为主从而形成所谓'丝绸之路'的汉代，而是包括了从史前时代开始以来这一地区与外部世界（包括外国与中国内地）交流往来的路线；其二，这些不同时代的交

[①] 荣新江：《丝绸之路与东西文化交流》，北京大学出版社，2015年，第1—2页。

通路线既有主要的干线,也还包括了若干重要的支线,实际上已经形成一个交通网络;其三,这些路线既有外向型的国际通道,可以直接通向今天的外域,也有内向型的通道,从而将这些通过青藏高原的国际通道和起点在中国内地、沿海的所谓'陆上丝绸之路'、'海上丝绸之路'、'草原丝绸之路'、'沙漠丝绸之路'等连接在一起;其四,这些路线在历史上所发挥的功能均不是单一性质的,它们与政治、军事、经济、宗教、文化等各个方面的交流传播都有着密切的关系,往往都具有复合性的功能。"[1]

以往的研究中,曾经有学者从不同的时代、不同的角度和不同的视野对于笔者所论及的"高原丝绸之路"这个概念有过涉及,分别提出过诸如"吐蕃丝路""唐蕃古道""香料之路""食盐之路""麝香之路""茶马古道"等若干概念,这些概念均有其合理性,但在内涵和外延上却与"高原丝绸之路"这个概念并不完全等同,后者在时间、空间这两个维度上都要更为广阔。

笔者之所以要提出"高原丝绸之路"这个更为广义的概念,绝不是要跟风追潮、标新立异,而是主要基于以下这样一些深入的思考和探索:

其一,近代以来随着学术研究的深入、考古发掘工作的进步并不断提供给研究者以新鲜的实物史料,国内外学术界对于丝绸之路的理解,基本上都不再局限于李希霍芬时代所提出的狭义的丝绸之路概念,而是将其大大地加以了拓展。这不仅是学术视野的扩展,也是理论、方法上的进步,我们应当与时俱进,及时地修正旧有的观念和认识,提出新的创见。

其二,青藏高原过去考古工作起步较晚,缺乏较为有力的考古证据来讨论这一概念。近年来西藏考古工作已经取得了很大的进展,从史前时代直到汉唐时代(对应青藏高原而言则可略同于吐蕃早期各"小邦"时代和唐代吐蕃王朝时期)都出土了一批重要的考古材料,其中既有和丝绸之路这个概念直接相关的大量汉晋、唐代的丝绸残片,也有欧亚大陆和海上贸易中常见的宝石、珠玉等装饰品的组件;出土金银器中的器型有不少系仿制中亚地区波斯萨珊王朝和粟特系统金银器,还有最能体现欧亚草原文化色彩的大量装饰在金银器上的有翼神兽、大角动物、马与骑手等纹饰图案。在一些文献记载的重要交通要道上,还发现了和唐代中印交通直接相关的唐代使节王玄策出使印度时所镌刻的《大唐天竺使出铭》摩崖铭刻,更是提供了印证、补充、完善文献史料的重要考古实物。此外,近年来考古发现的位于西藏边境线上古藏文题刻、佛教石刻、铜钟等实物,也都和吐蕃时期与中亚、南亚的

---

[1] 霍巍:《"高原丝绸之路"的形成、发展及其历史意义》,《社会科学家》2017年第11期。

交通有关。所以，笔者赞同"不同时代都有不同时代的丝绸之路"这个观点①，认为适时地提出这个概念，无疑有助于国内外学术界及时地重新认识和深化"丝绸之路""一带一路"这些整体性的概念。

其三，从青藏高原自身所处的地理位置而论，它北接新疆，和传统的"陆上丝绸之路"相平行；东连四川、云南，和这一区域内的"西南丝绸之路""藏羌彝民族走廊"等天然相接；西南和南面与印度、克什米尔、尼泊尔等中亚和南亚国家与地区相毗邻，在河谷峻岭之间有若干条自然通道相通。这种区位特点决定其不可能成为丝绸之路上的"盲区"。

其四，事实上，虽然自然条件高寒恶劣，但却从来不能阻隔高原上的各民族与外界交流、交往的脚步，他们利用高原上无数"山结""水结"之间形成的若干条主要干道和密如毛细血管般的民间小道，充满智慧地选择不同季节，避开风雪严寒，充分利用地形地势和水草分布特点，一直维系着这些通道的运转，并不断对此进行开拓、改进和完善。直到今天，在青藏高原形成的主要交通干道，其大体走向、主要关隘、出境口岸等都在很大程度上和这些传统的古道相重叠。以今推古，无论从逻辑还是从现实上，我们都无法否认广义上的"高原丝绸之路"的历史存在。

二、"高原丝绸之路"最初的开拓者

从目前最新的考古发现来看，距今4—5万年前，远古人类已经踏上了青藏高原。在距今5500年，藏东昌都已经出现了定居的新石器时代农业村落，其中具有代表性的考古遗址有卡若遗址、小恩达遗址等。大约在距今4000年，西藏的腹心地带也开始进入新石器时代，出现了拉萨曲贡、山南昌果沟遗址等一批重要的新石器时代遗址。②从这个时期居址的建设、农作物品种的选择与种植，陶器、石器等生产和生活用具的制作，装饰品等高级消费品的出现等考古遗存中，我们都可以观察到一个令人注意的客观事实：从外部输入高原的物质文化、精神产品一直没有中止过，而带入这些因素的人群，应当是流动的人群；其中反映出的远程贸易、技术和观念的传播，外来因素和本土因素的融合等因素，都是通过一定的渠道和方式实现的，从而为历史时期丝绸之路的形成与发展奠定了最初的基础。

以卡若遗址为例，在这个遗址的早期遗存当中，发现的主要农作物种类是粟，聚落中发现大量半地穴式的房屋，墙体和地面均做过处理，出土的陶器、石器与黄

---

① 荣新江：《丝绸之路与东西文化交流》，北京大学出版社，2015年，第1—2页。
② 霍巍：《西藏史前考古若干重大问题的思考》，《中国藏学》2018年第2期，第5—12页。

河上游地区马家窑文化也具有可比性。所以，卡若遗址的发掘主持者童恩正认为，"如果我们综合考古和传说两方面的资料进行分析，似乎可以推测西藏的原始居民中有两种因素：一种是土著民族，其定居在西藏的时代目前至少可以推到旧石器时代的后期，他们是一种游牧和狩猎的部族；另一种是从北方南下的氐羌系统的民族，他们可能是经营农业的。……卡若遗址早晚两期之间文化面貌产生的某些急骤变化，是否与这两种类型的民族文化接触有关，是一个值得进一步探讨的问题"①。童恩正先生认为，有一支"从北方南下的氐羌系统的民族"进入青藏高原东麓，从而从外部输入了这些文化因素。

汉文文献中所记载的"西羌"，应当是青藏高原上早期迁入的一个十分重要的民族。《后汉书·西羌传》记载："西羌之本，出自三苗，姜姓之别也。……及舜流四凶，徙之三危，河关之西南羌地是也。滨于赐支，至乎河首，绵地千里。……南接蜀、汉徼外蛮夷，西北[接]鄯善、车师诸国。所居无常，依随水草。"②从这段记载中可知，西羌在中国西部的分布极为广阔，南面和蜀汉之外的所谓"徼外蛮夷"相毗邻，其西北已经进入西域诸国境域，他们从蜀汉、西域等不同的方向迁徙进入青藏高原，应当顺理成章。所以，对于唐代吐蕃的来源，在《旧唐书·吐蕃传》中讲到"吐蕃，在长安之西八千里，本汉西羌之地也。其种落莫知所出也"③。而《新唐书·吐蕃传》则更为直接地认为"吐蕃本西羌属，盖百有五十种，散处河、湟、江、岷间"④。虽然青藏高原早期人群的迁徙情况可能是十分复杂的一个历史过程，但西羌曾是青藏高原古代族群中重要的组成部分应是可信的历史事实。两《唐书》中明确记载吐蕃"本汉西羌之地"，或径言"吐蕃本西羌属"，实际上都强烈地暗示出这种隐藏在文本当中的真实历史线索。历史学者张云认为："汉文中就有羌即藏的说法，从民族成份的基本构成上和文化风貌上说吐蕃即是羌，在我们看来是对的，象雄人、苏毗人皆与西羌人有关或直接是羌人。"⑤两《唐书》等唐宋时期成书的汉文文献所记载的年代虽然已经晚到汉唐，但童恩正先生则从更为久远的新石器时代开始，便已经注意到这些从北方南下的氐羌系民族，是很有远见的一个推测。

在西藏早期的考古学文化遗存当中，笔者曾经从多方面考察过当中与东西方文

---

① 西藏自治区文物管理委员会、四川大学历史系：《昌都卡若》，文物出版社，1985年，第155—156页。
② 《后汉书》卷八七《西羌传》，中华书局，1973年，第2869页。
③ 《旧唐书》卷一四六《吐蕃传上》，中华书局，1975年，第5219页。
④ 《新唐书》卷二一六《吐蕃传上》，中华书局，1975年，第6071页。
⑤ 张云：《丝路文化·吐蕃卷》，浙江人民出版社，1995年，第71页。

化交流有关的因素。① 例如，与青藏高原西部相邻的今印占克什米尔地区，曾发现布鲁扎霍姆遗址（Burzahom，也译为布尔扎洪遗址），并在20世纪70年代进行了数次考古发掘。由于该处遗址具有与西藏昌都卡若新石器时代遗址相似的若干文化因素，如半月形石刀、穿孔石器、长条形石锛石凿、半地穴式房屋等，包括笔者在内的不少中国学者都认为这个遗址反映出黄河流域和青藏高原东麓的新石器时代文化可能影响到了克什米尔地区。② 西藏出土的蚀花料珠——"gzi"（藏族群众称其为"天珠"），近年来在西藏西部地区早期墓葬中多有出土，童恩正认为其可能源自伊朗高原③，因这种珠饰在南亚地区也多有发现，另一个可能的生产和传播地点或许是在印巴次大陆。又如，在拉萨曲贡新石器时代遗址发掘中，曾发现过一件陶制的猴面装饰④。意大利著名学者杜齐（G. Tucii）指出，早在米努辛斯克地区也有这一主题出现⑤；而石硕发现，在我国西南少数民族地区的神话传说体系中，这种以猕猴作为早期人类创世者的原始宗教信仰也曾经较为流行⑥。如《隋书·党项》称，"其种有宕昌、白狼，皆自称猕猴种"⑦。藏文史籍中关于古代人种起源有各种说法，但最令人瞩目的就是猕猴传人的传说。所以，这种远距离之间的信仰、观念意识的传播，和不同地区人类的交流往来应当有关。再如，拉萨曲贡石丘墓当中，曾出土过一面铁柄青铜镜（编号为M203：2）。包括笔者在内的一些考古学者已经敏锐地意识到，它与中国传统的无柄具钮形铜镜系统不同，而与中亚、西亚或南亚的带柄镜系统有相似之处，并对它的来源、装饰艺术风格、传播途径等问题发表过不同的意

---

① 霍巍：《从考古材料看吐蕃与中亚、南亚的古代交通：兼论西藏西部在佛教传入吐蕃过程中的历史地位》，《中国藏学》1995年第4期。
② 有关论述可参见徐朝龙：《喜马拉雅山南麓所见的中国北方新石器时代文化因素——浅谈克什米尔地区的新石器时代遗址布鲁扎霍姆（Burzahom）》，《农业考古》2013年第1期；霍巍：《喜马拉雅山南麓与澜沧江流域的新石器时代农业村落——兼论克什米尔布鲁扎霍姆遗址与我国西南地区新石器时代农业文化的联系》，《农业考古》1990年第2期。
③ 童恩正：《西藏考古综述》，《文物》1985年第9期。
④ 中国社会科学院考古研究所西藏队：《拉萨曲贡》，中国大百科全书出版社，1999年，第6页图版63。
⑤ 杜齐：《西藏考古》，向红笳译，西藏人民出版社，1987年，第18页图17。
⑥ 石硕：《藏族族源与藏东古文明》，四川人民出版社，2001年，第44—53页。
⑦ 《隋书》卷八三《党项》，中华书局，1982年，第1845页。

见。①近年来在西藏西部象泉河等地考古发掘出土的约公元前4世纪至公元6世纪的墓葬中,更是有多枚不同形制的青铜带柄镜,它们常常与前文所说的蚀花料珠"gzi"同出于一墓,其来源地应当大体上相同,目前学术界一般倾向认为其是从南亚、中亚输出的商品。此外,西藏西部的古代岩画中,还出现了一些十分显著的带有欧亚草原文化因素的图案,如岩画中刻绘的动物均具有鹿形大角、身饰横置"S"形纹饰或双涡纹等特点,令人联想到欧亚草原青铜时代晚期和铁器时代早期所谓"斯基泰-西伯利亚动物纹"②。有学者已经注意到,西藏西部岩画中的"动物形风格"与欧亚草原文化中的"斯基泰风格"极其相似,提出可将其归入欧亚草原岩画传统,并与其周边的"中亚岩画丛""阿尔泰岩画丛"相互衔接,可视为"欧亚草原岩画圈"中的"高地亚洲类型"③。这些观点都很富启发意义。

综上所述,无论是从文献记载还是从考古实物上,都显示出早在西藏史前时代,青藏高原人群从外部进入高原的通路已经被充分地开发利用,人们的物质文化和精神文化层面都出现了多种外来文化影响、交流的遗迹。可以推测,这些因素的传播、交流有些可能是由人群的迁徙流动直接带入高原的;也不排除一些因素(尤其是信仰、观念、意识和技术等精神层面的内容)可以间接地、接力式地长距离传播进入高原。而这些人群(族群)我认为无疑正是广义上的"高原丝绸之路"最初的开拓者。他们不畏艰辛,筚路蓝缕,拓殖高原,为直到今天仍被许多人视为"生命禁区"的世界屋脊带来了文明的曙光。同时,他们当年排除万难到达高原所行经的道路,也为后世的继续探寻开了先河,标识出方向。

三、高原各族对丝绸之路的历史贡献

"高原丝绸之路"的各条路线、各个段落是在不同时期、不同区域,以不同的规模、不同的方式逐渐形成的。青藏高原的若干古代民族,都曾对这个庞大的交

---

① 这一方面的成果,主要有霍巍:《西藏曲贡村石室墓出土的带柄铜镜及其相关问题初探》,《考古》1994年第7期;赵慧民:《西藏曲贡出土的铁柄铜镜的相关问题》,《考古》1994年第7期;霍巍:《再论西藏带柄铜镜的有关问题》,《考古》1997年第11期;霍巍:《从新出考古材料论我国西南的带柄铜镜问题》,《四川文物》2002年第2期;吕红亮:《西藏带柄铜镜补论》,见四川大学中国藏学研究所编:《藏学学刊》(第5辑),四川大学出版社,2009年;仝涛:《三枚藏式带柄铜镜的装饰风格来源问题》,见四川大学中国藏学研究所编:《藏学学刊》(第6辑),四川大学出版社,2010年。
② 西藏自治区文管会文物普查队:《西藏日土县古代岩画调查简报》,《文物》1987年第2期,第44—50页。
③ 吕红亮:《西喜马拉雅岩画欧亚草原因素再检讨》,《考古》2010年第10期,第76—85、109页。

通路网做出过自己的贡献。这些路线一开始可能还是局部的、内向型的、区域之间的，通过多次的整合之后，最后在一定的历史背景之下最终定型为全局性、外向型的、跨区域的路网。在这个漫长的历史过程当中，各族人民积极投身参与到各个区域间和国际的交往与交流，开拓、维护和利用高原丝绸之路。由于青藏高原地域广阔，各个区域形成的交通路线各有其特点，这里，我们着重从以下几个重要的区域来进行考察。

（一）青藏高原西部

这一地区大体上即指今西藏自治区阿里地区全部和藏北地区一部，历史上是藏文史书中所载的"象雄"（Zhang zhung）和汉文史书中所称的"羊同"所在。这一区域沿喜马拉雅山脉与中亚、南亚等地区相毗邻，也通过高原北部与新疆的南疆相连接，是高原丝绸之路外向型路线重要的干线经由之地。法国学者石泰安（Rolf Alfred Stein）对于古代羊同（象雄）与外界的交流曾做出这样的评价："西藏西部对西藏文明的形成曾起过重大作用。那里既与犍陀罗和乌苌（斯瓦特）接壤，又与该地区的其他小国毗邻，希腊、伊朗和印度诸文明中的古老成分都经由那里传至吐蕃"[1]。关于具体可能存在的交通路线，石泰安认为："象雄肯定是向印度开放的，或是通过尼泊尔，或是通过克什米尔和拉达克"[2]。意大利学者杜齐也曾论断："在吐蕃帝国建立之前，象雄是一个大国，但当吐蕃帝国开始向外扩张时，它便注定屈服了。象雄与印度喜马拉雅接界，很可能控制了拉达克，向西延伸到巴尔提斯坦及和阗，并且把势力范围扩展到羌塘高原"[3]。但是，受时代的局限，他们的认识很大程度上还停留在推测和假设的阶段。

中国学术界对于这一区域的关注近年来有很大的研究进展。过去主要的文献史料依据，是唐人杜佑所撰《通典·边防六》"大羊同"条下载：

  大羊同，东接吐蕃，西接小羊同，北直于阗，东西千余里，胜兵八九万人。其人辫发毡裘，畜牧为业。地多风雪，冰厚丈余。所出物产，颇同蕃俗。无文字，但刻木结绳而已。刑法严峻。其酋豪死，抉去其脑，实以珠玉，剖其五脏，易以黄金，假造金鼻银齿，以人为殉，卜以吉辰，

---

[1] [法]石泰安：《西藏的文明》，耿昇译，西藏社会科学院西藏学汉文献编辑室编印，1982年，第23页。
[2] [法]石泰安：《西藏的文明》，耿昇译，西藏社会科学院西藏学汉文献编辑室编印，1982年，第23页。
[3] [意]杜齐：《尼泊尔的两次科学考察报告》，《泥泊尔史研究资料》，罗马，1956年，第105页；转引自张云：《丝路文化·吐蕃卷》，浙江人民出版社，1995年，第49页。

藏诸岩穴，他人莫知其所，多杀牦牛羊马，以充祭祀，葬毕服除。其王姓姜葛，有四大臣分掌国事。自古未通，大唐贞观十五年，遣使来朝。[①]

《唐会要》卷九九"大羊同国"条与《通典》的记载基本相同，但只是明确指出"贞观五年朝贡使至。十五年，闻中国之威仪之盛，乃遣使朝贡。太宗嘉其远来，以礼答尉焉。至贞观末为吐蕃所灭，分其部众，散至陕地"[②]。从文献记载来看，这个地区和中原唐王朝是在唐太宗的贞观年间方才正式建立联系，遣使来朝。近年来在西藏西部相继发现了故如甲木墓地[③]、曲踏墓地[④]等几处重要的古墓地，却为此提供了新的更早的实物证据。西藏西部这批古墓葬的年代均未超出汉晋，即公元2—4世纪。从一座大墓中出土了黄金面具、茶叶、丝绸等遗物，尤其是丝绸上有汉字"宜""王侯"等字样，充分显示出其所具有的中原文化特征。[⑤]鉴于西藏当地从来没有制作丝绸的传统，所以可以认定它只能是从汉地经过某种途径传来。过去在新疆吐鲁番阿斯塔那汉晋时代墓葬和新疆营盘墓地中也出土过带有"胡王""王侯"等字样的织锦[⑥]，构图的形式也与西藏所出的这件"王侯"锦基本一致，所以学术界一般认为，这类织锦很可能都是由汉地工匠或织造机构专为边疆定制，通过商贸交换、官方赏赐等不同的方式流传到边地，成为专供"酋豪"们享用的高级奢侈品。墓葬中出土的茶叶，经自然科学家对其中所含的植硅体和植钙体进行鉴定后表明，"这些考古植物样品中都含有只有茶叶才同时具有的茶叶植钙体、丰富的茶氨酸和咖啡因等可以相互验证的系统性证据，组成一个证据链"，从而确认其"都是

---

① 〔唐〕杜佑：《通典》卷一九〇《边防六》，中华书局，1988年，第5177—5178页。
② 〔宋〕王溥：《唐会要》卷九九，上海古籍出版社，2006年，第2100—2101页。
③ 关于故如甲木墓地的研究，主要的有金书波：《从象雄走来》，西藏人民出版社，2012年，第81—91页；霍巍：《一方古织物和一座城堡》，《中国西藏》2011年第1期；仝涛：《西藏阿里象雄都城"穹隆银城"附近发现汉晋丝绸》，《中国文物报》2011年9月23日第4版。
④ 关于曲踏墓地的研究，主要的有中国社会科学院考古研究所、西藏自治区文物保护研究所：《西藏阿里地区噶尔县故如甲木墓地2012年发掘报告》，《考古学报》2014年第4期；吕红亮：《西喜马拉雅山地区早期墓葬研究》，《考古学报》2015年第1期；仝涛、李林辉：《欧亚视野内的喜马拉雅黄金面具》，《考古》2015年第2期；中国社会科学院考古研究所、西藏自治区文物保护研究所、阿里地区文物局等：《西藏阿里地区故如甲木墓地和曲踏墓地》，《考古》2015年第7期。
⑤ 中国社会科学院考古研究所、西藏自治区文物保护研究所：《西藏阿里地区噶尔县故如甲木墓地2012年发掘报告》，《考古学报》2014年第4期，第566页。
⑥ 赵丰：《纺织品考古新发现》，艺纱堂/服饰出版（香港），2002年；新疆文物事业管理局、新疆博物馆、新疆文物考古研究所等编：《新疆维吾尔自治区丝路考古珍品》，上海译文出版社，1998年，第130页。

茶叶"。①墓中所出的黄金面具以及对于尸体进行外科手术式处理的方法，都和上文所记载的羊同"其酋豪死，抉去其脑，实以珠宝，剖其五脏，易以黄金，假造金鼻银齿"的丧葬习俗相似。因而笔者认为，早在汉晋时期，西藏西部便已经存在着一条与汉代开通的陆上丝绸之路相连通的主干道，这条线路最初的开创者，很可能与羊同的"酋豪"们有着密不可分的关系，他们出自对中原王朝的倾慕之情，对汉地和周边各国包括丝绸、茶叶、黄金、珠宝等多种高级奢侈品在内的消费追求，凿通了这条"高原丝绸之路"的重要干线。②

值得注意的是，《隋书·西域传》下有一条关于"女国"的记载可与上述史实相互呼应："女国，在葱岭之南，其国代以女为王。……出鍮石、朱砂、麝香、牦牛、骏马、蜀马。尤多盐，恒将向天竺行贩，其利数倍。亦数与天竺及党项战争。开皇六年，遣使朝贡，其后遂绝"③。此处所载的"女国"，在《大唐西域记》《释伽方志》等唐人文献中也有提及，亦称其名为"苏伐剌拏瞿呾罗国"，指其地望为"东接吐蕃国，北接于阗国，西接三波诃国"。目前学术界根据这一地理位置，多倾向于此处所指的"女国"实际上即为"羊同国"，亦即藏文史书中所载的"象雄国"④。

将上述历史和考古信息综合起来考虑，可知西藏西部的象雄（也可等视为"羊同""女国"）早在汉晋以来就已经开通了和南亚天竺、唐代中原王朝之间的远程交通路线，主要向天竺出口食盐，而其他的地方特产"鍮石、朱砂、麝香、牦牛、骏马、蜀马"之类，很可能也是其向外输出的商品种类。来自东方中原唐王朝的丝绸、茶叶也输入了这个地区，成为当地酋豪们的高级消费品。隋开皇六年（586）女国的"遣使朝贡"，是羊同向中原王朝朝贡最早的一次历史记载，年代早出其后唐贞观五年（631）羊同遣使唐朝朝贡近半个世纪。汉文文献记载的这些史料，事实上都要比考古实物材料所显示的西藏西部与中原王朝开始交流的年代晚好几百年，其原因可能是汉晋时代象雄初通中原不久，正式的官方交流尚未形成，双方信息也不通畅。

---

① 吕厚远：《1800年前丝绸之路穿越青藏高原的茶叶证据》，《中国西藏》2016年第2期，第68—71页。
② 霍川、霍巍：《汉晋时期藏西"高原丝绸之路"的开通及其历史意义》，《西藏大学学报》（社会科学版）2017年第1期，第52—57页。
③ 《隋书》卷八三《西域·女国传》，中华书局，1982年，第1850页。
④ 霍巍：《从新出唐代碑铭论"羊同"与"女国"之地望》，《民族研究》1996年第1期，第94—100页。

（二）青藏高原西南部

青藏高原西南部大体上指日喀则西南部以吉隆为中心的这片地区。从新发现的唐代碑铭《大唐天竺使出铭》所记碑铭位置是"届于小杨同之西"推测其地望，其地理方位当为《文献通考》《通典》等所记的"小羊同"所在区域；而藏文史书中记载的"芒域"，也位于这个地区。① 历史上，芒域是西藏西南部与古代泥婆罗（今尼泊尔）之间的重要交通孔道，可由此经加德满都盆地进入古代印度（北天竺）。例如，藏文史籍《西藏王统记》记载，吐蕃赞普松赞干布迎请泥婆罗国赤尊公主进藏，"赤尊公主乘一白骡，偕同美婢十人，连同负载珍宝多骑，吐蕃使臣为之侍从，遂同向藏地而来。泥婆罗臣民皆送行于孟域（芒域）之间"②。《西藏王臣记》记载，吐蕃时期巴赛朗奉命赴天竺，游方朝圣，至大菩提道场及那烂陀寺，遇寂命大师，"迎至芒域"③。书中还记载，当年莲花生大师进藏，也是取此道而行，"大阿阇黎（莲花生）已由神通照知，见诸藏使跋涉辛苦，乃运用神变，迅速驾临芒域贡塘"④。据《米拉日巴传》记载，西藏佛教高僧米拉日巴父子曾经输掉房屋田产，只好离乡外流，他们到了"芒域贡塘"的江安寨地方才定居下来。著名藏学家刘立千在此条之下注释称，"芒域，古为阿里三围之一，今属日喀则行署吉隆县；贡塘在县西南，为该县的一个区"⑤。所以，这一通往南亚地区的重要国际通道，可能开通的时间很早，利用程度也很高，到吐蕃王朝时期正式成为吐蕃与泥婆罗之间的官方通道，史称"蕃尼道"。唐代初年开出的中印之间的"新道"，其实就是将区域性的"唐蕃古道"和外向性的"蕃尼道"相互贯通的结果，对此将在后文中论述。

（三）青藏高原东南部

青藏高原东部地区历史上部族众多，曾经有历史文献上所记载的氐羌、西南夷、东女、白兰羌、附国、"西山八国"、党项羌等多个民族在此活动。这个区域在自然地理上一个最大的特征，是由横断山脉的多条南北向的河谷形成历史上的所谓"六江流域""民族走廊"，也形成青藏高原东部独特的自然景观和人文景观带。早在吐蕃王朝兴起之前，这些东部族群沿着"六江流域"从纵向的南北方向

---

① 霍巍：《从新出唐代碑铭论"羊同"与"女国"之地望》，《民族研究》1996年第1期，第94—100页。
② 索南坚赞：《西藏王统记》，刘立千译注，西藏人民出版社，2000年，第57页。
③ 《西藏王臣记》，刘立千译注，民族出版社，2000年，第37页。
④ 《西藏王臣记》，刘立千译注，民族出版社，2000年，第38页。
⑤ 桑杰坚赞：《米拉日巴传》，刘立千译，民族出版社，2000年，第23页。

以及横向的东西方向上迁徙移动,奠定了后来青藏高原东麓"高原丝绸之路"的雏形。

笔者曾经从战国秦汉时期石棺葬文化、二次葬与乱骨葬俗、北方草原文化系统青铜器(带柄铜镜、双圆柄首青铜短剑、动物纹饰等)等考古学文化因素分析过这一区域不同族群之间的交流与互动,提出在先秦至两汉时期,在横断山脉地带,曾有三大系统的民族集团在此活动,即来自甘青高原的氐羌系统民族集团、"西南夷"系统的土著民族集团、北方沙漠草原胡系民族集团(主要为月支胡、煌中胡、卢水胡等支系构成)。如《华阳国志·蜀志》记载,川西高原的汶山郡"东接蜀郡,南接汉嘉,西接凉州酒泉,北接阴平,有六夷、羌胡、白兰峒、九种之戎"①。这些民族集团通过横断山脉"六江流域"的民族走廊,不仅促进了北方草原游牧文化的南下,并且以此为中介,可能将更为遥远的中亚、西亚文化因素渗透到西南地区。②

魏晋南北朝时期,这一区域内的部族成为南朝通向西域传统丝绸之路之间的中介者。尤其是在中原阻隔的情况之下,南朝通过青海吐谷浑所控制的"青海道"(也称为"河南道""吐谷浑道")和西域陆上丝绸之路相连接,南下可由益州(今四川省成都市)经长江水路前往荆州、建康,北进可通向漠北敕勒、柔然,向西可进入高昌、于阗、乌苌、厌哒,从而突破北方强敌北魏的封锁,打通了江南地区与西方的贸易通道。在这个过程中,益州和吐谷浑之间的宕昌、邓至、党项羌等都进入其势力范围,共同起到维护这些通道的作用。

唐代吐蕃时期,随着吐蕃王国势力的向东扩张,到公元7世纪后期,已是"尽收羊同、党项及诸羌之地,东与凉、松、茂、巂等州相接,南至婆罗门,西又攻陷龟兹、疏勒等四镇,北抵突厥,地方万余里"③;同时,吐蕃在灭破吐谷浑并占领青海地区全境之后,也将青海道纳入其庞大的交通路网当中,并利用这些通道有效地实现了对唐代长安、剑南益州、云南南诏等地的军事攻略与政治交往。

(四)青藏高原东北部

青藏高原东北部最为重要的部族有苏毗、吐谷浑各部。苏毗部族原来也可能属于西羌的一支,《新唐书·苏毗传》记载:"苏毗,本西羌族,为吐蕃所并,号孙

---

① 《华阳国志》卷三《蜀志》,刘琳校注,巴蜀书社,1984年,第295页。
② 霍巍:《论横断山脉地带先秦两汉时期考古学文化的交流与互动》,见石硕:《藏彝走廊:历史与文化》,四川人民出版社,2005年,第272—299页。
③ 《旧唐书》卷一四六《吐蕃传上》,中华书局,1975年,第5224页。

波，在诸部最大。"①

吐谷浑原属鲜卑慕容氏分离出来的一支，公元4世纪初开始不断向西迁徙，从阴山南下经陇山抵达今甘肃临夏西北，不久又向南向西发展，到吐谷浑孙叶延时（329—351）始建政权，以吐谷浑作为国号和部族名，最后定都于青海湖以西的伏俟城②。

吐谷浑人最为重要的贡献，是对南北朝时期经青海外向发展的国际通道的维护与拓展。如上所述，吐谷浑曾长期扼控青海通向益州、西域和漠北的青海道，与南朝政权尤其是梁朝保持着友好往来，双方的使者、商队、西行求法僧通过吐谷浑控制下的青海道、经由青海道通向西域和中亚各国。文献史料表明，远在中亚阿姆河流域的厌哒（《梁书》中作"滑国"，也有称其为"白匈奴"者）曾在梁天监、普通、大同年间遣使梁朝；来自西域的龟兹、于阗等国在这一时期从河南道遣使至梁；中国内地与西域、印度的佛教僧人，也利用吐谷浑人所扼控的这些国际通道经吐谷浑往来于西域、印度和中亚之间；吐谷浑人自身也充当起东西方贸易的中继者和向导的作用，曾在与东魏、北齐的交往中引导"胡商"从事驼骡、杂彩丝绢等物品的商贸活动③。

吐谷浑所控的青海道形成的路网大体上可分为三个方向：一是经过柴达木盆地由伏俟城经白兰（今青海都兰、巴隆一带）至西域敦煌、高昌、焉耆、鄯善、于阗等处，最后进入中亚乌苌；二是经漠北向敕勒、柔然；三是经益州南下建康。青海道在中西交通史上占有着极为重要的地位，如同周伟洲所言，"在公元五世纪中至七世纪初，吐谷浑所据之青海地区事实上成了中西交通的中心之一。从青海向北、向东、向东南、向西、向西南，都有着畅通的交通路线，联系着中国与漠北、西域、西藏高原、印度等地的交通，其地位之重要，可想而知"④，可谓十分客观的评价。

四、唐代吐蕃王朝实现了高原丝绸之路的整合与统一

公元7世纪，兴起于西藏山南雅隆河谷的吐蕃在松赞干布时代通过不断兼并与征服，先后将苏毗、大小羊同、白兰羌、"西山八国"等部族纳入吐蕃版图，定都逻些（今西藏自治区拉萨市），最终建立起吐蕃王朝，完成了对青藏高原的统一大

---

① 《新唐书》卷二二一《西域下·苏毗传》，中华书局，1975年，第6257页。
② 周伟洲：《吐谷浑史》，广西师范大学出版社，2006年，第1页。
③ 《周书·吐谷浑传》《魏书·吐谷浑传》中对此均有记载。
④ 周伟洲：《吐谷浑史》，广西师范大学出版社，2006年，第144页。

业。在这个历史进程中，吐蕃王朝不仅完成了一次区域性的文化整合，也由此形成了青藏高原全域在地理上具有相对稳定走向和道路的交通路网，高原丝绸之路由此基本定型，对于吐蕃王朝时期的政治、经济、军事、文化、宗教、艺术以及对外文化交流等方面均发挥了重大作用，影响十分深远。

吐蕃时代的"高原丝绸之路"，是在前文所述原青藏高原各部族所开凿的区域性交通路线的基础上重新整合而形成的，并以强大的政治和军事力量作为保证，对这些路网实施了有效的控制和利用。"高原丝绸之路"最为重要的主干线，大体上可从西北部、西南部、东北部、东南部等四个主要方向上展开。

（一）西北部路网

西北部路网是在原"羊同"（象雄）时代形成的交通路线上扩展而成。受到青藏高原西部山脉和河流水系的限制，其主要干道有三。一是从原羊同的腹心地带（今西藏自治区阿里地区）向西北行，大致与今天新（疆）（西）藏公路所经相同，穿越阿克赛钦（Aksai Chin，突厥语，意为"中国的白石滩"）地区，越过喀喇昆仑山与昆仑山进入中亚地区；或越过桑株大坂去往叶城、和阗，与沙漠丝绸之路南线会合。二是向西跨越帕米尔高原，进入古代勃律（Palur，今巴基斯坦所占克什米尔地区之大部）。三是通过今西藏自治区日土县境内的中印边境界湖班公湖一带，进入印占克什米尔地区。[1]在具体的出山口岸上，洪扎河谷、吉尔吉特河谷、瓦罕走廊等，吐蕃人都可能有不同程度的利用[2]。近年来由国家文物局组织实施的"南亚廊道"考古调查中，在阿里象泉河、狮泉河等流域（流入印度境内即为印度河上游，称为萨特累季河），也发现一些重要的国际交通孔道，至今作为边贸通商口岸仍然在被边民利用[3]，但历史记载从来不详，考古调查还在继续进行中。

（二）西南部路网

西南部最为重要的干道是从拉萨向西南行，逆雅鲁藏布江向西，从"芒域"的吉隆河谷进入中尼边境，进而南下加德满都盆地进入北天竺的国际通道。这条道路在唐初成为中印之间文化交流的一条近捷之路，唐人释道宣在约成书于公元7世纪

---

[1] 王小甫：《七至十世纪西藏高原通其西北之路》，见《边塞内外》，东方出版社，2016年，第57页。

[2] 王小甫：《七至十世纪西藏高原通其西北之路》，见《边塞内外》，东方出版社，2016年，第70—80页。

[3] 有关考古资料还未公开发表，尚在整理中。

中叶的《释迦方志·遗迹篇》中，列出了这条新出现的"新道"。唐代的许多求法僧人在唐文成公主和松赞干布的资助和保护之下，便利用了这条新道从西藏高原腹心地带直接贯通高原进入尼泊尔、印度。唐代著名官方使节王玄策数次奉诏出使印度，也利用了这条新道。1990年在吉隆境内的马拉山下发现的王玄策使团所镌刻的《大唐天竺使出铭》，证明了这条古道主要的走向和出境口岸①。明代以后，在吉隆道的两翼又分别开通了定日道、聂拉木道、樟木道等新的通向南亚的通道，形成高原西南部的路网。

（三）东北部路网

东北部路网是在原吐谷浑构建的青海道的基础上加以利用、扩展后形成的，其基本的走向大体上和传统的陆上丝绸之路（沙漠丝绸之路）相平行，主要为东西向，从青海湖分数道向西与敦煌、于阗等丝路重镇相汇合，前文已叙，兹不重复。需要特别指出的是，近年来在青海都兰、乌兰等地考古发现了一批年代约为公元8世纪初年的大墓，其中的"都兰热水2018一号大墓"中出土了大量精美的金银器、丝绸残片等遗物。这些金银饰片上多以捶拓、压印、錾刻等不同方法得到忍冬、莲花、团花、缠枝花草，以及立鸟、翼兽、狮、狼等动物纹样，可从中窥见其制作工艺与纹饰风格等方面的若干特色，尤其是具有浓厚欧亚北方草原游牧民族风格的大角动物、带翼神兽最富特点。墓中还有多件（套）用金银制作的口、鼻、胡须等面具组饰，死者棺内随葬有印章。"乌兰泉沟一号墓"系用砖、木混建的方形墓室，带有长斜坡墓道，有前室、后室和两个侧室，后来还清理出专门用来放置金冠、金錾指杯的暗格。在建筑方式上，采用大量柏木来搭建墓室，前室为砖室，后室和两个侧室的顶部、四壁都用大量的柏木砌建，前、后室内均残存有壁画。②结合过去在都兰热水曾经发掘的墓葬出土文物来看，在丝绸的图案、纹饰，金银器的器形与装饰等方面，都体现出了许多东西方文化交流的因素，死者应是吐蕃占领下的吐谷浑故地王公贵族，他们在吐谷浑灭国之后（唐龙朔三年，663），与吐蕃王朝之间还通过王室通婚、册封小王等方式保持友好关系，维护和保证了青海道的畅通。

---

① 霍巍：《大唐天竺使出铭及其相关问题的研究》，《东方学报》（日本京都）1994年第66册。
② 霍巍：《近年来青藏高原吐蕃时代考古新发现及其意义》，《中华文化论坛》2020年第6期，第5—12页。

（四）东南部路网

东南部路网除了从青藏高原连接川西北、滇西北高原的跨区域之间的交通路线之外，有文献史料记载吐蕃时期也开通了经"滇缅道"（也称"蜀身毒道"）进入天竺（古印度）的国际通道。唐代高僧义净《大唐西域求法高僧传》中记载：

> 那烂陀寺东四十驿许，寻弥伽河而下，至蜜栗伽悉他钵娜寺。去此寺不远，有一故寺，但有砖基，厥号支那寺。古老相传云是昔室利笈多大王为支那国僧所造。于时有唐僧二十许人，从蜀川牂柯道而出，向莫诃菩提礼拜。王见敬重，遂施此地，以充停息，给大村封二十四所。于后唐僧亡没，村乃割属余人。①

唐代另一位高僧慧琳在其《一切经音义》一书中进一步解释道：

> ……今因传中说往昔有二十余人从蜀川出牂柯往天竺得达，因有此说，遂检寻《括地志》及诸地理书、《南方记》等，说此往五天路经，若从蜀川南出，经余姚、越巂、不喜、永昌等邑，古号哀牢玉，汉朝始慕化，后改为身毒国，隋王之称也。此国本先祖龙之种胤也。今并属南蛮，北接互羌，杂居之西，过此蛮界，即入土蕃国之南界。西越数重高山峻岭，涉历川谷，凡经三数千里，过土蕃界，更度雪山，南脚即入东天竺东南迦摩缕波国，其次近南三摩呾吒国、呵利鸡罗国及耽摩立底国等。此山路与天竺至近，险阻难行，是大唐与五天陆路之捷径也，仍须及时。盛夏热瘴毒虫，不可行履，遇者难以全生。秋多风雨，水泛又不可行。冬虽无毒，积雪沍寒，又难登陟。唯有正、二、三月乃是过时，仍需译解数种蛮夷语言，兼赍买道之货，仗土人引道，展转问津，即必得达也。山险无路，难知通塞，乃为当来乐求法巡礼者故作此说，以晓未闻也。②

从上述两位唐代高僧的记述来看，唐人已知晓从蜀地借道，可以通往天竺，认识到这是从"西南夷""蜀川牂柯道"经行吐蕃（土蕃）东北部通往古代印度最为近捷的通道，但同时认识到，这条通道受到诸多条件（气候、地理、语言、风俗等）的限制，也是诸条往天竺道中最为险峻者。目前在这个区域内考古工作的开展

---

① 〔唐〕义净著，王邦维校注：《大唐西域求法高僧传校注》，中华书局，1989年，第103页。
② 〔唐〕慧琳：《慧琳音义》卷八一，徐时仪校注，上海古籍出版社，2008年，第1943—1944页。

还不充分,还缺乏考古证据来进一步论证道路的具体情况,但唐人所载已经比较具体,指出了一些大体的路线和方位,当为可信之史料,为今后的研究提供了重要线索。

综上所述,唐代吐蕃时期所最终定型的"高原丝绸之路",不仅整合和重构了青藏高原内部各区域间的交通路网,也将其拓展到南亚、中亚和东亚地区,成为连接起北方草原丝绸之路、沙漠丝绸之路和南方西南丝绸之路的枢纽和节点;同时,也通过印巴次大陆的印度洋、东南亚以及中国东海、南海等出海口岸连接起海上丝绸之路,在若干条东西走向的路线之间,形成南北纵向的干线,如同一张经纬相交的路网,将"一带一路"联系成一个整体。

五、结语

唐代吐蕃王朝在公元9世纪走向灭亡,但"高原丝绸之路"却始终保持了旺盛的生命力,历经宋、元、明、清直到近现代,还基本维持了其主要干道的走向与格局。对于"高原丝绸之路"的历史价值和现实意义,笔者曾经从五个方面进行了总结:一是构成了体现和代表中外文化交流的丝绸之路网络不可或缺的重要组成部分;二是成为输送中原文明进藏的"主动脉血管";三是承担着中国西部边疆对外文化交流的中转站和集散地的作用;四是对于吐蕃社会和吐蕃文明的形成起到了特殊的促进作用;五是成为青藏高原文明最终融入中华文明体系强有力的联系纽带,将我国西部疆域和民族最终融入中华民族共同体当中,发挥着无可替代的纽带作用。①在这历史性的伟大贡献当中,青藏高原从史前时代到吐蕃王朝时期以汉藏两个民族为主体,并包括不同时期各族人民在内的命运共同体,既是其开创者、维护者,同时是受益者。

今天,当我们站在"一带一路"这个广阔的国际视野下重新审视青藏高原的远古历史和文明史,不能不强调"高原丝绸之路"这个概念的提出和定位,既是对历史的尊重和复原,更是对世世代代生活、奋斗在青藏高原上各族儿女心系祖国、向往中华文明、认同中华文化一个实证性的研究课题,其学术意义和价值可供学界同人进一步共同加以探讨。

原载《中央民族大学学报》2021年第2期
(霍巍,四川大学杰出教授,四川大学历史文化学院教授)

---

① 霍巍:《"高原丝绸之路"的形成、发展及其历史意义》,《社会科学家》2017年第11期。

《大唐天竺使出铭》相关问题再探

霍 巍

1990年6月,在西藏自治区吉隆县境内发现了一通额题为《大唐天竺使出铭》(以下简称《使出铭》)的摩崖石刻碑铭。这一重要的考古发现首次为唐代王玄策使团出使印度,以及唐代中印交通中"吐蕃—泥婆罗道"的路线等问题提供了可靠的实物材料。资料刊布之后[①],引起了国内外广泛的关注。十年来,国内学者对此碑的内容及涉及的若干重要问题做过认真的研究,发表过一些很有启发性的意见。[②]

由于受到当时客观条件的限制,在碑铭发现地所拓取的拓片本来便漫漶不清,而首次刊布时拓片又被缩得很小,更令人难以辨读。字迹稍微比较清楚的,是当时在现场拍摄的碑铭全景及一些局部的照片,但也由于多种原因未能全部公布。过去笔者做出的释读,主要是依据当时在现场对碑文的摹写记录,并参考这些照片,在室内整理的过程中加以反复辨识而得出的意见,其中的错误在所难免。

在纪念此碑发现十周年之际,笔者应《中国藏学》之约,力求汲取其他学者对此碑所做的一些考订意见,同时利用有关照片资料,结合考古现场的原始记录,对这一重要的史料重做校释,并配合照片加以重新公布。此外,笔者对此碑所做研究的主要意见,因过去仅发表在国外学术刊物上,国内读者对其可能不甚了解,以致某些学者在引用笔者意见时多有曲解或误解之处,造成学术认识上不必要的混乱。

---

① 有关此碑刻的资料首次披露于霍巍等:《西藏吉隆县境内发现〈大唐天竺使出铭〉摩崖石碑》,《中国文物报》1994年4月10日。其后经过笔者初步整理研究,将碑文全文刊发于西藏文管会文物普查队:《西藏吉隆县境内发现〈大唐天竺使出铭〉》,《考古》1994年第7期。此外,国外学术刊物也发表有笔者对此碑铭的研究论文,参见霍巍:《〈大唐天竺使出铭〉及其相关问题的研究》,《东方学报》(京都)1994年第66册。

② 就笔者所知,目前国内对此碑铭有过研究,并已经发表过学术论文的学者有孙修身、林梅村、陆庆夫等人,可参见孙修身:《唐代杰出外交家王玄策》《王玄策出使行进路线考》《唐朝杰出外交家王玄策史迹再研究》《大唐天竺使出铭》,见《王玄策事迹钩沉》,新疆人民出版社,1998年;林梅村:《〈大唐天竺使出铭〉校释》,见《汉唐西域与中国文明》,文物出版社,1998年;陆庆夫:《关于王玄策史迹研究的几点商榷》,《敦煌研究》1995年第4期。

笔者作为此碑的主要发现者与研究者，本着对学术负责的态度，有必要对其中涉及的一些问题再做进一步的探讨，以求正于学术界。

一、碑铭重校

《使出铭》正文宽81.5厘米，残高53厘米，其下端因修筑现代水渠而遭毁损。现共残存竖写阴刻楷书24行，估计原来满行有30—40字。现残存的字数共计220多字，其中有许多已损泐，漫漶不清。行、字之间阴刻有细线方格，每格高4厘米，宽3.5厘米，每字约2厘米见方。额题为左书篆刻阳文一行7字："大唐天竺使出铭"[①]；每字间亦有阴刻方框相间，每个方框约5厘米见方，字体大小亦相同。从书法艺术的角度看，此碑的书法与镌刻均堪称上品，笔力刚健遒劲，字体布局方正谨严，刻工精致细密。

近年来，在笔者释读的基础之上，北京大学林梅村又对碑文做过研究校释，其中一些意见可取，但也有误释之处。现将笔者原释文（以下简称"原释"）与林梅村释文（以下简称"林释"）两相对勘，逐行重新加以校释（为加以区别，对新校部分以下简称为"新释"）。文中标记之"［……］"表示后文已残，"□"表示原文已不可辨，"（ ）"内文字表示对前字之释文，"（ ？）"内文字表示对此字释文不甚肯定，仅供参考之意。

《大唐天竺使出铭》正文录写

　　第1行　记录人刘嘉宾撰　记录人［……］

按：原释刘嘉宾后为一□号，今细审照片，不确，当为自然空格。

　　第2行　□人□扶□粤书　贺守一书［……］

按：原释及林释"扶"皆作"扶"字，细审照片，恐有误，今改为"扶"。

　　第3行　维显庆三年六月，大唐驭天下之［……］

　　第4行　圣□（轨？）系叶，重光玄化，法于无空［……］

　　第5行　□（同？）方□，道格四穹，□三五以［……］

按：原释"穹"字前一字未识出，现细审照片，可能为"四"字，故可复原为"道格四穹"。

　　第6行（顾？）及踵贯□之国，舰风雨而来［……］

[①] 据中国藏学研究中心安才旦对碑文的辨别，提示笔者注意此额题中篆书的"出"字，似更似"之"字，如是，则碑额应为"大唐天竺侲之铭"。因此字下半部破损过甚，故现存疑，容进一步讨论。

第7行　逾山海而输赟，□爄身毒近隔［……］

第8行　（臣？）□序　皇上（纳？）（陛？）（轼？）念濡［……］

按：林释"序"前一文字为"铭并"，并据碑额复原为"［大唐天竺使出铭并］序"。但细审照片，"序"字前一字之上半部为"文"字头无误，可知其绝非"并"字。此行第一字原释未识出，现细审照片似可复原为"臣"字。故此句似可释为"臣□序"，"臣"后一字疑为作序使臣之名，很有可能即王玄策本人。此句后空一格，当表对尊者的尊崇之意。

第9行　大□□左骁卫长史王玄策宣［……］

按：林释"左骁卫长史"之前两字为"唐使"，恐有误。因细审照片，"大"字后第一字虽因破损甚烈已不可识，但其后第二字尚有笔画残余，可辨出其绝非"使"字，故此二字恐难强解为"唐使"，尚须存疑。

第10行　刘仁楷选关内良家之子六（人？）［……］

第11行　乱之方□□□边之术，于是出［……］

第12行　声超雪岭，指鹫山以遒，鹜（国？）［……］

按：原释中"鹜"字有误，细审照片，当订正为"鹜"字。其字之后以照片校之，似可新增一"国"字。又林释断句为"声超雪岭，指鹫山以遒鹜"，后一句不可解。依唐人骈文造句特点，当从新释。按"遒"有迫近之意，如《楚辞·招魂》"分曹并进，遒相迫些"，注云："遒，亦迫"。又《九辩》云："岁忽忽而遒近兮，恐余寿之弗将。""鹜"有三意：一为奔驰，二为急速，三为从事、追求等意。联系上下文分析，此处恐为奔驰、追求等意。

第13行　年夏五月，届于小杨童之西［……］

按：林释推测此句可能为"［显庆三］季（年）夏五月，届于小杨同之西"，因碑文"届于小杨同之西"以下全部断损，已无法证实。但参考前文第3行已有"维显庆三季（年）六月"一句分析，无论碑文撰写者是顺叙还是追叙事件的发展过程，从时间顺序上来看，此处都不大可能是同年的夏五月，而有可能为"显庆三年六月"之后的显庆四年或其以后某年的夏五月，才合乎逻辑，详见后文考释。

第14行　时水（流）方壮，栈□斯□乃权［……］

按：原释"斯"字后脱一字，现据照片增之，但此字已不可识出。另林释"水"后一字可能为"流"，因此字已全部损泐而不可辨识，从文意上来看可从林释。

第15行　山隅□则雪拥□□□白云［……］

第16行　迥拥墨雾而□□，西瞰连峰［……］

第17行　箭水楤万壑之□而流寔天［……］

第18行　险也，但燕然既迩，犹刊石以［……］

第19行　铜而□勋，况功百往事，路（十？）［……］

按：此行原释文"铜而"之后两字未能释出，现细审照片观察出第二字为"勋"字；另"况功百往"后一字原释亦未能释出，现据照片与原始记录可补释为"事"字无疑。又原释"路"后一字未能释出，从照片上观察，有一"十"字形笔画，此字是否为"十"字，可供考虑。林释将"铜而"后两字释为"立柱"，显然不确。此处之"勋"字，笔者认为很可能为人名，指唐代名将李勋，详参后文。林释又将后一句释为"况百往［险］路"，亦不确，当从新释。

第20行　之□献默皇华之（域？）□□［……］

按：林释将第一个"之"字后一字释为"大"，但细审照片，从残存笔画上来看，显然非"大"字，当存疑。林释又将"皇华之"后两字释为"武才"，细审照片，亦恐有误。因第二个"之"字后一字虽偏旁已损泐，但可明确辨识出其大半似为一"或"字而非"武"字，当更接近"域"字的残余部分。此字的笔画特点，可参考后文第23行中"域"字的写法。此外，此字之后亦无一"才"字，故似不可释为"武才"。

第21行　小人为其铭曰

第22行　懿皇华兮，奉□天则，骋辖［……］

按：林释"奉"字后为一"诏"字，但细审照片，显然非此字。因此字损泐过甚无法释出，暂当存疑。

第23行　穷地域勒贞石兮灵山侧

第24行　使人息王令敏　使侄（王？）［……］

按：原释"王令敏"后似有一字而无法释出，但今细审照片，恐夺，"王令敏"之后，当系一自然空格。另在"侄"之后，原释未能释出其后一字，今从照片上看很似一"王"字，是否为王玄策家族的某位成员，可参后文考释。

二、相关问题再探

（一）关于王玄策第三次出使印度的时间

笔者认为，由于此通唐代碑铭的考古调查发现，对于历史上颇存争议的王玄策第三次出使印度的时间等问题，提供了新的可靠证据。过去关于王玄策第三次出使的时间，有显庆元年（656）、显庆二年（657）、显庆四年（659）等不同意见，其中尤其以显庆二年说因有王玄策自撰的《西国行传》为据，似已成定说。如《法苑珠林》卷二十四引王玄策《西国行传》："唐显庆二年，敕使王玄策等往西国，送佛袈裟至尼婆罗国西南，至颇罗度来村"。相同的记载还见于《诸经要集》卷一引王玄策《西国行传》"大唐显庆二年，敕使王玄策等，往西国送佛袈裟，于尼婆罗西南，颇罗度来村东坎下，有水火池"。因此，有学者认为既然传世文献如此记载，自然当为信史。

但是，在新出的《使出铭》中，却又明明白白地记载有"唯显庆三年六月，大唐驭天下之……大□□左骁卫长史王玄策宣……刘仁楷选关内良家之子六（人？）"，于"……年夏五月，届于小杨童之西"等字句。那么，我们又应当如何理解这一史料呢？最符合逻辑的解释，是王玄策第三次出使印度的出发时间应是在唐显庆三年（658）的六月，然后途经吐蕃，经过十一个月左右的旅途跋涉，于次年（显庆四年）的夏五月抵达吐蕃西南边界的吉隆，碑文所记载的时间顺序是十分清楚的。笔者曾经指出，从路途花费的时间上来看，可以王玄策第一次奉使从长安出发到抵达印度的时间作为参照。

《法苑珠林》卷三十九引《王玄策传》载："粤以大唐贞观十七年三月内，爰发明诏，令使人朝散大夫行卫尉寺丞上护军李义表、副使前融州黄水令王玄策等，送婆罗门客还国。其年十二月，至摩伽拖国。……至十九年正月二十七日，至王舍城，遂登耆阇崛山……因铭其山，用传不朽"。

由此可知，李义表、王玄策等于贞观十七年（643）的三月领诏出发，在同年的十二月，抵达了印度摩伽拖国，其间共历时九个月。那么，王玄策第三次出使于显庆三年的六月，经历十一个月抵达吐蕃西南边界吉隆，也大体上是合乎情理的。所以，笔者推测《使出铭》中第13行"年夏五月，届于小杨童之西"一句前所泐损之年号，可能为"显庆四年"的"夏五月"。《使出铭》中紧接其后的第14行中称"时水（流）方壮"，也正是这个季节高原上的自然特点。

这里，要感谢林梅村查到的一条重要材料：据《资治通鉴》记载，在显庆二年秋七月，王玄策尚在唐长安劝唐太宗挽留印度老方士那罗迩娑寐。[①]因此，他是不可能在这一年的六月启程去印度的。不过林梅村认为："考虑到冬季无法翻越青藏高原的唐古拉山口并参照他第一次出使印度的启程时间，王玄策大概于显庆三年三月上旬从长安启程，并于显庆三年五月下旬到达吉隆。……此时正值冰雪消融之际，他们可能遇到山洪，所以滞留吉隆盆地。一方面等洪水退去，另一方面可能还

---

① 《资治通鉴》卷二〇〇，中华书局，1968年，第6303页；林梅村：《〈大唐天竺使出铭〉校释》，见《汉唐西域与中国文明》，文物出版社，1998年，第428页。

要修缮栈道，王玄策在阿瓦呷英山嘴刊石勒铭大概到六月初才完成。所以'显庆三年六月'必不是王玄策从长安启程的时间，而是他在小羊同西界勒铭的年月。"①

笔者与林梅村意见相同之处在于，我们都赞成王玄策第三次使印出发的时间当系显庆三年，而非显庆二年；但不同之处在于，笔者认为，王玄策抵达吐蕃西南吉隆边地的时间，不可能像林梅村所推测的那样，于该年的三月出发，在当年的夏五月即可抵达吉隆。参照史书中有明确时间记载的王使团第一次出使印度所费时日来看，只用仅仅两个多月的时间，在当时的交通条件下要从唐长安穿越吐蕃腹地，然后再抵达吐蕃西南边陲的吉隆盆地，哪怕这条新辟出的"新道"再为便捷，也是难以想象的。

笔者十分赞同林梅村的意见，更改史籍之事当慎之又慎。但是，当新出土的考古材料与史籍记载不同的时候，我们应当如何实事求是地做出正确判断，是拘泥于传世史书，还是尊重考古材料本身，相信每一位严肃的学者都会自当做出选择。史书中将二、三等数字误记的事例并不少见，如同一部《法苑珠林》中，其卷九记载"《西国志》六十卷，国家修撰。奉敕令诸学士画图集在中台，复有四十卷。从麟德三年起至乾封元年夏方讫，余见玄策具述其事"。陆庆夫已经正确地指出"麟德三年正月开始就元乾封，故麟德实为二年，此'三年'恐为'二年'之误"②。所以，传世史书中将显庆三年误为二年，也并非没有可能。

顺便指出，孙修身在引证笔者意见时称，霍巍考证王玄策使团"自逻些城（今西藏拉萨市）出发，溯雅鲁藏布江西上，显庆三年六月至于今吉隆县，次年五月再达于小羊同西侧，历时十一个月左右"③，无论在王使团的出发地点、抵达地点以及道里行程上，他都完全曲解了笔者的意见。

（二）关于碑铭刊刻时间的推测

笔者曾经通过碑铭中有关王玄策第三次出使时的官职"左骁卫长史"一职的出现，讨论了碑铭刊刻的时间问题。④

据《文献通考》卷五八《职官十二》"左右骁卫"条载："隋开皇十八年置备

---

① 林梅村：《〈大唐天竺使出铭〉校释》，见《汉唐西域与中国文明》，文物出版社，1998年，第429页。
② 陆庆夫：《论王玄策对中印交通的贡献》，《敦煌学辑刊》1984年第1期。
③ 孙修身：《大唐天竺使出铭》，见《王玄策事迹钩沉》，新疆人民出版社，1998年，第231页。
④ 霍巍：《〈大唐天竺使出铭〉及其相关问题研究》，《东方学报》（京都）1994年第66册。

身府,炀帝即位,改左右备身府为左右骁卫府,所领军士名曰豹骑。……唐因隋置左右骁卫府,龙朔二年去府字,光宅元年改左右骁卫府为左右武威。"由此可知,"左骁卫长史"一职,唐因隋制而设。唐初之左右骁卫府,至唐中期武则天光宅元年(684)改为左右武威,而此前龙朔二年已去"府"字。

笔者曾推测,这就存在着两种可能性:其一,碑铭为龙朔二年(662)以后至武则天光宅元年以前这一时间所建,故已去"府"字;其二,当时撰刻人因各种原因脱漏,或依时俗略去"府"字未写。

对于第一种可能性,根据当时的唐蕃关系来看,笔者明确认为碑铭似不可能晚到唐代中期。最重要的原因在于,作为新辟的吐蕃泥婆罗道,在松赞干布去世之后,随着吐蕃的大举向外扩张,唐蕃关系紧张,至迟在高宗咸亨元年(670)之后即实际上已经关闭。史载高宗显庆五年(660),吐蕃发兵"击吐谷浑,以吐谷浑内附故"[1],唐蕃之间虽未发生直接冲突,但已产生裂痕;至咸亨元年,吐蕃又出兵攻西域,矛头直指唐王朝,唐蕃终于交战于大非川(今青海共和县内),唐军大败,失安西四镇。[2]从此,唐蕃间发生直接冲突,双方连年用兵,形成长期战争。唐代另一高僧义净在咸亨元年遇见玄照,玄照此时正望归东夏,但以"泥婆罗道,吐蕃拥塞不通,迦毕试途,多氏(大食)捉而难度"[3]。据范祥雍考证,这实际上表明吐蕃泥婆罗道已经关闭[4],其言甚是。

如上所论,这就大体上可以排除碑铭建于咸亨年间以后的可能性,而以龙朔二年之后至咸亨元年之前这一时间范围可供考虑。

但笔者同时指出,还有第二种可能性存在,即书写、镌刻碑铭时或脱或省"府"字。从碑铭中残存文字来看,多出现俗、异体字,表明撰刻者刊建碑铭时书面语言似乎并不十分严谨、正规,有可能造成脱、漏;另一方面,从时俗上也可能有省去职官中某字的习惯存在,故使王玄策官职"左骁卫长史"省略"府"字。[5]

对于上述这两种可能性,笔者向持谨慎态度,并未做出过定论。近来看到陆庆夫对碑铭中省略"府"字的意见,他认为这是晋隋唐宋时省称官衔的一种惯例,清代学者钱大昕对此早有指陈。钱氏在《与友人书》中讲道,其时官员称谓台省院

---

[1]《资治通鉴》卷二〇〇,中华书局,1956年,第6321页。
[2]《新唐书》卷二一六《吐蕃传》。
[3]〔唐〕慧超原著,张毅笺释:《往五天竺国传笺释》,中华书局,2000年,前言第5页。
[4] 范祥雍:《唐代中印交通吐蕃一道考》,《中华文史论丛》1982年第4期。
[5] 霍巍:《〈大唐天竺使出铭〉及其相关问题研究》,《东方学报》(京都)1994年第66册,第257页。

寺皆不入衔，"如中书舍人，不云中书省舍人．御史大夫不云御史台大夫，翰林学士不云翰林院学士，此世所共知也"，又云"唐人石刻如太常、光禄卿之省称寺，正如此类"。以此类推，碑铭中将"左骁卫府长史"刻作"左骁卫长史"，省去"府"字，也完全合乎惯例。①陆庆夫的意见，以确凿的文献史料证实了笔者对第二种可能性的推测。这也就意味着，碑铭的刊建时间，极有可能是在王玄策使团于显庆年间第三次出使印度时，为纪念此行，在行经吐蕃时所刻写的。

然而令人不解的是，孙修身为了以此碑铭来证明他所坚持的"王玄策四使印度"之说，断章取义地引证说"霍巍考订，此《大唐天竺使出铭》是在'龙朔二年'以后至武则天光宅元年以前这一时期所建"②。据笔者所知，孙修身是国内最早引用笔者发表在日本《东方学报》上关于此碑铭研究论文的学者，他应当读到过笔者此文的全文。③而且按照《东方学报》的刊行惯例，笔者发表此文时所使用的语言，是与孙修身共同的母语——中文，因此相信孙修身不会遇到语言上的任何障碍影响到他对论文内容的理解。但对于他这种学术态度，笔者只能表示遗憾，同时在此重申笔者的观点，以正视听。

（三）关于王玄策第三次出使印度的路线

《使出铭》的考古发现，还有一个重要的意义，就是它首次从可靠的实物证据上证实了当时新开通的一条国际通道——"吐蕃-泥婆罗道"的出山口位置，从而为廓清这条路线的南段（从吐蕃首都逻些至泥婆罗一段）的走向提供了宝贵的标志性遗迹。

唐人道宣在约成书于公元7世纪中叶的《释迦方志·遗迹篇》中，首先列出了一条新出现的"东道"，这是不见于《大唐西域记》和同时代其他著作的一条新道。对此，道宣写道：

> 自汉唐往印度者，其道众多，未可言尽。如后所纪，且依大唐往年使

---

① 陆庆夫：《关于王玄策史迹研究的几点商榷》，《敦煌研究》1995年第4期。
② 孙修身：《唐朝杰出外交家王玄策史迹研究》，《敦煌研究》1994年第3期；孙修身：《王玄策出使行进路线考》，见《王玄策事迹钩沉》，新疆人民出版社，1998年，第20页。
③ 孙修身在他的《大唐天竺使出铭》一文中，转引了笔者译自日本学者桑山正进《慧超往五天国传研究》一书中关于"杨同国"条下的注文，但已将作者错写为"桑日正进"，将该书的出版年代1992年误为"1932年"。此外，孙文中第234页最后一个自然段至第235页第一个自然段的内容，与笔者论文第257页最后一自然段完全相同，而这段文字恰恰是笔者论文中用以论证碑铭刊刻年代所举出的佐证。因此，他不可能没有看到作者论文中关于碑铭中省略"府"字两种可能性的推测。

者，则有三道。依道所经，且睹遗迹，即而序之。

其东道者，从河州西北度大河，上漫天岭，减四百里至鄯州。又西减百里至鄯城镇，古州地也。又西南减百里至故承风戍，是隋互市地也。又西减二百里至清海，海中有小山，海周七百余里。海西南至吐谷浑衙帐。

又西南至国界，名白兰羌，北界至积鱼城，西北至多弥国。又西南至苏毗国。又西南至敢国。又南少东至吐蕃国。又西南至小羊同国。又西南度呾仓法关，吐蕃南界也。又东少南度末上加三鼻关，东南入谷，经十三飞梯，十九栈道。又东南或西南，缘葛攀藤，野行四十余日，至北印度泥婆罗国（此国去吐蕃约九千里）。①

其后，宋人志磐在《佛祖统纪》一书中，进一步指出：

东土往五天竺有三道焉，由西域度葱岭入铁门者路最险远，玄奘法师诸人所经也；泛南海达诃陵至耽么立底者，路差远，净三藏诸人所由也；《西域记》云："自吐蕃至东女国、尼婆罗、弗栗特、毗离邪为中印度，唐梵相去万里，此为最近而少险阻。"且云："比来国命率由此也。"②

由于这条道路是王玄策出使天竺之后才出现的新道，所以格外引起史家的注意。

这条道路大体上可以分为南、北两段：北段系自青海至逻些，公元641年文成公主入藏，大约便走的是这条道路。而其南段，应系从拉萨至吐蕃西南出境，入北印度尼婆罗国的一段路程。

根据《使出铭》本身所处的地理位置，以及碑铭中所揭"届于小杨童之西"等具有极强方位性的语词，笔者详细地考证了这条道路南段的大体走向。具体的论证过程本文从略，归纳起来说，笔者的意见大致如下：

此道之南段自吐蕃首府逻些出发，沿雅鲁藏布江溯江西上，抵吐蕃西南之"小羊同"（《使出铭》所记之"小杨童"）境，过吐蕃国西南之"涌泉"（笔者考订其有可能为今西藏西南部著名的间歇泉"搭格架喷泉"），再西行至"萨塔"（今西藏日喀则市之萨嘎县）；由萨塔南渡雅鲁藏布江，南行至"呾仓法关"（藏语中的"答仓·宗喀"，今吉隆县城所在地，亦即碑铭发现地）；由呾仓法关"东南入谷，经十三飞梯，十九栈道"（吉隆藏布峡谷），抵中尼边境之界桥"末上加三鼻关"（约可比定为中尼边境的传统界桥热索桥），由此出境至尼婆罗（今尼泊尔）

---

① 《释迦方志》卷上《遗迹篇第四》。
② 《佛祖统纪》卷三二。

境，再经今加德满都盆地至北印度。①

对于笔者上述意见，林梅村及孙修身等人其后都发表有不同的看法，尚值得做进一步的讨论。

首先，林梅村对《使出铭》中所涉及的"小杨童"之地望，提出了不同的看法，认为"小羊同国后来向西迁徙，散居西藏阿里及克什米尔的拉达克；逻些与吉隆之间则为大羊同占据"②。对此笔者持异议。关于大、小羊同的地望问题，笔者曾有专文论及。③两《唐书》及《通典》《文献通考》等史书中，对"大羊同"的地望都有明确的记载，其势力似未达到过"逻些与吉隆之间"，而其地望恰恰是在今西藏藏北高原、阿里高原以及克什米尔一带，相当于某些史书中所记载的"苏伐刺拏瞿呾罗"或"女国"（女国有"东女国"与"西女国"之分，由于传世文献的讹误，多有混淆，这里主要是指分布于西藏高原西部大雪山中的西女国）；小羊同国的地望虽从来就有争议，但由于《使出铭》的考古发现，碑文中明确声称其是"届于小羊同之西"，这就为我们提供了一个碑铭所在地点吉隆与小羊同之间的相对位置关系。换言之，吉隆如在小羊同之西，那么小羊同就只能比定在吉隆之东面，正好位处"逻些与吉隆之间"的吐蕃西南方向。上述推论如不误，就正好与林梅村所比定的大、小羊同的位置相反。

之所以要廓清这个问题，是因为它涉及王玄策使团从逻些至吐蕃西南吉隆一线的具体路线走向。

正是因为对小羊同的位置弄不清楚，导致孙修身在讨论王玄策通往泥婆罗道时得出了一个莫名其妙的推论。他说："王玄策左行至通往泥婆罗国，最为便利的捷径山口，即今吉隆县呾仓山口时，不南下，反而再向西南行，而且走了十一个月左右，再入吉隆县刊碑之处，南下泥婆罗，这有必要和可能吗？按照霍巍所绘的地图，他是放着吉隆藏布江和雅鲁藏布江交汇的峡谷便道不走，而是转向西南，经过萨嘎，再折向东南至吉隆县、答仓·宗喀（呾仓法关），经过十三飞桥、热索飞桥（末上加三鼻关）入泥婆罗境。这可以说是，路线不顺，时间也不要这么长，于理难通。"④（引文中错讹已校点）

---

① 霍巍：《〈大唐天竺使出铭〉及其相关问题研究》，《东方学报》（京都）1994年第66册。
② 林梅村：《〈大唐天竺使出铭〉校释》，见《汉唐西域与中国文明》，文物出版社，1998年，第432—433页。
③ 霍巍：《从新出唐代碑铭论"羊同"、"女国"之地望》，《民族研究》1996年第1期。
④ 孙修身：《大唐天竺使出铭》，见《王玄策事迹钩沉》，新疆人民出版社，1998年，第232页。

这里，有几个问题是必须加以澄清的。第一，如前所述，笔者所说的王使团行程约十一个月，是指从唐长安至吐蕃西南的吉隆（刊碑之处）所要花费的时间，而孙修身却将这个时间说成是以吉隆为起点，"再向西南行"走了十一个月左右，"再入吉隆刊碑之处南下泥婆罗"；或理解为"自逻些城（今西藏拉萨市）出发，溯雅鲁藏布江西上，显庆三年六月至于今吉隆县，次年五月再达于小羊同西侧，历时十一个月左右"（着重点为引者所加）①。这完全是令人啼笑皆非的曲解，孙修身在引用笔者意见时显然并未尊重笔者的原意。

第二，关于从逻些再至吉隆一线至泥婆罗境的路线，笔者的文、图都说明标示得很清楚，王玄策使团可能正是通过吉隆咀仓山口，再向南下直入吉隆峡谷（其间有十三飞梯、十九栈道、末上加三鼻关等险隘之处），取最为便捷之道去向泥婆罗境的，哪里需要再花上十一个月时间在本为一地的吉隆山口与近在咫尺的碑铭刊刻处阿瓦呷英之间兜大圈子呢？

第三，特别需要指出的是，指责笔者"放着吉隆藏布江和雅鲁藏布江交汇的峡谷便道不走，而是折向西南，经过萨嘎，再折向东南至吉隆县"，这实在是一种书斋中的奇想。笔者当年是沿着这条古道实地考察抵达中尼边境热索桥的，须知实际情况并不如孙修身在图上作业中所想象的那样简单，可以从"吉隆藏布江和雅鲁藏布江的交汇处"直接进入吉隆藏布江峡谷。传统的路线只能是从越过雅鲁藏布江后，再翻越高原面上的马拉山，从较为平坦的吉隆盆地北缘宗喀山口才能进入这条深沟峡谷，然后南行至尼泊尔。

孙修身自己在图上勾画了一条凭空想象出来的"路线"，其结果当然只能是"路线不顺，时间也不要这么长，于理难通"了。

那么，让我们再来看看孙修身所认为的王玄策三使印度的路线是如何的呢。他认为，"他（笔者按：指王玄策）行进路线是沿龟兹道到西域诸国的，然后折而向东至女国（屈露多国），再至吐蕃西南的小羊童，过吉隆山口，出吐蕃至泥婆罗国，达于印度诸国"②。也就是说，王玄策采取的路线是先由传统的丝路至西域，然后再向东绕上一个大圈子（还不知道孙修身于此设计的是通过哪条路线穿越西藏西部千里无人区）至吐蕃西南的小羊同，再过吉隆山口至泥婆罗。若如其所言，那这条路线还有何便捷可言？何以成为唐代中印间一条引人注意的"新道"？不客气地

---

① 孙修身：《大唐天竺使出铭》，见《王玄策事迹钩沉》，新疆人民出版社，1998年，第231页。

② 孙修身：《大唐天竺使出铭》，见《王玄策事迹钩沉》，新疆人民出版社，1998年，第229页。

说，这恐怕是历史上所有使印道路中最费时日的一条路线。

通过对《使出铭》的研究，笔者进一步坚信，道宣所记之"东道"，就是当年由王玄策辟通的吐蕃-泥婆罗道，其具体的路线、出山口等也因为此碑的发现得到了证实。文献与考古资料可以互相印证，在没有其他证据的情况下，恐难轻易否定。

（四）关于王玄策使团成员的组成

从《使出铭》中反映的情况分析，此次王玄策使团的组成情况，以左骁卫长史王玄策为正使，副使似为刘仁楷，成员中有刘嘉宾、贺守一、王令敏等人。经中国社会科学院考古研究所研究员赵超提示，从碑文书法秀丽、刻工精美这一点推测，王使团中应还携带有石刻工匠等随员。碑文中有"刘仁楷选关内良家之子六（人？）"等语，因"六"字之后下一字损泐不清，细审残碑似为"人"字。若推测无误，使团成员的总数在十余人。

上述成员中，除王玄策之外，其余诸使节皆不见诸史籍，均系新出。其中，有几位成员的身份是值得注意的。

碑文第24行中有"使人息王令敏"句，过去笔者将其误释为王令敏之籍贯河南息县，对此孙修身、林梅村已经指出此处之"息"字当释为"息子"，指儿女。故王令敏疑为王玄策之子①，这个意见是正确的，笔者完全接受。

接下来的"使侄"一句，按照上下文的内容分析，极有可能是使节王玄策之侄。因《大唐西域求法高僧传》卷下提到王玄策是有侄儿的："智弘律师者，洛阳人也，即聘西域大使王玄策之侄也。"所以，孙修身误认为此处的"使侄"可能是指智弘律师。②但林梅村已经指出："碑文的'使侄'不会是智弘，因为智弘从合浦（今广西合浦）乘船，经交趾到印度。因此碑文的'使侄'可能是智弘的某位兄弟。"③笔者赞同这一意见。此次重校碑文，细审照片，发现"使侄"之后下一字尚遗有残余笔画，依

---

① 孙修身：《大唐天竺使出铭》，见《王玄策事迹钩沉》，新疆人民出版社，1998年，第238页；林梅村：《〈大唐天竺使出铭〉校释》，见《汉唐西域与中国文明》，文物出版社，1998年，第438页。

② 孙修身：《大唐天竺使出铭》一文中称："据义净《大唐西域求法高僧传》补出后面的人名，当为'大使侄智弘律师'。又据同书的记载，知道智弘律师曾在印度占部的信者寺（亦名信者道场）同玄照法师一起学习，在王玄策赴印度之时，他亦同王玄策、玄照等结伴归国。在由泥婆罗国，经现在的吉隆县宗喀山口时，在此地勒了《大唐天竺使出铭》这一稀世的碑铭，王玄策及智弘律师同玄照法师分手"。参见孙修身：《王玄策事迹钩沉》，文物出版社，1998年，第235页。

③ 林梅村：《〈大唐天竺使出铭〉校释》，见《汉唐西域与中国文明》，文物出版社，1998年，第438页。

稀似"士"，疑为"王"字。如这一识读无误，则可以推测此"使侄"的身份系王玄策之侄王某，并支持林梅村的推断，他有可能系智弘律师的某位兄弟。

（五）关于碑文所涉及的其他问题

碑文的第18、19两行文字，即第18行"险也，但燕然既迩，犹刊石以［……］"及第19行"铜而□勣，况功百往事，路（十？）［……］"，可能分别涉及两个历史事件：第18行之"燕然"一典，出自《后汉书·窦宪传》，指窦宪大破匈奴北单于于燕然山，班固刻石勒功以记汉之威德之事。第19行全句虽因上下文甚残而难以卒读，但此次新释出的其中之"勣"字则提示我们，这里很可能是指唐代著名将领李勣之事迹。李勣（594—669），本名徐世勣，降唐后，唐高祖赐其姓李，高宗时，因犯李世民之讳，改名为勣，在新旧两《唐书》中均有传，并有其《墓志铭》被发现。① 李勣生前曾事太宗、高宗两朝，其以战功卓著而与长孙无忌等二十四功臣一同被"图其形于凌烟阁"以记功。据两《唐书》记载，他曾因大破突厥、东征高丽而深为太宗所悦。《旧唐书》卷六七《列传第十七》"李勣"条载：

> 八年，突厥寇并州，命勣为行军总管，击之于太谷，走之。太宗即位，拜并州都督，赐实封九百户。贞观三年，为通汉道行军总管，至云中，与突厥颉利可汗兵会，大战于白道。突厥败，屯营于碛口，遣使请和。……勣时与定襄道大总管李靖军会，相与议曰："颉利虽败，人众尚多，若走渡碛，保于九姓，道遥阻深，追则难及。今诏使唐俭至彼，其必弛备，我等随后袭之，此不战而平贼也。"靖扼腕喜曰："公之此言，乃韩信灭田横之策也。"于是定计。靖将兵逼夜而发，勣勒兵继进。靖军既至，贼营大溃，颉利与万余人欲走渡碛。勣屯军于碛口，颉利至，不得渡碛，其大酋长率其部落并降于勣，虏五万余口而还。
>
> ……
>
> 十五年，征拜兵部尚书，未赴京，会薛延陀遣其子大度设帅骑八万南侵李思摩部落。命勣为朔州行军总管，率轻骑三千追及延陀于青山，击大破之，斩其名王一人，俘获首领，虏五万余计，以功封一子为县公。勣时遇暴疾，验方云须灰可以疗之，太宗乃自剪须，为其和药。勣顿首见血，泣以恳谢，帝曰："吾为社稷计耳，不烦深谢。"
>
> 十八年，太宗将亲征高丽，授勣辽东道行军大总管，攻破盖牟、辽

---

① 参见牛致功：《〈李勣墓志铭〉的有关问题》，《考古与文物》2000年第6期。

东、白崖等数城,又从太宗摧殄驻跸阵,以功封一子为郡公。二十年,延陁部落扰乱,诏勣将二百骑便发突厥兵讨击。至乌德鞬山,大战,破之。其大首领梯真达官率众来降,其可汗咄摩支南窜于荒谷,遣通事舍人萧嗣业招慰部领,送于京师,碛北悉定。

关于李勣征辽东、破突厥之事,《新唐书》卷九三《列传第十八》"李勣"条也有类同的记载。由于李勣战功卓著,唐太宗、高宗均给予其高度赞扬,"贞观中,太宗以勋庸特著,尝图其形于凌烟阁"。永徽元年(650),"帝又命写形焉,仍亲为之序"①。总章二年(669),李勣卒,享年七十六岁。

王玄策与李勣大体为同时代之人。显庆年间王玄策出使天竺时,李勣已是功成名就,声震朝野。所以,王玄策自恃劳苦功高,在碑铭中追古抚今,以其出使天竺,曾大破中天竺叛臣那伏帝阿罗那顺之功,比之于战功卓著的汉之窦宪和唐之李勣,在吐蕃边境勒石记功,当在情理之中。林梅村因碑文第19行文中有一"铜"字而推测可能与《后汉书·马援传》中马援征交趾、立铜柱之事相关,恐有误。

此外,碑文第12行"声超雪岭"一句,笔者认为这里的"雪岭"可能指喜马拉雅山。林梅村提出不同意见,认为其系阿富汗南境的兴都库什山之专有地名,尚可再做商榷。雪岭也多称为"雪山""大雪山",唐人玄奘《大唐西域记》序文中有"曷能指雪山而长骛,望龙池而一息者哉"等语,季羡林等注释此处的"雪山"也认为"一般指今喜马拉雅山"②,同时十分严谨地指出:"本书(按:指《大唐西域记》)述雪山多处,具体所指见有关各条及注释。"这说明"雪山"并非某山的专有地名,均有具体所指。《大唐西域记》卷七"尼波罗国"条下载"尼波罗国,周四千余里,在雪山中"③,此处的"雪山"显然也是指喜马拉雅山,而非远在其西北方向的兴都库什山。

关于王玄策是否到过兴都库什山以北的大夏国,的确是王玄策史迹中的一个疑点,值得进一步探讨。但如果仅仅以碑文中出现的"雪岭"这个地名作为证据来论证王玄策到过大夏,还需要慎重一些。

---

① 《旧唐书》卷六七,中华书局,1975年,第2487页。
② 《大唐西域记校注》,中华书局,2000年,序一第7页。
③ 《大唐西域记校注》卷七,中华书局,2000年,第612页。

图 1　碑文第 5—14 行上半部分及碑额残存文字（局部）

图 2　碑文第 1—6 行残存文字（局部）

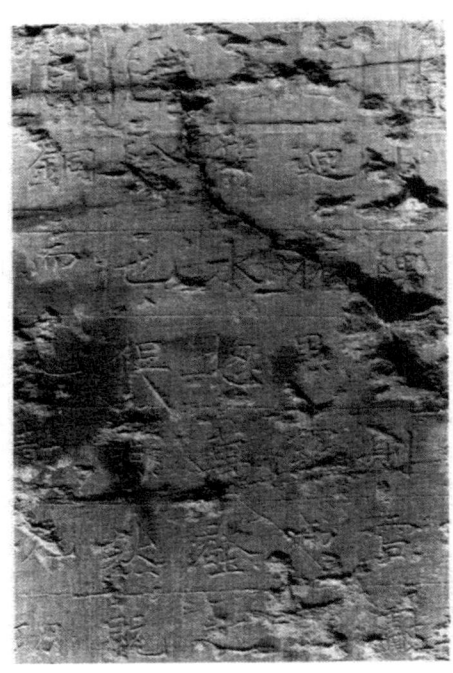

图 3　碑文第 15—19 行残存文字（局部）

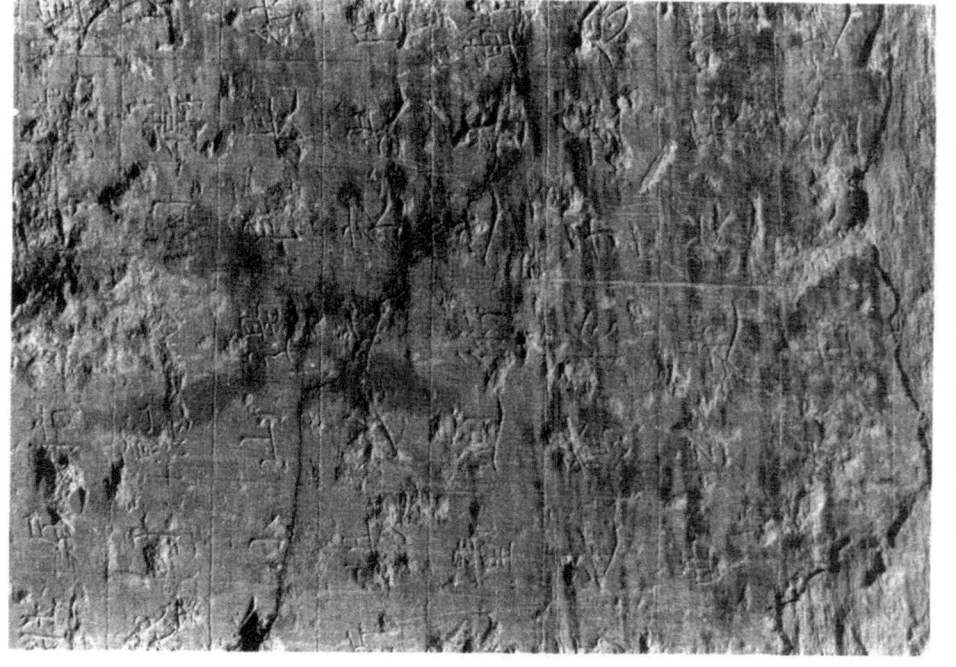

图 5 碑文第 8—13 行残存文字（局部）

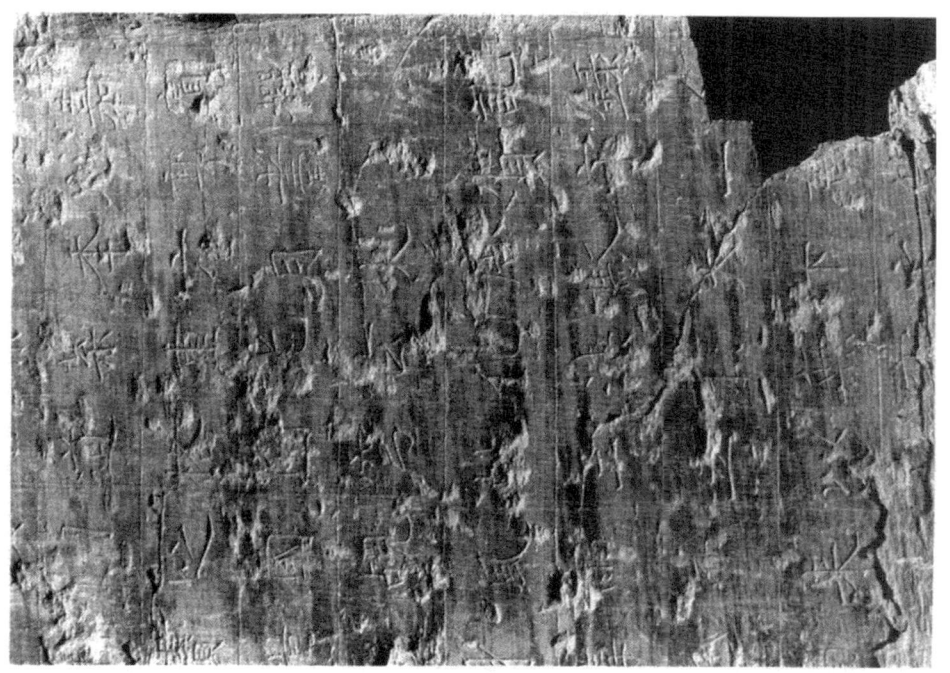

图 4 碑文第 1—6 行残存文字（局部）

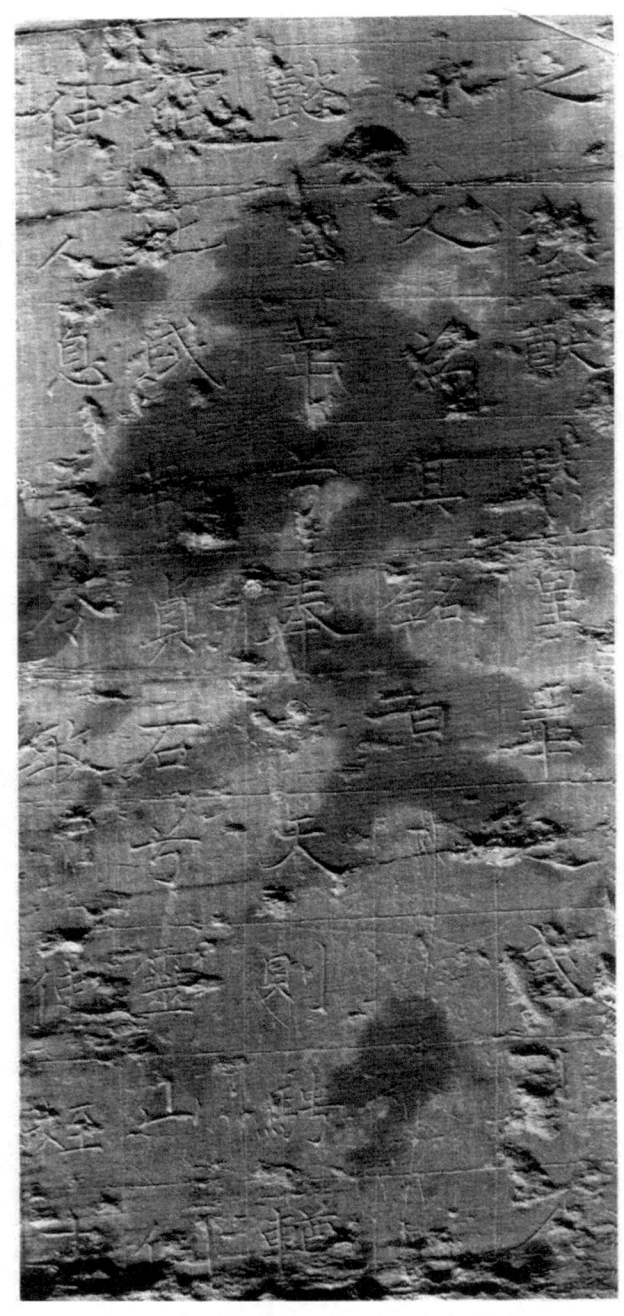

图 6 碑文第 20—24 行残存文字（局部）

图 7 《大唐天竺使出铭》碑刻全貌

原载《中国藏学》2001年第1期

（霍巍，四川大学杰出教授，四川大学历史文化学院教授）

文化交流

论隋唐时期中原与西域文化交流的几个特点

张广达

隋（581—618）、唐（618—907）两朝号称中国封建社会的盛世。两朝的典章制度渊源于魏晋南北朝，并在隋唐大一统的局面之下得到显著的发展。唐中叶（755）前后，社会结构、政治制度相继发生变化，但物质文化生活依然繁荣兴盛。如果人们进而在空间上着眼于整个东亚地区，在时间上着眼于稍后的五代和宋朝，那么就可以看到，6世纪末到13世纪，不仅是中国封建社会显著发展的阶段，而且也是中国对周边地区和国家产生深远影响的时期。在这段历史时期内，隋唐律令格式以及从中演变而来的一整套典章制度，经过汉地五六百年消化吸收而发展起来的佛教诸宗和宋代理学，以汉字为代表的中原文明，影响到当时的许多民族。东亚文明之所以被称为东亚文明，应当说其主要特征是在这段时期内形成的。[①]

在隋唐盛世，中原文明的特征之一是它与周围地区，特别是与西域保持着密切的联系。隋唐上承汉魏以来的文化传统和南北朝以来的社会发展趋势，既善于归纳前期中国文化的成果，又善于在大一统的局面下博采外来文化的长处，故能成就其文化昌盛的伟绩。在隋唐时期，多种文化交流呈现出令人眼花缭乱的景象。当时，珍禽、怪兽、奇花、异草、香料、药石、珠宝、金银、玻璃器皿、织物、矿产品等海外珍奇纷纷传来。[②]佛教盛行，祆教、摩尼教、景教、伊斯兰教也先后传布中土。西亚伊朗、中亚昭武九姓（粟特）也把富有特色的文明，特别是音乐、舞蹈、绘画等源源传入中原，使隋唐时期的长安、洛阳以及另外一些大城市纷纷呈现出国际性的风貌。还应指出，在隋唐五代时期，许多番将身居要职，在当时的政治舞台上扮演着重要角色。番兵番将来自许多民族，特别是来自西北地区的各民族。他们把本

---

① 山本达郎：《从唐到宋——东亚史上的转变时期》，见《第十一届国际历史科学大会报告集》（Raports. XIᵉ Congrès international des Sciences Historiques）（第3册）《中世纪》，乌普萨拉，1960年，第2页。

② 劳费尔（B. Laufer）：《中国伊朗编》，林筠因译，商务印书馆，1964年；薛爱华（E. H. Schafer）：《撒马尔干的金桃——唐代外来物品考》（The Golden Peaches of Samarkand—A Study of T'ang Exotics），加利福尼亚大学出版社，1963年。

民族的风俗习惯传播到中原地区，使南北朝以来多民族共同创造中原历史的局面得以延续。这些情况已为人所熟知，无须多叙。因此，本文标题虽叫作"论隋唐时期中原与西域文化交流的几个特点"，但内容并不涉及人们熟知的许多事实，而只粗略考察这一交流过程的某些侧面。即便如此，笔者自知这一课题也超出了笔者的学力，然愿略陈所见，求教于读者。

一

人们在考察隋唐时期西域的多种文明交流情况时得到的突出印象是，这里受着中原文明的强烈影响，同时又向中原输送来自印度、西亚、中亚的宗教、艺术和某些科学技艺。

中原文明对西域的影响可以上溯到两汉、西晋、五凉。吐鲁番吐峪沟地区出土的西晋元康六年（296）之竺法护、聂承远等人所译《诸佛要集经》一叶，表明汉地佛经的西传。①罗布泊地区所出晋简和东晋咸和年间（326—334）前凉西域长史李柏致焉耆王书简草稿，反映着当时中原对西域的政治影响。②公元327年，前凉张骏在吐鲁番始置高昌郡③，以后经历了前秦苻氏、后凉吕氏、西凉李氏、北凉沮渠氏，高昌一直为凉州属郡。此后在阚、张、马、麴氏于高昌称王时期，"风俗政令与华夏略同"④。"文字亦同华夏，兼用胡书。有《毛诗》《论语》《孝经》，置学官弟子，以相教授，虽习读之，而皆为胡语。"⑤近年由唐长孺主持整理的前凉以来的吐鲁番出土文书，为说明中原与西域的密切关系提供了大批珍贵的原始史料。⑥在唐代，中央王朝的政令及于安西四镇地区，文化影响更甚于前此时期。例如，史籍记载封常清的"外祖犯罪流安西（今库车）效力，守胡城南门，颇读书，每坐常清于

---

① 香川默识编：《西域考古图谱》（下册），国华社，1915年，佛典之部（1）；羽田亨：《西域文明史概论》，弘文堂，1970年，第100—101页及第13图；井口泰淳：《西域出土佛典研究》，法藏馆，1980年，图版册第1页，研究册第1—2页。
② 王国维：《罗布淖尔东北古城所出晋简跋》，又《罗布淖尔北所出前凉西域长史李柏书稿跋》，并见《观堂集林》卷一七，中华书局，1959年，第863—865、871—876页。
③ 徐坚《初学记》卷八"陇右道车师国"条引《舆地志》曰："晋咸和二年（327）置高昌郡，立田地县。"参见〔唐〕徐坚：《初学记》，中华书局，1962年，第181页；《晋书》卷八六《张骏传》，中华书局，1974年，第2238页。
④ 《北史》卷九七《西域传》，中华书局，1974年，第3215页。
⑤ 《周书》卷五〇《异域传下》，中华书局，1971年，第915页。
⑥ 国家文物局古文献研究室、新疆维吾尔自治区博物馆、武汉大学历史系编：《吐鲁番出土文书》（第1—5册），文物出版社，1981—1983年。

城门楼上，教其读书，多所历览"①。更为典型的例证是哥舒翰的情况。翰父原是突骑施哥舒部落的后裔，母乃于阗王家尉迟氏之女，世居安西，"翰好读《左氏春秋》及《汉书》"②，成为深深汉化的一名番将。有趣的是，20世纪初安西（今库车）的库木吐拉出土的《史记·仲尼弟子列传》《汉书·张良传》写本残片，皆为唐代抄本。③1969年，吐鲁番阿斯塔那363号墓发现《论语郑氏注》写本，写本题记作"景龙四年三月一日私学生卜天寿□"，"西州高昌县宁昌乡厚风里义学生卜天寿，年十二，状□"。④21世纪初，日本人在吐鲁番的吐峪沟也获得过《论语郑氏注》残叶。⑤看来，在高昌和在敦煌一样，郑注《论语》为莘莘学子所讽诵。由此可见，这些残存至今的汉籍写本可以说是上引史文的实物证明。

727年到达安西的慧超留下了《往五天竺国传》，今存敦煌残写本⑥；751年前不久杜环经行碎叶，今存《经行记》辑本⑦；788—789年停留安西的悟空也有行纪存世⑧。从这些记载来看，在8世纪末叶以前，当时西域存在不少汉僧汉寺。就汉寺而言，安西有大云寺、龙兴寺、莲花寺等，碎叶及疏勒有大云寺，于阗、北庭、高昌有龙兴寺。此外，于阗东北丹丹乌里克有护国寺⑨，于阗以北的麻扎塔格也有汉寺⑩。另据伯希和编号P.2889号敦煌写卷《须摩提长者经》，于阗还有敕建开元

---

① 《旧唐书》卷一〇四《封常清传》，中华书局，1975年，第3207页。
② 《旧唐书》卷一〇四《哥舒翰传》，中华书局，1975年，第3212页。
③ 香川默识编：《西域考古图谱》（下册）"经籍之部（5）"；羽田亨：《西域文明史概论》，弘文堂，1970年，第137—138页及第18图。
④ 文物出版社：《唐写本〈论语郑氏注〉说明》，《文物》1972年第2期，第13页。
⑤ 香川默识编：《西域考古图谱》（下册）"经籍之部（1）"；羽田亨：《西域文明史概论》，弘文堂，1970年，第137页及第17图。
⑥ 伯希和编号P.3532号敦煌写卷，见罗振玉：《敦煌石室遗书》，上虞罗氏刊本，1909年；录文见羽田亨：《羽田博士史学论文集》（上册），东洋史研究会，1957年，第601—609页。
⑦ 北京图书馆藏，王国维抄校：《杜环经行记》；张一纯：《经行记笺注》，中华书局，1963年。
⑧ 〔唐〕释圆照：《大唐贞元新译十地等经记》，并见《悟空入竺记》，见《大正新修大藏经》（以下简称《大正藏》）（第51册）《游方记抄》，第979—981页。
⑨ 斯坦因（M.A.Stein）：《古代和阗》（*Ancient Khotan*），牛津，1907年，第226、277、525—533页。
⑩ 沙畹（É. Chavannes）：《斯坦因在新疆沙漠所获汉文文书》（*Les documents chinois découverts par Aurel Stein dans les sables du Turkestan oriental*），牛津，1913年，第206页。

寺，该残卷卷首题有"于阗开元寺一切经"，纸背有于阗文15行，可为证。①众所周知，则天武后曾于天授元年（690）下令两京及天下诸州各置大云寺一所，至开元二十六年（738）并改为开元寺②；705年，中宗复辟，命天下诸州各置一"大唐中兴寺、观"，后寺改名龙兴寺③。由此可见，大云寺、龙兴寺、开元寺均为国立寺院，这些寺院的存在表示唐朝依然在西域保持着某种权威。这些寺院成为蕃汉僧人活动的基地，不时进行着共同译经的活动。例如，悟空即住在安西莲华寺，遇三藏法师勿提提羼鱼，悟空拿出《十力经》夹求其翻译；寻抵北庭，又出梵夹，以于阗三藏戒法（尸罗达摩）为译主，悟空证梵文，翻成《十地回向轮经》④。大概正是因为西域有汉僧汉寺存在，所以那里出土的唐代绘在纸、绢、麻布、木板上的佛画和寺院壁画往往添加上了汉式风景树木。吐鲁番木头沟出土的一幅绢本佛画残片，现存于日本，该残卷为中国水墨画，以笔势雄劲奔放著称于世。⑤斯坦因在吐鲁番发掘阿斯塔那墓时所获绢画残片，上面绘有繁花似锦的树木，还有成群的手执乐器的靓妆少女，容颜润泽、体态丰腴的少妇，她们的发式、装束均为神龙、开元时的式样，看来该图或有可能是在描绘贵族妇女游春的场景。⑥又吐峪沟出土的唐大历六年（771）四月十八日佛画，当属汉化佛画的典型作品。⑦由此可见，中原影响在西域的存在丰富了西域文化的内容。在这里不可能详细叙述其他有关文物的发现情况，只能借助于上述事例来揭示文化的汇聚促成了东西文化融合这一事实。

关于唐代文化西传最远到达何处以及影响深度如何等问题，值得专文探讨。就今所知，从20世纪50年代以来，苏联考古学者在吉尔吉斯加盟共和国楚河流域的托克玛克西南8公里处，几度发掘一处名叫阿克·贝希姆（Ак-Бешим/AK-Beshim）的

---

① 敦煌P.2889号写卷。写卷正面为《须摩提长者经》，纸背于阗文为药方，录文见贝利（H. W. Bailey）：《于阗语文书集》（*Indo-Scythian Studies，Being Khotanese Texts*）（第3册），剑桥，1969年，第78页。

② 〔宋〕王溥：《唐会要》卷四八，商务印书馆，1935年，第850页。

③ 〔宋〕王溥：《唐会要》卷四八，商务印书馆，1935年，第847页；《龙兴寺碑序》，见《全唐文》卷三三二，中华书局，1983年，第3368—3369页。

④ 《悟空入竺记》，见《大正藏》（第51册），第980—981页；〔宋〕赞宁：《宋高僧传》卷三《戒法传》，见《大正藏》（第50册），第721页。

⑤ 香川默识编：《西域考古图谱》（上册），绘画之部（46）；羽田亨：《西域文明史概论》，弘文堂，1970年，第139—141页及第19图。

⑥ 斯坦因：《亚洲腹地考古图记》（*Innermost Asia*）（第2册），牛津，1928年，第654—657页；斯坦因：《亚洲腹地考古图记》（第4册），第105、106图，彩版在第4册引言部分。

⑦ 香川默识编：《西域考古图谱》（上册）"绘画之部（32）"；羽田亨：《西域文明史概论》，弘文堂，1970年，第142—143页及第12图。

重要城墟。多数学者认为，此地当是安西四镇之一的碎叶城遗址。①在唐代，这里也是西突厥、突骑施、葛逻禄活动的重要据点。此处出土了一批汉制方孔圆圜钱，但铭文一面为粟特字，一面为符标，不少学者将这些钱币定名为"突骑施钱"②。这些典型汉制的所谓"突骑施钱币"，极好地说明了唐代农耕定居文明与草原游牧文明汇聚后产生了怎样的影响。

又，形式为汉制方孔圆圜，但铭文改铸粟特字母的粟特铜钱，曾大量流行于中亚河中地区，即昭武九姓诸国地区，如今出土者数以千计。③昭武九姓胡在历史上素以善于经商见称，唐式铜币、波斯银币和其他地区的货币都在这里通行。这一情况反映了这里的社会经济生活具有多么强大的适应能力。只料表明，在昭武九姓胡地区，铸币与不同尺寸的丝织品各有一定比值④，表明这里可能与汉地一样钱帛并行，丝帛同样可作一般等价物使用。无须赘言，大量的中国丝绸曾经昭武九姓之手而转输西方。又由于中国造纸术西传，撒马尔罕曾一度成为造纸中心。

在北高加索山区，库班河的上源之一大拉巴河的一条支流巴勒卡（巴勒卡意为峪）流经莫谢瓦亚·巴勒卡（Мощевая Балка）墓葬区。此地在海拔1000米以上，空气清新，土壤干燥，保存文物的条件良好。1967年，此墓区出土丝织物143件。此墓区以东的哈萨乌特墓（Хасаутский Могильник）也出土了65件丝织品残片。据研

---

① 张广达：《碎叶城今地考》，《北京大学学报》（社会科学版）1979年第5期，第70—82页。

② 出土钱币目录见科兹拉索夫（Л. Р. Кызласов）：《1953—1954年在阿克·贝希姆的考察》（Исследования на Ак-Бешиме в 1963-1954 гг.），见《吉尔吉斯考古学民族学考察队报告集》（*Труdl Киргизской Археолого-этнографической Экспедиции*）（第2册），莫斯科，1959年，第238—241页；斯米尔诺娃（О. И. Смирнова）：《仑突骑施钱币的分类与铭文》（О классификации и легендах Тюргешских монет），《苏联东方学研究所学报》（*Ученые Записки Института Востоковедения*）（第16辑），莫斯科-列宁格勒，1958年，第527—551页；谢尔巴克（А.М.Щербак）：《论突骑施钱币的铭文的解读》（О чтениилегенд на Тюргешских монетах），《苏联东方学研究所学报》（第16辑），莫斯科-列宁格勒，1958年，第551—561页；护雅夫：《所谓突骑施钱币》，见《三笠宫殿下还历纪念东方学论集》，讲谈社，1975年，第322—329页。

③ 斯米尔诺娃：《片吉肯特（钵息德城）废墟出土的钱币目录》（*Каталог Монет с Городица Пенджсикент*），莫斯科，1963年；斯米尔诺娃：《粟特简史》（*Очерки из Истории Согда*），莫斯科，1970年，第275—287页，根据汉制粟特铜币和文献资料编制的7—8世纪中亚昭武九姓诸王朝年代年号对照表；斯米尔诺娃：《粟特钱币汇目——铜币篇》（*Сводный Каталог Согдийских Монет-Бронза*），莫斯科，1981年；冈本孝：《粟特王统考——斯米尔诺娃说的商榷》，《东洋学报》1984年第65卷第3—4期，第71—104页。

④ 斯米尔诺娃：《片吉肯特（钵息德城）废墟出土的钱币目录》，莫斯科，1963年，第53页。锦缎大匹值100德拉克玛，小匹值60德拉克玛，一名奴隶或一匹马均价200德拉克玛。

究①，墓中出土的这些丝织品多属于8、9世纪，出产于昭武九姓安国（今布哈拉）附近赞丹尼奇村的约占60%，出产于中国和拜占庭的各占20%。从出土的残片判断，当地贩运丝织品的规模是巨大的。在全部出土物中，最引人注目的文物有二：一是圆珠纹样的锦袍，一是中国绢画和文书。锦袍综合体现着各种文化成分，锦袍是用萨珊王朝以后的波斯锦缝制的，内衬沿边缝有兰花纹样的昭武九姓丝绸，领口前方镶以小块矩形的拜占庭丝料，袍带或饰纽是用中国生产的黑底浅花的羽纱制作的。中国绢画属唐末画风，残存山间骑者和马头形象；汉语文书残片之一存文字三行，墨书，草体，其中可以辨认出如下字样：

……文计六

□纳六（？）十文（？）［或匹］四月十日

文买（？）［或四月］日□□

从字迹判断，文书与唐代敦煌、吐鲁番文书相近。此外，还有出自其他两人手笔的文书残片，但具体情况不明，如皆为唐末五代文书，那么这当是中亚昭武九姓地区的穆格（Myr）山出土的年代在8世纪初的三通汉语文书之外流入西方的又一批文书②，而且大概是目前西传最远的汉文文书。

以上略述唐代文明的西渐。与此同时，西域音乐、舞蹈等艺术也对唐代中原地区发生了深远影响。早在北魏时期，居住在洛阳的西域侨民有万家以上③，其中很多人充当了传播西域音乐舞蹈艺术的使者的角色。北齐（550—577）盛行的音乐皆是胡乐，据《隋书·音乐志》记载，北齐后主高纬（565—576）"唯赏胡戎乐，耽爱无已。于是繁手淫声，争新哀怨。故曹妙达、安未弱、安马驹之徒，至有封王开府者"④。史称后主竟因耽于胡乐而亡国，这虽是夸大之辞，但亦可见齐后主对西域音乐迷恋之深。史载高齐统治者还敬事胡天，影响及于后周（557—581）："后主（高纬）末年，祭非其鬼，至于躬自鼓舞，以事胡天，邺中遂多淫祀，兹风至今不绝。后周欲招来西域，又有拜胡天制，皇帝亲焉。"⑤

值得注意的是，西域文化在传入的过程中即经历着汇聚、融合的过程。以西凉

---

① 阿·耶鲁撒利姆斯卡娅（А. Ерусалимская）：《丝路上的阿兰世界》（Аланский Мир на Шелковом Пути），见国立爱米塔什博物馆馆刊《东方文化》（Культура Востока），列宁格勒，1978年，第151—154页。

② 伯格留勃夫（М. Н. Боголюбов）等编：《穆格山文书，原件彩印集》（Документы с Горы Муг. фотоальбом），莫斯科，1963年，影印件63张，一函。

③ ［北魏］杨衒之：《洛阳伽蓝记》，范祥雍校注本，古典文学出版社，1958年，第161页。

④ 《隋书》卷一四《音乐志中》，中华书局，1973年，第331页。

⑤ 《隋书》卷七《礼仪志二》，中华书局，1973年，第149页。

乐为例,《旧唐书·音乐志》称:"西凉乐者,后魏平沮渠氏所得也。晋、宋末,中原丧乱,张轨据有河西,苻秦通凉州,旋复隔绝。其乐具有钟磬,盖凉人所传中国旧乐,而杂以羌胡之声也。魏世共隋咸重之。"①由此可见,西凉乐者,正是以中国旧乐的代表钟磬与羌胡之声结合的产物。陈寅恪曾对隋代三大技术家宇文恺、阎毗、何稠的家世事迹做过考证,推断三者俱含西域胡氏族血统,而又久为中原文化所染习,"故其事业皆借西域家世之素技,以饰中国经典之古制"②。关于唐代长安受西域文明浸染的情况,因向达等大家的著作俱在,此处不再赘述。在这里,有两点情况值得强调:一是唐代因为注意多方面吸收外来文化因素而创造了灿烂的文明,二是各民族在文化交流过程中并非一律并蓄兼收。各族人民所处的社会环境不同,往往是根据自身发展的需要,在不同文化中选择、比较而决定弃取或加以改造、综合,用以丰富自身的独特文化的。我们从唐代典章制度中找不到什么具体的西域影响,但是,在文学艺术方面,西域的影响以及通过西域传来的印度、伊朗等影响既深且远,风俗习惯方面也不完全排斥上元观灯、浑脱、泼水等欢庆节日的某些做法。中原和西域的传统文化各随自身的需要而摄取对方的相应成分,这是当时文化交流的特征之一。

二

五代宋初僧人赞宁(919—1001)在982—988年间纂成《宋高僧传》一书,凡三十卷。关于此书的史学价值,陈垣已有论述,兹不复赘。③该书卷三末尾有《论曰》一篇,实为记载诸译经僧业绩的《译经篇》之后对译经经验的概括和阐述赞宁本人翻译见解的一篇理论性论文。在赞宁之前,道安(314—385)、彦琮(557—610)、玄奘(602—664)等高僧都对翻译的素养标准与翻译的义例做过论述,赞宁继之揭出翻译"新意六例"④。六例之中,赞宁就"胡语梵言""重译直译""粗言细语"三例举出一系列现象,这些现象不仅值得研究佛经翻译史的人们注意,也值得研究东西方文化交流的人们深思。

关于"胡语梵言"之例,赞宁比隋代的彦琮更加强调应当明确区分胡梵。早在隋代,彦琮已经注意到:"旧唤彼方,总名胡国,安(指道安——引者)虽远识,未变常语,胡本杂戎之胤,梵惟真圣之苗。根既悬殊,理无相滥;不善谙悉,多

---

① 《旧唐书》卷二九《音乐志二》,中华书局,1975年,第1068页。
② 陈寅恪:《隋唐制度渊源略论稿》,中华书局,1963年,第79页。
③ 陈垣:《中国佛教史籍概论》,中华书局,1962年,第38—46页。
④ 〔宋〕赞宁:《宋高僧传》卷三末《论曰》,见《大正藏》(第50册),第723—725页。

致雷同。见有胡貌,即云梵种;实是梵人,漫云胡族,莫分真伪,良可哀哉。"①入宋,赞宁进而指出:"胡语梵言者,一在五天竺纯梵语,二雪山(指兴都库什山——引者)之北是胡。山之南名婆罗门国,与胡绝书语不同。"②彦琮、道宣(596—667)等高僧"独明斯致",纠正了"从东汉传译至于隋朝,皆指西天以为胡国"这一认识上的错误,但是矫枉过正,又偏到了把一切西域经典尽呼为梵的地步。两种倾向均失之于偏颇,"当初尽呼为胡,亦犹隋朝以来总呼为梵,所谓过犹不及也"③。认识上的这种偏颇导致三失:一为改胡为梵;二为不善胡梵二音,致令胡得为梵;三为不注意重译——亦即自五天竺至岭北,佛经往往累累而译的现象。

关于重译现象,赞宁在"重译直译"之例中有进一步的申述。赞字说:"一、直译,如五印夹牒直来东夏译者是。二、重译,如经传岭北、楼兰、焉耆不解天竺言,且译为胡语,如梵云邬波陀耶(Upādhyāya),疏勒云鹘社,于阗云和尚。又天王,梵云拘均罗(Kuvēra,Kubēra),胡云毗沙门(Vaiśramaṇa)是。三、亦直亦重,如三藏直赍夹牒而来,路由胡国,或带胡言。如觉明口诵《昙无德律》中有和尚等字者是。"④按佛教为外来之学,欲其弘道,势须借助于翻译,翻译成败系于直译意译的得失。从以上引文可知赞宁在"重译直译"之例中所论述的直译并不是指与意译相对而言的直译,而是指直接从梵夹译为汉语的情况。凡是中间译为胡语或虽从印度直接传来夹牒但杂有胡言者,在赞宁的六例之中均谓之重译。我们在下文即将指出,赞宁指出的这种重译,乃是文化交流中的必然现象。

赞宁"新意六例"中的"粗言细语"之例指的是梵文的区别:"一、是粗非细,如五印度时俗之言是;二、唯细非粗,如法护、宝云、奘师、义净洞解声明音律,用中天细语典言而译者是;三、亦粗亦细,如梵本中语涉粗细者是。"⑤在这里,疑赞宁所说的"粗言"和"五印度时俗之言"系指梵文俗语(Prakrit),特别指巴利语(Pali)而言;"细语典言"则为梵文雅语(Sanskrit);而梵本中语涉粗细者或即指上述梵语的混用。

赞宁指出的胡梵有别、梵语典俗有别、佛经累经重译等现象,已为近代研究佛典翻译和文化交流的学者的工作所证实。例如,季羡林深入细致地研究了早期汉文译者用"来"母韵翻译梵文顶音(ṭ、ḍ)的现象,证实汉文译者用"来"母字翻译梵

---

① 〔唐〕道宣:《续高僧传》卷二《彦琮传》,见《大正藏》(第50册),第438页中栏。
② 〔宋〕赞宁:《宋高僧传》卷三末《论曰》,见《大正藏》(第50册),第723页中栏。
③ 〔宋〕赞宁:《宋高僧传》卷三末《论曰》,见《大正藏》(第50册),第723页下栏。
④ 〔宋〕赞宁:《宋高僧传》卷三末《论曰》,见《大正藏》(第50册),第723页下栏。
⑤ 〔宋〕赞宁:《宋高僧传》卷三末《论曰》,见《大正藏》(第50册),第724页上栏。

文顶音是同梵文俗语中出现的 ṭ>ḍ>ḷ>l 的现象分不开的。而这种汉语译经中的对音现象存在于隋代之前,证明前期汉译佛经原本大半不是梵文雅语,而是梵文俗语或混合梵语。①这种顶音与"来"母字交替现象也存在于于阗语等西域古代语言之中②。种种迹象表明,早期佛经有的也转译自中亚民族语言。这一现象可以进而扩大用于研究《宝积》《华严》等大乘的大品佛经的形成过程。这类经典的流行及制作地点,现在只能从经典所使用的俗语和带有俗语语尾的语言上去推定。③

这样,在玄奘《大唐西域记》、7世纪前半期成书的玄应《一切经音义》(《众经音义》)、788—810年成书的慧琳《一切经音义》等典籍中,人们常常看到"旧言××,讹也","旧言××,讹略也"的注记,这些注记正好表明讹者、讹略者原出自梵文俗语或中亚语言。自东汉迄于隋,著名译经大师多籍出安息(Parthia,如安世高、安玄,安世高即安清,多半来自与贵霜王国毗邻的Margiana地区)④、月氏(如支娄迦谶,即支谶、支曜、支亮、支谦)、康国(当是粟特,如康孟详、康巨),乃至龟兹(如鸠摩罗什)、于阗等地。这些译经番僧,特别是早期译经番僧,对汉语不甚了了,另一方面,担任笔授的汉僧又在语学教理等方面都不娴熟,这样,在双方分工合作,分别担任口授与笔录的过程,听言揣意,讹谬殆难避免。因此,早期中国人士理解佛教,无论就语言说,还是就教义说,都存在着障碍。我们不妨说,早期传来东土的佛教并不是面目全同于印度的佛教,而是流行于西域的佛教,或经过西域中介而为汉人揣摩、体会的佛教。不仅如此,我们还可以进一步推断,即便当时流行于西域的佛教,也不是纯粹印度的面貌。

隋朝以后,中国求法高僧从印度本土取得的梵夹原本日渐增多,因此出现了另外一种倾向:彦琮、玄奘、道宣等人一切务求以梵文雅语为准,而将源出于梵文俗

---

① 季羡林:《论梵文ṭ.ḍ的音译》,见《中印文化关系史论文集》,生活·读书·新知三联书店,1982年,第341页。

② 哈密屯(J.Hamilton):《十世纪于阗人所写突厥语中的不稳定的鼻音》(Nasales instables en Turc Khotanais du Xᵉ Siècle),《伦敦大学亚非研究院学报》(BSOAS)1977年第40卷第3期,第520—521页;《十世纪仲云部考》(Le Pays des Tchong-yun, Čungul ou Cumuḍa au Xᵉ Siècle),《亚洲学报》(JA)1977年,第365页。

③ 吕澂:《印度佛学源流略讲》,上海人民出版社,1979年,第88—89页。

④ 马松(M.E.Maccoh):《1962年土库曼科学院南土库曼考古学综合考察队工作报告摘要》(Нз Работ Южно-Туркменистанской комплексной экспедиции АН ТССР в 1962 году),《土库曼加盟共和国科学院通讯(社会科学版)》(Известия АН ТССР)1963年第3期,第57页;黎特文斯基(B.A.Litvinsky):《中亚佛教史概论》(Outline History of Buddhism in Central Asia),见恰托帕吉阿雅(D.Chattopadhyaya)编:《苏联的贵霜研究》(Kushan Studies in U.S.S.R),加尔各答,1970年,第68页。

语或中亚语言的某些译法统统视为讹略。彦琮甚至主张,译经大师,一开始即应教授汉地佛学徒学习梵字,那样的话,则"人人共解,省翻译之劳;代代咸明,除疑网之失"①。彦琮之意,美则美矣,但是使人人具有通晓原著的本领,即便放到今天,也恐怕难以做到。

然而,赞宁列举的上述现象却是人们了解东西文化汇聚与相互融合的绝佳的例证。我们即以上文已然引及的"和尚"一词为例。今天和尚作为僧人的通称,已经家喻户晓,谁也再想不到此词来源于古代边疆于阗和疏勒。

成书于7世纪前半期的玄应的《一切经音义》记载说:

> 邬波柁耶(Upādhyāya),旧言和尚,或言和阇,皆讹也。此云亲教,亦云近诵,以弟子年小,不离于师,常逐常近,受经而诵也。②

> 邬波柁耶……此云亲教……亦云近诵,以弟子年小,不离于师,常近受经而诵也。旧云和上,或云和阇,皆于阗等诸国讹也。③

这里的"和阇"应当就是义净(635—713)在《南海寄归内法传》中记载的"乌社":"邬波驮那,言和尚者非也,西方泛唤博士,皆名乌社,斯非典语。若依梵布经律之文,咸云邬波驮那,译为亲教师。北方诸国皆唤和社,致令传译习彼讹音。"④

值得注意的是,从印度归国、于788年前后回到安西的悟空也说,安西地区把邬波陀耶称为和尚。伯希和认为,这可能是于阗等地区和尚一语的推广。⑤上引宋赞宁的意见是,疏勒作"鹘社",于阗作"和尚"。"和尚"之为于阗译语,在南宋初,1143年成书的法云《翻译名义集》中也得到了印证。⑥看来,和尚、和阇、乌社、鹘社等译名都出自塔里木盆地西部地区。于阗的"和尚""和阇",伯希和认为可拟音作*'vaǰhā,疏勒的"乌社""鹘社"可拟音作*'uǰǰhā,由此可以推知,这些译音或者出于梵文俗语的uvaǰhāa⑦,或者出于梵文雅语upā-dhyayā一词的当地读法。在于阗语中,upa->va-,-d->ǰ-是经常见到的语音现象,这也就是赞宁所说的经

---

① 〔唐〕道宣:《续高僧传》卷二《彦琮传》,见《大正藏》(第50册),第438页下栏。
② 《一切经音义》卷二一,同治八年武林张氏翻刻武进庄炘刊本,叶五上。
③ 《一切经音义》卷二三,同治八年武林张氏翻刻武进庄炘刊本,叶二上。
④ 《南海寄归内法传》卷三,见《大正藏》(第54册),第222页上栏。
⑤ Paul Pelliot: *Note on Marco Polo I*, Imprimerie Nationale, Librairie Adrien-Maisonneuve, p. 213.
⑥ 〔宋〕法云:《翻译名义集》卷一,见《大正藏》(第54册),第1074页上栏。
⑦ Paul Pelliot: *Note on Marco Polo I*, Imprimerie Nationale, Librairie Adrien-Maisonneuve, pp. 213-214.

由胡国而夹带胡语的重译情况。

另一例证是"浮屠"与"佛"这一佛教最基本的术语的译法问题。季羡林对此有过绵密的考察，证实初期汉译佛典大半不是直接译自梵文或巴利文，因此"佛"字不是梵语Buddha的对音，而是出自中亚和新疆一带今已不存在了的古代语言中表示"佛"的单词的对音。[①]季羡林指出，梵语的Buddha，到了龟兹文（乙种吐火罗文）中变成pūd或pud，到了焉耆文（甲种吐火罗文）中变成了pät，而汉文译经中的"佛"字就是从这一类西域语言的该词译过来的[②]。季先生的意见之正确，也为中亚和新疆的其他古代语言所证实。在粟特语中，"佛"的名词作pwty=but，形容词作pwt'n'k[③]，在伊朗语中作but[④]，在回鹘语中作put[⑤]。因此，在早期译经过程中，只要是经过西域中介，"佛"一词的译法就不采取梵语Buddha的对音成为"佛陀"，而是采取西域语言的put、but等的对音成为"佛"。这样，汉译佛经中的"佛"的译法，在年代上后于"佛陀"而出现，实际上并不像人们通常想当然地以为的那样，即"佛"字无非是"佛陀"的省略词。这种看法是把事情过分简单化了，没有意识到"佛"一词的译法还体现着佛教在西域的经历。在华梵不相畅通的情况下，东土借助于西域居间，实属一种必然。由此看来，术语、名词等的译法尚且如此曲折，难道佛教的教义不是也会在西域经过某种加工，或者它的内容被增添某些地方的货色而后传来中国吗？

实际情况确系如此。文化的交流既反映在某些术语、名词的不同译法上，也反映在远比某些术语、名词的异译更为复杂的意识形态的相互影响上。在这里，人们需要考虑诸多民族都有各自的贡献。

---

① 季羡林：《浮屠与佛》，见《中印文化关系史论文集》，生活·读书·新知三联书店，1982年，第323—336页。

② 季羡林：《浮屠与佛》，见《中印文化关系史论文集》，生活·读书·新知三联书店，1982年，第329页。

③ 戈迭欧（Ed. Gauthiot）：《佛教和摩尼教的几个术语》（Quelques termes techniques bouddhiques et mani-chéens），《亚洲学报》（*JA*）1911年第7—8月号，第55页；贝利：《伊朗语中的"佛"字》（The Word "But" in Iranian），《伦敦大学东方学院学报》（*BSOAS*）1930—1931年第6卷，第279页。

④ 贝利：《伊朗语中的"佛"字》，《伦敦大学东方学院学报》（*BSOAS*）1930—1931年第6卷，第279页；斯米尔诺娃（О. И. Смирнова）：《穆斯林到来以前中亚各种信仰的地位》（Места Домусульманских Культов в Средней Азии），《东方国家与民族》（*Страны и Народы Востока*）（第10辑），莫斯科，1971年，第91、103页。

⑤ 缪勒（F.W.K.Müller）：《回鹘语杂考》（Uigurica I），《普鲁士科学院论文集》（*ABAW*），1908年，第11页；贝利：《伊朗语中的"佛"字》，《伦敦大学东方学院学报》（*BSOAS*），1930—1931年第6卷，第280页。

仍以佛典为例。华严初译固然出自印度的佛驮跋陀罗,然而汉地译本乃支法领得自于阗者。三百年后,则天武后以华严处会未备,复发使访经,目的地仍是于阗,并随经请来了于阗高僧实叉难陀等人。考唐代译经事业中,有于阗出身的著名僧人提云般若、实叉难陀、释智严(于阗国王子,俗名尉迟乐)、尸罗达摩等多人参与。仅仅以上四位译出的佛典即达三十一部百三十卷,而其中与华严有关者为九部九十六卷。①在佛像方面,汉地盛行的华严主尊毗卢遮那(Vairocana,卢舍那),溯其源流,亦当出自于阗,这有于阗很早以来即存在着体现大千世界的毗卢遮那的很多造像为证。②有鉴于此,人们应当考虑,唐代早期流行的华严信仰中,有不少于阗人的贡献。

与华严部的情况相似,大集部的形成也与于阗有关。烈维(S.Lévi)指出,大集部的《日藏经》《月藏经》中涉及疏勒、于阗、龟兹等地的内容,显然混入了当地的教义成分。③《月藏经》列举于阗的八位守护神,无疑混入了地方的神祇。④敦煌写卷伯希和编号P.2139号是吐蕃统治敦煌时期三藏法师法成('Gos Chos-grub)所译的《释迦牟尼如来像法灭尽之记》⑤,讲的是于阗一位阿罗汉的预言("授记""悬记")。此文有三个相同的敦煌藏文写卷可资比较。⑥文中有关各族部众入侵的记述,实际是8世纪中叶以来于阗等地实际经历的历史状况的反映。

看来,于阗是加工佛典、解说佛典的人才辈出的地方。于阗文现存最长写卷《赞巴斯塔书》(Zambasta,请人代写之赞佛长诗,今存约207叶)⑦、于阗王尉迟输罗(Viśa Śura,967—977)赞助完成的《佛本生赞》(Jātakastava,阇陀伽赞,共

---

① 北村高:《论于阗出身的译经僧和华严经》,见中国中世史研究会编:《中国中世史研究·六朝隋唐力社会と文化》,东海大学出版会,1970年,第89页。

② 威廉斯夫人(J. Williams):《于阗绘画中的神像学》(The Iconography of Khotanese Painting),《东方与西方》(East and West)1973年第23卷第1—2期新辑,有关毗卢遮那佛,见第117—124页及图1—22。

③ 烈维:《汉文有关印度的记载》(Notes chinoises sur l'Inde),《法国远东学院学报》(BEFEO)(第2—5卷),1902—1905年;冯承钧译:《大藏方等部之西域佛教史料》,见《西域南海史地考证译丛九编》,中华书局,1958年,第160—234页。

④ 冯承钧译:《大藏方等部之西域佛教史料》,见《西域南海史地考证译丛九编》,中华书局,1958年,第182页。

⑤ 伯希和、羽田亨:《敦煌遗书》(第1集),影印本。

⑥ 托玛斯(F. W. Thomas):《有关西域的藏文文献和文书》(Tibetan Literary Texts and Docments Concerning Chinese Turkestan)(第1卷),伦敦,1935年,第41、49—50、73页。

⑦ 恩默瑞克(R. E. Emmerick):《赞巴斯塔书:一部赞佛教的于阗文诗》(The Book of Zambasta: A Khotanese poem on Buddhism),牛津大学出版社,1968年。

39叶）①，都是当地加工的新作，而非另有原本的译品。

汉地佛教一直深受于阗等地的影响，于阗等地创造的内容必然传至中原，自不待言。然而，文化交流是双向的，否则不成其为交流。在这方面，人们也看到内地影响及于于阗的情况。伯希和编号敦煌写卷P.3513号文书第59叶背面第1行至第72叶背面第2行所写的晚期于阗文《金光明经》（Suvarṇaprabhasottamasūtra）不同于早期于阗文《金光明经》的抄本，它不能和梵语原本一一对勘，反而和唐释义净在703年译出的《金光明最胜王经》以及相应的藏译本相似。②考虑到敦煌出土的汉文《金光明最胜王经》数量甚多，唐末五代时期敦煌与于阗来往极为密切，人们不能不认为，在唐代，中原佛教也反过来影响到了于阗。

德国考察队在20世纪初在吐鲁番地区获得的粟特语历书残纸，是体现多种系统的文明之混合的另一典型例证。③据缪勒研究④，这一历书在每日之下都注上了粟特（昭武九姓）、汉和突厥三种称谓，即每日先标以相当粟特语的七曜日的名称，而后标以甲乙丙丁等汉地通用的十干的粟特对音，而后标以鼠牛虎兔等十二属相的粟特语对应词。此外，每隔二日，还用朱笔记上汉地木火土金水五行的粟特译文。以十二生肖标志日期，这是突厥以及后来蒙古等草原游牧民族的习惯做法。因此，这件历书体现着多种文明的汇聚。文书的确切年代不易确定，但总与回鹘人于840年以后移居吐鲁番地区有关。这一历书的编制多半出于摩尼教僧侣之手，因为他们使用粟特文字，并在回鹘信徒中活动。现存于巴黎国家图书馆东方写本部之敦煌藏文写卷伯希和编号P. t.1292号文书是一份用藏文字母书写的回鹘语佛教教义问答书⑤。据说，

---

① 德莱斯顿（M. J. Dresden）转写译注：《佛本生赞》（The Jātakastava or "Praise of the Buddha's former birth"），费城，1955年。
② 恩默瑞克：《于阗文献指南》（A Guide to the Literature of Khotan），东京，1977年，第34页。
③ 羽田亨：《西域文明史概论》，弘文堂，1970年，第175—182页及第21图。
④ 缪勒：《汉文三藏中的所谓"波斯"历法》（Die "Persische" Kalenderausdrücke in Chinesischen Tripiṭaka），见《普鲁士王家科学院会议纪要》（SPAW），1907年，第458—465页。
⑤ 伯希和：《藏文字母书写的回鹘语佛教文书》，《亚洲学报》（JA）1921年，第135—136页；斯帕尼昂（A. Spanien）、今枝由郎合编：《法国国立图书馆藏藏文书选》（Choix de Documentzs tibetains conservés à la Bibliothèque Nationale Ⅱ），巴黎，1979年，第608图，第32页；茂埃（S.Maue）、罗尔伯恩（K.Röhrborn）：《古突厥语的藏文字母佛教教义书Ⅰ》（Ein "buddhistischer Katechismus" in alttürkischer Sprache und Tibetischer Schrift, Teil Ⅰ），《德国东方学会杂志》（ZDMG）1984年第134卷，第286—313页；森安孝夫：《藏文字母书写的回鹘语佛教教理问答（P.t.1292号文书）研究》，《大阪大学文学部纪要》，1985年第25卷，第1—85页。

伦敦也有一两件藏文字母写的回鹘语敦煌文书①，这些同是多种文明混合的佳例。

根据以上叙述的片面情况，可以说，文化的交流实际上是各个民族在各种形式的交往中互相影响，并分别做出各自贡献的过程。交流过程是相关民族各自发挥特长进行共同创造的过程，这是当时文化交流的特征之二。

三

在隋唐时期，是不是中原与西域的文化交流酣畅无阻、互通有无、一无滞碍了呢？看来情况并不尽然。西域很早就流行戏剧，可是戏剧似乎就没有像百戏杂技、音乐舞蹈那样很早传入中原。

1911年，德国出版了吕岱斯（H. Luders）校刊的三部梵语戏剧的残破贝叶写本，名《佛教戏剧残本》②。三部梵语戏剧的写本均发现于中国新疆，被清末德国派往新疆的考察队带往德国。其中一个剧本幸而存在跋文："金眼之子马鸣著舍利弗世俗剧"，剧凡九幕。这位马鸣就是大约活动在公元2世纪的那位著名佛教论师。另一剧本残缺过甚，剧中人物只标旦、生、丑、歹而不具角色名姓。第三个剧本登场的角色都是佛家抽象概念的化身，即"觉""定""称"。三剧都是宣传佛教的作品。③

与德国人拿走梵语戏剧写本之同时，德国考察队还在新疆找到了甲种吐火罗文（焉耆文）的《弥勒会见记》剧本的断简残篇。这些残本收在西额和西额林刊布的《吐火罗文残卷》④。这批残文据称分属同一个剧目的几个抄本。据德国学者陶玛斯（W. Thomas）的研究，这些吐火罗文残卷写成于公元6至8世纪之间⑤，时间晚于上述梵文戏剧数百年。

1974年冬，新疆维吾尔自治区焉耆县七个星（锡克沁）千佛洞北大寺的一个灰

---

① 克劳森（G. Clauson）：《突厥语和蒙古语研究》（*Turkish and Mongolian Srudies*），伦敦，1962年，第96—100页。
② 吕岱斯：《佛教戏剧残本》（*Bruchstücke Buddhistischer Dramen*），柏林，1911年。
③ 金克木：《概念的人物化——介绍古代印度的一种戏剧类型》《外国戏剧》1980年第3期。对三剧的扼要介绍见金克木：《印度文化论集》，中国社会科学出版社，1983年，第158—159页。
④ 西额（E.Sieg）、西额林（Siegling）：《吐火罗文残卷》（*Tocharische Sprachreste*），柏林—莱比锡，1921年。译文见西额：《吐火罗译文》（第1卷）（*Übersetzungen aus dem Tocharishchen I*），见《普鲁士科学院论文集》（*APAW*），1914年；《吐火罗译文》（第2卷），见《德国科学院论文集》（*ADAW*），1952年。
⑤ 季羡林：《谈新疆博物馆藏吐火罗文A〈弥勒会见记剧本〉》，《文物》1983年第1期，第44页。

坑内出土了甲种吐火罗文（焉耆文）的文书残卷，共44叶，两面抄写，共88面。经季羡林解读，这批文书的第一叶（76YQ11.1/2）上标明"在〔圣〕月整理好的《弥勒会见记剧本》中，名叫《婆（波离的婆罗门举行布施大会）》的第一幕终"，由此证实这批文书仍是《弥勒会见记剧本》①。

晚于吐火罗文剧本二三百年，在9至11世纪（个别学者认为可早至8世纪中叶），西域出现了回鹘文的《弥勒会见记》剧本。较早发现的回鹘文剧本残本也被德国人带往德国。②1959年，在新疆维吾尔自治区哈密县脱米尔底出土了同一剧目写本，计293叶，两面抄写，共586面。剧本长达27幕。据剧本每幕之后的跋文，可知回鹘剧本是一位名叫圣月的菩萨大师从梵语制成甲种吐火罗文（焉耆文），再由一名叫智护的大师译为回鹘语的。③

由此可见，在伊斯兰教传入新疆之前，西域是有宣传佛教教义，特别是有大量宣传弥勒信仰的剧本流传的。除此之外，文献还有西域寺院搬演戏剧的记载：藏文《于阗国悬记》（*Li yul lung bstan pa*）有一则生动的记述④。于阗王尉迟达磨（Vijaya Dharma）与兄不合，兄弟互不见面，乃兄求助于一位梵僧，梵僧代为祈求神祇说："为了使两位不会面的皇室兄弟和解，最好使三十三天显身于空中，并在于阗演出戏剧（nāṭaka），戏剧表演如来释迦牟尼还在菩萨阶段时如何完成艰巨的善行，施舍全身，施舍全家，等等。"于是三十三天众神和四方大王纷纷来到于阗名为Sang-tir 之地。当众神演出了如来佛怎样诸多行善时，尉迟达磨王命令居民不得单独前往观剧。但是，天乐齐鸣，人们不禁相约而往。当国王询及侍卫何在时，大臣们据实以禀。最后，国王也身不由己，终于去了Sang-tir 寺附近。两兄弟因受感动而言归于好，携手进入寺内礼拜。诸神和众龙王演出了戏剧。"直至今日，每年秋季第一个

---

① 参见上条注所引季羡林文，并见其以下诸文：《吐火罗文A中的三十二相》，《民族语文》1982年第4期，第6—19页；《新博本吐火罗语A（焉耆语）〈弥勒会见记剧本〉四页译释》，见《敦煌吐鲁番文献研究论集》（第2辑），北京大学出版社，1983年，第43—70页。

② 葛玛丽（A.von Gabain）：《弥勒会见记：一部佛教毗婆娑论经典的古突厥语本》（*Maitrisimit-Faksimile der alttürkischen Version eines Werkes der buddhischen Vailbhāsika-Schule* I）（第1卷），威斯巴登，1957年；葛玛丽、哈特曼（R Hartmann）：《弥勒会见记：一部佛教毗婆娑论经典的古突厥语本》（第2卷），柏林，1961年。

③ 耿世民：《古代维吾尔语佛教原始剧本〈弥勒会见〉（哈密写本）研究》，《文史》1981年第12辑；李经纬：《哈密本回鹘文〈弥勒三弥底经〉初探》，《喀什师范学院学报》1982年第1期；李经纬：《哈密本回鹘文〈弥勒三弥底经〉第二卷研究》，《民族语文研究论文集》；李经纬：《哈密本回鹘文〈弥勒三弥底经〉第三卷研究》，《中亚学刊》（第1辑），中华书局，1983年。

④ 恩默瑞克：《有关于阗的藏文文献》（*Tibetan Texts Concerning Khotan*），牛津大学出版社，1967年，第41—45页。

月份的初七、初八两天的中午，都搬演如来广行善事的戏剧，延续不绝。"①

寺院唱戏，这使人想起了北宋真宗大中祥符（1008—1016）年间钱易的有关记载。钱易曾说，唐代"长安戏场多集于慈恩，小者在青龙，其次荐福、永寿。尼讲盛于保唐"②。保唐寺原名菩提寺，会昌六年（846）始改名保唐，故钱氏所述，当属于宣宗大中（847—859）以后事③。

此外，宋太宗太平兴国六年（981），王延德奉派出使高昌。高昌师子王避暑北庭（今吉木萨尔破城子），延德至该地晋见，受到了张乐饮宴，"为优戏，至暮"的款待④，这也是西域唱戏的证明。

基于上述事实，可以判定，西域存在戏剧脚本和流行演戏是早于中原地区的，特别是相对于中原出现戏剧要素完备的南戏而言，西域戏剧的发育可能为时更早。当然，也有些学者（例如最先刊布吐火罗文《弥勒会见记》写本的西额、西额林）对西域出土的上述写本是否真是戏剧脚本持保留态度，因为尽管这些出土写本的跋文明明标出nāṭaka（剧），但内容与形式和人们习见的剧本太不一样了，以至于人们不能不对其为剧本的性质产生满腹疑团。美国学者温特（W. Winter）认为吐火罗文《弥勒会见记》是剧本，他列举的证据是：吐火罗文的跋文明确标出nāṭaka（剧），此其一；剧本中有某些舞台表演指示和个别角色的名字，此其二；正文散韵相间，特别是直接对话往往采取韵文形式，动词使用现在时态，而叙事则多改用散文，动词使用完成体过去时态，此其三；最后，剧中某些韵文之旁还标有曲名或调名；温特认为标出yuk（马）、yäl（羚羊）的字样，可能是表示舞蹈的名称。⑤季羡林也肯定吐火罗文《弥勒会见记》为剧本，指出剧本的每幕之后都标出nipāta一词，此词借自梵语，它的含义是"幕"，这是清楚无疑的。⑥此外，在回鹘文《弥勒会见记剧

---

① 恩默瑞克：《有关于阗的藏文文献》（*Tibetan Texts Concerning Khotan*），牛津大学出版社，1967年，第45页。
② 〔宋〕钱易：《南部新书·戊集》，《学津讨原》第十七集。
③ 向达：《唐代俗讲考》，见《唐代长安与西域文明》，生活·读书·新知三联书店，1957年，第299页。
④ 《宋史》卷四九〇《外国传六》"高昌国"条，中华书局，1977年，第14113页；同一记载还见于《文献通考》卷三三六《四裔考十三》"车师前后王"条，王明清《挥尘前录》卷四。
⑤ 温特：《"吐火罗文"剧的某些侧面：形式和技巧》（Some Aspects of "Tocharian" Drama: Form and Techniques），《美国东方学会会刊》（*JAOS*）1955年第75卷第1期，第26—35页。
⑥ 季羡林：《谈新疆博物馆藏吐火罗文A〈弥勒会见记剧本〉》，《文物》1983年第1期，第43页。

本》中，每幕开头用红笔写出演出的场地。①看来，随着资料的增多和人们研究的深入，上述写本的性质应是剧本殆已不成为问题。

这样便产生了一个问题，在隋唐时期，宣传佛教的各种艺术形式，如雕塑、绘画、音乐、舞蹈等无一不随佛教的盛行而流传于中原地区，配以梵呗的讲经、配以经变画的变文等文学体裁也随之得到发展。在这种背景下，唯独不见中原吸取印度和西域流行的戏剧这种文艺形式，或者从中得到某种启示而发展出来自身的戏剧体裁，令人殊感诧异。是西域的戏剧根本没有传入中原吗？可是，西域有舍利弗世俗剧，中原是有舍利弗曲的；西域戏剧以弥勒为主要角色，中原是盛行弥勒信仰的。会不会当时中原存在某种类似于西域的戏剧的文艺体裁已然失传，或者至今尚未被人们认识呢？不管怎样，戏剧作为文学和艺术相结合的体裁，是向群众宣传佛教最有效的武器，然而从2世纪流传马鸣的剧本以来，直到11世纪存在大量回鹘文《弥勒会见记剧本》，在如此长的时间内戏剧流传的西域却未对中原产生可以觉察到的影响，是颇难解释的现象。这不能不令人进而思考是什么因素决定着文化交流中的取舍问题。固然，这个问题已超出了本文的范围，但交流不等于全盘接受而是有所拣选乃至舍弃，此为我们考察本课题观察到的特点之三。

上文粗浅地叙述了隋唐时期中原与西域文化交流的某些情况。当时，隋唐王朝通过西域而和印度、伊朗、大食、拜占庭等文明国度以及相邻的突厥等游牧民族建立的强大汗国保持着往来和联系。这样，西域便成为多种文化汇聚的地区。本文限于篇幅，不可能充分论述隋唐王朝通过西域而和这些国度与汗国的文化交流情况；然而，毫无疑问，隋唐王朝通过西域而从这些地区吸收了文化营养，从而有助于隋唐王朝创造出灿烂的文明。

本文也没有对述及的现象做出理论的分析。每一种文化都是具体的、实在的、各有特色的，是各个民族适应一定的自然环境、继承一定的历史传统、生活在一定社会制度下创造出来的。当体现不同文化的代表人物相互接触的时候，彼此必然自觉不自觉地互相借鉴，按照自身的需求进行有选择的吸收，因此各种文化在相互接触过程中必然产生多种多样的相互作用，既有选择、吸收、融合，也有拒绝、排斥、扬弃。仔细分析起来，文化的交流是一个内容复杂的过程。国外近年有人研究"涵化"（acculturation）问题，即想跳出过去宗主国对殖民地强制同化的窠臼，系

---

① 耿世民：《古代维吾尔语佛教原始剧本〈弥勒会见记〉（哈密写本）研究》，《文史》1981年第12辑，第214、219—220页。

统地"研究不同文化接触之后产生的互相影响的种种现象"①。今天，对于我们来说，研究历史上中国人民如何使固有传统与外来文化的相应成分相接榫的经验，不仅富有科学旨趣，无疑也具有重大的现实意义。

附记：关于吐火罗文《弥勒会见记》的近年刊本和研究概况，见 Fragments of the Tocharian A Maitreyasamiti-Nāṭaka of the Xinjiang Museum（China）. Transliterated, translated and annotated by Ji Xianlin, in collaboration with Werner Winter and Georges-Jean Pinault, Berlin-New York, Mouton de Gruyter（Trends in Linguistics. Studies and Monographs 113），1998，392 pages，88 planches de photographies；Georges-Jean Pinault, "Restitution du *Maitreyasamiti-Nāṭaka* en Tokharien A： Bilan provisoire et recherches complémentaires sur l'acte XXVI", *Tokharian and Indo-European Studies*，8，1999，189-240；Kumamoto Hiroshi，*The Maitreya-samiti and Khotanese*. http：//www.genpo.l.u-tokyo.ac.jp/~hkum/pdf/Maitreya_Paris.pdf。此为东京大学熊本裕教授2002年12月13日在巴黎的报告。

原载《北京大学学报》（哲学社会科学版）1985年第4期
（张广达，台湾政治大学历史学系讲座教授）

---

① 瓦施忒勒（N.Wachtel）：《论涵化》（L'acculturation），《历史的处理——新问题》（*Faire de l'histoire, Nouveaux Problèmes*），巴黎，1974年，第2—4页。

西安、洛阳唐两京出土景教石刻比较研究

葛承雍

2006年5月在洛阳出土的《大秦景教宣元至本经幢记》石刻，被学术界誉为世界级的文化发现。洛阳景教的传播过去人们比较模糊，不清楚其线索，也不像长安那样有景教碑、墓志和其他文献可以相互印证。这次景教经幢的出土，使我们可以对长安景教与洛阳景教进行比较研究。学术史回顾表明，西安大秦景教流行中国碑在明末出土时曾引起西方传教士的关注，因为在唐代"三夷教"中只有景教能与后来的基督教衔接得上，所以外国学者纷纷翻译研究。[①]时隔三百多年后，洛阳又出土了《大秦景教宣元至本经》汉文经幢，再次引起海内外学术界的关注，介绍文章和研究论文纷纷刊出。[②]景教《宣元至本经》在敦煌已有残本可互补校勘，林悟殊等最近又进行了很深入的研究[③]，所以研究的焦点应集中在"记"而不仅仅是"经"，"记"的内容信息更多，值得认真反思。

一、从盛世景象到中兴传承

据《大秦景教流行中国碑》记述，开元、天宝时期是唐朝对景教宽容优待的时间。唐玄宗用榜字为景寺题写匾额，既委派宁王等五王亲临景寺观瞻建立坛场，又赐绢百匹让高力士送五位皇帝画像到景寺悬挂；天宝三年（744）还在兴庆宫聆听了来自叙利亚新主教佶和等十七名景僧的"修功德"祈祷仪式歌咏演唱，所以第二年

---

① 耿昇：《中外学者对大秦景教碑研究综述》，《中西初识》，大象出版社，1999年，第186页；林悟殊：《唐代景教再研究》，中国社会科学出版社，2003年，第3—26页。

② 张乃翥：《一件唐代景教石刻》，《中国文物报》2006年10月11日；《跋河南洛阳新出土的一件唐代景教石刻》，《西域研究》2007年第1期；罗炤：《洛阳新出土〈大秦景教宣元至本经及幢记〉石幢的几个问题》，《文物》2007年第6期。冯其庸发表在2007年9月27日《中国文化报》上的《〈大秦景教宣元至本经〉全经的现世及其他》一文，对两京的差异一概未提，又见《新华文摘》2007年第23期。

③ 林悟殊、殷小平：《经幢版〈大秦景教宣元至本经〉考释——唐代洛阳景教经幢研究之一》，《中华文史论丛》2008年第1期。

就颁发诏令,将"两京波斯寺"正名为"大秦寺"。这不仅说明朝廷当时对长安、洛阳两京景教寺院的共同重视,而且景教估计在当时也趁机发展了更多的教徒。安史之乱期间,景教士也积极投身在助唐平叛的前线,"赐紫袈裟僧伊斯"跟随郭子仪活跃在朔方行营中,"为公爪牙,作军耳目","始效节于丹庭,乃策名于王帐"。唐肃宗为了得到西域军人支持平叛,在灵武等五郡"重立景寺";唐代宗还于自己生日赐宫廷御食给前来庆贺"降诞之辰"的景教徒。

然而,安史之乱后,由于安禄山、史思明等"杂种胡"发动叛乱给唐两京地区造成巨大社会创伤,助唐平叛的回纥人收复洛阳后,杀人放火抢劫府库,剽掠财帛于市井村坊。到代宗时,"九姓胡常冒回纥之名,杂居京师,殖货纵暴,与回纥共为公私之患"[1]。因此,唐朝从朝廷到民间社会弥漫着一种厌恶、歧视甚至憎恨胡人的思潮,这必然会对留居洛阳的景僧产生影响,特别是对粟特胡人中的景教徒带来强烈冲击。因为洛阳粟特胡人可能以回纥为靠山而攫取利益,间接影响到景教徒受累。

面对唐朝朝野上下排斥胡化的尴尬局面,一些粟特人因遭受歧视或蒙受打击纷纷向河北藩镇或者其他地区转移,一些武威安氏、康氏等家族改姓为李,或迁徙他乡,或籍贯京兆[2],但为唐朝廷平叛立过功劳的景教徒用不着改姓迁籍之举。从《大秦景教宣元至本经》汉文经幢题记可知,洛阳仍有不少安姓、康姓、米姓的粟特胡人在此继续生活,并拥有相当的家族势力,他们坚持粟特后裔的身份,既不寻求新的生存之地,也不改换姓氏、郡望来转胡为汉,还坚守自己原有的景教信仰。

从洛阳景教经幢题记来看,在中国的景教士虽然没有实现使唐朝君臣皈依景教的理想,但是他们融入粟特移民的努力取得了一定的成效,他们允许教徒祭母祭祖,甚至大秦寺寺主、威仪大德、九阶大德等集体出动参加教徒母亲的移坟仪式。这不仅给景教徒以安慰,也令当地汉人感动,符合儒家孝亲文化,更易为中国百姓所接受,所以经幢中记载大和三年(829)他们在洛阳县感德乡柏仁里买地立茔,不仅有"崔行本处买保人",而且还有"庄家人昌儿"见证。由此我们也可知,尽管景教比不过佛教势力,为统治者效劳服务也不像佛道两家那样强大,但它们苦苦支撑着自己的传教系统。长安景教碑树立于建中二年(781),洛阳景教经幢刻立于大和三年,一西一东前后相距四十八年,虽然景教不会再像开元、天宝时期那么鼎盛,但至少证明景教半个世纪中还在不断延绵,并且是在长安、洛阳两地同时传承。

---

[1] 《资治通鉴》卷二二六"唐德宗建中元年",中华书局,1956年,第7287页。
[2] 荣新江:《安史之乱后粟特胡人的动向》,见纪宗安、汤开建主编:《暨南史学》(第2辑),暨南大学出版社,2003年,第102页。

景教在唐代是一个小宗教，传世的文献又少，进入中国后肯定会有一些变异。洛阳景教经幢与长安景教碑从时间上、空间上显然都有差别，景教传播也不会几十年不做一点变化，但是唐代东、西两京都有景教传播中心，这已是不争的事实，洛阳有景教教区是确凿无疑的了。

二、从西京长安到东都洛阳

唐代两京之制，始自唐高宗显庆二年（657）定洛阳为东都，武则天天授二年（691）又移民数十万户以充实东都洛阳，随着洛阳政治地位的提高，文武官员、扈从将士也随着皇帝来往于两京之间，并可携带家属，所以很多官员在长安和洛阳两地都有住宅。各国使节、粟特质子、四夷酋长、番客胡商等这一时期也云集洛阳，特别是胡人纷纷拥戴新政权以期得到实际利益，聚钱造天枢、呈献珍奇宝物，这在史书和文物中多有记录，不再赘言。景教于贞观十二年（638）在长安建寺，几十年后开始向洛阳发展传布，根据景教碑颂扬唐高宗"克恭缵祖，润色真宗，而于诸州各置景寺"，"法流十道"，"寺满百城"，估计这一时期景教已在洛阳建立了寺院。有人依据洛阳出土的波斯人阿罗憾墓志判断景教进入东都，向达曾引用桑原陟藏说法"阿罗憾及其子俱罗，原为景教徒"[①]也算一说。只是安史之乱后东都残破，人口骤然减少，皇帝不再东赴洛阳，陪都地位急剧下降，景教的大秦寺却还能坚持存在，虽殊为不易，却也说明洛阳还有不少西域胡人生活。

景教士建立景教寺院的地址应该是有选择的，至少是两京胡人集中居住区，便于争取愿意皈依的粟特胡人，这方面长安和洛阳是一样的。长安的大秦寺位于义宁坊十字街东北，正在通往西域起点的开远门内，从贞观二年（628）开始允许阿罗本建寺度僧，就一直是东方教会在中国的大本营，也是地位最高的教会中心。这里距离蜚声域外、胡汉贸易的西市仅隔一坊，作为西域胡人聚集之地和主要活动范围，有益于景教的传播。来自中亚何国质子后代的何文哲就死于义宁坊，他的夫人康氏也是康国人后裔[②]，虽然我们不知他们夫妻的宗教信仰，但至少说明义宁坊有上层身份的胡人居住。《酉阳杂俎》续集卷二载："元和初，上都义宁坊有妇人疯狂，俗呼为五娘，常止宿于永穆墙垣下，……一夕而死，其坊率钱葬之"[③]。"永穆墙"，后人一直不知何意，按"永穆"字义应为永恒肃穆庄严之意，义宁坊大秦寺如收留疯妇五娘，也是景教慈善范畴之举，所以我疑惑是否与大秦寺景教悼念逝者纪念墙

[①] 向达：《唐代长安与西域文明》，生活·读书·新知三联书店，1957年，第25页。
[②] 魏光：《何文哲墓志考略》，《西北史地》1984年第3期。
[③] 〔唐〕段成式：《酉阳杂俎》，中华书局，1981年，第214页。

（哭墙）有关，有待通识者进一步解读。洛阳大秦寺位于修善坊①，民间早就以"波斯胡寺"名闻四方，唐人韦述《两京新记》记载说修善坊"坊内多车坊、酒肆"。这里毗邻商贸兴隆、邸店众多、番夷聚集的南市，南市又有胡祆祠，《朝野佥记》卷三记载立德坊及南市西坊皆有胡祆神庙，每岁胡商在此祈福，烹猪杀羊，琵琶鼓笛，酣歌醉舞。胡人肯定是居住这里的活跃群体，但是景教肯定不会赞成祆教吸引教徒的方法，双方在争取胡人信徒上不可能相似。

长安景教与洛阳景教的区别是什么？似有多种角度可以对比。

西安《大秦景教流行中国碑》是比较正宗的聂思脱里派，而洛阳是中亚移民后代土生胡，与叙利亚来的传教士有所不同，洛阳景教徒更加佛教化，名字、名号都用佛号，这表明洛阳与长安的信教群众基础有可能不同。如果说长安景教对统治者上层展开强势宣传，洛阳景教则有可能更多是对民间百姓展开布道。长安毕竟是国都，现任掌权官员多，而洛阳是安置退休官员居住的地方，"分司"或罢黜闲散人员很多，特别是安史之乱以后，景教传教士打交道时面对的官府人物可能有极大不同。

长安义宁坊大秦寺与洛阳修善坊大秦寺无疑是同出一脉，或是同源别枝，洛阳景教士是否能像长安景教教主那样总结自己在洛阳地区的传播功业，建立一座歌颂彰显景教的巨碑，目前还不得而知。仅从景教徒把《大秦景教宣元至本经》在经幢上重刻了一遍，这意味着洛阳景教寺主可能还没有得到东都官方的大力支持，没有直通上层路线的彰显。

经幢是一种融雕刻艺术与文字于一体的石刻建筑形式，它在古代长条形布帛幡幢基础上演变、发展形成，始创于唐代初期，兴盛于唐中后期佛教寺院中，用于镌刻佛名或经文，多以八菱形为主，上部多刻有佛头、垂幔、飘带等图案和篆字额题，中部刻有陀罗尼经等佛教经文。当时道教也吸收了经幢这种兴盛一时的石刻形式来刻写《道德经》文，南北方均有保存。记载《大秦景教宣元至本经》的石刻采用了经幢形式，表明景教虽然不与佛教融合，但吸取了佛、道教宣扬自己宗教的手段方式。

长安景教碑是立在景教自己的寺院里，洛阳景教经幢则是立在教徒的墓地里，

---

① 〔清〕徐松撰，李健超增订：《增订唐两京城坊考》，三秦出版社，2006年，第322页。

两者差别在于一个是朝廷允许的，一个是民间自发的。①中唐后洛阳几经蹂躏，几经恢复，但粟特人还在此生活，并与长安的家族亲人有往来，保留着共同的宗教信仰。如果说尘世中的现实生活是悲悯的，但在神性照耀下的宗教生活则是安然的。有了精神的寄托，他们在劫后的洛阳城内继续生存才有希望。

西安景教碑正面下方用叙利亚文字勒刻景教教会领袖人物，其中助检校试太常卿赐紫袈裟寺主业利（Yeh-li），其职务是"牧师、执事长及长安、洛阳的教堂主"②，这就意味着业利管理着唐两京的景寺。而此处的洛阳教堂，就是洛阳景教经幢石刻上的"大秦寺"，说明长安、洛阳的景教寺院都接受叙利亚总教区主教的指派传教任务，即使洛阳大秦寺有相对独立性，两京之间也应该是密切往来的。叙利亚文长安"克姆丹"（Kumdan）与洛阳"萨拉格"（Sɛrag）并称，说明当时对两地景寺同等重视，洛阳经幢记中外亲族题字中有上都（长安）任职者，安氏家族成员也许有可能是从长安迁居过来的。

洛阳景教经幢与长安景教碑，还有着"坟墓经幢"和"景寺碑刻"的区别。洛阳佛教势力一贯太大，景教要想生存和传播，只能在外观上处处模仿佛教，利用或借用经幢就是其一种表现。然而，佛教是在佛寺中立有经幢，在佛教徒墓地中也树有经幢，即"寺幢"和"坟幢"，那么景教在墓地和寺院中也都立有经幢吗？这样的疑问还需要新的材料证明。长安景教碑叙利亚文第二组第五人有"西蒙圣墓，长老"或是新译"西蒙（Simon），坟墓的牧师"头衔③，这个人可能是一个负责守护墓地与葬礼事务的教士，说明长安也许有景教教徒自己的墓地。那么洛阳景教经幢上"检校茔及庄家人昌儿"是否类似于长安守墓事务的人呢？或是"昌儿"也是一个汉人景教徒呢？"检校"这个词有官方查核察看之意，百姓一般用之较少。

对比长安、洛阳两京景教传播的差别，还要注意到唐代景教与宫廷的关系，特别是景教碑中记载景教与儒道的论战（尽管论战材料没有流传下来）。武则天圣历

---

① 林悟殊提醒笔者注意"洛阳景教经幢之立，亦属当地盛事，照理推想，也应得到官方认可，幢记第17行记有敕东都右羽林军押衙、陪戎校尉守左威卫、汝州梁川府……实际暗示也有官员介入"。按笔者的理解，这名官员应该是"中外亲族"的成员之一，不作为官方参加建墓立幢的身份依据，列出他的官衔无非是为炫耀家族显赫罢了。

② 本文采用段晴在《唐代大秦寺与景教僧新释》中的最新翻译和释读，参见荣新江主编：《唐代宗教信仰与社会》，上海辞书出版社，2003年，第466页。翁绍军对业利身份的释读似乎错行不对应，参见翁绍军校勘注释：《汉语景教文典诠释》，生活·读书·新知三联书店，1996年，第77页。

③ 对"西蒙"职务的翻译，见前引翁绍军、段晴两人著述。段晴认为西蒙头衔很奇怪，推测他是一个住在墓穴之中独立的苦行僧，令人存疑。笔者认为西蒙可能是负责临终葬礼与守护墓地的教士。

年间(698)在洛阳由佛教发起论战,唐玄宗先天初期(712)在长安由道教发起论战。景教一直坚持不懈,能得到朝廷的宽容庇护,其中的政教关系值得研究。

三、从外国番名到中国俗名

长安的景教传教士基本上是叙利亚东方教会委派的高僧,传授的景教徒以粟特人为主,西安景教碑上众多景僧的题名没有一位标注他的俗姓,而洛阳的景教僧则将自己的俗姓一一刻在经幢上。这样的差别在于长安的景教徒可能有波斯人或叙利亚派来的主教全面主持教会,粟特人教阶不高不能掌握镌刻权。而在洛阳已是民间传播,其教主变成了米国人,间接传播的因素增大,已脱离了原汁原味的叙利亚基督教模式。洛阳景教经幢上没有一个外国文字,这似乎说明洛阳粟特人的景教徒已经丧失了使用原始母语的文化价值。母语是一个人最初学会的一种语言,人人都有自己的母语,母语是民族文化的载体,是民族生存发展之根。在长安、洛阳这类多元文化交汇地区,母语会受到本民族人员的普遍重视,尤其是宗教传播的激烈竞争,交流思想感情,诵读景教经典,掌握传教知识,都离不开母语。但为什么经幢刻石不运用一点母语,让教徒感受母语,亲近母语,确立民族文化身份的认同呢?显而易见,这些粟特人入华汉化到已经不会运用母语写作,至少是有几代人了。

敦煌文献中的景教经典是汉文的文本,这是否是给汉化胡人阅读的?如果都是粟特胡人景教徒,需要汉文景教经典吗?汉语景教文本应该是给中国人看的,能否说明唐人中可能有景教信徒,才需要景教汉文本呢?同样,《大秦景教宣元至本经》用汉文镌刻在经幢上,也是可以给汉人阅读的,这也是以中国人能接受的方式向他们介绍基督教教义。然而,也有可能是来自西域粟特人入华的后裔,他们汉化已深,使用汉语文字,所以景教文本为汉文。晚唐咸通时米国人后裔米崇吉曾评注胡曾《咏史诗》[①],不仅说明他"总岁讽诵"汉化已深,而且汉语文学水平相当深厚,像这样的西域胡人后裔虽然自署籍贯为"京兆郡",实际上是入居长安汉化很深的移民后代。一般来说,母语是民族文化的载体,是民族生存发展之根,是家族交流思想感情最亲近的工具,洛阳粟特人运用汉文镌刻景教文本,说明他们入华时间不会太短了。可以设想,景教僧侣不考虑文化因素单纯传教,在中国土地上是根本不可能的,即使能在交流时会话沟通,面对巨大的文化差异他们还是难以和当地

---

① 《胡曾咏史诗》注本署名"京兆郡米崇吉评注并续序",张政烺《讲史与咏史诗》四:"米氏乃西域米国归化人,即昭武九姓之一。米崇吉盖胡兵之子弟,故云'余非士族,迹本和门'。""和门"即军门之意。米崇吉作为定居长安的禁军胡兵子弟,读书讽诵,博识于一时。参见《中央研究院历史语言研究所集刊》1948年第10本。

百姓融合，因为他们不是在同一个文化平台上交谈。景教采取的本地化措施最终是为其传教使命服务的，本地化就是入乡随俗的"华化"，外来移民融入当地社会的第一步努力，就是语言沟通，找到共同的语言。

我们已经注意到中国景教与粟特景教在语言上的差异。中亚景教徒使用的是叙利亚语或粟特语，中国景教徒却使用汉语。根据敦煌写本《三威蒙度赞》的题记，景教僧景净被皇帝邀请将景教文献由梵文译成汉文，但景教文献的原始语言显然不是梵文。圆照《贞元新定释教目录》中记载，贞元四年（788）景净和出身罽宾的佛教高僧般若三藏有过合作翻译，景净帮助般若把《大乘理趣六波罗密多经》由中亚胡语译成汉语。[①]这都说明当时在翻译过程中景教僧侣已注意到语言的重要性，吸收大量佛教术语来润色、丰富自己的景教传播。

洛阳经幢上除了镌刻有中国俗名，经幢上部还刻有天神，有些与敦煌佛教的飞天造型接近，天神手捧莲花，也可见受佛教的影响。经幢刻成的时间，据经幢记是元和九年（814）十二月八日，大和三年二月十六日是迁葬的时间，经幢是初葬时刻成的，所以迁葬的题记补刻在第八棱末尾的上端，说明前面早已刻满经文。

值得注意的是，宣传十字架救赎理论是景教神学的重要内容，十字架是上帝与人和好的福音象征。《大秦景教流行中国碑》一开始就叙述"判十字以定四方，鼓元风而生二气"，接着又说"法浴水风，涤浮华而洁虚白；印持十字，融四照以合无拘"。反复讲述十字标志的重要，并不是要把十字架和赎罪观联系一起，而是要光耀四方。西安景教碑上的十字架与洛阳景教经幢上的十字架都是典型的马耳他十字架（Maltese Cross），即东方叙利亚教会一字架。其形状为十字头大，内中较细。十字上下左右均衡，不是上下长而左右短那种。但在装饰上两者有区别，西安十字架呈三朵花瓣形，旁边饰以莲座、榴花（或是百合花）；洛阳经幢十字架分为两种：一是中心有花朵的，另一种是素面无花的，两旁不仅饰有祥云流苏类图案，还有两幅不同的人物飘逸形象。全世界各地共有300多种基督教十字架造型，长安和洛阳的正方形十字架是否属于叙利亚东方教派的独有形象[②]，是否严格遵守叙利亚东方教会礼仪年七个时令中的十字架节礼拜，都值得进一步研究。

---

① 这段史料由日本学者高楠顺次郎利用圆照《贞元新定释教目录》中记载指出，发表于1896年第7期的《通报》上。后收录于1930年张政烺编辑的《中西交通史料汇编》（第1册），遂被景教研究者普遍引用，现有中华书局2003年本。

② 康志杰《基督教礼仪节日》（宗教文化出版社，2000年，第58页）介绍，十字架有正方形、纵长方形、叉形等，正方形十字架多用于希腊教会，纵长方形十字架多用于拉丁教会。笔者观察西安、洛阳唐代景教均为正方形一字架，而元代景教（也里可温）则为纵长方形十字架，其间变化亦可见基督教教派的不同。

神像崇拜是寺院道观中的一项重要内容，如果唐两京景教士受佛教祭拜释迦牟尼和道教始祖李耳的影响，无疑也应该实行偶像崇拜。但景教入华初始时可能还没有基督圣像，西安景教碑叙述阿罗本"远将经像，来献上京"，大概是将开元、天宝以后景教才有的基督圣像提前编造了。虽然耶稣基督为拯救众人受死于十字架的思想肯定也是当时景教传教士宣讲的道理，实际上西方迄至8—9世纪始有耶稣被钉死十字架的造像。[①]早期基督教为加强一神观念反对偶像崇拜，《圣经》十诫规定"不可制造和敬拜偶像"，据西方学者Wall认为景教徒绝不许可崇拜画像，也不许可崇拜十字架。[②]景教经由中亚传入中国后采取何种模式崇拜圣像，因史料模糊又无实物，无法考证。至今遗憾的是，没有发现唐代存有基督圣像，这从另一个方面说明唐代景教可能还是延续着无偶像、重音乐的宗教礼仪传统。长安大秦寺悬挂唐朝五位皇帝的画像来迎合君臣百姓，所以推测洛阳大秦寺也没有基督圣像，直到元代蒙古人才接受了基督受难形象，并佩戴十字架铜铁徽章。

四、从米国寺主到粟特信徒

"大秦寺寺主法和玄应，俗姓米；威仪大德玄庆，俗姓米；九阶大德志通，俗姓康。"主持景教寺院的寺主，均为来自米国姓"米"和来自康国姓"康"的粟特人。米国是昭武九姓中的小国，但是其王族中有人信仰景教，例如1955年西安出土代表米国国王入唐质子的《米继芬墓志》，墓主之子思圆就是长安大秦寺景僧。[③]这就说明米国人中不只有一个景教士，而是有一些人为景教士，甚至在洛阳担任了大秦寺寺主。这绝非偶然因素，证明景教在米国的影响非同小可，即使洛阳大秦寺"米寺主"是进入中国后的土生胡，也说明景教一直在他们中间继承，经历了几代人传播。

建中二年树立的《大秦景教流行中国碑》末尾以叙利亚文记载：主教及烈乃总摄长安、洛阳两地景众之主教。既然主管两京大秦寺，长安景教米姓僧侣与洛阳景教寺米姓寺主，或许就是一个家族的成员，至少同为米国人，不会相距太远。从永贞元年（805）米继芬墓志年代上看，元和九年安氏太夫人逝世到大和三年迁坟，与贞元元年分别间隔为9年和14年，时间也不是太久。距西安景教碑树立时间48年。说明在半个世纪里，两京地区的景教活动非常频繁，圣火未停，正如经幢记上镌刻着

---

① ［俄］谢·亚·托卡列夫：《世界各民族历史上的宗教》，魏庆征译，中国社会科学出版社，1985年，第549页。
② 朱谦之：《中国景教》，人民出版社，1993年，第86页。
③ 阎文儒：《唐米继芬墓志考释》，《西北民族研究》1989年第2期。

景教徒们坚定的信仰理念："愿景日长悬，朗朗暗府，真姓不迷，即景性也。"蔡鸿生提示笔者要注意洛阳"米"姓与长安"米"姓、粟特"米"姓之间的联系。三"米"既有差异又有关系，研究时不得不联系但应该有区别。这是非常有见地的看法，值得我们加以甄别和深入研究。

粟特后代，特别是来中国居住几代之后的后裔，他们与佛、道的关系已经大大深化，并脱离了本土的历史环境。粟特人的景教信仰活动肯定要适应长安、洛阳的宗教氛围和社会环境。可以说，景教是被佛、道包围的一个孤岛。他们的家乡被阿拉伯人征服已经很久了，他们离开家乡也很久了，但仍然坚持景教信仰不动摇，他们要借经幢之外形来宣传自己的信仰，即用汉语向中国人说明景教的主张。如果说刚入境的人，汉化程度肯定低，但现在洛阳出土景教石刻则表明他们在中国生活比较久，不会是新入境的，一种教义传入变成中国人能理解的一种宗教不是那么简单，包括摩尼教入华都经过了长时间的传播，从唐代长安、洛阳到宋元泉州变为明教，经历了很长时间。洛阳城内居住的粟特胡人中，安氏、康氏可能为数更多，有些甚至是"举族来至""按部归降"。上层人物如安菩其先为安国大首领，本人为"陆胡州大首领"①，其子安金藏在两京非常著名并有宅第。缘州安长史夫人康氏为康国大首领之女，其丈夫安夫子为安国首领，属于举族来华一支。下层人物如龙门石窟造像记题名中有在洛阳北市丝行、香行、彩帛行等处从商的康国、安国、何国等胡人，而且就居住在南市的周围。至于洛阳出土唐代墓志中明确记载本人或其先辈为西域胡人的事例亦是屡屡出现，虽然他们的宗教信仰各不相同，或隐默不显，但唐外来人口当中估计景教信徒应占有一定比例。

从洛阳景教经幢题记中，我们还看不出景教徒有像长安北周祆教徒那样的集中墓地，但是记载"安国安氏太夫人"墓地有神道，这就又说明景教徒在采用汉式埋葬方法时模仿了当时佛教的做法。尽管现在无法证实安氏太夫人墓葬中有墓床等陪葬物品，但至少证明地表上立有石刻纪念物。

五、从个人信仰到家族信仰

安国安氏太夫人，生前无疑是景教教徒，否则不会在纪念她的经幢上镌刻《大秦景教宣元至本经》，这是唐代第一位女性景教信徒的出现。我们更可以发现，景教经幢记上竭力渲染整个家族的成员，生怕"道不名，子不语"，明确勒刻"中外

---

① 赵振华、朱亮：《安菩墓志初探》，《中原文物》1982年第2期。

亲族，题字如后"①，在坚硬的石料上留下柔和的亲情，这是以前很罕见的。安氏太夫人的一个儿子就是立幢人弟弟景僧清素，应该是洛阳大秦寺的传教士，虽然我们不清楚他的事迹，但作为景僧他应该不遗余力地在亲朋好友中间宣讲传播景教教义，或许在经幢上镌刻景教《宣元至本经》就是他的主意，因为他作为景僧知道《宣元至本经》在景教经典中的崇高地位，清楚基督教义的基础，能有拯救亡灵、造福生人之效。

从洛阳景教经幢上看，立幢人的从兄安少诚、舅安少连等均列名其上，这不仅证明粟特人有聚族居住的习惯或习俗，而且其家族在景教信仰上也是一脉相承的，不是某些研究者猜测的一个家庭可以分为几种信仰。笔者曾研究西安出土《米继芬墓志》时指出："米继芬的小儿子思圆为大秦寺景教僧侣，暗示了其父辈、祖辈必定都是景教徒，其家庭固有的景教信仰会给后代留下深刻的烙印，否则米继芬不会让自己儿子去做专职的景教僧侣。"②有人认为儿子信仰景教，不见得其父亲或其他家人也信仰景教，还有人说僧思圆为景僧，与其父是两回事，不能就一个人的信仰来判定整个家族的信仰。这类推测被景教经幢证明是想当然的臆测。宗教信仰常常是维系一个家庭或一个家族生存延续的精神纽带，而且在古代社会一个家庭信仰往往是一致的，特别是外来民族的家庭为了团结互助必须保持、巩固一个宗教信仰。洛阳景教经幢题记不仅充分证明笔者多年前提出的家庭信仰观点是完全成立的，而且证明笔者曾推测米国人中有景教徒的预言也是正确的。

由于经幢断裂缺少文字，石刻上记载安氏家族成员，我们只知有"义叔"而不知其姓名，供职于上都（长安）左龙武军散将兼押衙宁远将军守左武卫大将军置同政员。这是粟特人担任武官常见的职衔，也许是贞元三年（787）以后两京胡客归属左右神策军的挂名职衔安排，也许是作为外来番将效力、供职朝廷。题记勒刻的洛阳"敕东都右羽林军押衙陪戎校尉守左威卫汝州梁川府□"，虽佚缺姓名，笔者认为可能也是安氏家族的成员之一，"敕"表示皇帝朝廷赐封他的官衔而已。安氏家族成员或直系亲属都来参加了"岁时奠酹、天地志同"的迁坟大事见证仪式。

---

① 本文采用《大秦景教宣元至本经及幢记》拓本中之录文，由河南洛阳市第二文物工作队提供，罗炤先生也赠送了经幢原物照片，特此致谢。赵君平等编著的《河洛石刻精粹》也刊布了此经幢拓片，但将"买南山之石，磨龚莹澈，刻勒书经"误认为"龚莹澈刻勒书经"。参见赵君平等：《河洛石刻精粹》，北京图书馆出版社，2007年，第128页。
② 葛承雍：《唐代长安一个粟特家庭的景教信仰》，《历史研究》2001年第3期。

至于有"亡师伯和□"记载①,大概这是一个传教士,但将已故去的尊师名字勒刻在经幢上,除了表示尊敬怀念外,可能这个传教士曾对安氏太夫人以及安氏家族都产生过很大的宗教影响,是他们"皆获景福"的神学导师。安氏太夫人"承家嗣嫡"的儿子迁坟建经幢,无疑是一次重要的景教徒活动,大秦寺寺主和传教士都来参加安家的迁葬仪式,这是宗教史走向社会史的反映,既可以联络团聚教徒巩固传统信仰,又在洛阳地区浓烈的佛教氛围中凸显自己的独树一帜。

景教经幢上的传教士中昭武九姓胡占了三姓——安、米、康。历史文献和出土墓志都表明他们之间民族通婚比例较高,有的来自同一个绿洲邦国,有的则都是中亚诸姓王国。粟特有大量移民进入汉地,这使得他们更容易在族群内部找到婚姻伴侣。涌入中原两京的粟特移民有些汉语程度低,或受教育程度低,因此他们更倾向于生活在与外界相对隔绝的社邑聚落里,族内通婚,只有那些身份较高和汉化较深的胡人才跨种族和其他民族结婚。一般来说,移民人口更容易在本族群内部婚配,与外族通婚少,显示移民注重增强自身家族的文化认同。但第二代移民或后裔会比父母接受较多的当地教育,他们与外族人通婚较多。景教经幢上大秦寺寺主和威仪大德均姓"米",九阶大德姓"康",虽然不清楚他们之间的亲属关系,但家族之间通婚则是完全有可能的。美国康斯维辛大学汤普森认为:'中国景教徒都是国际难民,是在波斯被阿拉伯军队打击占领之后逃到中国来的,阿罗本是来看望难民时得到允许译经传教的。"②我们不禁怀疑,如果阿罗本是来看望难民,以后传教怎么解释?入华米氏、安氏、康氏诸家族显然不适合波斯逃窜难民说法,他们在中国有着自己的聚落,而且各个聚落之间经常互相来往,共同的景教信仰也许是他们联系的纽带。

总之,长安景教碑和洛阳景教经幢是中国景教历史上最重要的两个出土石刻,证明了唐代两京景教之间的互相呼应、相得益彰。但由于洛阳景教经幢残断了一半,许多疑惑还不能解决,若追寻线索再能进行考古发掘,就会破解更有价值的难题,将使整个东方基督教历史研究呈现新的局面。

原载《文史哲》2009年第2期

(葛承雍,陕西师范大学人文科学高等研究院特聘教授)

---

① 洛阳景教经幢上"亡师伯和□",应是一个汉名为"和□"的传教士。西安景教碑叙利亚文与汉文对配者题名中有"和吉""和明""和光"诸僧,可证景教传教士华化名字之规律。

② 此观点为笔者在2006年奥地利萨尔茨堡第二届"景教在中国和中亚研究国际会议"上所记录,未见发表原文。

唐代长安一个粟特家庭的景教信仰

葛承雍

唐代长安与西域文明的交流十分频繁。由于丝绸之路的昌盛和经商、战争等原因,大批中亚粟特人移居长安,形成了自己的聚落区,散布在醴泉坊、布政坊、崇化坊、普宁坊、靖恭坊等坊里,并建立了粟特人所信奉的祆祠、景寺、摩尼寺等"胡寺",从而使外来宗教在唐帝国的首都得以传播。

多年来,中外学者对长安出土的粟特人墓志史料进行过仔细爬梳,对居留长安的粟特人宗教信仰及其活动影响做过许多深入的探讨,其中对源于基督教聂斯脱利派(Nestorianism)的景教尤为注目。①但除了学术界公认的《大秦景教流行中国碑》(现存西安碑林博物馆)外,其他可供研究的第一手资料并不多。荣新江依据西安出土的波斯人李素及其妻卑失氏墓志,发表了《一个入仕唐朝的波斯景教家族》②,无疑是一个新的发现与突破。事实上,还有别的墓志可做考索,这就是《米继芬墓志》。本文即在前人个案研究的基础上,再做追索与讨论。

一

1955年在西安西郊三桥出土的《米继芬墓志》呈方形,盖盝顶长47厘米,宽45厘米,上题篆书"大唐故米府君墓志铭",盖四周线刻四神纹饰。志石长48厘米,宽47厘米;阴文行书,共20行,每行20字至26字不等;志石四侧线刻十二生肖图案。该墓志有些字漫漶不清,但基本能顺读无大误,现抄录如下:

---

① 罗香林:《唐元二代之景教》,香港中国学社,1966年;朱谦之:《中国景教:中国古代基督教研究》,东方出版社,1993年;[日]佐伯好郎:《景教之研究》,东方文化学院东京研究所,1935年;[德]克里木凯特:《达·伽马以前中亚和东亚的基督教》,林悟殊翻译增订,淑馨出版社,1995年;李伯毅:《唐代景教与大秦寺遗址》,《文博》1994年第4期。其他研究成果见朱谦之:《中国景教:中国古代基督教研究》,东方出版社,1993年,第231—246页附录参考书要目。

② 荣新江:《一个入仕唐朝的波斯景教家族》,见叶奕良编:《伊朗学在中国论文集》(第2集),北京大学出版社,1998年,第82—90页。

大唐左神策军故散副将游骑将军守左武卫大将军同正兼试太常卿上柱国京兆米府君墓志铭并序

乡贡进士翟运撰并书

公讳继芬，字继芬，其先西域米国人也，代为君长，家不乏贤。祖讳伊西，任本国长史；父讳突骑施；远慕皇化，来于王庭，邀质京师，永通国好。特承恩宠，累践班荣。历任辅国大将军，行左领军卫大将军。公承袭质子，身处禁军；孝以敬亲，忠以奉国；四善在意，七德居心；信行为远迩所称，德义实闾里咸荷。风神磊落，度量宏深；爰以尊年，因婴疾瘝。何图积善无庆，奄从逝川去。永贞元年九月十一日终于醴泉里之私第，春秋九十二。以其年十二月十九日，安厝于长安县龙门乡龙首原，礼也。夫人米氏，痛移夫之终，恨居孀之苦。公有二男，长曰国进，任右神威军散将，宁远将军，守京兆府崇仁府折冲都尉同正。幼曰僧思圆，住大秦寺。皆号慕绝，哀毁过礼；攀恩罔极，闷擗崩摧。虑陵谷迁移，以贞石永固。远奉招纪德，实惭陋于文。铭曰：国步顷艰兮，忠义建名。雄雄英勇兮，赝时间生。尝致命兮，竭节输诚。殄凶尊兮，身授官荣。位崇班兮，是居禁营。寿既尊兮，迈其疾苦。去高堂兮，永归泉户。列松柏于凤城之西，封马鬣于漕渠之浒。

这篇志文由于首次公布时只摘取了片段[①]，后来考释全文时又有些缺误[②]，所以笔者在西安碑林博物馆据原墓志石重录考订，发现："其父米国人也"应为"其先西域米国人也"，"祖讳伊□"应为"祖讳伊西"，'疾瘝'应为"疾瘝"，"疼于醴泉里"应为"终于醴泉里"，"痛移天之终"应为"痛移夫之终"，"僧慧圆"应为"僧思圆"，"以贞永固"应为"以贞石永固"，等等。该墓志拓片图版见《西安碑林全集》和《隋唐五代墓志汇编》[③]，可核对校正。现提供给学术界，以免以讹传讹。

需要指出的是，经西安碑林博物馆保管部底账证实，《米继芬墓志》于1955年出土于西安三桥，而不是所谓1956年或1957年出土于西安西郊土门村西。西安三桥之南正是唐长安城西、汉长安城南与唐漕渠的岸旁，与墓志记载"列松柏于凤城之

[①] 武伯纶：《西安历史述略》，陕西人民出版社，1959年，第107页；贺梓城：《唐王朝与边疆民族和邻国的友好关系——唐代墓志铭札记之一》，《文博》1984年创刊号。
[②] 阎文儒：《唐米继芬墓志考释》，《西北民族研究》1989年第2期。
[③]《西安碑林全集》（第9函84卷），广东经济出版社、海天出版社，1999年，第3334—3338页；《隋唐五代墓志汇编·陕西卷》（第1册），天津古籍出版社，1991年，第25页图版。

西,封马鬣于漕渠之浒"①相符,可知此墓志真实不诬。

二

在中亚粟特地区(Sogdiana,索格底亚那)大小不同的城邦国家中,以今古马巴扎尔(Guma'abazar)为中心的米国(Maymurgh),是昭武九姓中的一个小国。米国首府钵息德城,位于撒马尔罕东部60公里处,很有可能是现在塔吉克斯坦境内的片治肯特。②

米国,北魏时称迷密,隋代开始称米国。《隋书·西域传》《新唐书·西域传》中有传。从其中记载可知,米国从隋代起就与中国来往频繁。阿拉伯人东征于642年彻底打败波斯萨珊王朝(651年国亡)后,长驱直入中亚粟特地区。而中亚粟特人诸国长期受其周边强大外族势力所控制,先沦为西突厥附属国,显庆三年(658)后又改宗唐朝,成为唐的羁縻州府,其中米国被冠以专名"南谧州"。但从8世纪开始,阿拉伯大食名将屈底波(Qutayba)指挥军队连续征服了中亚安国(709)、康国(712)等城邦国家,中亚诸国纷纷向唐朝求救,并多次派遣贡使到长安,将卫国和复国的希望寄托在唐朝身上。米国曾于永徽五年(654)被阿拉伯军队攻掠,此后在阿拉伯人的步步进逼下,也同康国、石国、安国等一样频繁进贡长安。③

唐王朝自然知道米国等粟特城邦国家频频入贡的苦衷和借"汉兵"求援的迫切。因为唐、吐蕃、突骑施、大食在西域屡次发生错综复杂的冲突④,为了防止粟特胡反复无常、叛变分裂,所以在册封西域诸国名誉称号的同时,还实行了体现唐朝宗主权的"质子"制度,即由西域诸国派出王室成员进入长安作为人质,保证两国联盟永不分裂。现能证明这种"质子"制度的事例,就是来自何国(Kushānika)的何文哲的墓志和米国的米继芬的墓志。⑤

笔者认为,米继芬继承其父突骑施的"质子"身份,说明这种两代传承的制度

---

① 凤城指长安城,唐人墓志和杜甫《秋夜客舍诗》均有此称。马鬣是指坟墓封土,典出《礼记》卷八《檀弓上》。漕渠,参见〔清〕徐松撰,李健超增订:《增订唐两京城坊考》,三秦出版社,1996年,第235页。

② 马小鹤:《米国钵息德城考》,见中国中亚文化研究协会编:《中亚学刊》(第2辑),中华书局,1987年。

③ 蔡鸿生:《九姓胡的贡表和贡品》,见《唐代九姓胡与突厥文化》,中华书局,1998年,第46—70页。

④ 王小甫:《唐、吐蕃、大食政治关系史》,北京大学出版社,1992年,第177页。

⑤ 魏光:《何文哲墓志考略》,《西北史地》1984年第3期;卢兆荫:《何文哲墓志考释——兼谈隋唐时期在中国的中亚何国人》,《考古》1986年第9期。

相当稳定,也反映了米国在很长时间里保持着对唐朝的附属国地位,而且米继芬家祖孙三代作为唐朝入仕番将受到了任用。

三

根据《米继芬墓志》记载,其祖先"代为君长,家不乏贤"。这句话可能不是攀附吹嘘之词,因为作为米国在唐长安的质子,按唐朝制度必须是其王室直系成员或番王之子,否则便被视为没有诚意,唐朝也不会随意接纳一个冒牌的王室子弟。

米继芬祖父伊西"任本国长史",俄国学者依据8世纪初与米国档案有关的穆格山(Site of the Castle on Mount Mug)城堡出土文书,指出中世纪中亚城邦国家在国王之下最高的官职,即"令史"(掌令官,framandar),为粟特行政官员。[①]这种掌管君长命令的高官,可译为"长史",也透露出伊西是具有很高文化程度的粟特人。伊西与《大秦景教流行中国碑》上伊斯名字韵母接近,是否景教教徒常用人名,或《圣经》上的"以西"人名,有待考证,暂且存疑。

米继芬父突骑施,作为米国质子"邀质京师,永通国好";由于是王室贵族,故"特承恩宠,累践班荣"。历任唐朝武散阶正二品辅国大将军,正式职位是正三品左领军卫大将军。因他是以正二品阶级而充正三品官,按唐制,职事官的品级高于散官者称"守",反之者称"行",所以称作"行"左领卫大将军。唐朝给他的官衔不低,反映出唐朝对米国关系的重视。突骑施是否是米国王子,不敢断定,但系王室成员毋庸置疑。如前所举,开元十六年(728)米国大首领米忽汗和开元十八年(730)另一大首领末(米?)野门都曾入朝长安,这是其他粟特城邦国家较少有的事例,说明米国面对阿拉伯人的征服非常恐惧,急需唐朝出兵威慑对方,只能派出突骑施这样身份的人担任质子。突骑施到达长安的时间,大概是开元十六年或十八年,他与大首领米忽汗和末(米?)野门可能有着亲缘关系。如果此推测成立,按永贞元年(805)米继芬92岁上推,那么米继芬到长安时最少也应是十五六岁了,由此反证突骑施是全家进入长安的。

值得玩味的是,"突骑施"这个胡名很有意思。中国汉籍记载突骑施是西突厥别部,原属五咄陆部之一,武则天圣历二年(699)开始单独兴起。[②]突骑施一直

[①] 此考证转引自姜伯勤:《萨宝府制度源流论略》注32、89,见饶宗颐主编:《华学》(第3辑),紫禁城出版社,1998年,第305、307页。俄文见〔俄〕A. M. 别连尼茨基:《中亚中世纪城市》,列宁格勒,1973年,第113页;〔俄〕M. N. 泣哥留波夫编:《穆格山所出粟特文书》(第3册,经济文书),莫斯科,1963年,第97页。

[②] 《资治通鉴》卷二〇六,圣历二年八月"癸巳"条。

与唐朝建立着联系，景云二年（711）一度衰败后至开元四年（716）再次复兴，其可汗苏禄率兵30万称雄于西域，给当时正向中亚进攻的大食人以沉重打击，被大食人惊呼为"舐顶者"（Abū Mu zāhim）。康、安、石、米等粟特城邦国家在得不到唐军及时救援下，纷纷主张联合突骑施，以摆脱阿拉伯人的威胁，对8世纪中期的粟特人来说，这是争取诸国安全的唯一策略。所以，突骑施在昭武九姓中有很高威信。米继芬的父亲称"突骑施"，笔者认为并非粟特人名，实指职务，意为军队统领，应为米国进拜的尊号或官号。在古突厥诸碑铭中，"突骑施"作为突厥文"türgis"之音译名频繁出现①，是为部落名号。《米继芬墓志》称其父尊号，无非是赞美和夸耀。

米继芬的名字，据蔡鸿生教授考证②，在粟特语中"芬"字是粟特胡名的常用词尾，"芬"读piugn，有"荣幸、运气"之意。"芬"作为粟特最通行的男名，复现率很高，如石演芬、石宁芬、石失芬、安胡数芬、曹莫芬等等。至于米继芬名字是否染上宗教色彩，有待进一步分析，因为粟特地区居民信仰复杂，不仅祆、佛并存，景教、摩尼教和本土神祇信仰都占据一席之地。

米继芬随父进入长安后，又继承了其父的质子身份，"身处禁军，孝以敬亲，忠以奉国"，担任过大唐左神策军故散副将，游骑将军；守左武卫大将军同正兼试太常卿、上柱国。米继芬是代表米国君王的质子，唐朝廷按例要给予他官职。但据阎文儒考释③，米继芬在皇家神策军中并非主要负责军官，只是充一名闲散的副将而已，各种官阶、官衔、勋官衔等都表明他是挂名不做事的官，仅按月发给俸禄罢了。不过，《米继芬墓志》铭文最后说他"尝致命兮，竭节输诚，殄凶孽兮，身授官荣"，这倒有可能是真实的。因为按米继芬年龄推断，天宝十五载（756）正是44岁，不仅经历了安史之乱，还经历了肃宗、代宗、德宗三朝的动荡不安，仅长安城就发生过吐蕃大掠、泾原兵变等事件，当时确实"国步顷艰"。米继芬在几十年的风风雨雨中一定为唐王朝出力输诚，才赢得身后尊荣。

不仅如此，米继芬的长子米国进也是禁军武官，任右神威军散将，官衔是兵部正五品下宁远将军。职衔是京兆府隶属下的崇仁府折冲都尉，实际上只是同正员的员外官而已。这大概是贞元三年（787）滞留长安"胡客"都隶属左右神策军后的安排。

米继芬的夫人为米氏，不仅说明夫妻都是米国人，而且说明粟特人同姓相互通婚，这既是保存自己民族形态与国家不亡的最佳方法之一，也有可能是王室成员与

---

① 芮传明：《古突厥碑铭研究》，上海古籍出版社，1988年，第255页。
② 蔡鸿生：《唐代九姓胡与突厥文化》，中华书局，1998年，第39—40页。
③ 阎文儒：《唐米继芬墓志考释》，《西北民族研究》1989年第2期。

上层官员之间的政治婚姻，还有可能是共同的宗教信仰促他们婚配。在长安的昭武九姓粟特人后裔多相互联姻，这也是当时流行的"胡俗"。

四

唐代的粟特地区，是火祆教最流行的区域。慧超在《往五天竺国传》中描述安国、曹国、史国、石骡国、米国和康国时，记载"此六国总事火祆，不识佛法"①。《旧唐书》卷一九八记波斯国"俗事天地日月水火诸神，西域诸胡事火祆者，皆诣波斯受法焉"。《新唐书》卷二二一下也说"西域诸胡受其法，以祠祆"。特别是西安出土的天宝三载（744）米国大首领的《米萨宝墓志》②，更是证据确凿地说明来自粟特本土的米国人与安国、史国等国"粟特胡"一样信奉祆教。火祆教在西域诸国中的确势力很大，流行区域也相当广，不过并非所有的粟特人皆信奉火祆教。尽管火祆教东传长安并在唐朝京城建立有六所祆祠③，但并不是唐长安的粟特移民和留居王族都崇拜圣火。一些学者将《米继芬墓志》作为米国人崇奉火祆教的证据，将米继芬划入火祆教信徒的范围，恐怕是失之毫厘，差之千里。因为我们从《米继芬墓志》中找不到丝毫与火祆教有关的文字，更看不到米氏家庭的火祆教信仰，相反，墓志中透露的恰恰是米继芬家庭信仰景教，是一个唐长安城中信奉景教的粟特人家庭。

《米继芬墓志》记载其有两个儿子，长子米国进如前所述在唐长安皇家禁军担任武将；幼子"僧思圆，住大秦寺"，明确记载是一个景教僧侣。众所周知，景教传入中国后，作为外来宗教进行经典传播时，不得不采取本土化策略，依托当时已成为中国主流宗教的佛教和道教，运用了大量的佛、道术语以将景教教义传述给唐朝皇帝及其臣民，其僧侣往往也冠以佛教称号。"僧思圆"就是如此，含有"思考圆融"或"思索应验"之义，在景教文献中多有出现。④细审建中二年（781）建立的《大秦景教流行中国碑》碑文，在叙利亚文和汉文对照镌刻的僧侣名单中没有发现"僧思圆"的名字。或许《景教碑》立碑时思圆年龄还小，资历还轻，教阶还低；也许当时长安的景教僧侣以波斯人为主，这是阿罗本、潘那蜜、及烈以来直到

---

① 〔唐〕慧超：《往五天竺国传笺释》，张毅笺释，中华书局，1994年，第118页。
② 向达：《唐代长安与西域文明》，生活·读书·新知三联书店，1957年，第92页。
③ 林悟殊：《唐代长安火祆大秦寺考辨》，见《波斯拜火教与古代中国》，新文丰出版公司，1995年，第139—149页。
④ 翁绍军校勘并注释：《汉语景教文典诠释》，生活·读书·新知三联书店，1996年，第49、182页。

景净的长安景教教团的传统[①]，身为粟特人的思圆进不了教团上层僧侣的圈子。按永贞元年米继芬死时92岁推算，幼子思圆也应该五六十岁了吧，那么《大秦景教流行中国碑》立碑时思圆应有二三十岁。

米继芬的小儿子思圆为大秦寺景教僧侣，暗示了其父辈、祖辈必定都是景教徒，至少可以肯定米继芬心目中只有景教崇拜，否则不会允许儿子去做专职的景教僧侣。宗教信仰常常是维系一个家庭或一个家族生存延续的精神纽带，人们不会轻易改变自己原有的宗教传统，米家也不会随意放弃信奉火祆教而改奉景教；同一家庭内的成员在宗教观念、情感、礼仪和修养等方面均具有一致性，何况米继芬与妻子米氏都是米国胡人，又生活在长安胡人聚居区内，不存在"土生胡"因环境不同而改变宗教的问题，所以米家坚持景教信仰始终不改是有历史渊源的，起码米继芬的祖父伊西和父亲突骑施在米国本土就是受洗礼的基督教信徒。

从《米继芬墓志》记载其本人事迹来看，"四善在意，七德居心；信行为远迩所称，德义实闾里咸荷"。他很有可能为周围的平民信徒做过善事，救济服务，不仅赢得了坊里平民的称赞，也为自己家庭保持累代不败创造了一个生存发展的环境。

至于思圆所住的大秦寺，笔者认为应该是唐长安义宁坊大秦寺。该寺是贞观十二年（638）唐太宗诏令波斯主教阿罗本（Abraham）所建，不仅是长安最大的景教寺院，而且距米继芬家居住的醴泉坊中间只隔一条街，斜角相邻。即使长安其他坊里也有景寺，思圆也不应舍近求远。[②]景教僧侣可以娶妻生子，思圆又生活在醴泉坊、布政坊等紧邻西市粟特人的聚居区，他到义宁坊大秦寺礼拜传教，应该是合乎情理的。有论者认为长安大秦寺因靠近胡人社区应是景教僧俗信徒日常从事礼拜活动的教堂（church），距离长安城较远的周至大秦寺则应是景教修士们幽静隐修之处

[①] 荣新江：《一个入仕唐朝的波斯景教家族》，见《中古中国与外来文明》（修订版），生活·读书·新知三联书店，2014年，第210—228页。

[②] 长安醴泉坊是否有景教寺院，学术界有不同看法。例如D. D. Lislie认为仪凤二年（677）波斯王卑路斯奏请于醴泉坊所建的波斯胡寺，即因其王后信仰景教而为景教寺院，不是一般人所以为的祆寺（*Persian Temeples in T'ang China*, Monumenta Serica, 35, 1981—1983, p.286）。陈垣早有类似看法，他认为醴泉坊的波斯胡寺是后来改名的大秦寺，即景寺，与祆祠无关。参见陈垣：《火祆教入中国考》，见《陈垣学术论文集》（第1集），中华书局，1980年。但林悟殊认为醴泉坊波斯寺的性质是祆祠，见前注。如果醴泉坊确有景寺，米继芬儿子思圆所在的大秦寺应在此坊，是否有波斯人景寺与粟特人景寺之分别，暂且存疑，以待新史料出现。

（Monastery）①，笔者认为这个判断有一定道理。

最后需要指出的是，公元6世纪至8世纪中亚粟特地区接受景教传播的历史就已经开始了。20世纪以来，在赭石（Tashkent，今塔什干）出土有6世纪至8世纪的景教十字架硬币，在喷赤干（Panjikent，今片治肯特）粟特古城遗址出土叙利亚文景教《诗篇》陶片，在撒麻耳干（Samargand，今撒马尔罕）发现至少8世纪已建立的主教教区，在碎叶（Tokmak，今托克马克）楚河南岸发掘出8世纪景教教堂遗址，在高昌古城发现了9世纪至10世纪回鹘景教寺院的十字架壁画，出土了大量多种语言的景教写本，特别是粟特语景教《圣经》等文献被屡屡发现②，表明中亚粟特人城邦国家不仅有景教教徒活动，而且粟特人也有皈依信奉与传播者。尽管景教徒在火祆教、佛教、摩尼教的夹缝中受到很大压力，但他们以自身特色，不屈不挠地获得粟特人参与，并通过各种方式积极扩大影响。米国景教传播的具体细节还有待考古文物新资料的发现，但至少米国与同一系列粟特绿洲国家有一个共同来源，这也从更广阔的中亚景教传播历史背景上佐证了米继芬一家信奉景教的可能。

米继芬一家的景教信仰愈发证明来自西域的移民是多种宗教与多元性文化并存的民族，也足以证明唐长安的景教势力绝非弱小。尽管米国人有多少景教信徒无法推测，但活跃在唐长安的米国人很多，他们中或许还有信奉景教的教徒，这有待学术界进一步清理与探讨。

原载《历史研究》2001年第3期

（葛承雍，陕西师范大学人文科学高等研究院特聘教授）

---

① 陈怀宇：《高昌回鹘景教研究》，见季羡林主编：《敦煌吐鲁番研究》（第4卷），北京大学出版社，1999年，第173页。
② ［丹麦］阿斯姆森：《前伊斯兰时代中亚粟特语和回鹘突厥语基督教文献概述》，陈怀宇译，见《国际汉学》编委会编：《国际汉学》（第4辑），大象出版社，1999年，第349—351页。

唐都长安与新罗庆州

拜根兴

公元618年，李渊在隋朝都城基址上建立唐朝，改大兴城为长安城，开启290年大唐王朝的辉煌基业。位于朝鲜半岛东南部的辰韩国家，经过22代数百年的发展，到智证麻立干在位时期，正式确立国号为"新罗"，在以都城庆州为中心的地域上励精图治、开拓发展，延续了千年基业。庆州与长安，一东一西，虽然间隔大海，陆上交通亦关山阻绝崎岖不便，但近300年间的相互往来，不仅见证了各自国家的兴衰，代表了东亚国家发展的方向，而且双方的各种交流亦如火如荼，成为当时东亚国家友好交往的典范。本文试从双方关系的开启、各自核心利益的维护、各类人员频繁的往来、物质文化传播与交流等方面，探讨唐朝与新罗友好交往的真谛，并请教于诸师友方家！

一、唐朝与新罗双边关系的缔结

7世纪初东亚发生的最大事件，应该就是隋朝的灭亡与唐朝的建立，而唐朝的建立在东亚国家间引起的骚动就能说明这一点。唐朝建立的次年，高丽即派使者到长安，随后的武德四年（621），高丽、百济、新罗三国均派使者前来，其中百济向唐朝献"果下马"。史书没有记载唐高祖李渊如何接待高丽、百济使臣，是否也派使者前往，但却有李渊对新罗使臣"亲劳问之，遣通值散骑侍郎庾文素往使焉，赐以玺书及屏风画，锦彩三百段，自此朝贡不绝"[1]的记载。就是说，在朝鲜半岛三国使臣纷纷来到长安之时，唐廷对新罗使者的态度似乎明显有所差别，表现为唐皇帝不仅亲自接见，多有照顾，而且派遣唐朝使者前往回访，并赐予新罗玺书等其他物品。唐皇帝为什么采取如此动作？是否唐朝建立之初就确立了对朝鲜半岛三国的应对策略？答案显然不是。笔者认为，这是唐朝依据三国的具体情况，以及此前与隋朝关系的基础上做出的决定，当然也是一种试探。也就是说，隋炀帝征伐高丽，

---

[1]《旧唐书》卷一九九《东夷传·新罗上》，中华书局，1975年，第5334页。

直接导致隋朝灭亡,唐朝建立之后,东北边境局势依然如故。如何处理与在隋丽战争中占上风的高丽间的关系,唐朝廷仍在试探和观察。同时,百济在高丽战争前后首鼠两端的表现,唐廷相关部门理应有所了解,故如何和百济建立一种新型互利关系,也应该是随后交往中注意观察的问题。①而新罗位于半岛东南部,此前和隋朝的来往并非如高丽、百济频繁,唐朝向新罗示好,是否因为新罗使臣的主动或者有新的想法而展开,因没有史料难以做出结论。然而,新发现的墓志史料,可以说明唐朝建立之初,随着新罗使臣的到来,唐朝就力图与新罗建立相对密切的关系。

近年西安新出土的《大随故司隶刺史李君墓志》中,提及志主李祯的经历,为探讨上述问题提供了翔实的史料。或许因为志主李祯曾参与隋炀帝征伐高丽战争,入唐之后,其以从三品通直散骑侍郎的职衔,受命出使新罗国。墓志载云:

> 及文轨混同,天地交泰,言归初服,获庇旧庐于八□。八狄来王,九译输赆。爰俾旧德,慰答款诚。武德五年,诏假通直散骑侍郎,授以旌节,为聘新罗国使。溯□碧海,逾越青丘,斑(班)我正朔,易其冠带。复命天府,帝有嘉焉。②

从这方新出土的墓志,似可说明以下几点:其一,在武德三年(620)新罗和唐朝完成首次互访一年之后,唐朝再派使节到新罗,显示了双方关系的热络。而唐朝派使节到高丽、百济均在此之后。其二,无论是庾文素还是李祯,他们赴新罗时的官衔均为"通直散骑侍郎"。唐初"通直散骑侍郎"隶属门下省,是延续隋朝官职,后改为通直散骑常侍,其有左右之分,左通直散骑常侍编于门下省,右通直散骑常侍编到中书省,从三品,其"掌侍奉规讽,备顾问应对"③,为皇帝的智囊人物。可能因政权新启,出使异域人员的选拔也较为随便,贞观之后迎送及出使的官员则多为鸿胪寺官员担当。其三,李祯使行的主要任务是"斑(班)我正朔,易其冠带"。从此后唐罗关系发展看,李祯到达新罗或许只是达成双方初步意向,起到必要的联络职责,因为新罗真正启用唐朝皇帝年号,改服唐装,还要等到金春秋入唐交涉后的真德女王在位时期。④其四,正是有了新罗使者的前来,唐朝两位使臣不

---

① 武德七年(624),百济王遣大臣奉表朝贡,"高祖嘉其诚款,遣使就册为带方郡王百济王。自是岁遣朝贡,高祖抚劳甚厚"。《旧唐书》卷一九九《东夷传·百济上》,中华书局,1975年,第5329页。
② 笔者在西安文物保护考古研究院张全民研究员处看到这方墓志,至于该墓志的具体事宜,还有待更详细的考古论文发表,非常感谢张全民先生。
③ 《唐六典》,中华书局,1992年,第248页。
④ 拜根兴:《新罗真德王代的对唐外交》,《大陆杂志》2001年总第102卷第2期,第49—60页。

远万里到达新罗，不仅使两者的关系空前接近，而且影响了唐朝对朝鲜半岛三国政策导向。如贞观元年（627）唐太宗给百济下达的玺书就可明确看出，即"新罗王金真平，朕之藩臣，王之邻国，每闻遣师，征讨不息，阻兵安忍，殊乖所望。朕已对王侄福信及高丽、新罗使人，具敕通和，咸许辑睦。王必忘彼前怨，识朕本怀，共笃邻情，即停兵革"。以往研究者均认为唐高祖武德年间，鉴于唐境干戈未靖，故对半岛三国采取"不偏不倚的政治策略"，或者平行对待，不持立场的做法①，笔者此前也认为此时唐朝还未形成切实的针对朝鲜半岛策略②。但从上述墓志，以及其他关联记载看，唐朝至少在对新罗与百济关系上，明显表现出和新罗的亲近感。如此看来，认为武德年间唐朝对半岛三国采取同等对待的看法似还应进一步探讨。就是说，唐朝建立之初，由于新罗在朝鲜半岛独特的地理位置，以及高丽、百济一些令唐朝隐约不快的举动，新罗自身频繁地遣使来唐，期待与唐朝建立真正的宗藩关系，促使唐廷和新罗有了一种天然并无可替代的亲近，并在此后唐与朝鲜半岛国家关系中起到重要的作用。

二、双方人员的频繁往来

从庆州到长安，或者从长安到庆州，近300年间，各种人员往来，构成唐朝与新罗友好交往的靓丽风景线，在东亚古代史发展长河中，留下了值得回味的句点。

（一）双方使者的来往

关于唐与新罗双方人员的来往，早在20世纪60年代，韩国学者申滢植、卞麟锡③就发表论文，阐述自己的见解；随后权悳永出版《古代韩中外交史：遣唐使研究》

---

① 吴葆棠、文川：《唐与新罗关系研究》，《烟台大学学报》1990年第2期，第34页；韩昇：《唐平百济前后的东亚国际形势》，见荣新江主编：《唐研究》（第1卷），北京大学出版社，1995年，第227—244页。
② 拜根兴：《激荡五十年：高句丽与唐关系研究》，《高句丽研究》2002年第14辑，第397—413页。
③ ［韩］申滢植：《关于罗唐间的朝贡》，《历史教育》1967年第10辑，第60—118页；［韩］卞麟锡：《中国唐代与新罗的关系：兼论〈续日本纪〉所载的"古麻吕抗议"》，《大陆杂志》1966年第32卷第9期，第11—15页。

专著①。中国学者韩国磐、章群、李大龙、王小甫、姜清波②等也有专题论文发表，笔者此前亦曾探讨过③。至于近300年间双方使者往来次数，也有学者做过统计，即新罗入唐使者有126次，唐朝派去新罗的使者有34次。④当然，这个数字应该不是最终结论，因为随着中韩双方新史料的不断公布，这个数字理应改变。

第一，入唐新罗使者出使的名目多、头绪杂。据申滢植统计，出使唐朝的使者记有朝贡使、告哀使、进贺使、谢恩使、文化请求使、请兵使、谢罪使、战捷报告使，以及贺正使、宿卫使、陈慰使等。权悳永在已有研究基础上，将这些入唐使节统称为"遣唐使"，虽然这种观点还没有被更大范围的学界接受，但笔者认为值得肯定，相信在不久的将来会被更多的学者采用。当然，唐朝到新罗的使者的使命相对比较单一，这就是前往新罗册封、吊唁等，其中也不乏文化传播者。如唐玄宗开元二十七年（739）派往新罗的册封使邢璹，不仅精通儒家经典，在唐朝野颇负盛名，而且也具备交涉能力；与此同时，同去的还有作为副使，以善围棋著称的率府兵曹参军杨季鹰。在与新罗棋手的对阵中，杨季鹰赢得比赛，受到新罗朝野的一致好评。唐中后期宦官担当赴新罗使者，如宦官武自和、吐突士昕。长庆、宝历年间作为使者前往新罗"取鹰鹞"，则是为满足皇帝个人喜好；而选派在唐新罗人担当赴新罗正使或副使，完成出使册封等使命，此为唐廷迫不得已的选择。⑤

第二，各个时期使者的作用及贡献不同。单从前来唐朝的新罗使者来说，不同时期担负的使命各异。如唐朝建立到668年高丽灭亡之前，入唐新罗使者除过朝贡唐朝之外，其中请兵占有很大的比重。如新罗名臣金春秋贞观二十二年（648）入唐，受到唐太宗君臣的热情招待，金春秋到国子学观释奠典礼并讲论，获赠刚刚编集誊抄

---

① ［韩］权悳永：《古代韩中外交史：遣唐使研究》，一潮阁，1997年。
② 韩国磐：《南北朝隋唐与百济新罗的往来》，《历史研究》1994年第1期，第21—42页；刘希为：《唐代新罗侨民在华社会活动的考述》，《中国史研究》1993年第3期，第140—149页；章群：《论新罗入唐的宿卫与质子》，见《唐代蕃将研究（续编）》，联经出版事业公司，1990年，第97—104页；李大龙：《唐王朝与新罗互使论》，《黑龙江民族丛刊》1996年第2期，第56—65页；王小甫：《统一新罗在东亚世界的地位：以八至九世纪唐朝与新罗关系论》，见荣新江主编：《唐研究》（第6辑），北京大学出版社，2000年，第155—172页。姜清波：《新罗对唐纳质宿卫述论》，《中国边疆史地研究》2004年第1期，第88—95页。
③ 拜根兴：《唐朝与新罗使者往来的新探索：以九世纪双方来往为中心》，《中国边疆史地研究》2008年第1期，第70—80页。
④ 赫治清：《历史悠久的中韩交往》，见北京大学韩国学研究所编：《韩国学论文集》（第2辑），北京大学出版社，1993年。
⑤ 拜根兴：《唐中后期赴新罗使节关联问题考辨》，《陕西师范大学学报》（哲学社会科学版）2004年第6期，第81—86页：

好的《晋书》，但他入唐的重要使命却是请兵。金春秋的长子金法敏651年入唐，他的使命则是"告捷和举讼"。此后，金春秋的次子，新罗著名外交家金仁问，数次入唐也是与联合唐朝最终灭亡百济、高丽有关。当然，唐朝为了实施南北夹攻高丽战略，联合新罗则是实现战略的重要落脚点之一。总之，使者的互派往来，与当时朝鲜半岛三国内纷，唐朝奉行中国天下秩序的大背景有关。①唐朝此一时期派往朝鲜半岛使者，开始是调和半岛三国的关系，如百济向唐朝告发高丽阻断朝贡之路，唐高祖即派遣朱子奢前往说和劝阻；高丽莫离支泉盖苏文派兵进攻新罗，新罗遣使告急，唐朝遣派司农丞相里玄奖前往游说。唐太宗在征伐高丽之前，遣朝散大夫庄元表为正使、右卫勋旅帅段智君为副出使新罗，其使命为两军期会，共讨高丽；同时，唐廷还派遣名医蒋元昌前往百济，除过给百济王治病之外，还传达护送赴新罗的唐使者庄元表、段智君的敕令。②可见，唐朝在关键时刻派往新罗、百济的使者，其使命虽互有关联但确存在差异。在新罗统一朝鲜半岛后，特别是新罗圣德王、孝成王、景德王在位期间与唐保持紧密友好的关系时，新罗入唐使者多为朝贡宿卫使者，其所起作用就是维护罗唐间宗藩友好关系，成为两者间保持友好关系的桥梁。

第三，唐罗间宿卫质子的存在，是时代发展使然，反映了唐罗间宗藩关系的实情。关于新罗在唐质子宿卫关联问题，章群、姜清波、魏郭辉等均有探讨，搞清楚了在唐新罗宿卫质子的身份界定、基本人数、性质判断、在唐生活状况，以及对唐罗友好关系产生的积极作用。在此还应明确以下几点：首先，宿卫应分为宿卫质子、宿卫学生两种。宿卫质子多为王室人员或王族，名义上担任唐朝宫廷的防卫任务；宿卫学生除了担当宫廷防卫任务之外，还可参加唐朝举办的科举考试，有些人因此宾贡及第。其次，唐与新罗并存近300年间，新罗宿卫质子最早入唐者，魏郭辉认为不是学界此前界定的金文王，而金文王则是文献具体明确记载新罗入唐宿卫之始；魏郭辉还将新罗入唐宿卫大致分为三个阶段，即缔结同盟、攻伐调适、归为藩属，即各个时期宿卫质子的作用和从事的任务并不相同。再者，新罗在唐宿卫质子的人数有多少？据有的研究者大概统计"明确记载有22次，人数如考虑到质子的伴当、陪侍，供质子们役使的服务和保卫人员，总数将在数千人之上"③。而章群

---

① 拜根兴：《七世纪中叶唐与新罗关系研究》，中国社会科学出版社，2008年，第33—38页。

② 《贞观年中抚慰百济王诏一首》《贞观年中抚慰新罗王诏一首》，见〔唐〕许敬宗编：《日藏弘仁本文馆词林校证》卷六六四，罗国威整理，中华书局，2004年，第250—252页。另参见〔韩〕朱甫暾：《文馆词林所见韩国古代史关联外交文书》，见《庆北史学》1992年第15辑，第159—172页。

③ 魏郭辉、李强：《新罗质子侍唐刍议》，《北方文物》2006年第3期，第63—68页。

先生则统计为383人，有名有姓者49人。显然，上述学者统计新罗宿卫质子人数存在差异，且他们统计的实体明显不同。还有，宿卫质子在唐停留的时间。据现有史料记载，在唐宿卫学生、宿卫质子一般来说有10年的限制，但根据不同情况，有的人居留时间远远超过10年，如史书记载的金允夫在唐居留26年。而唐文宗开成五年（840）鸿胪寺上奏："新罗国告哀，质子及年满合归国学生共105人，并放还。"①可见一次放还的人数众多，其中也可能有到了年限逾期不归者。当然，也有宿卫质子最终老死唐朝者。如近年来在西安发现的新罗王子金日晟墓志，墓主为新罗孝成王、景德王的堂兄，入唐后受到唐皇帝的宠爱，在长安娶妻生子，最终担任唐朝光禄卿，大历九年（774）死于京师长安。②而新罗人在唐京师为官并老死唐土者，如在圆仁笔下出现的李元佐，其人担当唐朝左神策军中尉押衙银青光禄大夫检校国子祭酒等职务③，其此前的身份可能就是宿卫学生。总之，唐与新罗间宿卫质子的存在，是当时唐罗宗藩关系的集中反映，也是当时东亚国家关系发展的客观存在。

第四，双方使者历经艰难险阻，某些短暂的特定时期竟成为双方关系的牺牲品。金仁问是7世纪新罗著名的外交家，他前后7次往返唐与新罗间，数十年间不仅成为唐罗间交流的桥梁，而且在罗唐联合对百济、高丽战争中起到了重要作用。但是，随着唐罗战争的爆发，金仁问的处境变得十分微妙，当新罗文武王不听唐朝敕令，唐罗双方公开决裂之时，唐高宗就任命金仁问为新罗王前往新罗；虽然最终因文武王谢罪，金仁问中途返回，但直至文武王死亡后若干年，作为亲唐的新罗使者金仁问终无法回到新罗，最后老死唐东都洛阳。④贞元、永贞之际唐使元季方前往新罗，行使告哀、册封使命，但"新罗闻中国丧，不时遣，供匮乏，季方正色责之，闭户绝食待死，夷人悔谢，接欢乃还"⑤。与此相同的事例可能还有。另外，双方使者要经过浩渺海上和崎岖陆上征途，一些人葬身茫茫大海，一些人虽然到达目的地，但却因为水土不服，终亡命于异国他乡。对此，笔者此前曾有专论⑥，故在此不赘！

① 《旧唐书》卷一九九《东夷传·新罗上》，中华书局，1975年，第5339页。
② 拜根兴：《新公布的在唐新罗人金日晟墓志考析》，见杜文玉主编：《唐史论丛》（第17辑），陕西师范大学出版社，2014年，第173—185页。
③ ［日］圆仁撰，白化文等校注：《入唐求法巡礼行记校注》，花山文艺出版社，1992年，第433页。
④ ［高丽］金富轼：《三国史记》卷四四《金仁问传》，乙酉文化社，1997年，第400—401页；拜根兴：《金仁问研究中的几个问题》，《海交史研究》2003年第2期，第72—77页。
⑤ 《新唐书》卷二百一《元季方传》，中华书局，1985年，第5745页。
⑥ 拜根兴：《唐与新罗使者往来的新探索：以九世纪双方交往为中心》，《中国边疆史地研究》2008年第1期，第70—80页。

第五，唐罗双方高层通过宿卫使者的桥梁，关注各自的核心利益，相互联合，志在双赢。且不说双方联合灭亡百济、高丽期间，唐罗使者穿梭往来于长安与庆州之间，唐玄宗开元二十年（732）针对渤海，唐罗双方的共同应对也可说明问题，而共同应对借助的就是在长安的新罗宿卫使者。当时渤海国王大武艺派兵进攻唐与新罗交往必经地登州，杀害登州刺史韦俊①，局势骤然紧张；新罗宿卫金思让与唐宦官伺行成受命②，一同到新罗传达唐玄宗旨意，新罗圣德王心领神会，即刻派兵北向进攻渤海，与唐朝东向兵力形成合围之势。虽然因为天寒地冻，新罗军队并未与渤海交战，但唐罗同仇敌忾，采取共同行动，无疑给渤海大武艺形成压力，最终迫使渤海人屈服。

（二）佛教、道教的传播与新罗僧侣的入唐求法

1. 佛教的传播

众所周知，公元4世纪佛教传入朝鲜半岛，随后得到一定的发展。唐朝建立前后，新罗僧人前往大陆求法络绎不绝，对于形成新罗禅宗九山佛教起到了重要作用。关于入唐新罗僧侣的研究，朝鲜末期著名学者李能和编写的《朝鲜佛教通史》一书，反映了当时韩国佛教及中韩佛教交流研究的最高水准。随后各个时期的僧俗研究者，在许多方面均做出很大的成绩。如李智冠、金相铉、卞麟锡、金福顺等人的研究。中国学界陈景富、何劲松的相关研究也颇具代表性。总的来说，长安是中国化佛教的发源地，在佛教的辐射传播中贡献颇大。如佛教的九大宗派，其中七个宗派的祖庭都在长安。正因如此，入唐新罗僧侣在长安留下了他们深深的足迹。包括接受善德王之命，辗转五台山到达长安学习律宗，后受到唐太宗父子接见，回到庆州创建皇龙寺九层塔的慈藏法师；不改其志，直接促成唐罗关系进一步发展的义湘和尚；为创立法相宗西明学派，最终圆寂于洛阳，灵骨埋葬于长安兴教寺的圆测；步玄奘、义净法师之后尘从海路出发陆路返回，游学印度，最终圆寂五台山的慧超法师；中唐以后入唐的朗慧、真鉴、智证、利严、丽严、顺之、朗空等僧侣。③

---

① 关于登州刺史韦俊被杀事件，参见金毓黻《渤海国志长编》卷一《总略上》，以及新发现的《大唐故中散大夫登州刺史韦君墓志铭并序》（见毛阳光、余扶危主编：《洛阳流散墓志汇编》，国家图书馆出版社，2013年，第250—251页）。

② 〔唐〕张九龄撰，熊飞校注：《张九龄集校注》卷八《敕新罗王金兴光书》，中华书局，2008年，第534—535页。

③ 拜根兴：《回归历史：罗末丽初金石碑刻的构成及其呈现的历史真实》，《陕西师范大学学报》（哲学社会科学版）2012年第2期，第145—151页。

圆仁笔下长期在长安寺院修行的新罗僧侣,虽然由于武宗毁佛受到一定的冲击,但随后他们的身影又闪现在长安的寺院坊肆。同时,求法巡礼返回新罗之后,这些僧侣不仅成为新罗王的座上客,挽救政权末期日益严重的危机,而且为新罗自身佛教的发展做出了重要贡献。

朗空禅师到达长安后,曾得到以喜佛著称的唐懿宗的接见,这在以往新罗入唐僧侣中还是非常少见的。还有几位新罗僧侣或先到日本再到达长安,如释智凤就是先航海到日本,702年与其他两位僧侣入唐。而新罗僧释审祥也是先到日本寻师求法,入唐后从贤首国师学习《华严经》。另有先行入唐再到日本的情况,成为当时不可多得的佛教国际化传播人物。曾经入唐求法的释慧齐、慧先,武德五年(622)随新罗大使智洗尔到达倭国,成为既曾入唐又到倭国的首位佛教人士。此后又有贞观二十一年(647)的释慧隐等。①

入唐新罗僧侣参与唐朝玄奘法师、义净法师主持的译经活动,做出了重要贡献,对此,上述陈景富、刘素琴、卞麟锡以及笔者均做过探讨。唐中后期入唐的新罗僧侣,不仅掌握佛教禅宗的精髓,并经过韩国化的解释,形成新罗禅宗九山佛教,对此后韩国佛教的发展起到重要的作用。②

2. 道教

唐朝建立之初,就曾派遣道士携天尊像及道法前往高丽,宣讲老子《道德经》,高丽荣留王也遣使到唐朝"求学佛老教法"。有研究者认为正是因为高丽上层道教势力的加强,使得尊崇佛教者颇受轻视,故而成为高丽政权内讧的导火线。③也有学者探讨朝鲜半岛道教及道教文化的发展④,只是道教何时传到新罗,未见史书明确记载,现有论著也很少论及。新罗孝成王继立之时,唐玄宗就派遣左赞善大夫邢璹前往册封,同时,"以老子《道德经》等文书献于王"。而就在同一年,唐玄宗还派遣赞善大夫魏曜到新罗吊祭册封,并赐御注《孝经》一部。

新近公布的《大唐故道门大德玄真观主皇甫尊师墓志铭并序》志文,墓主皇甫奉潆"祥符发于尹真人故宅,声教遐布,有诏以童诵随三洞法主秘希一传经新罗。

---

① [日]《元亨释书》140,国史大系本,转引自[朝鲜]李能和:《朝鲜佛教通史》(上册),民俗苑,2002年影印,第205—210页。
② 拜根兴:《入唐求法:铸造新罗僧侣佛教人生的辉煌》,《陕西师范大学学报》(哲学社会科学版)2008年第3期,第107—116页。
③ 拜根兴:《七世纪中叶唐与新罗关系研究》,中国社会科学出版社,2003年,第287页。
④ [韩]张寅成:《古代韩国的道教和道教文化》,《成功历史学报》2010年第39辑,第41—60页。

复于王庭,光赐羽珮,甫廿五岁矣"①。就是说,皇甫奉譓曾随三洞法主秘希一前往新罗传播道教经典。关于这方墓志,日本学者土屋昌明有专文探讨②,在此不赘!只是开元天宝年间位于长安的玄真观,以及皇甫奉譓到达新罗庆州的传道活动,对于新罗道教发展起到了何种作用,如何评价道教在新罗的发展,这些应引起学界的重视。与此相联系,唐宣宗大中年间宾贡及第的新罗人金可纪,则是一个虔诚的道教修炼者,他曾返回新罗,是否在庆州有所作为,因没有史料佐证,难以论证,但他确实返回了长安子午谷,并最终坐化于此,成为唐与新罗道教传播发展的一段佳话。总之,由于新罗王室奉行佛教治国政策,故而道教在新罗的发展难以和佛教的突飞猛进相媲美。金可纪为什么又回到长安,他为何不在庆州寻求道教发展?笔者认为除过他已经习惯了唐都的修道生活之外,可能是庆州缺乏道教进一步发展土壤的缘故。

(三)入唐新罗留学生

入唐新罗留学生问题,20世纪60年代末严耕望在《新罗留唐学生与僧徒》③文章中已做过探索,随后高明士、党银平④等也有相应研究,韩国的李基东⑤、金世润⑥、申滢植⑦等也有专文发表。其实最早到达唐朝的新罗留学生应该在贞观年间,《三国史记》卷五载:

> 善德王九年(640),王遣子弟入唐,请入国学。是时,太宗大征天下名儒为学官,数至国子监,使之讲论,学生能明一大经以上,皆得补官,增筑学舍千二百间,增学生万三千二百六十员。于是四方学者云集京师,高句丽、百济、高昌、吐蕃,亦遣子弟入学。⑧

---

① 胡戟、荣新江主编:《大唐西市博物馆馆藏墓志》(中册),北京大学出版社,2012年,第637页。
② 日本东京专修大学土屋昌明教授长期关注唐代道教的传播等问题,参见〔日〕土屋昌明:《唐代道教东传新罗与长安的道观:以皇甫奉譓墓志为中心》,《东方宗教》2013年第122号,第1—23页。
③ 严耕望:《新罗留唐学生与僧徒》,见《唐史研究丛稿》,香港中文大学亚洲研究所,1969年,第424—481页。
④ 党银平:《唐与新罗文化关系研究》,中华书局,2007年,第30—60页。
⑤ 〔韩〕李基东:《新罗骨品制社会与花郎徒》,一潮阁,1984年,第280—304页。
⑥ 〔韩〕金世润:《对于新罗下代的渡唐留学生》,《韩国史研究》1982年第37辑。
⑦ 〔韩〕申滢植:《统一新罗史研究》,三知院,1990年,第230—250页。
⑧ 〔高丽〕金富轼:《三国史记》卷五《新罗本纪·善德王》,乙酉文化社,1997年,第135—137页。

从记载看，此时入唐新罗留学生均为贵族子弟，和金春秋入唐后的宿卫学生还应有所区别，即纯粹就是入唐学习制度文化。永徽以后入唐留学生应分为两种情况，其一为新罗官方派遣的宿卫学生，他们不仅要在唐朝宫廷担当宿卫任务，而且有学习唐朝文化制度的职责；其二就是官派纯粹入唐留学者。当然，到唐中后期，也有自费入唐的新罗留学生，这些人也应占相当的比例。宾贡及第的崔致远就是其中的一员。故崔致远在《遣宿卫学生等首领入朝状》中提到唐朝在国子监专门修造"新罗马道"，就是鉴于入国子监的新罗学生众多，故专门修建特定道路以示区分。一般来说，留学生在唐居留期限为10年，但据现有记载看，能够如期返回者并不多，如此才有新罗王廷督促这些学生尽快返回事件的发生。而新罗对于入唐留学生回国采取多种优惠政策，以便使其学有所用。如下史料可作证明：

> 新罗元圣王五年（789）"以子玉为杨根县小守，执事史毛肖驳言，子玉不以文籍出身，不可委分忧之职。侍中议云：虽不以文籍出身，曾入大唐为学生，不亦可以耶？王从之"。
>
> 哀庄王元年八月"授前入唐宿卫学生梁悦豆盻小守。初，德宗幸奉天，悦从难有功，帝授右赞善大夫还之，故王擢用之"。①

其中上述崔致远等人返回新罗，虽然新罗王权已经相当衰颓，但仍然委之以重任。总之，新罗入唐留学生的派遣，既是新罗国家社会发展的需要，也是当时以唐朝为中心的东亚社会文化交流的必然选择。

（四）其他人士

商人。作为唐朝与新罗交往的重要一环，商人的存在必不可少。只是在作为都城的长安，前来朝贡或求法留学者应该是主流，在大唐西市从事商业活动的新罗人，现有史书中还未见有相关记载。虽则如此，在偌大的长安城中，这个阶层一定存在。

奴婢。关于新罗在唐奴婢相关问题，李天石、姜清波等已有专文刊出，在此不赘。

译语。因为新罗在唐代中日交往中的重要地位，新罗译语也往来长安或者居留长安。虽然从人数上看，这些人数量并不多，但他们的地位和作用无疑也是十分重要的。对此，圆仁《入唐求法巡礼行记》中有所提及，已故东亚古代关系史研究专

---

① ［高丽］金富轼：《三国史记》卷五《新罗本纪·昭圣王》，乙酉文化社，1997年，第274、275页。

家马一虹有专文发表①，相信随着时间的推移，对新罗译语的研究会有新的突破。

三、唐罗间的物质文化交流

如上所述，唐罗间各类人员穿梭往来频繁，成为当时东亚国家间宗藩友好关系的典范。不仅如此，双方的物质交流也相当兴盛，长安、庆州相得益彰，享有交流的喜悦和双方共同发展的成果。

（一）新罗使用唐朝年号和改穿唐朝服饰

贞观年间，朝鲜半岛三国间关系紧张，三方均以消灭对方作为最终的战略选择，这就迫使处于相对弱势的新罗采取远交近攻策略，积极靠近唐朝。而唐朝由于自身对辽东地域的心结，在边疆推行羁縻府州政策，出于维护中国天下秩序的现实考虑，也想在半岛寻找代言人和落脚点。这样，两者形成相对紧密的关系，并对此后朝鲜半岛的走向产生影响。

具体来说，贞观二十二年金春秋入唐请兵，以及此前慈藏法师携善德王使命，为解除面临孤立亡国之危险，最终与唐朝达成"改其章服，以从中华制"。又于永徽二年（651）新罗"始行中国年号"②，形成唐朝在半岛事务上与新罗联合应对的事实。唐朝永徽年号施行于新罗，新罗官员亦开始改穿唐人服饰，以至于出现新罗使者穿唐官服出使倭国，导致倭国拒绝新罗使节登陆上岸事件的发生。③无论如何，唐朝服饰及年号的东传，是双方在特定状况下关系深化的产物。百济、高丽的灭亡，无疑也是双方联合应对的结果。

（二）唐朝书籍及其他物品的东传

每当新罗王去世，唐朝派遣吊唁册封使前往，除过册封新罗王之外，有时也包括王妃、王太妃，册封有专门的"册书"或者"诰书"，新罗王廷对此十分看重。唐德宗曾派御史中丞韦丹前往册封，但中途得知继立的新罗昭圣王去世消息后，韦丹只好返回长安；几年之后，到达长安的新罗使节仍向唐廷要回"册书"。就是

---

① 马一虹：《古代东亚汉文化圈各国交往中使用的语言与相关问题——以唐日本新罗和渤海为中心》，见石源华、胡礼忠主编：《东亚汉文化圈与中国关系》，中国社会科学出版社，2005年，第99—119页。

② ［高丽］金富轼：《三国史记》卷五《新罗本纪·真德王》，乙酉文化社，1997年，第136—137页。

③ ［日］舍人亲王：《完译日本书纪》卷二五"孝德天皇白雉二年"条，［韩］田溶新译，一志社，1997年，第464页。

说,在宗藩体制下,宗主国册封藩属国王位,不仅具有强烈的法律效力,约束藩属国上下秩序,而且限制或制约藩属国不同集团对王位的觊觎。

在不同时期,唐朝赐予新罗各种书籍,新罗也上献相关书籍文物。如武则天临朝称制的垂拱年间,新罗"奏请礼记等文章",武则天诏令"所司写吉凶要礼,并于《文馆词林》采其词涉规诫者,勒成五十卷赐之"。另如上文所示,唐玄宗曾命使者"以老子《道德经》等文书献于王",还赐御注《孝经》一部。也有新罗使者从唐返回,带回书籍及其他文物的情况。如真德王派遣金春秋使团入唐,唐太宗赐金春秋"御制《温汤》及《晋祠》碑并新撰《晋书》";新罗孝昭王元年(692),"高僧道证自唐回,上《天文图》";圣德王三年(704),"入唐金思让回,献《最胜王经》";圣德王十六年,"入唐大监守忠回,献文宣王、十哲、七十二弟子图,即置于太学"。文圣王十三年(851),"入唐使阿飡元弘赍佛经并佛牙来,王出,郊迎之"。而新罗使者入唐献上书籍的情况并不多。真德王遣金春秋长子金法敏入唐,向唐高宗献真德王亲手制作的五言《太平颂》织锦;宪德王二年(810),新罗遣王子金宪章入唐,"献金银佛像及佛经,上言为顺宗祈福"。

长安作为东亚的中心城市,在这里居住的著名诗人、书法家,他们也享誉新罗,成为新罗知识层追逐向往的对象。如长庆年间赴新罗的唐使者源寂,在庆州看到当地文人"传写讽诵"唐朝书法家冯定的书法作品;著名诗人白居易的诗作也经过使者之手传到新罗,成为当地知识人茶余饭后的重要谈资。

(三)唐罗双方实物物品交流频繁,构成朝贡贸易的实体

其一,新罗使者入唐朝贡献方物,唐也不时赐予新罗各种物品。唐高祖派遣庾文素赴新罗,就赐予新罗玺书及画屏风,锦彩三百段。唐太宗还赠送新罗王储金善德牡丹种子及牡丹图,以示优崇。真德王死后,唐高宗遣派太常丞张文收为吊唁册封使,赐新罗杂彩段三百。到新罗圣德王在位期间,双方的朝贡贸易正常展开,集中表现为新罗使者入唐献方物,唐朝赐予新罗使者相应的物品。如圣德王二十二年(723)夏,新罗遣使入唐,献"果下马一匹,牛黄、人参、美髢、朝霞绸、鱼牙绸、海貂皮、金银等。上表曰:臣乡居海曲,地处遐陬,元无泉客之珍,本乏宝人之货,敢将方产之物,尘渎天官,驽骞之才,澤秽龙厩,窃方燕豕,敢类楚鸡,深觉靦颜,弥增战汗"①。这里提到的"方产之物",就是我们常说的"方物"。圣德王二十九年(730),遣王族金志满朝贡,献上"小马五匹,狗一头,金两千两,头

---

① [高丽]金富轼:《三国史记》卷八《新罗本纪·圣德王》,乙酉文化社,1997年,第224页。

发八十两,海豹皮十张"。如此大宗地献上方物,并有具体数字记载者,《三国史记》还有如下几处:

圣德王三十二年(733),遣王侄金志满入唐谢恩,献方物。

孝成王三年(739),新罗王赐唐使者邢璹黄金三十两,布五十匹,人参百斤。

惠恭王九年(773),遣使唐朝贺正,献"金银、牛黄、鱼牙绸、朝霞绸"等方物。

景文王九年(869),遣使谢恩兼进奉。此次新罗进奉唐朝物品数量、种类之多,此前未见。

其二,唐朝赐予新罗的物品。除过上述书籍之外,唐朝还赐予入唐宿卫质子唐官职及官服、住宅等其他物品,而丝绸物品占据很大的比重。如唐玄宗就先后赐予新罗王子金守忠宅第和绢帛;开元十二年(724),入唐贺正使金武勋回国,玄宗降敕曰:"卿每承正朔,朝贡阙廷,言念所怀,深可嘉尚。又得所进杂物等,并逾越沧波,跋涉草莽,物既精丽,深表卿心。今赐卿锦袍、金带及彩素共二千匹,以答诚献。"上述金志满入唐贡方物,唐玄宗授其大仆卿官职,赐绢一百匹,紫袍、锦钿带等物。开元十八年(730),新罗遣金志良入唐贺正,唐玄宗授予金志良大仆少卿外置,赐帛六十匹放还,并通过金志良传达唐朝诏令,赐新罗王绫彩五百匹,帛二千五百匹。开元二十一年(733),唐玄宗又赐新罗王"白鹦鹉雌雄各一只及紫罗绣袍、金银钿器物、瑞纹锦、五色罗彩共三百段"。开元二十二年(734),新罗遣大臣金端竭丹入唐贺正,唐玄宗在内殿设宴招待,授其卫尉少卿官职,赐其绯襕袍、平漫银带及绢六十匹。①总之,新罗圣德王在位期间,加强与唐朝的交往,唐罗间各种交流频繁,新罗遣使达42次之多②,唐玄宗多次接见新罗宿卫使者,并赏赐各种服饰丝织品,显示出双方关系的非同寻常。唐朝赐予新罗使者官职及各式各样物品,《三国史记》还有以下记载:

景德王二年,遣王弟入唐贺正,授左清道率府员外长史,赐绿袍银带,放还。

景德王二十四年,遣使入唐朝贡,帝授使者检校礼部尚书。

惠恭王八年,遣伊飡金标石朝唐贺正,代宗授卫尉员外少卿,放还。

元圣王二年(786),遣金元全入唐进奉方物,唐德宗下诏书慰问,并赐新罗王

---

① 以上史料均见[高丽]金富轼:《三国史记》卷八《新罗本纪》,乙酉文化社,1997年。
② 王霞、拜根兴:《新罗圣德王实施亲唐政策始末》,《中国边疆史地研究》2014年第3期,第114—124、181页。

罗锦绫彩等三十匹、衣一副、银柩一口,至宜领之;妃锦彩绫罗等二十匹,押金线绣罗裙衣一副,银碗一;大宰相一人,衣一副,银榼一:次宰相二人,衣各一副,银碗各一。卿亦领受分配。

哀庄王七年(806),唐宪宗放宿卫王子金献忠归国,仍加试秘书监。

景文王五年(865),唐懿宗降使,太子右谕德御史中丞胡归厚,使副光禄主簿兼监察御史裴光等,吊祭先王,兼赒赠千匹,册立王为开府仪同三司检校太尉持节大都督鸡林州诸军事上柱国新罗王。仍赐三官诰一道,旌节一副,锦彩五百匹,衣两副,金银器七事;赐王妃锦彩五十匹,衣二副,银器二事;赐王太子锦彩四十匹,衣一副,银器一事;赐大宰相锦彩三十匹,衣一副,银器一事;赐次宰相锦彩二十匹,衣一副,银器一事。[1]

综上所述,唐朝与新罗物质文化交流空前,不仅促成朝鲜半岛统一国家的出现,形成朝鲜民族共同体,而且为东亚国家和平发展奠定了基础。具体来说,其一,唐罗间的书籍文化交流,对于当时处于后进一方的新罗影响颇大,新罗的佛学、儒学得到了长足发展。到9世纪末,一些经过新罗人诠释过的佛教经典回传至唐朝,显示出文化传播的特点。其二,唐罗间的交流并非单向,双方互有特点的物质文化交流,是通过古代东亚特有的朝贡贸易展开,引领贵族上层消费时尚,对于双方经济发展起到了一定的作用;而伴随着朝贡贸易出现的私贸易,也成为当时双方物品交流的重要方面,推动双方关系的进一步深化。其三,唐朝的制度文化对新罗的发展产生了重要影响。新罗景德王在位期间,实施多项汉化政策,如改变新罗职官、行政区划名称,加大和唐朝的交流等,在新罗发展史上具有里程碑作用;新罗入唐留学生学成返回新罗,他们将学到的先进理念运用到实际的生活中去,促进了新罗自身文化的勃发。总之,通过文化及经济的交流,唐罗关系更加密切,双方各行各业均从中受惠,进而成为这个时代国家发展的最强音。

四、长安、庆州,唐罗友好交往与文化遗存

经过唐罗双方众多使者、僧侣、商人、留学生的共同努力,唐朝和新罗友好关系在庆州与长安土地上留下了深深的印痕。时光流逝,1000余年飞速而过,今天的庆州与西安,仍然可依稀看到当时交流的痕迹。这不仅体现在流传下来的史书中,而且可从一些文物古迹遗存得其点滴。

---

[1] 以上史料均见[高丽]金富轼:《三国史记》卷十《新罗本纪》,乙酉文化社,1997年。

(一)"国书"中所见的长安与庆州交流

如上文所述,中国《旧唐书》《唐会要》《新唐书》《资治通鉴》《册府元龟》等官方史书,韩国史书《三国史记》《三国遗事》《东国通鉴》《东史纲目》等,以及日本"六国史"中记载着近300年间唐罗交往的史实,但由于史书体例的限制,现在了解到的只是一些大概,一些活生生的交流还要经过咀嚼品味才能得出。流传至今唐罗间传递的国书,则更显得原汁原味。开元年间张九龄代唐玄宗撰写的三篇①与新罗王国书即能说明一些问题。

关于张九龄撰写的与渤海、新罗国王书,也就是学界所说的"国书",已故著名学者黄约瑟曾有专门研究②,探讨8世纪40年代,东亚唐朝、渤海、新罗,以及日本间的交往事宜。日本学者堀敏一也在其论著中专列一章细论述,得出了重要的结论。③当然,上述专家所论议题涉及渤海、新罗与唐关系的诸多方面,笔者在此则从长安与庆州文化交流视角,对此三篇敕书做一考察。

1.《敕新罗王金兴光书》(734)

> 敕新罗王开府仪同三司使持节大都督鸡林州诸军事上柱国金兴光:贺正使金端竭丹等至,兼得所进物,省表具之。海路艰阻,朝贺不阙,岁亦忠谨,日以嗟称,所谓君子为邦,动必由礼。顷者渤海鞨,不识恩信,负恃荒远,且尔逋诛。卿嫉恶之情,常以奋励,故去年遣中使伺行成与金思兰同往,欲以叶谋。比闻此贼困穷,偷生海曲,唯以抄窃,作梗道路,卿当随近伺隙,掩袭取之。奇功若有所成,重赏更何所爱?适俗多有寄附,实虑此贼抄夺,不可不防,岂资穷寇?待荡灭之后,终无所惜。一昨金志廉等到,缘事绪未及还期,忽婴瘵疾,遽令救疗而不幸殂逝,相次数人,言念殊乡,载深轸悼,想卿闻此,良以增怀。然死者生之常,固其命也,固当理遣,无以累情。初秋尚热,卿及首领百姓已下并平安好,今有答信物及别寄少信物,并付金信忠往,至宣领取,遣书指不多及。

---

① 三篇敕书均见张九龄:《张九龄集校注》卷八、卷九,熊飞校注,中华书局,2008年,第534—535、555—556、577页;另见《文苑英华》卷四七一,中华书局,2011年,第2404—2405页。

② 黄约瑟:《读〈曲江集〉所收唐与渤海和新罗敕书》,见刘健明主编:《黄约瑟隋唐史论集》,中华书局,1997年,第81—113页。

③ [日]堀敏一:《隋唐帝国与东亚》,韩昇、刘建英编译,云南人民出版社,2004年,第63—107页。

上引张九龄代唐玄宗起草的发给新罗圣德王金兴光的国书一道，据《张九龄集校注》校注者研究，其撰写于开元二十二年，因在此之前出现渤海派兵袭击登州，杀死登州刺史韦俊事件，唐罗间共同利益的缘故，拉近了双方的关系。虽然在此之前新罗使者金思兰回国商议新罗出兵事宜，但最终出兵北上进攻并不顺利，故玄宗敦促新罗伺机行动，取得预想的成果。国书中特别强调如果获得成效，唐朝必将重重犒赏新罗的意思，显示出唐朝对渤海损之而后快的心情。同时，唐玄宗对刚到长安就突然病逝的金志廉心怀悲痛，并安慰圣德王明白死生为常的道理。关于新罗使者金志廉其人，《三国史记》记载其到达唐朝，但并未谈及因病死于长安之事，故此国书可补充现存史书之缺失。国书最后以礼貌性语言问候新罗王及其官员子民，并言及赐予新罗的"答"信物，以及特别寄上的信物之事。

2.《敕新罗王金兴光书》（735）

> 敕鸡林州大都督新罗王金兴光：贺正、谢恩丙使续至，再省来表，深具雅怀。卿位总一方，道寄万里，托诚见于章奏，执礼存乎使臣，虽隔沧溟，亦如面会。卿既能副朕虚己，朕亦保卿一心。言念恳诚，每以嗟尚，况文章礼乐，粲焉可观，德义簪裾，浸以成俗，自非才包时杰，志合本朝，岂得物土异宜，而风流一变？乃比卿于鲁、卫，岂复同于蕃服？朕之此怀，想所知也。贺正使金义质及祖荣相次永逝，念其远劳，情以伤悯，虽有宠赠，犹不能忘，想卿乍闻，当甚珍悼。近又得思兰表称，知卿欲于浿江置戍，既当渤海冲要，又与禄山相望，仍有远图，固是长策。且蕞尔渤海，久已逋诛，重劳师徒，未能扑灭，卿每疾恶，深用嘉之，警寇安边，有何不可？处置讫因使以闻。今有少物，答卿厚意，至宜领取。春暮已暄，卿及首领百姓并安好，遣书指不多及。

这篇敕书撰写于开元二十三年（735），是唐玄宗鉴于新罗贺正、谢恩两拨使者先后到达长安，给新罗圣德王金兴光的回复。敕书高度赞扬新罗王金兴光所上表奏对唐朝表达的诚意，新罗使臣的言行亦合乎礼仪，见到表奏就如同和圣德王见面一样。同时，敕书表达了玄宗对新罗王的推崇和赞赏，新罗与唐交流的顺畅从这篇国书中亦清晰可见。敕书还对新罗贺正使金义质及金祖荣先后不幸别世表示沉痛哀伤，认为虽然为两人追赠了唐朝的官职，但作为皇帝的玄宗仍然难以忘怀，更何况圣德王自己听到噩耗，一定会感到无限的悲痛哀伤。还有，新罗使臣金思兰表奏，新罗将在浿江一带设置镇戍，唐玄宗答应新罗的请求，并最终将浿江（朝鲜大同江）以南的土地赐予新罗。《旧唐书》《新唐书》《三国史记》等史书均记载了这一事件，敕书可补充印证上述史书的记载。另外，关于唐玄宗的这种措置，朝鲜编撰《朝鲜通史》中多有论述，但其观点与实际状况差距颇大；陈寅恪在《唐代政治史述论稿》一书中表达出惋惜之意，王小甫对此有专门辩驳论述①，在此不赘。可以说，在对付共同的对手渤海之时，唐朝与新罗并肩战斗，新罗也付出了很大的代价，唐玄宗为了奖赏安抚新罗，才将浿江以南土地赐予新罗，其他联想似并非如此。唐朝还托新罗使者，给新罗王带去唐朝的物品，巩固与新罗业已存在的友好关系。

3.《敕新罗王金兴光书》（736）

敕鸡林州大都督新罗王金兴光：比岁使来，朝贡相继，虽隔沧海，无异诸华，礼乐衣冠，亦在此矣。皆是卿率心忠义，能此恭勤，朕每嘉之，常优等数，想卿在远，应体至怀。顷者彼处使来，累有物故，水土不习，饮食异宜，奄忽为灾，遂至不救。言念逝者，此其命乎！想卿乍闻，应以伤悼，所以表奏，皆依来请。夏初渐热，卿及吏人并平安好，今有少物，并付来使，至宜领取，遣书指不多及。

依据《张九龄集校注》校注者研究，这篇敕书完成于开元二十四年（736）夏四月。敕书中充满皇室人员少有的人情味，显示出唐罗宗藩关系的紧密。首先，玄宗对新罗不远万里频繁遣使入唐表示慰问，赞赏新罗深谙儒教礼仪，已可以和中华自身相媲美，这都是作为新罗王的金兴光个人的功劳；其次，对于前来长安宿卫的新罗人频繁死亡表示惋惜和哀悼，认为这可能是长安与庆州间水土气候各异，使者们不服水土所致。另据校注者熊飞所论，前后三年间，新罗入唐宿卫使者死于长安者就有作于开元二十二年《敕新罗王金兴光书》中提到的金志廉，其到达长安的次日就突发"婴瘵疾"死亡；还有开元二十三年的贺正使金义质，贺正副使金祖荣，同年十一月死于路途的新罗王从弟金忠相。显然，作为宗藩友好关系的媒介桥梁，这些活跃于交流前沿的人物的不幸别世，无疑都是令人哀伤的事情。其三，新罗使者带来新罗王的表奏，其中有向唐朝请求的事项，唐玄宗均一一满足，而且还通过使者带回唐朝赐予的物品，也请新罗王予以接受。整个敕书不仅充满人情味，特别是"夏初渐热，卿及吏人并平安好"的问候语，犹如家人间絮叨拉家常，同乐同悲。这应是当时唐罗关系的真实体现。

张九龄执笔撰写的三篇国书，真实反映了当时唐与新罗因渤海进袭唐朝登州事

---

① 王小甫：《新罗北界与唐朝辽东》，《史学集刊》2005年第3期，第41—47页。

件，双方关系进一步拉近的事实。而国书区别于一般史料的叙事风格，亦真实反映了当时宗藩关系下的唐与新罗间的深情厚谊。特别是这一时期往来于长安与庆州间的新罗使者，他们为了两国的友好交往奔波，但却因水土不服等原因葬身于异国他乡，这不能不使人萌生悲痛并深感惋惜。

（二）西安、庆州所在的唐罗交往文化遗存

1. 西安

西安作为中国著名的古都，十三个王朝在此建都，而唐朝则是最负盛名者。在西安及其周围地区，虽然经过了千余年的岁月，但至今仍依稀可见唐朝与新罗友好交往的历史遗存。

其一，兴教寺圆测法师塔。圆测法师少小离开新罗到达唐朝，演习佛教法相宗，并以长安西明寺作为传播宣扬学说的阵地，参与长安官方组织的佛经翻译工作，为唯识法相宗的发扬光大做出了重要贡献。他晚年曾一度居住洛阳，武则天万岁通天元年（696）在洛阳圆寂，终年84岁。至北宋政和五年（1115），才将他的灵骨迁移至长安之南的兴教寺，埋骨建塔，形成今日之境况。

其二，宝鸡麟游县九成宫遗址《万年宫碑阴题名》。该碑阴题名中有"左领军卫将军臣金仁问"字样。永徽五年（654）五月，唐高宗率领文武臣僚前往万年宫避暑时，亲自为《万年宫铭》书丹，并令随从的文武三品以上官员在碑阴题写自己官衔名称，而新罗宿卫使者金仁问因担当唐朝"左领军卫将军"缘故，亦得题名碑阴，显示出唐朝与新罗关系的紧密。关于此问题，笔者已有文章发表①，在此不赘。

其三，昭陵博物馆藏新罗真德女王石像残躯及底座铭文。对此，宋人宋敏求《长安志》、元人骆天骧《长安志图》等书均有"昭陵十四蕃君长石像"的记载，其中就有新罗真德女王石像。陕西省考古研究院联合昭陵博物馆2002年曾对昭陵北坡献殿及司马门遗址做过考古发掘，发现真德王石像底座铭文残片。对此，笔者亦曾有专文发表②。

其四，乾陵六十一藩臣像中的新罗使者石像。关于乾陵六十一藩臣像，此前陈国灿、章群、马驰、樊英锋等均有过探讨，但并未指出其中的新罗使臣石像。此前

---

① 拜根兴：《金仁问与〈万年宫碑阴题名〉》，见《第二届九成宫国际学术研讨会论文集》，三秦出版社，2012年，第152—160页。
② 拜根兴：《试论新罗真德女王石像残躯及底座铭文的发现》，《新罗史学报》2006年第7辑，第17—33页。

笔者在《唐朝与新罗关系史论》一书中曾指出，神道东侧东南角的手握弓箭的无头石人，可能是新罗的使者。此后研究者赵斌指出此石人为新罗文武王金法敏①。对此，笔者亦有辩驳文章②发表。

其五，周至县王子台新罗慧超和尚祈雨处。有关慧超王子台祈雨，卞麟锡《唐长安的新罗史迹》、陈景富《西安与海东》两书均有详细论述；而慧超和尚还曾驻锡今西安南郊大兴善寺，此处也是新罗僧侣居住的主要寺院之一。

其六，长安区子午谷口金可纪摩崖石刻。此摩崖石刻为西北大学李之勤首先发现，此后韩国卞麟锡多次前往，也撰写专门论文；周伟洲亦曾延请拓工专程前往考察，并有专题论文发表③。摩崖石刻后被切割，可能因技术不精的原因，竟被切割成了碎片，实在令人痛心。今摩崖石刻碎片保存于长安区博物馆。

其七，史料记载的国子监"新罗马道"。其位于今西安城南门东南角所在地域，此处原为唐国子监遗址所在。而崔致远所云"新罗马道"正在其中。

其八，安康新罗寺。关于安康新罗寺，安康博物馆李启良有专文发表④，韩国卞麟锡教授著作中也曾提及。

2. 庆州

庆州是新罗的千年古都，蕴藏着丰富的文化遗存。新罗灭亡之后，由于统治中心西移，高丽将庆州称为东京，终高丽、朝鲜时代，庆州依然是朝鲜半岛文化中心之一。庆州市所在和唐朝与新罗关联的历史文化遗存有以下几个方面。

其一，新罗王陵类历史遗存。现在可以看到的就有自朝鲜时代就推定的善德王陵、真德王陵、武烈王陵、文武王海中陵、神文王陵、圣德王陵、文圣王挂陵、兴德王陵等。

其二，新罗时代王子贵族墓。著名的有金仁问墓、金昛墓、金庾信墓，大陵苑等。

其三，和唐朝有关的著名寺院及寺院遗址。如芬皇寺、佛国寺、石窟庵，望德寺遗址、四天王寺遗址、感恩寺遗址、皇龙寺遗址、高阳寺遗址、圣德大王神

---

① 赵斌：《刍议唐乾陵六十一蕃臣像中的新罗人》，《丝绸之路》2010年第24期，第84—88页。

② 拜根兴：《唐与新罗关系研究二题——以西安周边所在的石刻碑志为中心》，《当代韩国》2011年第2期，第45—52页。

③ 周伟洲：《长安子午谷金可纪摩崖石刻研究》，《中华文史论丛》2006年第64辑，第287—300页。

④ 李启良：《唐代金州新罗寺》，《考古与文物》2003年第6期，第72—74页。

钟等。

其四，和唐朝关联的著名人士居住遗址。崔致远居住遗址。

其五，新罗王宫遗址。月城遗址、明活城遗址、雁鸭池遗址、鲍石亭遗址、瞻星台遗址等。

五、结语

本文探讨了唐都长安和新罗千年古都庆州，在近300年交往期间的人和事，涉及往来于长安与庆州的使者、商人、僧侣、留学生等，也牵涉双方文化交流、朝贡贸易的各个层面；特别是通过传世的国书，探讨特定时代双方友好交往的历史。文章最后还对西安和庆州保存至今的历史文化遗迹做了探讨，便于我们重温历史、展望未来。历史是一面镜子，千年前，长安和庆州间无论是从海上丝绸之路，还是陆上丝路的延伸路线，经过唐罗无数人的共同跋涉和努力，携手描绘出了友好交往的壮丽图卷。在新世纪的今天，西安与庆州，乃至中国与韩国，建立新型互利、和平友好、战略双赢的全面战略伙伴关系，是两市民众、两国人民的共同心愿。让我们携手共进，创造美好的未来。

原载《唐史论丛》（第21辑），三秦出版社，2015年

（拜根兴，陕西师范大学历史文化学院教授）